法務部廖正豪前部長
七秩華誕祝壽論文集

總召集人——蔡德輝

主　　編——林東茂、黃源盛、王乃彥

作　　者——王乃彥、王榮聖、余振華、吳耀宗、周成瑜、林東茂、林書楷
　　　　　　柯耀程、陳友鋒、陳新民、曾淑瑜、黃宗旻、黃源盛、鄭逸哲
　　　　　　謝庭晃、廖尉均

刑法卷

慶賀廖前部長正豪精彩人生七秩華誕

　　廖前部長一向為政剛正不屈。寧為台灣光明未來，不惜與
猖狂黑道迎戰的鐵漢，竟是來自質樸偏僻的嘉義六腳鄉潭墘村
鄉野中，出身清寒農家，苦學有成，實為社會青年之楷模，個
人尤幸與之同為嘉義鄉親而倍感光彩、榮幸。

　　廖前部長係台灣大學法律系學士、碩士、博士，大學二年
級即以二十歲之齡，通過司法官高考，並於三、四年級，通過
留學日本考試與律師高考，創大學生連中三元之特例，其後一
邊攻讀台灣大學法律研究所碩士、博士，一邊執業律師，並於
中央警官學校（現中央警察大學）、中興大學（現台北大
學）、東海大學、東吳大學、中國文化大學、銘傳大學等大學
任教。1979年離開律師生涯轉入政界，擔任台灣省政府地政處
主任秘書，旋即開啟頻獲層峰委以重任的公務生涯，歷任行政
院第一組組長、新聞局副局長、行政院副秘書長、調查局長、
法務部部長等重要職務；擔任行政院第一組組長時，主辦影響
台灣民主制度建立、開創法治社會之跨時代重大革新政策，即
解除戒嚴、開放黨禁、中央民意代表退職、地方自治法治化以
及改善社會風氣與社會治安，均殫精竭智，宵旰勤勞，全力以
赴，圓滿完成任務，奠定台灣民主法治基石，開啟社會多元發
展新局面。其後擔任法務部長期間，檢討並修訂國家刑事政
策，提倡兩極化刑事政策，奠定今日台灣刑法、刑事訴訟法與
刑事政策之基礎；重視被害人保護，主張「公平正義」；改革
獄政；尤以掃除黑金等工作，最為全國民眾愛戴，讚譽為「掃
黑英雄」。1998年瀟灑地辭去台灣政壇史上民調最高（97%）

的法務部長，也婉拒任何職務安排，他說出讓大家動容的一句話：「我來自民間，回到民間；來自社會，回到社會；來自家庭，回到家庭。」卸下公職後，即積極投入民間公益社團活動與法學教育，更奔走於海峽兩岸和平文化、學術交流，而2010年因心血管繞道手術輸血排斥反應陷於生死交關，所幸平素積極為善積大福報奇蹟而癒，旋即為免多次勞駕親友，爰低調為三個出嫁女兒同時舉辦「三合一」歸寧宴，一時傳為美談。

　　從廖前部長以往所擔任之重要職務，可知廖前部長對社會國家之貢獻是多方面的，應可包括下列幾個重要層面：

（一）出身清寒農家，成長於質樸之嘉義縣六腳鄉，於台大法律系大學生期間即通過非常艱難之國家司法官高考、律師高考，及留學日本考試，創台灣大學生連中三元之首例，1981年又考取國家公務員甲等特考，法制組最優等及格，值得做為社會青年楷模及學習之好榜樣。

（二）1979年從律師轉入政界，深獲長官倚重，擔任行政院第一組組長，主辦許多影響國家民主法治之重大革新政策。

（三）擔任法務部長期間即努力籌備國家犯罪防治研究院，此為我國犯罪學及刑事政策多年來建構之目標，將對國家犯罪與治安政策之研究會有重大貢獻，幾乎即將實現之際，卻因故被擱置，令犯罪學及刑事政策學者為之扼腕，深感遺憾！

（四）擔任法務部長不畏艱難與壓力，掃除黑金，被社會讚譽為「掃黑英雄」，是台灣政壇史上民調最高的法務部長。此外，廖前部長亦積極改革國家刑事政策，推動兩極化刑事政策；對輕微初犯者，推動社區處遇及緩起訴

制度。

（五）致力於教職、獻身教育事業，爲國家培育人才。廖前部長於公務繁忙之餘，仍擔任刑事法雜誌社基金會董事長，並持續在國內各大學任教，不少學生在學術界、司法界、警察界均有傑出表現，眞可說是作育英才，桃李滿天下。

（六）廖前部長卸下公職之後，即積極投入民間公益社團活動，創辦「向陽公益基金會」及「新竹市向陽學園」，輔導中輟生及偏差行爲少年預防犯罪，更生復建重入社會，有極大貢獻。

（七）廖前部長亦創辦海峽兩岸法學交流協會，努力奔走兩岸和平文化及法學教育交流，協助很多台灣法律系畢業生赴大陸考取律師，對從事兩岸法律服務，不遺餘力，令人敬佩。

待人誠懇、客氣的廖前部長，仍保持低調行事風格，不敢叨擾諸位，多次辭謝、婉拒親友、學術界的隆情盛意，惟吾輩經多次會議，咸認法政界廖前部長學養深厚、蒼松勁骨，對國家社會有極大深遠影響，仍堅持出版此一祝壽論文集，以做爲答謝廖前部長對國家社會的超凡貢獻於萬一。

經發起之後，響應者眾，計三大類，論文49篇，分刑法、刑事訴訟法、犯罪學與刑事政策三卷出版。煩請多位知名教授擔任編輯委員及分類召集人、審稿。刑法卷編輯委員：林東茂教授、黃源盛教授、王乃彥教授；刑事訴訟法卷編輯委員：劉秉鈞教授；犯罪學與刑事政策卷編輯委員：鄧煌發教授、許福生教授；執行編輯：廖尉均秘書長。每一卷均按體系編輯排列論文順序。

　　本祝壽論文集得以順利印行出版，特此向所有發起人、編輯委員暨所有撰稿人表達由衷感謝，五南圖書出版公司熱心承辦本論文集出版事宜，特此一併表達謝意。

　　再次恭祝　廖前部長福壽康寧，松柏長青。

　　　　　　　　廖前部長正豪十秩華誕祝壽論文集編輯委員會

　　　　　　　　總召集人

　　　　　　　　　　　蔡德輝　敬上

　　　　　　　　中華民國105年3月

廖正豪先生簡歷

　　廖正豪先生，1946年生，台灣省嘉義縣人，國立台灣大學法學士、法學碩士、法學博士，日本國立東京大學研究，美國史丹佛（Stanford）大學訪問學者，曾任中華民國第十二任法務部部長（1996年～1998年）。

　　南台灣長大的廖正豪先生，個性質樸敦厚，極富正義感，對於社會不公、不義的情形，始終懷抱「濟弱扶傾，除暴安良」的使命精神。廖先生於高中時期便已立定志向，以服務社會、實現正義之法律為終身職志，其後亦順利以第一志願考取國立台灣大學法律系法學組。廖先生的成就不凡，曾創造台灣多項第一的紀錄。大學時期參加多項國家考試，均名列前茅：大二高考司法官及格，以二十歲之齡成為全國最年輕的司法官，至今仍維持此一紀錄；大三考取留學日本資格；大四考上律師；其後更成為全國第一位文人法務部調查局局長、最具民間聲望的法務部部長等，表現出其卓越的學識才能。

　　大學畢業後，廖正豪先生順利考取國立台灣大學法律研究所，一邊修習碩、博士課程，一邊開始執業擔任律師，並於取得碩士學位後，以二十六歲之齡，開始在中央警察大學、中國文化大學、東吳大學、東海大學、國立中興大學、法務部調查局訓練所等大學及研究單位擔任教職，作育英才。廖先生執業十年期間，為全國排名前十名之律師，後因友人力邀，毅然放棄收入優渥的律師生涯，投身公職，服務廣大民眾。

　　二十年的公職生涯中，廖正豪先生曾任台灣省政府地政處主任秘書、行政院法規會參事、台灣省政府主席辦公室主任、

台灣省政府法規暨訴願委員會主任委員、行政院第一組組長、行政院新聞局副局長、行政院顧問、行政院副秘書長、法務部調查局局長、法務部部長。廖先生於服務台灣省政府期間，規劃辦理台灣省農村土地重劃及市地重劃、促進地方發展、整理台灣省法規、推動法治下鄉工作；於行政院服務期間，規劃辦理解除戒嚴、開放黨禁、中央民意代表退職、地方自治法制化、改善社會治安與社會風氣等重大事項，並為因應巨大時代變革，制訂相關政策及法令規章，對台灣民主化、法制化、現代化與多元化之發展，有重要貢獻。

　　廖正豪先生擔任行政院新聞局副局長時，多次代表中華民國與美國就侵犯著作權之報復法案——「301條款」，進行智慧財產權保護之談判，其表現使對手深深折服，維護國家及人民之利益；於行政院副秘書長任內，一本「人溺己溺、人飢己飢」之心，為民眾解決許多問題。因表現優異，能力非凡，獲任命為第一位台籍文人法務部調查局局長，任內積極推動依法行政，使調查局成為「國家的調查局」、「人民的調查局」、「大家的調查局」。並積極推動反毒、查賄、肅貪，加強掃蕩經濟犯罪、偵辦多項重大弊案，績效卓著，隨即被拔擢為法務部部長。

　　廖正豪先生就任法務部部長後，不計個人安危，不畏艱難險阻，大力掃除黑金，整頓台灣治安，檢肅流氓黑道，重建社會價值，主導推動組織犯罪防制條例、犯罪被害人保護法、證人保護法之立法，嚴格依據法律規定，執行台灣治安史上最有名之治平專案與綠島政策，使黑道首腦聞風喪膽，紛紛走避海外，締造97%的民意支持度。同時秉其深厚之法學素養，全面檢討刑事政策，奠定台灣刑事法之基礎，其後至今台灣二十年

來的刑法、刑事訴訟法相關法規修正，以及整體刑事司法之方向，仍大體上依循他在法務部任內所訂立的兩極化刑事政策。除了打擊犯罪，掃蕩黑金，廖先生亦重視矯正之功能，改革獄政及假釋制度，其有魄力又具遠見之作為，至今仍對台灣影響深遠，並屢受國外政府與相關單位重視。因其正義形象深入人心，民間乃稱之為「掃黑英雄」，更有媲美中國古代名人包公公正無私之美譽──廖青天。

廖正豪先生於1998年7月辭卸法務部長職務，辭職時聲明謝絕任何安排，並宣告「美好的仗，我已打過。」「凡走過的必留下痕跡。」「我來自民間，回到民間；來自社會，回到社會；來自家庭，回到家庭。」謝絕一切黨、政、企業、律師事務所等職務之邀請，完全回歸教育與公益，即所謂「裸退」，迄今仍堅守此一原則，開創風氣之先，傳為佳話。

廖正豪先生現在是中國文化大學、銘傳大學講座教授、國立台北大學法學研究所兼任教授，離開公職之後，基於對台灣人民之大愛，為繼續奉獻斯土斯民，乃於民間創辦財團法人向陽公益基金會，以實現其犯罪防制之一貫理念，從事法治教育推動、研擬治安改善政策、設立中輟生中途學校、協助輔導更生人等實際工作，並領導社團法人海峽兩岸法學交流協會、財團法人刑事法雜誌社基金會、中華民國身心障礙者藝文推廣協會、財團法人泰安旌忠文教公益基金會、社團法人國際尊親會、社團法人台灣犯罪被害人人權服務協會、中華民國道教總會、中華民國博遠文化經濟協會、中華民國化石礦物協會、中華民國專案管理協會、中華民國就業服務協會、台北市嘉義同鄉會等各民間團體，足跡遍及海內外。卸任公職後的廖先生，秉著一貫為民服務的熱忱，發揮其在民間所具有相當大的影響

力及號召力，投身於公益事業，在文化、教育、殘障、青少年等各個弱勢領域，帶領有志之士服務人群，盡一己之力整合社會資源，希冀能創造人民福祉、建設美麗寶島。

廖正豪先生為促進兩岸和平不遺餘力，於2002年曾獨力接洽、主導籌畫大陸特級國寶——陝西省法門寺珍藏二千餘年之釋迦牟尼佛指骨真身舍利來台巡禮，創下兩岸交流史上最多人次參與之空前絕後紀錄。2010年廖正豪先生再將法門寺地宮唐代皇家敬獻佛指舍利之文物，請來台灣展出半年。廖先生因法務部部長任內之輝煌表現及深厚的法學素養，於國際間受到相當推崇，屢次舉辦兩岸重要法學論壇與研討會，協助立法與司法實務問題，對兩岸法治建設貢獻卓著，並獲聘為北京大學、吉林大學、廈門大學、華東政法大學、西北政法大學、南昌大學等大陸知名高校榮譽客座教授，經常受邀至國際知名學府及重要活動發表演說。廖正豪先生以其正義形象、高尚人格、豐富學養與卓越遠見，極受人民愛戴與尊敬。

目錄

1

習慣在刑事審判中的運用
——以台灣原住民舊慣為例

黃源盛[*]

祝壽文

二○一六年丙申初春，欣逢廖老師正豪教授七秩華誕，先生為官、講學、著述卓然有聲，謹以拙文附嵌字短聯，為先生壽，並頌吉祥安康！

兼清慎勤明養浩然正氣方知行道深
具德量才識法超羣豪杰無改老松心

[*] 輔仁大學法律學系教授、中央研究院歷史語言研究所兼任研究員。

目　次

壹、前言

　　成文法、習慣與法理，為審判根據的三大淵源。其中，習慣法是一種從一般「法律確信」經久形成，而由法官在審判中加以確認的不成文法。在民事法領域，習慣法僅次於法律，為第二順位的法源，幾已成為歐陸法系國家的立法通例；但在刑事法方面，受限於近代罪刑法定原則的思潮，認為犯罪及刑罰的判斷基礎，應以刑事成文法為原則，習慣應受排除。

　　要問的是，習慣固無法作為刑事審判的直接法源，惟法官進行犯罪事實的認定及法律推理時，是否能運用刑法解釋的方法，對於習慣的存在，

有其實質應用的一面？尤其，習慣對於構成要件的解釋，或對於有利於行為人的阻卻違法或阻卻責任事由的認定，是否也具有補充法律的效能？無須諱言，多年來，台灣的司法實務界確實有盛行「法條主義」的現象，認為審判運作是依據法律條文，對法律事實作出形式邏輯論證的適用，而較少考慮倫理的、政治的、經濟的、社會的實質正義原則，同時儘量排除宗教、民俗、文化、道德、情感等因素，何以致之？孰令致之？

　　揆諸既有著作文獻，有關習慣在審判法源上的地位，以民事法領域的論著較多，而關於刑事法領域者少。為此，本文擬從刑法社會文化史的角度，首先對清治時期及日據時期乃至1949年之前的原住民族舊慣規範略作回顧；接著，側重在近十年來台灣各級法院涉及原住民習慣幾個具有指標性的刑事案件，探析在近代罪刑法定原則之下，當國家實定法的「大傳統」與原住民族部落規範的「小傳統」相衝突時，到底要如何面對與回應？宜以何種方式來聯結這兩種不同的「傳統」？其聯結點又在哪？

貳、國家法與原住民部落文化

　　眾所周知，台灣現行的這套法律制度與規範，係源於1930年代南京國民政府時期的「六法體系」，1949年之後由中國大陸花果飄零而來，當時主要是建立在漢文化及繼受泰西文化的基礎之上，並無特別考量非屬於主流文化的少數民族生活實情，造成國家法與原住民部落舊慣間有了一道深深的鴻溝。

一、台灣原住民的傳統部落規範

　　在台灣，一般將所有的住民分為四個族群：原住民族、福佬人、客家人及外省人等；就種族而言，原住民屬馬來玻里尼西亞系（Polynesian-Malaysian），其他三個族群則屬漢人的後裔。後三個族群，乃過去四百多年來，陸續由中國大陸渡海而來的經濟性移民與政治性移民[1]。為此，

---

[1]　莊萬壽，台灣文化論：主體性之結構，玉山社，2003年，頁25。

清代乃至其後的台灣漢人習慣，大多來自閩省泉州、漳州，或來自粵省的嘉慶州、惠州、潮州等處，此等地方的習慣，基本上大同小異[2]。

　　至於台灣原住民族群的社會組織屬於部落社會，有自治組織與領袖制度，並無常設的政府和地方組織。由於沒有以文字記載事務的傳統，彼等「社會規範」的內容並未被書寫下來，以致其內部的生活世界無法藉由書寫材料為世人所知悉，而後代的研究者也祇能依據他族（如漢人、歐洲人、日本人等）的文字記載來瞭解[3]。從史實發展看，原住民從與外來墾殖或殖民者接觸後，無論是何蘭、西班牙、明鄭、大清帝國、日本還是二次大戰之後來台的中華民國，可以說是一部原住民逐漸喪失其土地、文化、傳統生活方式與自主性的歷史。

　　在清治時期，當局依原住民的漢化程度區分為「熟番」及「生番」，分指有教化及未馴服的野蠻人，對於漢人來說，「非漢即番」；清政府基於「為防台而治台」的政策，不止頒布渡台禁令，也劃分「番界」，置有土官、土目或通事、社長以治理番務。政府禁止人民私入「生番地」，如有越界即須受罰，也不可與生番通婚，可以說，生番地乃清朝政令所不及的區域[4]。原住民族中，平埔族的固有法規範，經過清朝統治二百一十二年的漢化政策，終告流失。惟另一群尚未受外來政權影響的高山族原住民，傳統生活規範一直維繫到日據時期才開始鬆動。

　　日本殖民統治初期，殖民者為了討好「蕃人」來對抗漢人，以居住地為山區或平地，分別稱之為「高砂族」及「平埔族」。曾被漢人與清朝稱為「生番」、被日本政權稱為「蕃人」或「高砂族」的「高山族原住民

2　台灣島民の原籍地及び其の殊風特習の發生，台灣慣習紀事，台灣慣習研究會，1901年，頁55-56。

3　其中以日本人的調查報告成果較為豐碩，例如1913到1922年間陸續出版《蕃族調查報告書》、《蕃族慣習調查報告》及《台灣蕃族慣習研究》三套共八冊。而台灣省文獻委員會編纂，衛惠林、林衡立自1948年起經十餘載田野調查、記錄整理成「台灣文獻」（1978年）。

4　直到1874年發生牡丹社事件，日本以生番地為清朝政令所不及，依國際法主張該地不在清帝國主權範圍內，清政府始將「後山」納入「領土」，積極「開山撫番」。參閱王泰升，台灣法律史概論，元照，2001年7月，頁57-60。

族」，在國家法上並未受到與原屬同族的平埔族以及漢族移民同等的對待。具體而言，「生蕃」非清國臣民，當然也不是日本帝國臣民，不具人格與權利能力，與野獸無異，因此認為只有透過教化手段使其開化為「熟蕃」之後，再制定特別法賦予其國籍[5]。在日據時期國家法中，屬於制定法位階的法律規範，都只適用於日本人、本島人、清國人等，而對於高山族原住民族的民事、刑事、程序法等事項，均不必事先確立一套應普遍適用的法律規範體系，而是由所謂的「理蕃警察」依個案而為裁決；只有居住在普通行政區內的高山族原住民，才有機會因民事訴訟或刑事案件而接觸到現代意義的法制；在這樣的國家體系下，原住民的固有規範被視為是「舊慣」，而成為警察為個案裁斷時的選項之一。

    1945年二次大戰之後，原住民先被稱為「高山族」，意指那些住在高山上的部落；隨後又被定名為「山地同胞」，概指那些住在山地的同胞，簡稱為「山胞」，共有九個族群。此後，執政的國民黨政權將中華民國的六法體制全面地施行於原住民族，為了「改善」或「更化」原住民的文化價值觀，曾制訂了種種措施與限制來加速原住民族的「同化」，例如禁止原住民使用傳統姓名、停止部落舉辦傳統祭儀等等，使得原住民在很長的一段時間內無法享有命名規則、身分認定、舉辦祭儀等自由權利。但高山族原住民對此一迴異其固有規範的法制隔閡甚深，而歷來法院也罕見有援引我國民法第1條：「法律所未規定者，依習慣；無習慣者，依法理。」的法源順位來建構屬於原住民族的習慣法；至於在刑事審判上，由於受到刑法第1條：「行為之處罰，以行為時之法律有規定者，為限。」的拘束，習慣的地位更無足輕重。直到1990年代起，由於政治、經濟、社會等情事急遽變遷，國家法才開始尊重原住民族的文化，於1994年8月將長期以來所慣用的「山胞」正名為「原住民」，而立有一些顧及原住民的特有法規範，不過，在實際的適用實效性上仍有相當的落差。

---

[5] 參閱吳豪人，野蠻與文明的辨證：台灣原住民傳統規範在殖民地時代的意義，收錄於人權理論與歷史論文集，國史館，2004年11月，頁644-645。

二、國家法與原住民舊慣間的文化糾結

　　已如前述，刑事法與民事法不同，民事法的法源，包括習慣在內，在法律上已明文規定以習慣作為民事法的第二順位法源。至於在刑事法中，基於罪刑法定的原則，雖習慣法與成文法同係來自社會的法確信力，但因未經立法機關依據立法程序而予以明文化，且常隨時空的變化，因時因地而呈現浮動的相對性，欠缺客觀的明確性，倘以之作為刑事審判的直接法源，不免對法律的安定性及人權保障構成威脅，理應加以禁止。惟至近世以來，科技昌明、產業發達、社會福利理念抬頭，為了公共利益及尊重社會多元價值，罪刑法定原則的內涵已由嚴漸寬，所衍生的下位原則也有例外的狀況出現。

　　以漢民族來說，司法實務上，以習慣作為刑法構成要件之補充或解釋者，在判決中曾出現過，例載：

> 臺灣民間習慣，農民於每季收割後，將稻穀寄存米廠，米廠並無收取寄存費用，寄託稻穀之農民僅照一般市價折取現款，不得要求提回所寄託之稻穀，故名為寄託，實如絕賣。因此，農民寄託之稻穀之所有權於寄託當時，即已移轉於受寄人，故非受寄人業務上持有之物，除應負以種類、品質、數量相同之物返還之責任外，其處分受寄之稻穀之行為，自不構成本罪（業務侵占罪）。[6]

再如：

> 甘蔗田內白露筍尾梢，如果類同什草並無經濟價值，且依當地農村習慣，任人採刈，即無構成竊盜罪之餘地。[7]

　　耐人尋味的是，歷來有關原住民族的刑事習慣案例，極為少見。實

---

[6] 最高法院61年台上字第5452號判決。

[7] 最高法院47年上字第1399號判決。

際上,文化是一個群體或族群所共同擁有的生活形式,是人類為適應與克服生活環境所創造出來的產物。從法制歷史的發展歷程看,習慣法與國家法是兩種不同的知識傳統,分別受不同原則所支配;習慣法屬於人類學家所說的「小傳統」,與出自一般所謂「菁英文化」的「大傳統」正相對應[8]。而文化與不成文的規範一樣,不僅塑造著成員的性格,也對成員的行為和抉擇具有相當大的控制與影響力;事實證明,當不同的文化相遇,弱勢族群的文化傳統,往往為強勢文化族群藉著政治、經濟等優勢地位所逐漸掌控,甚至對原本屬於弱勢族群的一些傳之久遠的舊慣,界定為「犯罪」行為,這是兩種不同文化價值觀碰撞所引發的現象。

從最近十多年的台灣案例看來,似乎也呈現一個共通特色,即涉案的原住民被告雖然知悉在現行法律體系下,其行為可能構成犯罪;不過,若從原住民被告本身的部落文化看,卻完全合乎部落的傳統慣習與文化期待,這使得原住民必須在遵守國家法律或遵循部落習慣間作一抉擇,一旦原住民選擇了其所生、所長的部落慣習時,就可能違反實定法而構成犯罪。如此一來,不免陷入了國家實定法與原住民部落文化的衝突,此時,是否有必要考慮部落文化的特別歷史與時代意義,限縮原住民涉及刑責的實定法處罰範圍?勢必成為刑事司法不易應對的難題[9]。

參、近十年來各級法院涉及原住民習慣的案例

迄至2015年為止,原住民已增至十六個族群,為因應政治、文化、社會等因素的快速變遷,出現前所未有的情勢轉變,有關原住民習慣的刑案也屢屢出現;為了聚焦,也囿於篇幅,底下僅將最近十年左右台灣各級法院涉及原住民習慣的部分刑案,擇要整理如下:

---

8 梁治平,清代習慣法:社會與國家,中國政法大學出版社,1999年10月,頁127、130。

9 許恆達,國家規範、部落傳統與文化衝突——從刑法理論反思原住民犯罪的刑責問題,載於台灣原住民族研究季刊,第6卷第2期,2013年夏季號,翰蘆圖書,頁43-44。

表1-1　近十年來涉及原住民習慣的刑案整理略表

	法院案號	案由	關鍵事實	判決結果
1	嘉義地院92年度簡上字第151號判決	違反刑法搶奪罪	嘉義縣阿里山鄒族頭目父子。依鄒族慣例，對於漢人陳某取自鄒族土地上的蜂蜜，強行搬至頭目父子的車上。	處有期徒刑六個月，緩刑二年。按：本案係依刑法第325條第1項普通搶奪罪起訴，二審定讞。
2	苗栗地院94年度訴字第644號判決	違反槍砲彈藥刀械管制條例	苗栗縣泰雅族原住民。持槍擊傷被害人，此部分檢察官認定僅涉及過失傷害，且告訴人撤回告訴，不起訴處分確定。	無罪。按：扣案槍枝僅係以原住民相傳之木質槍柄及金屬槍管組合而成之獵槍。法院將「自製獵槍」解釋為「本於其文化傳統所形成之特殊習慣，專為其於生活中所從事之狩獵活動為目的，而以傳統方法製造或持有簡易獵槍，……不以恃狩獵為生或以狩獵為其生活主要內容者為限」。本案經上訴後，原判決撤銷改判（台中高分院95年度上訴字第2277號判決）。
3	新竹地院95年度訴字第176號判決	違反槍砲彈藥刀械管制條例	新竹縣泰雅族原住民。拾獲他人丟棄之空氣長槍，係為方便獵殺飛鼠等動物。	處有期徒刑二年，併科罰金五萬，緩刑五年。減輕理由：符合原住民狩獵文化，且持有槍械時間甚短等。
4	花蓮地院95年度訴字第92號判決	違反野生動物保育法	花蓮縣原住民。使用獸鋏獵捕山羌一隻，欲自己食用。	處有期徒刑七月，緩刑二年。減輕理由：提及「山地原住民之族群特殊生活習性」。
5	最高法院95年度台上字第204號判決（原審：花蓮高分院92年上訴字第5號判決）	違反槍砲彈藥刀械管制條例	台東縣原住民，三人平日均務農。原審：製造或持有土造獵槍及彈藥主要組成件之行為，與生活無關，非其等供為生活上所需要之工具。	原判決撤銷，發回。按：最高法院認為槍砲彈藥刀械管制條例既然一併考量原住民傳統生活及習俗文化，質疑原審並未調查釐清本案為何無法律所定「供生活工具之用」情形。

表1-1 近十年來涉及原住民習慣的刑案整理略表（續）

	法院案號	案由	關鍵事實	判決結果
6	95年度東簡字第464號判決	違反槍砲彈藥刀械管制條例	台東縣卑南族原住民。攜帶十字弓及弓箭，於夜間進入山區打獵。	處有期徒刑二月，緩刑二年。按：「依原住民傳統入山狩獵，致觸犯本案犯行，經此偵審之教訓，當知所警惕」。
7	台灣高等法院98年度上更（一）字第565號判決	違反森林法	新竹縣司馬庫斯泰雅族原住民。撿拾櫸木之地點非其傳統領域，其受部落會議之指派前往搬運，欲供部落造景及雕刻之用。	歷審案號：新竹地院96年度易字第4號判決（有罪，緩刑）、高等法院96年度上訴字第2092號判決（有罪，緩刑）、高等法院98年度上更（一）字第565號判決（原判決撤銷、無罪定讞）。主要理由：被告等之行為符合其傳統習慣且是發生在其傳統領域，依多元文化觀點及原住民族基本法第19條立法意旨，應予尊重，不應以罪責相繩。
8	最高法院101年度台上字第1563號判決	違反槍砲彈藥刀械管制條例	屏東縣泰雅族原住民並具有漁民身分。未經主管機關許可，收受並持有他人所贈與之具殺傷力制式霰彈三顆，並以其所有之砂輪機、電桿機等製造可發射彈丸、具有一定殺傷力之土造長槍二支以及土造魚槍一支。	撤銷原審有罪判決，自為無罪判決。按：最高法院認為該條例第20條第1項所稱「自製獵槍」，應解釋為「原住民本於其文化傳統所形成之特殊習慣，專為其於生活中從事狩獵、祭典等活動使用，而以『傳統方式』所製造、運輸或持有之『自製簡易獵槍』」，始與立法本旨相契合。其次，針對內政部有關自製獵槍之函釋，最高法院認為應進一步調查審酌其標準有無事實根據，以及是否基於專業意見對原住民自製獵槍之客觀具體解釋。

表1-1 近十年來涉及原住民習慣的刑案整理略表（續）

	法院案號	案由	關鍵事實	判決結果
9	台灣高等法院花蓮分院101年度侵上訴字第47號判決	違反刑法加重強制猥褻罪	台東縣排灣族原住民。排灣族男童被舅公摸「阿力力」（睪丸）。	檢察官依刑法第224條之1加重強制猥褻罪提訴。台東地院認為：被告係依照習俗輕拍男童生殖器，是表達對晚輩的疼愛，遂變更起訴法條，改依性騷擾防治法論處，嗣因撤告，因而為不受理判決之諭知。本案經上訴二審，判決認為檢察官之上訴為無理由，應予駁回。
10	最高法院104年度台上字第3280號判決	違反槍砲彈藥刀械管制條例、野生動物保護法等罪	台東縣布農族原住民。非經主管機關許可，持土造獵槍擊獵山羌及長鬃山羊。	起訴案號：台東地檢署102年偵字第1754號。歷審案號：台東地院102年度原訴字第61號判決（處有期徒刑三年六月，併科罰金新台幣七萬元）、花蓮高分院103年度原上訴字第17號判決（上訴駁回，維持原判決）、最高法院104年度台上第3280號判決（駁回上訴，維持原判決）。主要理由：上訴人所持土造長槍係因拾獲而持有，且可供擊發制式散彈使用，歷審均認非屬「原住民自製獵槍」。本案於民國104年12月15日最高法院檢察署提起非常上訴。

在上表所列舉的刑案中，以持有自製獵槍，違反槍砲彈藥刀械管制條例的案件最為常見，此外，竊取森林主副產物違反森林法，或獵捕野生動物違反野生動物保育法等犯罪類型也頻頻出現，此等犯罪類型幾乎以原住民為主要行為人，犯罪地都在原住民傳統世居領域，犯罪原因則與原住民自身特殊文化或傳統生活習慣息息相關；為了顧及平衡其他犯罪類型，以下擇列五個最受社會矚目，曾引起廣大的關注與討論案件為例，分別說明其個案事實原委及審判經過，至於實質分析則俟下一節中再詳加論列。

一、嘉義縣阿里山鄒族頭目搶奪蜂蜜案

　　2003年2月，阿里山鄒族（Tsou）頭目Avai-e-Peongsi（漢名汪○○，以下簡稱頭目）及其兒子外出奔喪途中，在其承租的林班地路邊，發現漢人陳○○所駕駛的吉普車上有一桶新鮮野蜂蜜，依鄒族慣例，在鄒族人土地上採得的蜂蜜應屬於鄒族人所有，頭目父子懷疑陳○○車上的蜂蜜取自鄒族人的土地，竊取了鄒族人的財產，兩人遂要求陳○○與其一同前往派出所處理，遭拒絕，乃趁陳不注意時，將蜂蜜自陳車上搬至頭目父子的車廂上，而父子二人考量到當時必須及時趕赴親人喪禮，就沒先前往派出所，只抄下陳○○車牌，計畫回程再赴派出所報備。未料，頭目父子於回程途中即被警察依搶奪罪嫌移送法辦。

　　檢察官依刑法第325條第1項普通搶奪罪起訴頭目父子，並聲請簡易判決處刑。第一審法院調查後認為，陳○○持有的蜂蜜並非採自頭目父子所有土地，故蜂蜜並非其所有，而頭目父子的土地上亦未養蜂，顯係出於不法所有意圖而搶奪陳○○所有的蜂蜜，構成普通搶奪罪，各處有期徒刑六月，緩刑二年[10]。頭目父子提起上訴，二審法院駁回其上訴並維持原判。本案因而定讞[11]。

二、新竹縣司馬庫斯部落泰雅族人竊取倒木案

　　2005年9月間，泰利颱風過境，新竹縣司馬庫斯（Smangus）唯一聯外道路中斷，居住於該地的泰雅族（Tayal）人為了生存，設法打通聯外道路。而在聯外道路上，正好有一株被強風吹倒，胸徑約60公分的台灣櫸木倒在路中間，原住民先行將該櫸木移至路邊。不久，林務局發現這棵被吹倒的櫸木，遂先將樹身截切載離，但樹根及部分枝幹深埋土中，無法取出，林務局就在櫸木上噴紅漆並烙鋼印後留置現場。其後，泰雅族的部落會議決定，基於原住民慣例，櫸木位於其傳統生活領域範圍內，屬於部落共同擁有的財物，乃派遣三位原住民將其搬回部落，擬作為雕刻、造景和

---

[10] 嘉義地方法院92年度簡字第1064號判決。

[11] 嘉義地方法院92年度簡上字第151號判決。

公益之用，但在運送途中被巡山警察發現，隨即移送法辦。

　　經新竹地方法院檢察署偵查後，以違反森林法第52條第4款及第6款之竊取森林主副產物罪起訴。本案原一、二審法院均認定三位原住民被告有罪，判決理由大致為：櫸木仍在林務局管領之下，係屬國有，而三位原住民都看到林務局在櫸木上的紅色噴漆，也都知道紅色噴漆的法律意義，故三位原住民具有竊取國有林木之犯意；此外，原住民族基於森林法第19條，所謂原住民得於原住民族地區從事「採集野生植物及菌類」等非營利行為，仍須依據林務局訂頒的法律，而依國有林林產物處分規則第14條規定，應專案申請，三位原住民都未提出申請，自不得阻卻違法。

　　本案經上訴至第三審後，最高法院罕見地提出與下級審完全不同的看法。最高法院認真考量原住民文化的獨特性，從而認為：

　　原住民族之傳統習俗，有其歷史淵源與文化特色，為促進各族群間公平、永續發展，允以多元主義之觀點、文化相對之角度，以建立共存共榮之族群關係，尤其在原住民族傳統領域土地內，依其傳統習俗之行為，在合理之範圍，予以適當之尊重，以保障原住民族之基本權利。本此原則，原住民族基本法第30條第1項已經揭示，政府處理原住民族事務、制定法律或實施司法程序等事項，應尊重原住民族之傳統習俗、文化及價值觀等，以保障其合法權益。從而原住民族在其傳統領域土地內，依其傳統習俗之行為，即不能完全立於非原住民族之觀點，而與非原住民之行為同視。[12]

　　在2010年2月的更一審中，變更原一、二審判決的實體法效果，改判

---

[12] 參閱最高法院98年度台上字第7210號判決。不過，最高法院並沒有完全延續上述尊重原住民文化的基礎論點，在接續的論述中，轉而強調二審判決所謂必須「專案申請」，其實是依據「國有林林產物處分規則」，該規則法源依據是森林法第15條第3項，然而三位原住民被告主張的「原住民生活慣俗」則是森林法第15條第4項，兩者母法依據並不相同，故應發回重審。最高法院只提出了授權母法上的不一致，但並未言明應該如何尊重原住民傳統領域土地內的慣俗。

無罪[13]；而更一審裁判後，檢察官不再上訴，三位原住民被告遂無罪定讞。

三、屏東縣泰雅族人及台東縣布農族人持有自製獵槍行獵案

2008年6月間，被告為泰雅族原住民並具有漁民身分，未經主管機關許可，收受並持有他人所贈與之具殺傷力制式霰彈三顆，並以其所有之砂輪機、電桿機等製造可發射彈丸，具有一定殺傷力之土造長槍二支以及土造魚槍一支。被告製造土造長槍、魚槍之目的與用途係供狩獵打山豬及飛鼠、射魚之用，大約每月打獵一至二次，所得獵物與家人分享，並未販賣。

本案經檢察官提起公訴，一審判決認為，就未經許可持有具殺傷力之制式霰彈之行為，觸犯槍砲彈藥刀械管制條例第12條第4項之規定，有罪。另就被告持有土製長槍、魚槍供狩獵、捕魚之用之部分，公訴意旨認為涉有該條例第8條第1項未經許可製造具殺傷力槍枝、及同法第9條第1項之未經許可製造魚槍罪嫌，惟該判決認為二部分皆無罪[14]。本案經上訴第二審，仍維持一審判決，駁回檢察官之上訴[15]。

該案嗣經上訴最高法院，判決中認定，就被訴未經許可製造魚槍之部分，駁回檢察官上訴；而就被訴未經許可製造具傷害力槍枝之部分，撤銷原判決發回更審。撤銷之理由主要有二：其一，該條例第20條第1項所稱「自製獵槍」，應解釋為原住民本於其文化傳統所形成之特殊習慣，專為其於生活中從事狩獵、祭典等活動使用，而以「傳統方式」所製造、運輸或持有之「自製簡易獵槍」，始與立法本旨相契合。其二，針對內政部有關自製獵槍之函釋，最高法院認為應進一步調查審酌其標準有無事實根據，以及是否基於專業意見對原住民自製獵槍之客觀具體解釋[16]。

---

[13] 台灣高等法院98年度上更（一）字第565號判決。

[14] 第一審判決，參閱屏東地方法院99年度重訴字第11號判決。

[15] 第二審判決，參閱台灣高等法院高雄分院100年度上訴字第201號判決。

[16] 最高法院101年度台上字第1563號判決。

　　高雄高分院在更一審判決中指出，就被訴未經許可製造具傷害力槍枝部分，撤銷一審無罪判決，改判有罪（處有期徒刑二年八月，併科罰金新台幣十萬元）。認為所謂「原住民製造、運輸或持有供作生活工具之用之自製獵槍」，自應以原住民本諸其文化傳統所形成之特殊習慣，專其於生活中從事狩獵、祭典等活動使用，而以傳統方式所製造、運輸或持有之自製簡易獵槍，始符立法本旨[17]。

　　其後，最高法院在終審判決中指出，就被訴未經許可製造具殺傷力槍枝部分，撤銷原審有罪判決，自為無罪判決。認為本條項第20條第1項所謂「自製之獵槍」係指原住民為供作生活工具之用，而自行製造條例第4條具有獵槍性能之可發射金屬或子彈具有殺傷力之槍枝而言，所自製之獵槍裝填火藥或子彈之方式，法律既未設有限制，無論「前膛槍」或「後膛槍」均應包含在內。又特別強調：

　　中華民國憲法增修條文第10條第11項規定：「國家肯定多元文化，並積極維護發展原住民族語言及文化。」為落實憲法保障原住民族基本權利、促進原住民族生存發展，建立共存共榮之族群關係，原住民族基本法第10條規定，政府應保存維護原住民族文化，第30條亦規定，制定法律，應尊重原住民族之傳統習俗、文化及價值觀，保障其合法權益等旨。因此，在依相關法律踐行保障原住民族之基本權利，促進其生存發展時，自應尊重其傳統習俗、文化及價值觀。而依同法第19條之規定，原住民基於傳統文化、祭儀或自用，得在原住民族地區依法從事獵捕野生動物之非營利行為，原住民基於此項需求，非因營利，以自製獵槍從事獵捕野生動物即屬其基本權利。槍砲彈藥刀械管制條例第20條第1項即在尊重原住民族此一權利下，逐步將原住民為工作生活工具之用而製造或持有自製獵槍之行為，從刑事罰改為行政罰，以資因應。[18]

---

[17] 台灣高等法院高雄分院101年度上更（一）字第34號判決。
[18] 最高法院102年度台上字第5093號判決。

　　2013年7月，類似的案件在台東的布農族又再度重演，該族人Tama Talum（王○○）因持有獵槍，射殺保育類動物山羌等，歷經一、二、三審均判決有罪，依違反槍砲彈藥刀械管制條例、野生動物保護法等罪名判刑三年半，全案定讞[19]。歷審判決有罪的主要理由爲：被告所被查扣之槍枝，係因拾獲而取得持有，又該槍枝經鑑定結果，「由具擊發機構之木質槍身及土造金屬槍管組合而成，擊發功能正常，可供擊發口徑12 Gauge制式散彈使用，認具殺傷力」，因此認定爲非屬「原住民自製獵槍」範疇，且逾原住民「供作生活工具之用」以維護原住民族文化之規範目的，所犯與槍砲彈藥刀械管制條例第20條第1項「自製獵槍」之構成要件不符，無該條「不罰」規定之適用，應依該條例有關刑罰之規定論罪科刑。

　　本案判決確定後，原住民及人權團體積極聲援，最高法院檢察署於民國104年12月15日，已對本案提起非常上訴[20]。

四、台東排灣族舅公摸童「阿力力」案

　　2011年6月至同年7月中旬間，台東一名排灣族（Paiwan）六歲男童，在擺設於其住所廣場前的藤椅上，被舅公反覆用手撫摸「阿力力（睪丸）」，檢察官依刑法第224條之1「加重強制猥褻罪」嫌起訴。台東地方法院認爲：舅公的行爲並沒有猥褻的犯意或爲滿足自己的性慾，而是依照習俗輕拍男童生殖器表達對晚輩的疼愛，遂變更起訴法條，改依須告訴乃論的性騷擾防治法論處[21]。

　　原審判決無罪後，檢察官再以該男童於警詢中指述被告摸「小鳥」很多次，而且被摸的時間很久，由下向上撫摸，被告以強制力長時間不顧男童之抗拒，違反男童意願強行猥褻，自構成強制猥褻，提起上訴，主張應判舅公有罪。

　　但台灣高等法院花蓮分院合議庭作出二審判決指出：被告當時撫摸

---

[19] 本案由台東地檢署102年偵字第1754號提起公訴。歷審案號爲台東地院102年度原訴字第61號、花蓮高分院103年度原上訴字第17號、104年度台上第3280號等判決。

[20] 詳見民國104年12月15日最高法院檢察署新聞稿。

[21] 台東地方法院101年度侵訴字第8號判決。

被害人是在開放式空間，時間是在早晨，地點是在人來人往，家人可以進進出出之前院，方式是隔著褲子由下往上輕捧撫摸，被告此等行為是否屬於「足以興奮或滿足性慾之行為」？似有可疑。而最主要者，引用證人台東縣金峰鄉衛生所主任高○○、證人排灣族部落長老杜○○於第一審的證詞，以及一篇「台灣排灣族性文化的調查研究」的碩士論文[22]，於判決理由中揭示：「依照前述排灣族之習俗，被告身為被害人之舅公，撫摸晚輩生殖器，其行為之模式既為排灣族習俗所容許，自難具以認定有強制猥褻之犯行，檢察官之上訴應無理由。」[23]

肆、習慣在當今刑事審判中的法源地位

歷史告訴我們，18世紀末的啟蒙運動，興起個人主義、自由主義、法治國的思潮，對於中古以降的罪刑擅斷，掀起強力的反動。由於皇權專制時代，君主獨攬大權，對於何種行為構成犯罪；對於犯罪，應科以何種刑罰，一任主政者及其裁判官的恣意所為，且刑罰率多苛酷；立法、司法並無一定的界限，人民的生命、身體、自由、財產等無甚保障；啟蒙思想運動以來，對於所謂「警察國家」的罪刑擅斷，心生強烈不滿，因而確立了罪刑法定主義。

繼受自歐陸法的中華民國刑法第1條亦明文揭示採罪刑法定原則，值得注意的是，當原住民預期遵循部落慣習實施某項行為，係符合所屬部落文化傳統，而自認為具有高度的正當性，但現實上，在國家法規範中卻被標記為違法行為，此時該何去何從？換言之，當國家實定法與傳統部落舊慣有了落差時，要如何處理文化衝突的一面？行為人的行為是否該負刑責，涉及犯罪論體系論證的具體操作，其判斷必須依據刑法的概念，不能單因文化認同而成立或排除刑責；不過，理論上此時是否須藉助刑法的解

---

[22] 簡炎輝，台灣排灣族性文化的調查研究，樹德科技大學人類性學研究所碩士論文，2010年。

[23] 台灣高等法院花蓮分院101年度侵上訴字第47號判決。

釋方法以期能兼顧情理？很值得探究。

　　眾所公認，刑法學之所以須存在，是爲了確保適用刑事制裁的穩定性與一致性，使刑罰能夠維持解決社會紛爭的最後手段機能，同時防止法官憑藉感情因素而任意出入人罪。就歐陸法系來說，刑事責任成立與否，必須仰賴刑法釋義學發展出來的概念與體系，而依現代刑法學界的通說，成立犯罪必須審查構成要件該當性、違法性及有責性等三個階層，而每個階層又有個別的、具體的內在元素，每個涉及刑責的要素都有其固定的定義與概念範疇，一個理想的判決就須要妥善運用刑法解釋方法，期能不至於過度違逆人情物理。換個說法，當原住民部落文化與主流的漢文化或國家法相牴觸時，倘爲了尊重原住民的特殊文化背景，就必須設法將原住民的文化規範及傳統習慣，以及原住民對於其所有文化的認定，納入刑法釋義學的框架來思考。

一、構成要件該當性與刑法的解釋

　　世間人，紛爭無數，而律條有限，倘欲以有限的法條，規範無窮的人事，勢必力有未逮。而綜覽中外古今的法制歷史，凡是採「法典本位」的國家或社會，法律的條文時而曖昧難明，時而概括抽象，甚至有所缺漏，此時，必須要靠法律闡釋才能明其真義。申言之，要將事物客觀化，必須立文字以申其意，而文字所代表的意義，往往變成概念上的意義，與被代表的那個本來意義，無法求其完全相同，除非「不立文字」，要立文字以成「法」，這是千古存在的難題。

　　爲此，在採成文法典的國家，法律的解釋至關重要，它可以說是適用法律的靈魂。所謂「解釋」乃指確定法律真正的涵義而言，是確認的，而非創設的。在學理上，關於法院解釋法律的方法，不外三種：第一，從文字上去決定律文的意義；第二，從立法者的意旨去決定律文的意義；第三，從社會現實的需要上去決定律文應作如何解釋。從純理論言，這三種方法縱然各有其優缺點，但受限於罪刑法定的大原則，刑法的解釋方法自須審慎爲之。理想上，法律的解釋是靈動的，必須根據融合並且促進當代現實的方式加以理解，更必須在憲法所建構的法律框架制序下，具體

落實憲法所要彰顯的價值理念。在憲法肯定多元文化的規範前提下，即應以多元的觀點進行法律的解釋，以便少數族群的原住民文化得到應有的尊重[24]。

　　就我國的刑法而言，刑法對於構成要件與違法的認定，應依習慣決定者，不乏其例。例如：刑法第15條有關不純正不作為犯的防止結果發生義務，其中有所謂「基於習慣上特定密切生活關係所生之義務」，有時須依習慣加以認定；至於在學說及實務上所承認的超法規阻卻違反事由，更須參考習慣認定，再如：第294條「遺棄罪」之扶助、養育或保護責任等，其保護責任等之依據，可能因時空之不同，須依習慣或法理而為認定；第193條之所謂「建築術成規」，即須參酌建築界的行規習慣；第252條妨害農事水利罪之所謂「水利」，係指一般水的利用而言；惟該水利須以屬他人之水利權為必要，至於是否屬他人水利權，有時須依習慣加以認定。又例如：第344條規定，乘他人急迫、輕率、無經驗或難以求助之處境，貸以金錢或其他物品，而取得與原本顯不相當之重利者，為重利罪；而是否「顯不相當」之重利，應就原本與利息、行為時與行為地的借貸習慣以及金融市場動態等，做客觀認定，不可僅以超過民法上法定利率的最高限制，即認為與原本顯不相當之重利。可見，習慣在形式上固不得作為刑事審判的直接法源，但在認定犯罪事實及解釋法律方面，仍得作為輔助資料，無可避免地仍可成為刑法間接的法源。

　　以本文前面所揭舉的案例四、台東縣排灣族舅公摸童「阿力力」一案為例，在刑法學上的犯罪類型上，有一種名為「傾向犯」者，這是一種具有特殊心理傾向的故意犯，倘僅有單純外部之行為尚不能謂為犯罪，必以該行為足以強烈顯示行為人內心主觀上之種種傾向時，始能成立之犯罪。本案的被告固坦承有撫摸被害人的生殖器，惟堅決否認有何強制猥褻犯行，辯稱：伊並不是基於猥褻的犯意或是為滿足自己性慾的心理傾向而撫摸，而是在案發當時，伊身為被害人甲男的舅公，甲男找伊嬉戲，伊為了

---

[24] 林孟皇，談設置原住民法庭的時代意義——從維護原住民權益重新發現正義（下），司法周刊，第1640期，2013年4月第2、3版。

表示對於晚輩疼愛的意思，按照排灣族的習俗，捧著輕拍甲男的生殖器等語[25]。該案二審法院的判決中也明白指出：

> 按刑法上之猥褻罪，係指姦淫以外，足以興奮或滿足性慾之一切色情行爲而言，最高法院著有63年台上字第2235號判例可參。因此，猥褻罪必須有足以興奮或滿足性慾之色情行爲方屬之，非謂所有性器官之接觸行爲均構成猥褻罪，仍必須視行爲是否足以興奮或滿足性慾而定。
>
> 既然被告所成長的環境有以碰撞晚輩生殖器，表達關懷之意的習俗，而如前所述，被告係在開放式空間、時間是在早晨，地點是在人來人往，家人可以進進出出之前院，方式是隔著褲子由下往上輕捧撫摸，被告是被害人長輩，被告並未一再強迫被害人接受撫摸等等，均與證人所述排灣族風俗習性相同，顯見被告並非出以猥褻之犯意，撫摸被害人之性器官。[26]

本案第一及第二審法院的見解，除了認真調查親族長輩撫摸孩童生殖器是否為當地的習俗文化外，另從刑法構成要件要素的解釋，闡明「強制猥褻罪」的「傾向犯」實質內涵，具有說服力。

再以案例三台東縣布農族人王○○一案來說，非常上訴的理由中提及原審判決自行限縮解釋，認為原住民自製獵槍之性能，須該當「依照原住民文化之生活需要所製造」或「原住民文化所允許之方式製造」要件，始能主張免責之解釋，以不確定法律概念虛增法律條文所無之免責要件，是否已逾越法律授權範圍？有無違反罪刑法定原則？且依其解釋，隱含原住民族日後皆不能再自製比以前祖先更精良的獵槍打獵，永遠只能使用落伍土造獵槍打獵，結果是否可能造成原住民族發展其特有文化之歧視？又是否已違反旨在保護原住民工作生活工具之用，即許可自製獵槍，以示尊重

---

[25] 台灣高等法院花蓮分院101年度侵上訴字第47號判決。

[26] 同上註25，台灣高等法院花蓮分院前揭判決。

原住民發展、保存其文化的立法意旨？

　　次就被告違反獵捕野生動物部分，民國94年2月5日公布之原住民族基本法第19條規定：原住民在原住民族地區只需非基於營利行為，即得在「傳統文化」、「祭儀」、或「自用」範圍內，依法獵捕野生動物。較之93年2月4日野生動物保育法增訂第21條之1第1項規定：臺灣原住民族僅限「傳統文化」、「祭儀」之必要，始得獵捕、宰殺或利用野生動物者之範圍廣，以適用法律應從優從新之原則，自應適用原住民族基本法第19條規定，為有利原住民之認定。

　　況上開原住民族基本法第19條及第21條第1、4項所定「應經諮商並取得原住民族或部落同意或參與，而與原住民族共同建立管理機制」之特殊法規制定方式，與2007年9月13日聯合國大會通過之「聯合國原住民族權利宣言」第12條第2項、第14條第3項、第15條第2項，第17條第2項、第11條第2項及第19條所定「基於遵重原住民族之自主權及自治權原則下，要求各國政府應在各原住民族知情、同意下，共同制定原住民族行為規範」之宣言意旨悉相符合，詎原審仍適用野生動物保育法及不符上開宣言及原住民族基本法所訂之原住民族基於傳統文化及祭儀需要獵捕宰殺利用野生動物管理辦法，為被告有罪之認定，適用法則是否有不當之違法？

　　以上非常上訴理由中所提及的論點，相當中肯，值得參考。

二、可罰違法性理論與習慣

　　在日本及台灣的刑法學界，基於刑法謙抑思想及違法性相對論的理念，學說上有所謂的「可罰之違法性」的理論，亦即對於行為人的違法行為，可以區分為「值得科處刑罰之違法」與「不值得科處刑罰之違法」，而犯罪的成立，不僅行為須違法，且須達於足以科處刑罰程度之違法始可[27]。至於是否可罰的判斷標準，一般認為應取決於下列二端：

---

[27] 關於「可罰違法性理論」的相關論著，日文資料可參閱前田雅英，可罰的違反性論の研究，東京大學出版會，1982年6月，頁718。佐伯千仭，可罰的違反性の理論の擁護，收於氏著，刑法における違法性の理論，有斐閣，1974年，頁391-392。中文資料可參閱洪福增，可罰的違法性之理論，收於氏著，刑法理論之基礎，刑事法雜

（一）被害法益是否屬輕微性，此即違法性之量或結果反價值的判斷。

（二）違反社會倫理相當性是否屬輕微性，此即違法性之質或行爲反價值的判斷。

申言之，刑法上違法性，乃指行爲人的行爲，具體的值得處罰之違法性，不僅在量的方面，且在質的方面均須達於足以科處刑罰之程度始可。因法益侵害以及違反社會倫理性兩者均屬輕微，在社會通念上，概屬尚未達於值得用刑罰加以制裁之必要，宜認爲並非刑罰規範所預想的違法性[28]。通說認爲，上列兩項標準若同時兼備，始得認爲行爲不具可罰之違法性。不過，值得思索的是，倘若祇符合其中一項時，是否也有適用的餘地？蓋有些涉及違反社會倫理性輕微的事實，如果一律認爲具違法性而須科予刑罰，恐與社會一般人的法律感情扞格不入。

在上述案例二司馬庫斯部落泰雅族人竊取倒木案的更一審判決中，法院排除了三位原住民被告的刑責，其主要論據除了花相當長的篇幅討論有關森林法第15條第3項與第4項的適用關係外，難得的是，另從原住民被告的實質違罰性角度立論：

> 被告三人方依司馬庫斯部落決議，欲將櫸木殘餘部分運回部落以美化部落景觀，是被告三人之行爲，並未破壞森林自然資源，且欲發揮該櫸木之公益及經濟效用，是被告三人之行爲，並未違反森林法之立法目的。依據慎刑原則，唯具有社會倫理

誌，1977年，頁724。甘添貴，可罰的違法性之理論，收於氏著，刑法之重要理念，瑞興，1996年6月，頁101-123。

[28] 例載：「行爲雖適合於犯罪構成要件之規定，但如無實質的違法性，仍難成立犯罪。擅用他人之空白信紙一張，雖其行爲適合刑法第三三五條第一項之侵占罪構成要件，但該信紙一張所值無幾，其侵害之法益及行爲均極輕微，在一般社會倫理觀念上，尚難認有科以刑罰之必要；且此項行爲，不予追訴處罰，亦不違反社會共同生活之法律秩序，自得視爲無實質之違法性，而不應繩之以法。乃原判決未察，竟將第一審認此部分不成立犯罪之判決撤銷改判，併論以侵占罪，亦有矯枉過正之不當。上訴意旨指摘原判決違法，尚非全無理由，應認有發回更審之原因。」引自74年度台上字第4225號判決。

非難性的不法行為，始有動用刑法手段之必要；然如上所述，
被告三人之行為，既符合原住民族之傳統文化及生活慣俗，且
與國家財政資源分配使用之目的，不相違背；又未違反森林法
之立法目的，是被告三人行為，並不具有社會倫理非難性。[29]

本案判決，係以行為「並不具有社會倫理非難性」等抽象的價值概念
為判準，這種論述雖易流於主觀及恣意，易啟濫用的危險，惟仍須予以肯
定，其理由約如下述[30]：

（一）理論面：此項判決，對於現行刑法的犯罪論體系，得發生調合
的效果。蓋依此論點，凡輕微之行為與不適合施用刑罰嚴厲手段之違法行
為，得否定其犯罪之成立，既可顧及社會之現實，避免刑法之適用流於形
式化與僵硬化，且亦毋庸更動現行刑法的犯罪論體系，而得逕將該等行為
予以免責的基礎。

（二）實踐面：此種論點，可使法院的判決儘量貼近國民的法律生
活感情。凡未達刑法各本條所預定程度的輕微違法行為，或不適於刑罰的
違法行為，得否定其犯罪之成立，而免受處罰。如此，法院所為無罪之判
決，即與社會通念趨於一致，避免刑法予人過於苛酷的觀感。

弔詭的是，縱或認為被告係欠缺社會倫理非難性，這種效果應該在刑
法犯罪三階理論體系中的哪個位階處理？是否有所謂「可罰違法性理論」

---

[29] 其次，更一審法院接續推論被告三人欠缺主觀的不法所有意圖：「被告三人係基於
部落傳統文化及生活慣俗，遵循司馬庫斯部落決議，欲將上開櫸木殘餘部分運回部
落，以作為部落造景美化景觀之用，渠等主觀上並未具有不法所有之意圖。」參閱
台灣高等法院98年度上更（一）字第565號判決。

[30] 不過，學界對「可罰違法性理論」有持否定見解者，認為違法性係行為與整體法律
秩序的對立關係，只有對立或不對立，並無所謂程度高低或可罰與否的問題。何
況，違法性乃刑罰必要性的前提要件，而非刑罰必要性係違法性的前提，故可罰違
法理論將違法性取決於行為是否具有科以刑罰之必要性，並不妥適。詳參林山田，
評可罰違法性理論，收於氏著，刑事法論叢（二），作者自版，1997年，頁1-29。
亦有認為可罰的違法性「關鍵在於行為人的欠缺不法意識，應該在罪責的層次討論
解決之道，法條的依據則是第16條。」參閱林東茂，刑法綜覽，一品文化，2015年8
月8版，頁1-105。

的適用？法院似乎不想講清楚，甚而，法院也不敢大膽地承認這裡有「阻卻違法」的適用可能性，反而繞過違法性的討論過程，直接將問題牽引至行為人欠缺「不法所有意圖」。雖然，歷審判決中都詳盡地討論森林法許可原住民的林地合法使用範圍，但最後又轉向無主觀不法所有意圖作結，顯然法院並不樂見「無主管機關許可，亦得合法使用林地」的法律效果，從某種管制理論的向度看，這是行政機關必然的管制期待，但作為刑事判決理由，儘管結論都是無罪，法院的論理仍有不夠明朗之憾[31]。

三、違法性認識與原住民文化規範

所謂「違法性認識」，學理上有稱之為「違法性意識」或「不法意識」者，乃指行為人意識其行為係違反法律規範，而與社會共同生活秩序維持之要求相牴觸之意[32]。一般而言，只須行為人於行為之際，有此認識即為已足，而不以行為人確實認識其行為係違反某一具體刑罰法規，或其行為具有可罰性為必要。至於行為人知道自己所做何事，但不知道所做之事是違反法律的，此種情形，一般稱之為「違法性認識錯誤」，又稱為「禁止錯誤」。

以前面所舉的案例三泰雅族人非法持有槍械案來說，該案涉及的爭點除了原住民身分的認定、「自製之獵槍」的範圍可否包括「自製子彈」外，以及最為關鍵者，為持有獵槍之目的是否為「供作生活工具之用」？若有，是否還可以阻卻犯罪的成立，而轉適用行政罰？最高法院於判決中指出：

狩獵係原住民族傳統維生方式之一，並與其祭典文化有關，原
住民在狩獵過程中，可訓練膽識、學習互助精神及生存技能，

---

[31] 同上註9，許恆達，國家規範、部落傳統與文化衝突——從刑法理論反思原住民犯罪的刑責問題，頁62。

[32] 長井長信，違法性の意識に関する一考察——その認識内容を中心として，北大法學，第36卷第3號，1988年10月15日，頁40。另參閱甘添貴，違法認識與正當理由，月旦法學雜誌，第1期，1995年5月。

亦得藉與族人分享狩獵經濟與成果，獲得認同，提升在部落人中之地位，故原住民族自製獵槍獵捕野生動物，乃其傳統生活習俗文化之重要內容。惟因社會整體發展急遽變遷，原住民族生活型態亦隨之改變，復因野生動物保育法獵捕規定之限制，難期其仍專以狩獵維生或以狩獵為其生活主要內容，基於維護原住民傳統習俗文化及發展之考量，本條項「供作生活工具之用」之解釋，自應因應生活型態之改變而放寬，只要本於其傳統文化目的有關而自行製造或持有之獵槍，即應認係供作生活工具之用，不以專恃狩獵維生或以狩獵為其生活主要內容者為限，然如溢出此範圍而使用自製獵槍，自不在此限。[33]

　　狩獵文化一直是原住民族祖先傳承與凝聚部落族群共識，長期相沿傳承的生活及文化習俗，除了一般生活需求外，也藉由狩獵來磨練青少年的膽識，並教導未成年的狩獵者如何維持部落族人與大自然之間的和諧關係，它可說是原住民最重要的知識系統。然而，當統治者以強權方式統理原住民族之後，原住民的狩獵文化頓時蒙上了「犯罪」的陰影，因為原住民的狩獵工具──槍械，被認為是危險的象徵。因此，不管是日據時期或是1945年之後的當權者，如何管制原住民持有槍械，一直是統治者對原住民最重要的治理政策。從上述最高法院的判決看來，能以「與原住民之生活有關且為其生活上之所需要」為著眼點，而採取較寬鬆認定「除罪」範圍的立場，明白宣示終審法院的態度，就保障原住民狩獵文化的觀點來說，值得肯定。

　　同理，在案例三布農族人行獵一案中，被告判決確定後，台東地檢署傳喚到案，但被告王○○發表聲明，堅稱自己無罪，不會主動到案，他說：「我是Bunun（布農），我是人，我是獵人，我無罪！」是否也能考慮該被告是屬欠缺「違法性的認識」？

　　此外，在上述案例一阿里山鄒族頭目搶奪蜂蜜一案中，其爭議點，除了蜂蜜的所有權誰屬，以及頭目父子是否具不法所有意圖等實定法上的構

---

[33] 最高法院102年度台上字第5093號判決。

成要件要素外,主要在既有的刑事法規範與原住民傳統領域的慣習若有衝突時,究應如何調適與平衡?頭目父子從原住民部落文化角度提出抗辯:

> 我們並沒有想要欺侮任何人,並沒有想要傷害任何人,我們只是在不懂法律的狀況下,很多的行爲我們沒有辦法知道我們在做什麼……在我的觀念裡頭認爲這個蜂蜜是從我的林班地裡盜採,在我的觀念裡頭就是占有我本人的權益。[34]

不過,法院顯然並不接受頭目父子的說法,針對被告是否有違法性認識錯誤的問題,判決中特別指出:

> 凡涉及原住民族與非原住民族之權利衝突事項,除法律基於正當理由,另以明文規定對於原住民族特別採取較優勢保護外,尚不能因原住民族係眾所公認之弱勢族群,即允其逸脫一般法律規範,對於他人之財產法益予以侵害。刑法第16條前段規定,不得因不知法律而免除刑事責任[35],而搶奪本爲文明社會一致處罰之行爲,被告乙(頭目)供稱於日治時期曾就學三年,被告甲(頭目之子)供稱學歷爲高中畢業,且被告乙陳稱其爲鄒族頭目,並自許爲「質樸木訥、認眞盡責、恪遵傳統祭儀禮之男子」,另依公知之鄒族習俗,被告甲將來亦有可能繼承其父之頭目職銜,顯見二人均爲文明社會之成員,且爲該原住民族現在與未來之精神領袖,彼等當認識「不得搶奪」乃放諸四海皆準之道德規範與法律誡命,是本案被告並不存在對於刑法禁止規範不知或認識錯誤之情狀。[36]

---

[34] 嘉義地方法院92年度簡上字第151號判決。

[35] 刑法第16條規定:「除有正當理由而無法避免者外,不得因不知法律而免除刑事責任。但按其情節,得減輕其刑。」

[36] 同上註34,嘉義地方法院判決。

可以看出，法院認為應該從「文明社會」的角度立論刑事責任的成立與否，除非有例外的法律明文，許可、寬貸或賦予原住民特別法律地位，否則，原住民仍然必須遵守「文明社會」的法律誡命，不得主張其不知法律或有其他排除刑責的利益。有疑義的是，何謂「文明社會」？是指漢人社會、城市環境還是其他社群？很明顯，法院明確地展現了切割現有法律制度與原住民文化的立場，縱然我國憲法增修條文已有保護原住民部落文化的明文，但其僅屬政策性的宣示，不能貫徹到個案判斷，個案刑事責任成立與否，仍只能依據現有的法律制度與規範[37]。

不過，頭目父子主觀上似乎不這麼想，兩人均認為該位處於原住民固有領域的漢人，可能竊取了鄒族人所有的蜂蜜，基於傳統慣俗，為了保護部落財產，承認他所擁有的制止、驅逐或懲戒的權力，所以他們才會奪取並押收該蜂蜜。以現行刑法的角度來看，這似乎涉及到是否成立誤想自助行為的問題[38]。從純理論言，在既有的刑法理論架構下，其實已經可以導出頭目父子不必負刑責的結論，對於「容許構成要件錯誤」的處理方式，行為人只能認定成立過失刑責，不成立故意犯，但由於我國現行刑法只規定處罰故意搶奪行為，不罰過失，最後結果即：鄒族頭目父子因為誤以為相對人侵奪鄒族財產，而搶奪其持有的蜂蜜，主觀上欠缺實施侵害法益意思，應認定不具該罪之故意，刑法又不罰搶奪的過失犯，故頭目父子無

---

[37] 同上註9，許恆達，國家規範、部落傳統與文化衝突——從刑法理論反思原住民犯罪的刑責問題，頁39。值得注意的是，法院描述現有法律制度時，採用了「文明社會」的字眼，這樣的宣示似乎暗喻著，無法與現有法律制度融合的原住民族群，是一個「不文明」的社會，雖然只能從字裡行間推敲法院隱約透露的立場，但這也暗示了原住民決定其行為時，應放棄循依「不文明」的原住民文化，而應優先遵守「文明」的漢文化法律制度。另參閱雅柏甦詠‧博伊哲努、楊曉珞，文明社會的野蠻誡命：從嘉義地方法院九十二年度簡上字第一五一號判決談鄒族傳統財產權，台灣原住民族研究季刊，第5卷第3期，2012年，頁123-152。

[38] 頭目父子於奪取蜂蜜時，主觀上確有透過該行為保護自己財產利益的意思，只不過客觀上所有權歸屬相對人，不能成立阻卻違法的自助行為，但若行為人出於自助行為的意思，試圖保護自己財產權而攻擊相對人時，應可考慮成立誤想的自助行為。參閱同上註9，許恆達，國家規範、部落傳統與文化衝突——從刑法理論反思原住民犯罪的刑責問題，頁64。另參閱呂秉翰，論信念犯之罪與罰——司法院大法官會議釋字第四九○號解釋評析，收錄於判解研究彙編（八），李模務實法學基金會92年第八屆法學論文徵選得獎作品集，2004年。

罪。

遺憾的是，本案判決對於原住民文化的獨特性、社會組織及習慣的差異性等並未特別予以著墨，形式上，法院似乎徹底遵從刑法學的概念思考頭目父子的刑責，但最後並未能顧及頭目父子實施搶奪時的保護利益想法，致遭有罪判決。

四、期待可能性與部落文化確信

在現今刑法犯罪論體系中，學理上所承認的責任要素有四，即責任能力、責任條件、違法性認識及期待可能性。其中，「期待可能性」者，是指行為人面臨違法行為的當下，是否尚有得期待為其他適法行為的可能性，倘無此可能性，則對行為人不能予以非難或論究其責任；從而，期待可能性乃為責任發生的根據，而期待可能性的不存在，則成為阻卻責任之事由。此種理論係為「規範責任論」者所主張，以為責任並非僅對結果之認識及認識可能性之心理事實的本體，而是事實與規範的具體結合關係，自規範立場對事實所加之非難可能性，乃為責任的本質。

用通俗的話來講，行為人違反規範義務而為違法行為的決意，此種心理狀態，即為責任非難的根據，然並非一有違反義務之意思，即應負責；必須衡諸社會上一般正常人處於行為人行為時所處的地位，在客觀上亦均會出於不得已，而違反義務之決意時，始予以行為人責任的非難，此種非難可能性，應依期待可能性的原理來決定。考其根源，即本於「法律不能強人所難」的法理而來，是很貼近人情義理的法律觀念，具有濃厚的人情味，充滿高度的人文關懷。

以本文前面所舉的案例二泰雅族人竊取倒木案為例，讓人遐思的是，原住民犯罪是否涉及「確信犯」的領域？這裡所謂的「確信犯」，指的是因為政治、宗教或倫理信仰的緣故，認為自己有義務實施某種特定行為，縱然該行為違反刑法規定，其可罰性較低，應給予特定的優待處遇[39]。至於「良心犯」，可說是「確信犯」的一種下位概念，指的是行為

---

[39] 有關「確信犯」與「良心犯」的區辨，本文暫不論及。詳參Radbbruch, Gustav（王怡萍、林宏濤譯），法學導論，商周，2011年，頁145。

人本於特定的價值立場，對於「善惡之間」有其定見，並基於該價值立場
選擇實施善的行為。對於「良心犯」而言，僅當行為人實施特定價值觀點
下的「善行」，才算是履行其行為義務，只不過該行為恰巧違反國家實定
法的規定。

　　從現實面來看，我國現行刑法主要係繼受德國法而來，雖然德國刑法
理論或許未曾真正處理過這種部落文化間的衝突問題，但其實相近似的問
題通常以宗教差異的形貌出現[40]。而從比較法文化的角度言，相對於歐洲
從宗教差異思考，論及弱勢的原住民文化與主流漢文化法律的差異時，並
不會認為這是一種宗教問題，反而會理解係文化差異所導致。事實上，宗
教是文化的一環，若採用同樣標準，我們也可以認為，原住民具有特別的
泛祖靈與祖先信仰，該信仰認為原住民源自先祖固有領域中的林產，不應
該任由外在入侵者利用，故其優先選擇信仰而違反國家現行法的行為，是
一種信仰觀點與法律觀點的衝突。簡言之，不論採用宗教、文化、倫理來
理解「原住民／漢人」間的問題，其本質都在於社會中存在一個與主流認
知有異的「他種」觀念，只是這種根本想法能不能作為「確信犯」或「良
心犯」來看待[41]？

　　當原住民出於其固有的部落信念，在明知可能違反法律的情況下，但
基於確信本身負有更高的道德義務與秩序，仍執意貫徹部落規範時，是否
得以學說上所稱的「確信犯」或「良心犯」來類比？換個說法，原住民如
確實知悉其行為會觸犯刑法，而仍甘願為之，其癥結點恐怕在於原住民對
於既有的刑法規範不具認同感，認為這樣的刑法規範與世居於山林部落的
原住民傳統生活習慣大相逕庭，甚至可能認為這是一種用以消滅原住民文
化的根源之一，以致於原住民遵守法律規範的意識薄弱[42]。

　　在上揭案例二泰雅族人竊取倒木案中，三位原住民青年是在部落會

---

[40] 黃昭元，信上帝者下監獄？——從司法院釋字第四九○號解釋論宗教自由與兵役義
務的衝突，台灣本土法學雜誌，第8期，2000年，頁30-45。

[41] 江玉林，社群主義在德國法哲學上的探討及其影響——從德國聯邦憲法法院的十字
架判決談起，月旦法學雜誌，第51期，1999年，頁197-201。

[42] 王皇玉，刑罰與社會規訓，元照，2009年4月，頁275。

議決定取走櫸木之後，不顧林務局的標記而取得櫸木，由於案子發生在原住民固有領域內，依據泰雅族的部落文化而言，山林資源不屬於特定人所有，而是由部落公有，任何人都可以採取、利用[43]，正因泰雅族部落長老的決定，使得三位原住民青年負有採取林產的部落規範實踐義務，從泰雅族部落習俗看來，這是遵守祖訓規範（Gaga）的部落會議決議，許是完全符合道德判準且遵從部落習慣的「理當如此的意識」行為。此外，憲法增修條文中強調保護原住民的傳統文化，對於固有領域內林產的採集當然也是原住民傳統的一部分，這是一個值得保護的多元文化利益。如此說來，如果現行法中欠缺可以減免原住民採取林產品的規定時，能否考慮將三位原住民青年類比「確信犯」或「良心犯」的範疇，而得到刑罰寬貸的利益[44]？

假如這種推論可以成立，那麼，刑法學應該給予三位原住民青年及王○○，何種法律效果？是將「確信犯」或「良心犯」當作刑罰裁量事由的反面意義，即是法律仍要處罰，只是減輕處罰而已？抑或可獲得罪責的減免？

當然，在審判過程中，必須先具體審察個別行為人是否真的有難以直接抗拒其自身文化背景所提供的行為指令，從而不得不選擇違犯實定法規範？對於原住民背景的行為人而言，他們是否確實很難直接拒絕部落決議，而完全依循主流的法律系統？倘若答案也是肯定的，還要再進一步審察，三位原住民青年基本上是否只有「採取櫸木而犯罪／不採取櫸木而違背部落規範」兩種選項而已？倘若可以接受三位原住民青年已經達到難以

---

[43] 在該案的更一審判決中曾引用台大人類學系研究報告：「近百年來，泰雅族森林動植物資源的使用觀念沒有太大的變化，其核心概念一直是部落公有的領地範圍內，動植物資源可由部落成員共享，其他部落不會越界取用，彼此也會互相尊重。由於對慣習法（gaga）及主宰賞罰之祖靈（rutux）的敬畏，人人都會遵守規定。……從傳統泰雅族對於山林資源的利用，可知野生植物不屬於任何個人所有，大家均可採用，這是一種分享的概念。也可說在泰雅族的慣習上對於山中的資源是採取一種開放的財產態度，採集果實、搬運木料等行為是被允許可自由利用的。」

[44] 在此，其實還有一個困擾的問題，此即竊取國有林產是個人法益或超個人法益的犯罪？由於本文無意專論於此，無法明確表示看法。不過，至少就司馬庫斯案而論，不論定位為個人或超個人法益，似乎都有適用「良心犯」的空間。

遵循刑法規範，那即可將之歸於欠缺遵守法律的期待可能性。申言之，可以認為三位原住民青年構成學理上的「確信犯」或「良心犯」，這是一種出於特有文化、宗教或倫理誡命，不得不遵守部落文化而違反現行法的規定，法律效果上似可考量予以阻卻罪責。

伍、結論

　　從人類社會學的角度考察，自古以來，原住民的生活本就離不開其原生土地。因此，所有國家的原住民族幾乎對於其土地都有高度的依存性。晚清民國，乃至當前台灣近代化後的民事法領域，認為從單純的習慣到具有法效力的習慣法，通常須具備下列四個要件：一、要有內部要素，即人人有法之確信心；二、要有外部要素，即於一定期間內，就同一事項反覆為同一之行為；三、要係法令所未規定之事項；四、要無悖於公序良俗[45]。而在刑事法領域，能否單因文化認同而成立犯罪或排除刑責？原住民的習慣能否扮演著「不成罪」的阻卻構成要件、阻卻違法或阻卻責任的事由？綜合本文上述的討論，得出幾點心得如下：

　　其一、嚴格說來，犯罪是否成立以及刑罰應如何科處，關乎刑法概念的操作，不論是「成罪」或「不成罪」的理由，都需要透過實定法或至少運用刑法概念的解釋方法；至於情感、認同、關懷乃至習慣都無法當作「成罪」或「不成罪」的直接審判法源。換言之，原住民的犯罪行為縱然有文化衝突的難題要處理，但在訴訟策略上，似乎無法純就「文化辯護」或「文化抗辯」[46]；只要涉及刑法議題，就必須從刑法學理尋求解決，惟

---

[45] 黃源盛纂輯，大理院民事判例輯存‧總則編，元照，2012年2月，頁1-6。

[46] 「文化辯護」或稱「文化抗辯」，此一語詞並非已被法律體系承認或接受的名詞，通常是用來對於一種訴訟策略的稱呼；用來指稱少數文化族群的被告在訴訟中，主張自己的行為受到文化習俗規制力的影響，而欠缺故意或罪責，要求無罪或減輕刑罰的判決。參閱李佳玟，壓迫與解放──美國種族主義中的認同政治（下），成大法學，第8期，2004年12月，頁136。

有透過刑法學的討論，發展出一套適合的理論或概念來處理其文化衝突的「成罪」或「不成罪」事宜，才能徹底化解爭議。

其二、理念上，法律是一種理性、客觀、公正且合乎目的性的規範，而解釋法律必須兼顧法律的安定與理想，其功能始能充分發揮；如為維持法律的安定而犧牲法律的理想，必然使法律的解釋淪為形式的邏輯化，自難促成正義的實現。因之，於闡釋法律之際，如法律的安定性與具體妥當性有所齟齬時，寧捨法律的安定性，而取具體的妥當性[47]。具體地說，刑法有義務在其概念中考量多元文化，尤其是原住民的固有規範；法院既然已意識到原住民的文化習慣，便不宜再以機械式的「概念法學模式」來操作，而要盡力弭合原住民族傳統習慣與國家實定法間的鴻溝，這或許就是所謂法官必須找回的「審判靈魂」吧[48]？史實顯示，至少在2001年以前，台灣的刑事立法或司法審判大多以主流的漢人價值觀及歷史觀為依歸，罕有特別針對原住民犯罪行為人特殊性的例外規定或判決。難得的是，從近十年來的各級法院類此案件的審判，已漸漸能關照到原住民的文化傳統與習慣，嘗試從尊重原住民文化特殊性與自主性的觀點，而有較能符合人民法律感情的判決出現。

其三、為了能徹底解決國家實定法與部落文化的衝突，在實際的司法運作上，須考慮個別要素在犯罪判斷中的機能，原則上，可以將犯罪成立要件區別為「成罪」的積極要件以及「不成罪」的消極條件。行為人要成立犯罪，除了要具備客觀、主觀的構成要件要素該當性外，另須具有違法性、有責性等「成罪」的積極要件；此時，自不宜過度考量欠缺一致、共通特點的他種文化脈絡，應依現行法律體系的實定規範處理，以穩定地限定刑罰範圍要求。但對於「不成罪」的消極要件，包括阻卻構成要件、阻卻違法、阻卻責任或減免罪責等事由，則應儘可能地考量非主流的他種文化脈絡，其中，當然包括原住民的部落舊慣。

或許可以這麼說，不論是本文前揭之案例一到案例四，刑法學本身都

---

[47] 楊仁壽，法學方法論，作者印行，2010年5月，頁483。

[48] 林孟皇，消失的證人證詞？──從排灣族舅公摸童「阿力力」事件談法官的審判靈魂，司法改革雜誌，第95期，2013年4月，頁72-78。

有足以對應的概念，甚至最終也都可能可以導出「無罪」的結論，即便如此，仍須注意，這些案例之所以可能得到「無罪」的結論，大部分是因為運用刑法解釋方法的善巧法門，使其能阻卻構成要件、或阻卻違法性、或阻卻有責性，而這都只是基礎刑法理論的應用而已，法院的判決並未因此而獨立發展出一套原住民與漢文化衝突時的對應策略。從某種意義上說，國家法與部落習慣這兩種不同的知識傳統之間，仍然缺少一種內在和有機的聯結。

　　講穿了，「傳統」與「當代」並非截然二分，一般所稱的「傳統文化」，係指存在於某個族群社會已久，並藉由世代相傳而延續至今的價值、規範、宗教、倫理、制度、藝術、語言、符號及其他一切生活內容的總稱。而實際上，台灣幅員並非遼闊，邇來，受到電訊科技的發達、教育事業的普及、媒體傳播的無遠弗屆，原住民的「舊慣文化」受到激烈的衝擊，已逐漸在流失當中；此時，固無須再過度渲染原住民「舊慣」的特殊性與自主性，但為了尊重仍留存的多元文化習俗及價值觀，必須思考，如何使部落文化的遺留能與時更化？如何「過濾」與「導正」部分已不合時宜的偏執舊慣？如何適切限縮某些「習俗」僅能在相當時空下才可執行？凡此諸問，當然不可能一蹴可及，除了繼續修訂有關規範原住民犯罪行為的相關法律，以及設置原住民專業法庭（股）外，各級法院在審判此類案件時，最好能跳脫純粹法律概念層面思維的框架，進一步在價值取向的層面進行深度思量，務要「體問風俗」，才能寫出具有既能解決問題，又能顧及解釋方法的妥當性、現在性、創造性及社會性，而後始能與社會的脈動同步跳躍，符合民眾期待的「情法兼到」判決；遇有主流文明與少數民族文化相牴觸的場合，不妨抱持著「寧法讓三寸，勿理虧一分」的情懷[49]，為了「理」的出頭，不惜要求「法」的讓步；期使國家法律與部落間的規範，得以在衝突中找出平衡與解決之道！

---

[49] 有關此語之內涵，詳參李明倩，寧法讓三寸，勿理虧一分──鄭健才大法官法律生涯記述，法制史研究，第25期，中國法制史學會・中央研究院歷史語言究所主編，2014年6月，頁269。

參考文獻

一、中文

1. Radbbruch, Gustav 著，王怡萍、林宏濤譯，法學導論，商周，2011 年。

2. 王皇玉，刑罰與社會規訓，元照，2009 年 4 月。

3. 王泰升，台灣法律史概論，元照，2001 年 7 月。

4. 台灣慣習研究會，台灣慣習紀事，台灣慣習研究會，1901 年。

5. 林東茂，刑法綜覽，一品文化，2015 年 8 月 8 版。

6. 梁治平，清代習慣法：社會與國家，中國政法大學出版社，1999 年 10 月。

7. 莊萬壽，台灣文化論：主體性之結構，玉山社，2003 年。

8. 黃源盛纂輯，大理院民事判例輯存・總則編，元照，2012 年 2 月。

9. 楊仁壽，法學方法論，作者印行，2010 年 5 月。

10. 衛惠林、林衡立，台灣文獻，台灣省文獻委員會，1978 年。

11. 簡炎輝，台灣排灣族性文化的調查研究，樹德科技大學人類性學研究所碩士論文，2010 年。

12. 甘添貴，可罰的違法性之理論，刑法之重要理念，瑞興，1996 年 6 月。

13. 江玉林，社群主義在德國法哲學上的探討及其影響——從德國聯邦憲法法院的十字架判決談起，月旦法學雜誌，第 51 期，1999 年。

14. 吳豪人，野蠻與文明的辨證：台灣原住民傳統規範在殖民地時代的意義，人權理論與歷史論文集，國史館，2004 年 11 月。

15. 呂秉翰，論信念犯之罪與罰——司法院大法官會議釋字第四九○號解釋評析，判解研究彙編（八），李模務實法學基金會 92 年第八屆法學論文徵選得獎作品集，2004 年。

16. 李佳玟，壓迫與解放——美國種族主義中的認同政治（下），成大法學，第 8 期，2004 年 12 月。

17. 李明倩，寧法讓三寸，勿理虧一分——鄭健才大法官法律生涯記述，法制史研究，第 25 期，中國法制史學會・中央研究院歷史語言言究所主編，2014 年 6 月。

18.林山田，評可罰違法性理論，刑事法論叢（二），作者自行出版，1997年。

19.林孟皇，消失的證人證詞？——從排灣族舅公摸童「阿力力」事件談法官的審判靈魂，司法改革雜誌，第 95 期，2013 年 4 月。

20.林孟皇，談設置原住民法庭的時代意義——從維護原住民權益重新發現正義（下），司法周刊，第 1640 期，2013 年 4 月第 2-3 版。

21.洪福增，可罰的違法性之理論，刑法理論之基礎，刑事法雜誌，1977 年。

22.許恆達，國家規範、部落傳統與文化衝突——從刑法理論反思原住民犯罪的刑責問題，台灣原住民族研究季刊，第 6 卷第 2 期，2013 年夏季號。

23.雅柏甦詠·博伊哲努、楊曉珞，文明社會的野蠻誡命：從嘉義地方法院九十二年度簡上字第一五一號判決談鄒族傳統財產權，台灣原住民族研究季刊，第 5 卷第 3 期，2012 年。

24.黃昭元，信上帝者下監獄？——從司法院釋字第四九○號解釋論宗教自由與兵役義務的衝突，台灣本土法學雜誌，第 8 期，2000 年。

二、日文

1. 前田雅英，可罰的違反性論の研究，東京大學出版會，1982 年 6 月。

2. 佐伯千仞，可罰的違反性の理論の擁護，刑法における違法性の理論，有斐閣，1974 年。

3. 長井長信，違法性の意識に関する一考察——その認識內容を中心として，北大法學，第 36 卷第 3 號，1988 年 10 月 15 日。

三、法院判決

1. 台東地方法院 101 年度侵訴字第 8 號刑事判決。

2. 台東地方法院 102 年度原訴字第 61 號刑事判決。

3. 台灣高等法院 98 年度上更（一）字第 565 號刑事判決。

4. 台灣高等法院花蓮分院 101 年度侵上訴字第 47 號刑事判決。

5. 台灣高等法院高雄分院 100 年度上訴字第 201 號刑事判決。

6. 台灣高等法院高雄分院 101 年度上更（一）字第 34 號刑事判決。

7. 花蓮高分院 103 年度原上訴字第 17 號刑事判決。

8. 屏東地方法院 99 年度重訴字第 11 號刑事判決。

9. 最高法院 47 年上字第 1399 號刑事判決。

10.最高法院 61 年台上字第 5452 號刑事判決。

11.最高法院 74 年度台上字第 4225 號刑事判決。

12.最高法院 98 年度台上字第 7210 號刑事判決。

13.最高法院 101 年度台上字第 1563 號刑事判決。

14.最高法院 102 年度台上字第 5093 號刑事判決。

15.最高法院 104 年度台上第 3280 號刑事判決。

16.嘉義地方法院 92 年度簡上字第 151 號刑事判決。

17.嘉義地方法院 92 年度簡字第 1064 號刑事判決。

2

任何構成要件該當行爲均可能具有阻卻違法事由

作者: 鄭逸哲*

鄭逸哲*

祝壽文

1996年，余初自德返國，尋覓教職，至爲不順，四處碰壁。廖正豪教授時任法務部長，不時予以打氣，並介紹至世新大學法律學系兼任，解余燃眉之急，雪中送炭，點滴在心。其後，廖教授奔走二岸，銜命溝通，余亦有幸隨行數次，目睹其不計毀譽，爲台爲民，亦感佩不已。適逢廖教授七秩誕辰，爲文以祝，聊表謝意與敬意於萬一。

* 台北大學法律學系教授。

目　次

壹、前言

　　犯罪，乃謂具有構成要件該當性、違法性和有責性之行爲，因此，行爲即使具有構成要件該當性，若該構成要件該當行爲具有阻卻違法事由，而不具違法性，則仍不犯罪。就此，一般法律人——即使是初學的法律人，大概都能朗朗上口。

　　然而，反之，若問及「是否『任何』構成要件該當行爲均有可能具有阻卻違法事由？」的問題，即使是資深法律人也常常一愣，不知如何回答！

　　之所以如此，恐怕是因爲，純就形式觀察，在邏輯上，任何構成要件該當行爲都有可能具有阻卻違法事由；但對大多數人來說，就某些類型的構成要件該當行爲，在經驗上，一時之間實在想不出任何或根本沒想過其具有阻卻違法事由的例子，因而在回答上述問題時，顯得猶豫，而難以斬釘截鐵。

　　這個看似無太大意義的問題，事實上涉及處理具體刑法問題的「審查流程」所必須具有的精確性和客觀性，亦即刑法適用者，能否避免有意或無心「持偏見」或「未審先判」而進行具體刑法問題的「審查流程」。

　　本文嘗試，以作者在教學過程中所觀察到，刑法初學者常認爲「不可能」或「不太可能」具有阻卻違法事由的殺直系血親尊親屬、加工自殺、加工成重傷、強制性交、與未滿十六歲人性交，以及醉態駕車構成要件該當行爲爲例，設計案例，來說明「任何構成要件該當行爲均可能具有阻卻違法事由」。

　　即使這些構成要件該當行爲，在經驗上，的確極爲「罕見」具有阻卻違法事由。但「罕見」和「不可能」終非一事，若不加以根本澄清，則刑法理論的周全性和刑法適用流程的精確性就無以建立，而出現缺口。

貳、具有阻卻違法事由的「殺直系血親尊親屬構成要件該當行為」案例

一、案例

　　嗜賭成性的甲，又要回家要錢，其妻乙死命護住家中僅存的一千元不放，甲竟拉扯乙的頭髮，持續將乙的頭部猛力撞牆，壁上濺滿鮮血。此時，甲和乙之子丙，適巧返家，強力制止甲不成，甲反而更為瘋狂，丙不得已只好持椅將其父甲打死，而救回其母乙一命。

　　問：本案如何論處？

二、案例題解參考

1. 甲的部分：

(1)甲拉扯乙的頭髮，持續將乙的頭部猛力撞牆，即使難謂其具有殺人故意，亦難謂其不具有重傷害故意，而已使壁上濺滿乙的鮮血，至少已實現可罰的重傷害未遂構成要件，因此，甲至少犯重傷害未遂罪。

(2)甲雖至少犯重傷害未遂罪，但因其已死亡，並無追訴處罰的可能。

2. 丙的部分：

(1)丙持椅將其父甲打死，而實現殺直系血親尊親屬構成要件，自具有「殺直系血親尊親屬構成要件該當行為」。

(2)對於第二人甲現在至少犯重傷害未遂罪的不法攻擊，丙基於為第三人其母乙防衛的意思，當場以「殺直系血親尊親屬構成要件該當行為」，為乙進行反擊，該反擊中止甲的攻擊自具有必要性，且難謂其濫用「為第三人防衛權」而具有適當性，故成立「為第三人正當防衛」。

(3)故，丙的「殺直系血親尊親屬構成要件該當行為」，因具有阻卻

違法事由「為第三人正當防衛」，而不具違法性，而不犯殺直系
血親尊親屬罪。

三、案例簡要評析

1. 進行刑法判斷和刑法適用，自當一以「刑法」為準，不應受到
   「刑法」以外的東西干擾。

2. 所謂「直系血親尊親屬」，其雖含有看似價值判斷的「尊」字用
   語，但在法律上並無價值判斷的用意，依親屬法的規定，所謂
   「直系血親尊親屬」，乃謂「己身所從出」，是種純粹「事實」
   的血緣概念而已，因此，行為人即使殺其父其母，而具有「殺直
   系血親尊親屬構成要件該當行為」，至此，亦只是「中性」判斷
   行為人殺害其「己身所從出」者，並無任何價值判斷的味道。

3. 事實上，在「平等原則」下，於「殺人構成要件」外，別立「殺
   直系血親尊親屬構成要件」的加重構成要件，顯然將犯罪問題和
   量刑問題混為一談，實有檢討的必要。

4. 刑法賦予「正當防衛權」，無論為自己為或為第三人，都在表彰
   刑法，乃至於法律，乃以行為是否「不法」作為「價值判斷」的
   根本準則。

5. 綜合上述，凡對於自己或第三人進行現在不法攻擊者，即得進行
   正當防衛，至於該不法攻擊者是否具有因防衛行為而具有「殺直
   系血親尊親屬構成要件該當行為」的行為人的「直系血親尊親
   屬」「事實身分」，在正當防衛判斷時，已不具有任何意義。

參、具有阻卻違法事由的「加工自殺構成要件該當行為」案例

一、案例

　　癌末的甲，接受化療等療程，極為痛苦，但其求生意志堅定，毫不放棄任何活下去的機會。但其夫乙，看到她如此痛苦，實在不忍，基於對甲的愛，想讓甲早點解脫。趁甲好不容易入睡時，乙掐住甲的脖子，想將之勒斃。甲因而驚醒，問乙想幹嘛。甲雖表明想活下去，但乙仍堅持「早日解脫」較好。病中孱弱的甲，並無反抗乙的能力，只好對乙說：「你是如此愛我，就跟我一起走吧！去弄毒酒來，我們一起上路！」乙真的去弄了二杯毒酒來，二人同時入口，但乙吞下而當場死亡，甲則含在口裡，隨即吐掉，仍堅持要活下去。

　　問：本案如何論處？

二、案例題解參考

1. 乙的部分

　　(1)就其趁甲入睡想勒死，至甲驚醒的部分：

　　　　乙基於殺人故意，動手勒甲而已著手殺人構成要件之實行，因甲驚醒而未使其死亡，但仍已實現可罰的殺人未遂構成要件。

　　(2)就其取來毒酒，而與甲「謀為同死」的部分：

　　　　乙誤以為與甲「謀為同死」，而基於幫助自殺的故意，給予甲毒酒，而「自以為」已著手於幫助自殺構成要件之實行，但甲並未因而死亡，且事實上，甲並無「自殺」之意，而欠缺適格的被害人，故乙並非實現可罰的幫助自殺未遂構成要件，而是實現不可罰的「幫助自殺不能」構成要件。

　　(3)乙以同一事實行為，既實現可罰的殺人未遂構成要件，又實現不可罰的「幫助自殺不能」構成要件，自僅具有可罰的「殺人未遂

構成要件該當性」，而犯殺人未遂罪。

(4)乙雖犯殺人未遂罪，但因其已死亡，並無追訴處罰的可能。

2. 甲的部分

(1)甲偽稱「謀爲同死」，以之教唆乙形成自殺的意思，乙並進而自飲毒酒而自殺身亡，實現教唆自殺構成要件，而具有「教唆自殺構成要件該當行爲」。

(2)對於乙現在犯殺人未遂罪的不法攻擊，甲基於爲自己防衛的意思，當場以「教唆自殺構成要件該當行爲」，爲自己進行反擊，該反擊中止乙的攻擊自具有必要性，且難謂其濫用「爲自己防衛權」而具有適當性，故成立「爲自己正當防衛」。

(3)故，甲的「教唆自殺構成要件該當行爲」，因具有阻卻違法事由「爲自己正當防衛」，而不具違法性，而不犯教唆自殺罪。

三、案例簡要評析

1. 一如前述，進行刑法判斷和刑法適用，自當一以「刑法」爲準，不應受到「刑法」以外的東西干擾。

2. 就現行刑法來說，不要說任何以對他人的「生命法益」不具有「處分權」，即使「生命法益」的持有人本人，亦然。因此，無論基於任何動機，任何人均不得對他人「生命法益」加以處分，乎況「違背被害人的意思」逕行加以處分。

3. 「加工自殺構成要件」的創設，乃在於就其「正犯」，因事實的考慮而放棄規定「自殺構成要件」所生，故予以「從屬犯正犯化」，在立法形式上，「加工自殺構成要件」的行爲人屬「正犯」，並不適用刑法總則的教唆犯和幫助犯相關規定。

4. 一如前述，刑法賦予「正當防衛權」，無論爲自己爲或爲第三人，都在表彰刑法，乃至於法律，乃以行爲是否「不法」作爲「價值判斷」的根本準則。

5. 綜合上述，凡對於自己或第三人進行現在不法攻擊者，即得進行正當防衛，至於該不法攻擊者是否基於「令人動容」的行爲動

機，在正當防衛判斷時，已不具有任何意義。

肆、具有阻卻違法事由的「加工成重傷構成要件該當行為」案例

一、案例

　　因被毒蛇咬傷，甲必須立即截肢，否則小命不保，而醫師乙取得甲的同意後，立即為甲進行手術，甲因而保住一命。

　　問：本案如何論處？

二、案例題解參考

1. 醫師乙得到病患甲的「承諾」後，動手術將之截肢，因具有被害人的「無效承諾」，自不適用重傷害構成要件，而應適用其減輕構成要件「得其承諾而傷害之使之成重傷構成要件」，而具有「得其承諾而傷害之使之成重傷構成要件該當行為」。

2. 因被毒蛇咬傷，第三人甲的生命法益陷入緊急的危險，乙基於為第三人甲避難的意思，不得已以「得其承諾而傷害之使之成重傷構成要件該當行為」攻擊第二人甲的重大身體法益，以保全位階較高的第三人甲的生命法益，符合法益權衡原則，成立「阻卻違法的為第三人緊急避難」。

3. 同一「得其承諾而傷害之使之成重傷構成要件該當行為」，乃醫師乙依據醫療法相關規定所從事的醫療行為，屬「依法律之行為」。

4. 乙的同一「得其承諾而傷害之使之成重傷構成要件該當行為」，具有「阻卻違法的為第三人緊急避難」和「依法律之行為」雙重阻卻違法事由，自不具違法性而不犯罪。

三、案例簡要評析

1. 再如前述，進行刑法判斷和刑法適用，自當一以「刑法」為準，不應受到「刑法」以外的東西干擾。

2. 就現行刑法來說，不僅任何人對他人的「生命法益」和「重大身體法益」不具有「處分權」，即使「生命法益」和「重大身體法益」的持有人本人，亦然。因此本人就之所為的「承諾」，就構成要件該當性判斷層次來說，其屬「無效的承諾」，但「無效」並不等於「無意義」，該「無效的承諾」仍作為「減輕構成要件要素」。行為人並不適用基本的殺人構成要件或重傷害構成要件，而應適用減輕的加工自殺構成要件或加工成重傷構成要件。

3. 一如「加工自殺構成要件」的創設，「加工成重傷構成要件」的創設，乃在於就其「正犯」，因事實的考慮而放棄規定「自重傷構成要件」所生，故予以「從屬犯正犯化」，在立法形式上，「加工自殺構成要件」和「加工成重傷構成要件」的行為人屬「正犯」，並不適用刑法總則的教唆犯和幫助犯相關規定。

4. 因法律並不承認法益持有人對其「重大身體法益」具有「處分權」，因此，其處分，未若就傷害構成要件該當行為，「單獨」即足以作為超法規阻卻違法事由：「阻卻違法的承諾」，其並不足以作為重傷害構成要件該當行為和加工成重傷構成要件該當行為的阻卻違法事由。

5. 就「阻卻違法的緊急避難」來說，其成立要件本就不包括被害人的「同意」或「承諾」，因此加工成重傷構成要件該當行為是否因「阻卻違法的緊急避難」而不具違法性，根本就不涉及法益持有人對其「重大身體法益」是否有所處分的問題，遑論「處分權」的問題。

6. 至於醫師經病患「同意」而對之施行手術而具有的成工成重傷構成要件該當行為，因其符合「醫療法」的相關規定，而屬「依法律之行為」，因而具有阻卻違法事由而不具違法性。但要注意，

這樣的「同意」，並未變更法律不承認法律法益持有人對其「重大身體法益」具有「處分權」的立場。從醫療法上「情況急迫，毋庸同意」的規定來看，這樣的「依法律之行為」的阻卻違法效力，其立論基礎實乃建立在不考慮被害人是否「同意」或「承諾」的「阻卻違法的『為第三人』緊急避難」之上。

7. 法律當然也必須承認所謂「病患自主權」，但並不等於其同時承認法益持有人對其「重大身體法益」具有「處分權」。毋寧，「病患自主權」是有前提的，是在符合，或至少類似於「阻卻違法的『為第三人』緊急避難」的狀態之下，為挽救「同一人」位階更高的法益，而在有醫療方式的「選擇」可能性下，就（通常是）醫師的加工成重傷構成要件該當行為內容加以「指定」，此乃基於「病患自己對自己的醫療方式選擇會最為審慎」的考慮。換言之，只有在「積極醫療」的前提下，才有所謂「病患自主權」的概念。至於病患在目前的醫療能力下已無「改善可能性」，乃屬「醫事人員醫療義務『解除』」的問題。更精確講，也無所謂「放棄醫療」，在法律上，所謂「醫療」僅指「以改善病患病況為目的的醫療」，若在客觀上已欠缺「改善可能性」，醫事人員是否介入，已不具有任何意義，以挽救「同一人」位階更高的法益為前提的「病患自主權」，也不再具有自主的適格對象了！不先搞清楚此屬「醫事人員醫療義務『解除』」的問題，而恣意說文解字，胡亂拼湊一知半解的法律文字，硬把不相干也不正確的「放棄醫療」和「病患自主權」強硬送做堆，實在不負責任！質言之，「病患自主權」的對象是「醫療方式選擇權」，而非其具有生命法益和重大身體法益的「處分權」。

8. 本案例，更告訴我們：一個構成要件該當行為，所具有阻卻違法事由未必只有一個，也有可能是複數，而出現「阻卻違法事由競合」的現象。當然，只要具有一個阻卻違法事由，構成要件該當行為即不具有違法性，其意義在於：不具有「這個」阻卻違法事由，不等於不具有「那個」阻卻違法事由，必須窮盡確認不具有

「任何」阻卻違法事由，方得謂構成要件該當行為具有違法性。

伍、具有阻卻違法事由的「強制性交構成要件該當行為」和「與未滿十六歲人性交構成要件該當行為」案例

一、案例

甲持槍強迫乙男和丙女當場性交，若不從則立即槍殺二人，乙為保命乃屈順甲之意，但丙寧死不從，乙不得已只好硬上。

問：本案如何論處？若丙為十五歲人，且亦如乙屈順甲之意而性交，應如何論處？

二、案例題解參考

1. 若丙寧死不從：

(1)乙違背被害人丙的意思，強行與之性交，實現強制性交構成要件，自具有「強制性交構成要件該當行為」。

(2)因甲以槍殺相脅，乙和丙的生命法益皆陷入緊急的危險，基於為自己且為第三人丙避難的意思，乙不得已以「強制性交構成要件該當行為」攻擊第三人丙的自由法益，而保全自己和第三人丙二人位階較高的生命法益，均符合法益權衡原則，既成立「阻卻違法的為自己緊急避難」，又成立「阻卻違法的為第三人緊急避難」，在此「阻卻違法事由競合」的情況下，乙的「強制性交構成要件該當行為」自不具違法性而不犯罪。

(3)甲以同一持槍相脅的事實行為，以不犯罪的乙為工具人，非僅實現強制性交構成要件於丙，亦復違背乙的意願使之性交，而分別對乙和對丙均屬「強制性交構成要件該當行為」的間接正犯，而以前述同一事實行為犯二個「強制性交罪」，屬想像競合犯，以

一罪論，擇一僅成立一個「強制性交罪名」，依該罪名處罰之。

2. 若丙為十五歲人，且亦如乙屈順甲之意而性交：

(1)就乙而言，雖未違背被害人丙的意思而與之性交，而不具有「強制性交構成要件該當性」，但十五歲之丙為年滿十四未滿十六歲人，故乙仍具有「與年滿十四未滿十六歲人性交構成要件該當行為」。

(2)因甲以槍殺相脅，乙和丙的生命法益皆陷入緊急的危險，基於為自己且為第三人丙避難的意思，乙不得已以「與年滿十四未滿十六歲人性交構成要件該當行為」攻擊第二人丙的自由法益，而保全自己和第三人丙二人位階較高的生命法益，均符合法益權衡原則，既成立「阻卻違法的為自己緊急避難」，又成立「阻卻違法的為第三人緊急避難」，在此「阻卻違法事由競合」的情況下，乙的「與年滿十四未滿十六歲人性交構成要件該當行為」自不具違法性而不犯罪。

(3)甲以同一持槍相脅的事實行為，以不犯罪的乙為工具人，非僅實現強制性交構成要件於丙（因為，丙之性交同意僅及於乙，對甲而言，其仍屬屈從），亦復違背乙的意願使之性交，而分別對乙和對丙均屬「強制性交構成要件該當行為」的間接正犯，而以前述同一事實行為犯二個「強制性交罪」，屬想像競合犯，以一罪論，擇一僅成立一個「強制性交罪名」，依該罪名處罰之。

三、案例簡要評析

1. 精確來說，「刑法」並不禁止「性交」，而是禁止違背本人的意思而性交，以及禁止和未滿十六歲人性交。

2. 性交對象「不願意」，就是「違背被害人的意思」，強行與之性交就具有「強制性交構成要件該當行為」，至於是否具有「阻卻違法事由」，那是另一回事。

3. 即使「強制性交構成要件該當行為」人，因具有「阻卻違法事由」或欠缺「有責性」而不犯罪，也不當然表示沒有人要對「強

制性交」這件事的發生負責。法律往往比人更聰明，其構成一個相當完整的體系，究責於應負責之人。

4. 「罪責主義」和「罪刑法定主義」併列刑法具有憲法位階的二大原則，因此，是否具有「構成要件該當性」、「違法性」和「有責性」，即使是在「同一事件」中的相關人，也必須是「一個一個」分別審查的。

5. 也就因此，就同一「被害人」的不同行為人，即使具有同樣形式的「構成要件該當行為」，也不等於其所基於的「事實（部分）」（完全）同一。其個別所具有的「構成要件該當行為」，是否具有「阻卻違法事由」，亦應個別判斷。

6. 即使在「同一事件」中，同一人亦可能同時具有「行為人」和「被害人」身分，例如，從對丙的「強制性交構成要件該當行為」來看，乙屬「行為人」；但其同一「性交行為」乃因被甲持槍強制而為，故乙屬間接正犯甲的「強制性交構成要件該當行為」的「被害人」。

7. 就自由法益、名譽法益和財產法益的攻擊「同意」，所具有的「阻卻構成要件（該當性）效力」，應就每一個行為人所應適用的各個構成要件分別判斷之，而非一概具有。例如，丙就與乙性交的「同意」，其就僅止於對乙成為「強制性交構成要件」的「消極構成要件」，但並無阻卻「與年滿十四未滿十六歲人性交構成要件該當性」的效力，故乙仍具有「與年滿十四未滿十六歲人性交構成要件該當行為」。再例如，丙就與乙性交的「同意」，即使阻卻乙的「強制性交構成要件該當性」，但不會變更丙仍屬「屈從」於甲而性交的事實，間接正犯甲仍不具有乙的「同意」，遑論「阻卻構成要件同意」，而仍具有「強制性交構成要件該當行為」，而對丙犯「強制性交罪」。

陸、具有阻卻違法事由的「醉態駕車構成要件該當行為」案例

一、案例

深山部落中，老的老，小的小，只有甲一個壯年。一日，甲已喝得半睡半醒，突然村中幼童乙得到急病，若不馬上送下山就醫，必定小命不保。村中又只有甲一個人會開車，他不得已硬坐上駕駛座，一路險象環生，蛇行下山，而及時將乙送至山下醫院就醫，乙撿回一命。

問：本案如何論處？

二、案例題解參考

1. 甲飲酒至半夢半醒，已欠缺安全駕駛能力，猶仍開車而駕駛動力交通工具，自實現醉態駕車構成要件，而具有「醉態駕車構成要件該當行為」。

2. 乙因急病而生命法益陷入緊急的危險，基於為第三人乙避難的意思，甲不得已於可能對其他不特定道路使用人的生命法益和身體法益構成危險的情況下，以「醉態駕車構成要件該當行為」而保全第三人乙的生命法益，而欠缺此避難行為丙必然死亡和其他不特定道路使用人僅屬可能有所實害發生相較之下，亦難謂其具有「醉態駕車構成要件該當性」的避難行為不符合法益權衡原則，故仍成立「阻卻違法的為第三人緊急避難」。

3. 故，甲的「醉態駕車構成要件該當行為」，因具有阻卻違法事由「阻卻違法的為第三人緊急避難」，而不具違法性，而不犯醉態駕車罪。

4. 至於甲的行為是否屬「原因自由行為」，於本案並無討論的必要與可能，因為「原因自由行為」的討論前提是行為人具有「違法的」構成要件該當行為，而甲既具有阻卻違法事由「阻卻違法的

爲第三人緊急避難」，已不具有違法性，自無討論其是否屬「原因自由行爲」的空間。

三、案例簡要評析

1. 犯罪判斷，本來就應就行爲是否具有構成要件該當性、違法性和有責性依序爲之，若前一階段審查就犯罪行爲所應具有的屬性已得致「不具有」的否定判斷，則已確定行爲人不犯罪，自無必要且不應該再進入下一階段犯罪行爲所應具有的另一屬性加以審查。如此，不僅屬實體法上，犯罪判斷流程應嚴格遵守的問題，亦就程序法有其不得浪費訴訟資源的重大意義。

2. 所謂「原因自由行爲」乃指：行爲人於「行爲時」，事實上欠缺完整的責任能力，但之所以如此，非因事前不能自主的精神障礙或其他心智缺陷，而屬「原因自由」的構成要件該當且違法的行爲。

3. 「原因自由行爲」是一回事，「在法律上如何處理『原因自由行爲』」是另一回事，是二個層次的問題。依2005年增訂的第19條第3項規定，其實是將「行爲時」於事實上不具有完整責任能力而「原因自由」違法實現構成要件的行爲人「以具有（完整）責任能力論」，在法律上，將之「視爲」於「行爲時」具有完整的責任能力，而仍具有責性而犯罪。

4. 但無論如何，「原因自由行爲」屬責任能力的問題，而責任能力屬有責性層次的問題，而要判斷行爲人是否具有有責性，必以其行爲具有構成要件該當性和違法性爲前提；質言之，行爲人具有「違法的」構成要件該當行爲乃「原因自由行爲」的討論前提。若構成要件要件該當行爲具有阻卻違法事由，在任何的情況下，均不必也不得再討論「原因自由行爲」的問題。

柒、任何構成要件該當行爲均可能具有阻卻違法事由——代結論

要說明的是，本文前述具有阻卻違法事由的殺直系血親尊親屬、加工自殺、加工成重傷、強制性交、與未滿十六歲人性交，以及醉態駕車構成要件該當行為案例，事實上並非純然構思出來，而是均改寫自事實發生過的案例。

一如本文一開始所述，這些類型的構成要件該當行為，對大多數人來說，在經驗上或在直覺上，一時之間，可能傾向否定其具有阻卻違法事由的可能，但本文就是舉例加以證明，並非不可能，即使其極為「罕見」，但「罕見」和「不可能」終非一事。

此外，本文也希望藉各案例的簡要評析來提醒讀者，就阻卻違法事由的判斷問題，或許更需要進一步培養更精緻的「觀點」選擇能力，否則難以適切就此問題予以正確的法律適用和精確解決。

猛看之下，這個似無太大意義的問題，事實上涉及處理具體刑法問題的「審查流程」所必須具有的精確性和客觀性，亦即刑法適用者，能否避免有意或無心「持偏見」或「未審先判」而進行具體刑法問題的「審查流程」。

總之，任何構成要件該當行為均可能具有阻卻違法事由！

3
重訪刑法與行政法之區分問題

黃宗旻[*]

黃宗旻[*]

黃宗旻[*]

祝壽文

很榮幸能夠參與此次祝壽論文集的撰寫！與國人所熟知的、雷厲風行的「廖部長」形象不同，筆者接觸到的主要是作為學者的「廖老師」。老師風範儒雅，治學用心，離開公職之後，仍持續參與時事、投身公益、關懷社會，這樣的熱誠多年不輟，實值得我輩法律人看齊。七十歲是一個值得回首細數人生的里程碑，但相信廖老師一定還有更多的規劃，要在下一個十年、二十年，乃至三十、四十年間繼續實現。祝福廖老師永遠精神矍鑠，健康平安呷百二！

[*] 中國文化大學法律學系助理教授、台灣大學法學博士。

壹、前言

　　關於違法行為應科處刑罰還是行政罰，也就是刑法與行政法之間應如何分工的問題，目前在國內時常看到是以「二者間究竟是質的不同、還是量的不同？」（即採「質的區別說」還是「量的區別說」）這樣的設問方式來開啟討論[1]。不過，其實各國乃至於各個論者的問題意識、用語及分類方式，可能都不盡相同，這樣的問題嚴重到本身已經可算是一個議題了，如果不先釐清，很容易陷入雞同鴨講，難以進行有意義的討論。

　　另外，我國關於「刑事不法」與「行政不法」之界線的討論已有數十年之久，值得重新回顧此項議論的意義。當初展開此一議論的出發點，是希望解決什麼樣的問題，而這個議論是否果真回應了原初的需求？這個議

---

[1] 例如：洪家殷，論行政秩序罰之概念及其與刑罰之界限，東吳大學法律學報，第9卷第2期，1996年8月，頁94-95；陳信安，再論刑事不法與行政不法之區別——以德國聯邦憲法法院裁判見解及立法形成自由為中心（上），興大法學，第15號，2014年5月，頁183以下；劉錫賢，以行政罰為前提的刑事不法之研究——兼論其舉證責任及證明標準，東海大學法律學研究所碩士論文，2005年，頁16以下；何子倫，刑事犯與行政犯之區別初探，財團法人國家政策研究基金會國政研究報告，憲政（研）092-005號，2003年1月，http://old.npf.org.tw/PUBLICATION/CL/092/CL-R-092-005.htm，最後瀏覽日期：2015年12月11日。

論的近期趨勢如何，是否轉向其他更適切的討論方式？

　　以下「貳」之部分擬就「刑法與行政法之區分」議題所涉及的不同問題意識及脈絡作一梳理，「參」之部分則嘗試分析這個議論用以對應本土問題意識時的盲點，以及近期的設問型態轉變、與所殘留未解的問題。

貳、問題源流的釐清

一、德國的違警罪定位問題

　　「刑事不法」（Kriminalunrecht）與「行政不法」（Verwaltungsunrecht）如何區分的問題，在德國已有二百多年的歷史。早在1794年「普魯士一般法」中，即已提到二者的區別問題；1845年德國法學者Köstlin將這個爭論多端而未獲滿意結論的問題，稱為「導致法學者絕望的問題」[2]。較直接的討論脈絡，則是環繞1871年德意志帝國刑法典之規定體例爭議而起，簡要介紹如下：

（一）爭議的由來

　　按19世紀的德意志各地原本王國林立，且警察權高張，許多王國在刑法之外，均另制定有「警察刑法法典」（Polizeistrafgesetzbuch），用以作為科處「警察犯」（Polizeidelikt）的依據[3]。至各邦統一、建立德意志帝國後，1871年制頒德意志帝國刑法典，將昔日的「警察犯」併入，列為其中的「違警罪」（Übertretungen）[4]。此種立法方式，可矯正在「警

---

[2]　林山田，論刑事不法與行政不法，刑事法雜誌，第20卷第2期，1976年4月，頁37、55註1。

[3]　林山田，行政刑法與行政犯辯正，法令月刊，第40卷第9期，1989年9月，頁19。林氏原文本是「作爲科處違警罪之依據」，但參照韓忠謨，行政犯之法律性質及其理論基礎，台大法學論叢，第10卷第1期，1980年12月，頁11的說明，改爲「警察犯」，以與1871年刑法典中的「違警罪」作區隔。

[4]　韓忠謨，同註3，頁35。

察刑法」時代行政官署具有行使刑罰權的職能,而造成對人民之保障不周的缺失,但卻引起當時許多學者反對,如Liszt、Kahl、Gleispach等氏,均主張違警罪屬「秩序違反行為」(Ordnungswidrigkeiten),不應置於刑法典中。針對此一爭議,Goldschmidt氏於1902年提出「行政刑法」(Verwaltungstrefrecht)的觀念,認為違警罪屬之,而與傳統的「刑事刑法」(Kriminalstrefrecht)有別[5]。此說後經Wolf氏認同並詳加論述、發揚光大,再經Schmidt氏的努力,而逐步獲得落實[6]。1952年西德制頒「秩序違反法」(Gesetz über Ordnungswidrigkeiten),使行政刑法的理論得以具體實現;1975年生效的西德新刑法,終於將舊刑法中的違警罪全部刪除(原本的違警罪中,具刑事不法本質者,提升為輕罪(Vergehen)而留在刑法典中;其餘有繼續處罰必要者,則移至「秩序違反法」中規範)。

(二) 學說立場的區分

從上述德國的立法歷程可知,德國在1871年之後關於「刑事不法」與「行政不法」區分的討論,須用以回答「原本屬警察犯的『違警罪』,是否應置於刑法典中」的問題。論者們係以將「違警罪」列屬「行政不法」的範疇中為前提,故就上述問題若採贊同的見解,便必須承認「刑事不法」與「行政不法」之間具有可流通性(因此「違警罪」置於刑法典中是可行的);若採反對的見解,即必須強調「刑事不法」與「行政不法」之間具有本質上的不同(因此「違警罪」不可置於刑法典中)。在這個脈絡下,前者陣營會傾向「量的區別說」,後者陣營會傾向「質的區別說」,而從後來「秩序違反法」立法、「違警罪」從刑法典中移除的演變狀況可知,應是「質的區別說」占了上風。

---

5 Goldschmidt認為,司法與行政有不同的目的領域(司法的目的在於保護人的意思領域,行政的目的在於促進國家與社會的福利),縱使後者也需要具有強制力的法規,用以確保行政作為暢行無阻,此即「行政刑法」,但稱其「刑法」只是就其外形而言,至於若自其本質觀之,則仍為行政的一部分,而屬行政法的領域。參林山田,同註2,頁41。

6 林山田,同註3,頁19。

二、日本的刑法總則適用問題

較敏銳的讀者也許已經看出，上述德國學說討論「刑事不法」與「行政不法」之區分所欲解決的問題，與我國今日一般在討論這個議題時所關注的問題，好像並非同一回事。關於「違警罪」的定位，我國一開始即是以另行立法的方式來處理[7]，未經過如德國那樣的周折，國內（包含贊成「量的區別說」的論者）也幾乎無人主張要將該等行為規定在刑法典當中。在德國引發議論的爭端，在我國其實不成為問題，我國引進這個議論的問題意識，是與日本的發展背景較為相像[8]，但具體的問題點卻又不同。

（一）爭議的由來

按日本在舊刑法（1882年施行）時代，也與德國舊刑法一樣，將「違警罪」置於刑法典中，但後來到了現行刑法，便改將「違警罪」抽出，另制定「警察犯處罰令」，並於1908年與現行刑法典同時施行[9]，故關於「違警罪」的定位沒有演變成重大的爭議。另一方面，隨著行政權的擴張，時常對違反行政法上義務者科處刑罰制裁，至二次大戰結束時，附刑罰效果的行政法規已形成龐大的體系。故由此而來的爭議問題，首先是：「其他法令中的犯罪，是否均適用刑法總則編的規定？」

---

[7] 我國的「違警罰法」制定於1943年，比西德的「秩序違反法」還早。「違警罰法」後來於1991年廢止，代之以今日的「社會秩序維護法」，違反的行為也不再稱為「違警行為」，而改稱「秩序違反行為」。社會秩序維護法設計了自成一格的一般原則（不適用刑法，也不適用行政罰法）、法律效果（不是刑罰，也不同於一般的行政罰）及處罰與救濟程序，其定位及運作實況如何，也是很值得探討的問題。但本文限於篇幅，就此暫不多加著墨。

[8] 但此處倒不會認為連問題意識都是從日本引進的，畢竟早期開展這個議論的論者，引用的幾乎都是德文文獻。

[9] 李曉明，「刑事法律與科學研究」一體化，元照，2012年12月，頁548；鄭善印，刑事犯與行政犯之區別——德、日學說比較，中興大學法律研究所碩士論文，1990年4月，頁27；日本国官報7579號，1908年9月29日，頁631-633（公告制定警察犯處罰令），資料來源：日本国立国会図書館デジタルコレクションhttp://dl.ndl.go.jp/info:ndljp/pid/2950926/1，最後瀏覽日期：2015年12月11日。

　　按日本刑法第8條其實也有類似於我國刑法第11條的內容，也就是其他法令中的犯罪如果沒有特別規定，也適用刑法總則編的規定，但當時的大審院[10]判例卻認為，所謂的「特別規定」不限於明文，也包含為達到該法令的目的所必要，或是從該法令的旨趣中可窺見的情形[11]。當時行政權在日本所居的強勢地位，從大審院的解釋態度中可見一斑。

（二）學說立場的區分

　　大審院的見解受到當時有力的行政法學者美濃部達吉的支持。美濃部氏認為，違反公法上義務的行政犯，不問是科處刑罰、還是科處過料，性質均無不同，不應切割讓前者適用刑法總則的規定。行政犯罪與刑事犯罪在性質上迥異，故行政刑法與本來刑法應該截然劃分，另外創設行政刑法的特別總則規定[12]。從這樣的論述脈絡可知，美濃部氏所說的「行政刑法」，指的是那些散落在行政法規當中的刑罰規定，其實不包括違警罪，與前述德國Goldschmidt氏所談的「行政刑法」主要即針對違警罪不同[13]。

　　不過，刑法學者八木胖則持相反的看法。八木氏認為，違反行政法規的犯罪，既也科處了刑法上的刑罰，即應與刑法上規定的犯罪作相同的考量，而同樣遵從刑法原則。行政刑法並非是有別於刑法的獨立之物，而係本來刑法之一部（按：即亦屬「廣義的刑法」或「實質意義的刑法」的範疇），故無另訂「行政刑法總則」的必要[14]。

　　論者比較上述二者，認美濃部氏是站在「行政法」的觀點，認為行政刑法與其他的行政制裁法規在「實質內容」上並無差異，不論是科處刑

---

[10] 在1947年廢止以前，地位相當於後來的最高裁判所。

[11] 鄭善印，同註9，頁29。作者引用的是大正6年（1917年）與大正2年（1913年）的大審院判例，來源則是福田平氏1978年的《行政刑法》一書。

[12] 鄭善印，同註9，頁30-31。作者引用的是美濃部達吉氏1949年的《行政刑法概論》一書。

[13] 鄭善印，同註9，頁29-30。

[14] 鄭善印，同註9，頁31-32。作者引用的是八木胖氏1952年的行政刑法一文（收錄於日本刑法學會編集的《刑事法講座（第1卷）》一書中）。

罰、還是秩序罰，都屬「廣義的行政犯」，而與「刑事犯」相對立；八木氏則是站在「刑法」的觀點，認為行政刑法與刑法在「形式外觀」上並無不同，法律效果均為刑罰，即將「狹義的行政犯」（僅指違反「行政刑法」、科處刑罰的行為，不包含違反其他行政制裁法規、僅處秩序罰的行為）納入「刑事犯」之內。美濃部氏與八木氏的對立，在以後的行政法與刑法學者之間，仍大致適用[15]。

三、我國的承襲與調整

我國與日本一樣，面臨行政刑法（以刑罰制裁行政違規行為）規定大量增生的難題，判例其實也出現過違背刑法第11條的見解[16]，但也許因為沒有像日本大審院判例那樣大張旗鼓、將對於刑總的排除適用一般化，故未引發如日本那樣熱烈的學說議論。

相對於日本學說環繞在形式性的問題上[17]，我國的討論則較為實質：以減少刑罰的使用為目標，而以刑罰與行政罰間的劃界問題為核心。這樣的問題意識大概在近四十年前即已提出，至今沒有太大的改變。

---

[15] 鄭善印，同註9，頁31-33、35。

[16] 例如1943年制定的海關緝私條例，在1973年8月全文修正以前，違反的法律效果均為「罰金」，即屬於刑法第11條所稱「其他法律有刑罰規定者」。但是，最高行政法院在1957到1973年之間，針對違反海關緝私條例的行為，多次表示「行政犯行為之成立不以出於故意為要件」，該等判例皆已違反刑法第12條（如無特別規定時，限於故意行為才處罰）。1991年釋字第275號雖認定該等判例違憲、不再援用，但當時海關緝私條例各條的違反效果都已改為「罰鍰」，爭執的問題點已移轉到科處「行政罰」是否須要求行為人主觀上的故意過失，則該等判例在1973年以前一度違反刑法第11、12條的問題，遂不了了之。

[17] 日本學者田中利幸認為，因學說的爭議都以實定法為出發點，僅以狹義的行政犯為對象，對於行政違規行為何者應科過料、何者應科刑罰的區別及基準鮮少顧慮，造成缺乏立法上的指標。且狹義的行政犯因科處刑罰而帶反倫理性，其與刑事犯之間的區別遂被認為是流動性的，刑罰毋寧應一般性地科處為佳（參氏著，行政と刑事制裁，收錄於現代行政法大系第2卷，有斐閣，1984年，頁269以下，轉引自鄭善印，同註9，頁34）。這段評論恰指出只把問題焦點擺在「是否適用刑法總則」的不毛之處。

(一) 問題意識的定調

關於我國討論「刑事不法」與「行政不法」的區分是為了處理什麼樣的問題，大致在1976年定調[18]。當年林山田氏的「論刑事不法與行政不法」一文中已表明：

「我國由於行政與司法合一的悠久的歷史傳統，以及立法界與司法界對於刑事不法與行政不法之界限與概念問題之不瞭解，再加上自古以來相當盛行的『刑罰萬能論』等種種因素，致在立法上，往往會不知不覺地擴大刑事不法應有的界限，把一些本該賦予行政罰或『秩序罰』等法律效果的行政不法行為，輕易地賦予『刑事刑罰』的法律效果，使為數不少的行政法規，因其所附罰則的規定，而變成為實質刑法，造成所謂的『刑法的膨脹』現象，也即是德國著名的法學家賴德布魯赫所稱的『刑事法規的肥大症』。在此種狀況下，不少行政不法行為乃輕易轉化為刑事不法行為。因此在『刑罰的膨脹』狀態下，使刑事司法機構的工作負擔直線上升，這不但無益於法秩序的維持，而且反而衍生諸多弊端（按：此處插入註四：『例如刑事司法機關由於超量的負擔，而未能集中全力從事於重大犯罪行為的追訴工作，在過度地繁忙下，量刑工作也就未能依據刑法第57條所規定的情狀，逐一加以審酌，而作合乎刑罰目的的判決。』）……現今刑法學界所主張的『除罪化』與『不加刑罰化』，即是針對此一問題的改革之道。依據『除罪化』與『不加刑罰化』的原則，將本質上應為行政不法而無須由刑事司法

---

[18] 同年除以下引用的林山田氏的論文外，尚有蘇俊雄氏的論文，也提到了「刑法肥大症」的現象（參蘇俊雄，從刑事犯與行政犯之理論界限論刑法修正之問題，法學叢刊，第21卷第1、2期（81、82期），1976年6月，頁75）。不過，相對於林文立場清晰、直接跳脫到新的問題階段，蘇文則是同時提出許多不同的理論上問題點，其中還包含違警罪之定位、刑總能否適用於行政犯等沿襲德日而來的爭議，問題意識較曖昧，故於此僅舉林文作為代表。

機關以刑罰的手段加以控制的行為模式，改由刑政官署以行政
罰的手段來加以處理。惟『除罪化』或『不加刑罰化』究應針
對何種刑事不法行為？換言之，即何種犯罪行為可經『除罪
化』或『不加刑罰化』而使其轉化為行政不法行為？就牽涉到
刑事不法與行政不法的區別與界限問題。因此，這個已有百年
歷史的古老問題，到了今天，依然具有現代的意義與重要性，
頗值我們在此加以深入的探討[19]。」

　　之所以完整引用這段文字，是因為其中描述的問題狀況及設想的解決
方案，與今日吾人對此議題的認知已經相去不遠。首先，林氏指出吾人所
面臨的問題，是附刑罰效果的行政法規大量增生，造成刑事司法機關負擔
過重，進而辦案品質下降。這背後的預設，是我國不承認行政官署有刑罰
權[20]，故只要法律效果是「刑罰」，不問案件的內容、性質為何，都應交
由刑事司法機關處理。因而，解決之道就只能反向操作，讓案件的法律效
果變成不是「刑罰」（即引文中所說的「除罪化」或「不加刑罰化」），
才能夠不由刑事司法部門處理，而減輕負擔。

　　其次，為解決上述問題而提出的理論上策略，就是透過有關「刑事不
法」與「行政不法」概念的探討，來重新整理刑罰與秩序罰之間的界線。
既然吾人對於這個問題的關注是基於強烈的現實需求，希望能藉此減輕刑
事司法系統的負擔，那麼，論述的目標即不是中性的、只求抽象上釐清觀
念而已，而是須指向讓「刑事不法」的範疇緊縮，以便能將許多既有的不
合理的刑罰規定「降級」回行政罰。

　　只可惜從近四十年後的今日觀之，林氏當年所述的問題狀況不但未獲
改善，反而還愈演愈烈（不合理的刑罰規定不但未被「降級」回行政罰，

---

[19] 引自林山田，同註2，頁37-38。為求簡明，刪去原文中的外文字說明括號。

[20] 我國憲法既將以實現國家刑罰權為目的的刑事審判交由法官為之，解釋上即唯有法
官能科處刑罰，若透過立法將刑罰之科處委由行政機關為之，將屬違憲。參陳信
安，再論刑事不法與行政不法之區別——以德國聯邦憲法法院裁判見解及立法形成
自由為中心（下），興大法學，第16號，2014年11月，頁192-193。

還滋生了更多）。至於解決方案，理論的論述目標始終未變，但學說的構成方式在近期已見轉變（詳見「參」一節）。

(二)學說的共識及歧異

行政法學者吳庚的教科書中有一段關於「行政犯與刑事犯」的說明，原文為：「我國受德日學說的影響，視行政犯與刑事犯截然不同，儼然成為主流思想[21]。……時至今日，強調行政犯與刑事犯乃『量』的差異已逐漸消失，而確認二者常屬『量』的不同殆已成為通說。何種違法行為構成行政犯並受行政罰？何種違法行為構成刑事犯應受刑罰制裁？往往為立法政策上之考慮，而與本質上的必然性無關[22]。」以下擬利用這段引文，附帶說明目前學說間的一些共識及歧異。

1. 皆定焦於「刑罰與行政罰的界線」

目前我國行政法學者通常跟著「行政罰」來劃定「行政」的討論範圍，這樣的基本態度從引文中的後半段可見一斑[23]。也就是說，近期我國的行政法學者已與日本的行政法學者不同，並未主張附刑罰效果的「行政刑法」應當屬「行政法」的領域，而是直接承認它屬「刑法」的領域（是「廣義刑法」之一部，進而應適用刑法總則，也就固不待言），即與刑法學者所劃的界線一致。基於這個觀念上的共識，遂使我國的議論免去繞如同德國、日本學說那樣的遠路[24]，而可直接切入更實際的「刑罰與行政罰之分工」問題。

---

[21] 吳庚，行政法之理論與實用，三民，2001年8月增訂7版，頁439，引用史尚寬、張鏡影、林紀東等早期的行政法學者的著作為代表。

[22] 吳庚，同註21，頁439。

[23] 另外也可參考洪家殷，同註1。從該文的標題（討論的是「秩序罰與刑罰的界限」）也可看出相同的態度。

[24] 日本在形式性的問題上盤桓多年，到1980年代時仍遭受批評（參前註16）。至於德國，是因納粹統治時期廣設行政罰，並由行政官署負責實施，以此架空司法機關管轄的科刑案件，為反省此一狀況，戰後的討論焦點才從舊的「狹義的行政犯（指科處刑罰的行政違規行為）與刑事犯的區分」，轉移到「（專科行政罰鍰制裁的）秩序違反行為與犯罪的區分」上。參韓忠謨，同註3，頁35-36。

2.「行政犯」與「刑事犯」對立

　　另一方面，從引文中也可看出吳氏所使用的「行政犯」一語，僅指被科處行政秩序罰者，而不包含被科處刑罰者（與前述日本論者的用法大相逕庭）。按早期我國論者使用的「行政犯」一語，可能指涉多種不同的意涵[25]，實務上則是用以指稱科處刑罰的行政違規行為[26]。不過，後來林山田氏關於刑法與行政法之分工問題的討論堪稱經典已如前「（一）」所述，其用語及分類方式往往被後續的討論者沿用，故漸漸成為主流[27]。林氏的界定方式是專以法律效果來區分：「行政犯」指的就是被科處行政罰法律效果者，「刑事犯」指的就是被科處刑罰或保安處分效果者，除此之外不承認還有所謂「行政刑法」或「行政刑罰」的中間領域[28]。目前實務上使用的「行政犯」、「刑事犯」概念，內涵已與林氏的用法相同了[29]，只是對於行政法中的刑罰規定，還是會繼續使用「行政刑罰」的用語稱之[30]。

3.「量差」說未完全擅場

　　吳氏認為，關於行政犯與刑事犯的區別，昔日以「質差」說為主流，今日「量差」說已成為通說，這樣的說法其實過於率斷（尤其其在註釋中將林山田、韓忠謨等氏列在「量的區別說」之下，應屬誤解）。誠然，最高行政法院已在判決中對「量的區分說」表達贊同[31]；且觀近

---

[25] 對此一用語的各種用法的羅列比較，參林山田，同註3，頁20。

[26] 例如最高行政法院56年判字第55號（現已廢止）、56年判字第98號等判例（涉及違反海關緝私條例，該等行為在當時的法律效果為「罰金」）。

[27] 不過，也並非每個論者採用，例如韓忠謨，同註3，使用的「行政犯」、「刑事犯」等用語大致上是同於日本論者的用法。

[28] 林山田，刑法通論（上冊），自版，2008年1月10版，頁174本文及註6。

[29] 例如最高法院89年度台上字第1190號判決：「……依戶籍法之規定，僅科以行政罰，而不以刑罰手段制裁之，應屬行政犯，而非刑事犯……」

[30] 例如最高法院100年度台上字第2931號（水土保持法§33Ⅲ）、103年度台上字第3368號（廢棄物清理法§45、§46）等判決。

[31] 例如最高行政法院103年度判字第528號判決：「典型之刑事犯較諸典型之行政犯，固然有較高之反道德性及反倫理性，對社會足以產生較大之損害或危險，但二者並

期的立法實踐，不論是對於相同的行為，採用「先行政罰後刑罰」的法律效果設計（初次違反時是「行政不法」，再次違反時升級為「刑事不法」）[32]，還是讓行政罰鍰作為刑事罰金之候補[33]，當中都充斥著「刑罰與行政罰之間僅屬量差」或「刑事不法與行政不法之間可相互流動」的思考，看來「量的區別說」確實在實務上已占了上風。但在學說上，刑法學者的立場多還是傾向「質的區別說」[34]，不然也是「質量兼差說」[35]；而行政法學者即使採「量的區別說」，對於「質」的差異也仍設法加以顧慮[36]，表示也承認有些問題並非憑藉「量」的單一觀點即能夠完滿解決。

非本質上有絕對之不同，而是因價值判斷或不法行為之內容，所作逐漸的進階式劃分，而此劃分權限當然屬於立法機關，立法者得從社會需要與政策考量等觀點，衡量該等行為的危險性，據以決定處罰之方式……」

[32] 例如就業服務法第63條第1項（2001年修正）：「違反第四十四條或第五十七條第一款、第二款規定者，處新台幣十五萬元以上七十五萬元以下罰鍰。五年內再違反者，處三年以下有期徒刑、拘役或科或併科新台幣一百二十萬元以下罰金。」又例如動物保護法第30條：「有下列情事之一者，處新台幣一萬五千元以上七萬五千元以下罰鍰：……（Ⅰ）。違反前項第一款至第八款規定之一，經裁罰處分送達之日起，五年內故意再次違反前項第一款至第八款規定之一者，處一年以下有期徒刑（Ⅱ）。」這種「先行政罰後刑罰」的規定方式始於2007年。

[33] 道路交通管理處罰條例第35條第8項：「前項汽車駕駛人，經裁判確定處以罰金低於本條例第九十二條第四項所訂最低罰鍰基準規定者，應依本條例裁決繳納不足最低罰鍰之部分。」以罰鍰補足罰金的規定始於2005年。併參同年制定的行政罰法第26條第1項：「一行為同時觸犯刑事法律及違反行政法上義務規定者，依刑事法律處罰之。但其行為應處以其他種類行政罰或得沒入之物而未經法院宣告沒收者，亦得裁處之。」

[34] 例如蘇俊雄，同註18，頁77（「法定犯」與「刑事犯」之間可能是量差，但「行政違警犯」與「刑事犯」之間必有質差）；韓忠謨，同註3，頁67（贊同日本學者福田平的見解，「刑事犯」是對基本生活秩序的侵害，「行政犯」是對派生生活秩序的侵害）。

[35] 例如林山田，同註2，頁44-45。

[36] 例如洪家殷，同註1，頁105，採修正的「量的區別說」，將社會倫理價值納入「量」的指標當中。

參、學說架構的重整

一、「質差／量差」之分的缺失

為劃定「刑事不法」與「行政不法」的界線，我國學者引進了德國的學說爭議，即「質的區別說」與「量的區別說」兩陣營的對立。前者陣營的論者之間，關於究竟是什麼樣的「質差」，存在多種不同的論理方式，後者陣營內部的歧異則相對單純（這部分並非本文重點，詳細學說種類及內容可參其他相關文獻[37]）。

引進這個學說爭議後，論者大致上便依循「質差vs.量差」的架構來思考，而未深究刑罰與行政罰之間界線的問題，與這組學說對立原本所欲處理的問題能否視為等同，並且，是否解決了這個爭議，就等於得到改善「刑罰肥大症」的良方。

(一) 無法直接回答劃界問題

事實上，「質差／量差」之爭縱能明快地決定違警罪的定位（即：質差＝違警罪不可置於刑法典當中，量差＝違警罪可置於刑法典當中），卻無法直接回答對於某種行為應科處「刑罰」還是「行政罰」。

按「質差／量差」之爭背後的方法上預設，是吾人已知某種行為的屬性是「行政不法」，然後，若採「質的區別說」，便意味此行為不可科處刑罰；若採「量的區別說」，便意味此行為可科處刑罰。但是，「可」科處刑罰，就一定要科處刑罰嗎？（或者，「不可」科處刑罰，就一定要科處行政罰嗎？）而且，如果行為的屬性（「行政不法」或是「刑事不法」），就是從它的法律效果（是「行政罰」還是「刑罰」）來認定的，那麼，還有什麼好討論的？（前提就是結論，「行政不法」當然要搭配「行政罰」效果。）

因此，就算確定了刑事不法與行政不法之間的關係是「質差」、或

---

[37] 例如林山田，同註2，頁38-44；韓忠謨，同註3，頁35以下。

是「量差」，仍無濟於事。吾人所欠缺的，正是一個決定某種行為究竟是「行政不法」還是「刑事不法」的標準，不管採「質的區別說」還是「量的區別說」，都可能完成這項任務，但也都一定還需要進一步追問：若是「質差」，那是什麼樣的質差？若是「量差」，那是什麼樣的量差？而且，「質」與「量」是兩種不同的思考方向、或說兩種取徑，如果最終的目標是要找出一個合理的劃界標準，那麼，二者併用也不是不可能，甚至除了「質」與「量」之外，也許還需要添加別的思考方向與指標也說不定。

(二)「行政不法」與「刑事不法」非二擇一的關係

另外，以「劃界」來描述「行政不法」與「刑事不法」之間的關係，其實也是不適當的。其實，行政法與刑法應是兩個不同的功能系統[38]，各自依照自身程式（program）所設定的規則，來辨識並捕捉適於自己處理的對象，對於其他無法辨識的對象則視而不見。行政法系統也是按照自己的program，來選擇自身處理的對象，不必然作為刑法系統的遞補。也就是說，某種行為若被「去犯罪化」，只是表示刑法系統不再處理而已，至於會被其他什麼系統接手、或甚至有沒有其他任何系統接手，則不一定。

每個系統都只能為自身所處理的對象設定邊界，無法為別的系統決定邊界，如果吾人所欲矯治的是「刑罰肥大症」，那麼只管片面地劃「刑法」的邊界、讓刑法系統的處理對象縮減即可。只要刑法系統確認自身的外緣，「界線」就會自然形成（這不是專門與「行政法」之間的界線，而是系統「內／外」的境界線），並不需要去劃「刑法與行政法之間的界線」[39]。刑法所不處理的對象，未必就是由行政法系統處理，也可能行政

---

[38] 關於系統理論的基本觀念，參Georg Kneer & Armin Nassehi著，魯貴顯譯，盧曼社會系統理論導引，巨流，1998年。

[39] 刑法與行政法系統處理的對象並非不能重疊，因此才會有行政罰法第26條的「一事不二罰」規定。不過，這也只是行政法系統所設計的、對於自身與刑法系統發生耦合時的處理規則而已，不必然意味著行政法與刑法之間是量差關係。

法系統也不處理，而交由社會上的其他制度來處理。問題的解決方案本來就有很多種可能性，不是只能在刑罰或行政罰之間選擇而已。

二、近期的方法上轉變

　　對於「刑事不法」與「行政不法」的區分問題，除了以「質差／量差」的方式設問以外，最近流行的另外一種理論構成方式，是直接指向刑事立法的緊縮，論述上則是透過「違憲審查」來操作。也就是設計一套檢驗刑事立法是否合憲的判斷架構，以此劃定刑事立法的界線，如果某一刑罰規定無法通過判斷，即表示該規定不合憲，因而得出應被廢止（去犯罪化）的結論。這樣的理論構成方式直接回應解決「刑罰肥大症」的問題初衷，也較符合前「一、（二）」中所述法律系統間各自獨立運作的構造。並且，判斷架構是由複合性的內容所組成，流程被設計為能夠涵蓋到多元的考量因素，而避免「質差／量差」方法思考向度不足的偏失，遂成為一帖令學者們振奮的新藥方。

　　這個檢驗刑事立法是否合憲的判斷架構，其實就是比例原則。將「比例原則」帶入刑罰與行政罰之分工的問題中，這樣的討論方式在早期的文獻中即已呼之欲出[40]，並且也出現在大法官會議的解釋理由書中[41]。近期採用此種方法的文獻已有數篇[42]，茲將大致的檢驗內容及思路介紹如

---

[40] 例如蘇俊雄，刑事犯與行政犯之區別理論對現代刑事立法的作用，刑事法雜誌第37卷第1期，頁34，1993年2月：「在選擇處罰手段時如何考量，才能發揮刑罰的作用與人民權益的保障，則更涉及刑事犯與行政犯的區分考量問題，必須從質量各方面的因素兼顧理論與社會實證的立場，參酌憲法「比例原則」的法理衡量之。」作者於該處引註參考廖義男氏1980年《企業與經濟法》一書頁154以下。

[41] 例如：2000年11月釋字第517號解釋理由書：「按違反行政法上義務之制裁究採行政罰抑刑事罰，本屬立法機關衡酌事件之特性、侵害法益之輕重程度以及所欲達到之管制效果，所為立法裁量之權限，苟未逾越比例原則，要不能遽指其為違憲。」2008年9月釋字第646號解釋理由書：「如為保護合乎憲法價值之特定重要法益，且施以刑罰有助於目的之達成，又別無其他相同有效達成目的而侵害較小之手段可資運用，而刑罰對基本權之限制與其所欲維護法益之重要性及行為對法益危害之程度，亦合乎比例之關係者，並非不得為之。……」

[42] 例如：許玉秀，刑罰規範的違憲審查標準，收錄於國際刑法學會台灣分會主編，民

下。

（一）刑罰法規的比例原則審查流程

按立法者對於立法決定享有廣泛的形成自由，司法機關原則上應予尊重[43]，但如果立法者逾越憲法、或各個具有本質之重要性而為整體憲法規範秩序存立基礎的原則[44]時，仍有可能應被宣告違憲。

1. 就「行為條款」與「制裁條款」分別決定審查密度，分別審查

司法機關作違憲審查時，應綜合考量系爭規範所涉及的事務領域、所涉及的基本權利之性質、及侵害強度等不同因素，來調整違憲審查的密度[45]。刑罰法規的內容，可分為「行為條款」（Verhaltensvorschrift）與「制裁條款」（Sanktionsvorschrift）兩部分，前者指的是用以禁止或要求為特定行為的一般、抽象性規範，後者指的是對違反行為條款之行為加以非難並科處特別制裁手段之規範[46]。「行為條款」與「制裁條款」分別涉及對於不同基本權利的干預（前者通常是一般行為自由[47]；後者視刑罰的

主、人權、正義——蘇俊雄教授七秩華誕祝壽論文集，元照，2005年9月，頁365-413（主要內容初見於同氏所著2005年4月釋字第594號部分協同意見書）；許澤天，刑法規範的基本權審查——作為刑事立法界限的比例原則，收錄於黃舒芃主編，憲法解釋之理論與實務（第七輯）（上冊），中央研究院法律學研究所，2010年12月，頁259-323；李惠宗，論比例原則作為刑事立法的界限——大法官釋字第517號解釋評釋‧台灣本土法學雜誌，第18期，2001年1月，頁23-38；陳信安，同註1，頁179-231；陳信安，同註20，頁165-233。

[43] 釋字第646號解釋理由書：「……對違法行為是否採取刑罰制裁，涉及特定時空下之社會環境、犯罪現象、群眾心理與犯罪理論等諸多因素綜合之考量，而在功能、組織與決定程序之設計上，立法者較有能力體察該等背景因素，將其反映於法律制度中，並因應其變化而適時調整立法方向，是立法者對相關立法事實之判斷與預測如合乎事理而具可支持性，司法者應予適度尊重。……」

[44] 陳信安，同註20，頁196。

[45] 陳信安，同註20，頁197。

[46] 例如「殺人者，處死刑、無期徒刑或十年以上有期徒刑」這樣的刑罰法規，其中所蘊含的「禁止殺人」的誡命，係行為條款；而對違反誡命者給予「死刑、無期徒刑或十年以上有期徒刑」的法律效果，則屬制裁條款。

[47] 論者認為，即使只是單純禁止某種行為，也已屬獨立的基本權干預，而透過法律的

種類而定，例如死刑涉及生命權、自由刑涉及自由權等），有必要採不同的審查密度，分別審查。

刑罰法規的審查結果若為不合憲，有可能是「行為條款」違憲（那麼「制裁條款」當然也就跟著不合憲），或是「行為條款」合憲但「制裁條款」違憲。若屬後者，立法者僅須重新思考其他合憲的制裁手段即可，無須指摘「行為條款」或所欲追求的立法目的違憲[48]。

2. 立法目的有無正當性

在進入一般所熟知的比例原則三階層判斷架構[49]前，為了避免比例原則無法審查所追求之目的本身的缺失[50]，宜加上對於目的本身有無正當性的審查[51]。

刑罰法規以保護特定法益為規範目的，法益概念亦應從憲法的觀點來理解。刑法上的保護法益，可理解為在整體憲法價值秩序下，所欲確保或建構之價值或秩序利益[52]。不過，憲法對於立法目的之限制，只能發揮消極的界定功能，亦即除了憲法明示或默示禁止之目的外，皆是許可之立法目的[53]。因立法者代表多元的政治民意，具直接之民主正當性，關於立法目標的設定，只要是以公共福祉或公共利益為導向，原則上不得指摘為欠

生效，即產生對憲法中已有例示的人民各種自由權與憲法第22條所規定的一般行為自由的干預。參許澤天，同註42，頁268。

[48] 陳信安，同註20，頁198-200。已將原文中「行為條款」之德文原文拼字錯誤校正。

[49] 一般分為「手段適合性」、「手段必要性」、「限制妥當性（狹義比例性）」三部分，各自的內容命題可參考現行行政程序法第7條所述：「一、採取之方法應有助於目的之達成（按：即『手段適合性』）。二、有多種同樣能達成目的之方法時，應選擇對人民權益損害最少者（按：即『手段必要性』）。三、採取之方法所造成之損害不得與欲達成目的之利益顯失均衡（按：即『限制妥當性』或『狹義比例性』）。」

[50] 蔡茂寅，比例原則的界限與問題性，月旦法學雜誌，第59期，頁30，2000年3月。

[51] 許宗力，比例原則與法規違憲審查，收錄於氏著，法與國家權力（二），元照，頁93，2007年1月。

[52] 陳信安，同註20，頁204。

[53] 許澤天，同註42，頁271。

缺正當性[54]，也就是皆須承認其可作為刑法規範的保護法益。可是，不追求目的的純粹報應（即對於刑罰的目的僅採「應報理論」），則欠缺目的正當性[55]。

刑罰法規中的「行為條款」與「制裁條款」兩部分，前者是為了保護法益，後者的作用則在於確保前者之法益保護目的的有效達成，故二者的立法目的並無不同。

3. 能否達成立法目的

就手段適合性之有無，「行為條款」與「制裁條款」需分別判斷。行為條款部分，須釐清若禁止或要求為特定行為的誡命不存在，是否會對於所欲保護的法益造成侵害，而禁止或要求為特定行為是否真的就能使法益免於侵害；至於制裁條款部分，則須視對於違反誡命之行為給予刑罰制裁，是否能有效防止行為條款所欲保護的法益遭受侵害[56]。

立法者是基於對未來事實的預測、評估，而認定該刑罰法規的設置能夠達成目的。對於立法者的該等預測、評估，也應依「行為條款」與「制裁條款」所涉及的不同基本權干預，而作密度不同的審查。前者如僅涉及一般行為自由，則只要誡命沒有明顯無法促進目的達成或恣意之情形，即可肯認具適合性（輕度審查標準）；如涉及言論自由、表現自由等其他基本權利，則立法者的預測、評估應合於事理且可支持，方能肯認其適合性（中度審查標準）。至於後者，論者則認為大致上採合理審查標準（中度審查標準），但若以剝奪生命權作為制裁手段時，則立法者僅能在其預測、評估具有充分之蓋然性或相當之確定性時，始可肯認手段的適合性（嚴格審查標準）[57]。

4. 是否為侵害最小之必要手段

在手段必要性方面，即須確認是否有其他能夠同樣有效地達成法益保

---

[54] 陳信安，同註20，頁202。

[55] 許澤天，同註42，頁280。

[56] 陳信安，同註20，頁205-206。

[57] 陳信安，同註20，頁207-209。

護目的的手段存在。至於其他手段是否「同樣有效」，在「行為條款」方面，涉及對於立法事實的預測與評估，一般均肯認立法者享有評估特權、判斷或評價空間[58]。

但在「制裁條款」方面，論者則認為，應要求立法者先行釐清刑罰與其他制裁手段或管制措施之間的輕重關係。刑罰雖具較高的倫理非難性，但有時也不必然是較重的基本權侵害，若從不同的角度觀察，對於管制手段的有效性與嚴屬性可能會有不同的認定[59]，在難以確定孰輕孰重時，立法者應留意刑罰的「最後手段原則」要求[60]。也就是說，一方面，應妥適地就保護法益的種類、範圍、保護必要性、與其他法益之衝突與整體關連性，以及所規制的行為對於法益的侵害方式、惡性等綜合考量；另一方面，應顧慮刑罰「最後手段原則」所蘊含的寬容價值，不得執著於對各種違法行為趕盡殺絕、除惡務盡[61]。

5. 手段與目的達成之間是否相當

最後，限制妥當性（狹義比例性）又稱「過度禁止原則」（Übermaßverbot），必須要在目的的重要性、急迫性（也就是設置刑罰法規所謀求的公益）與限制的嚴重性（也就是因此所造成之人民基本權利限制或侵害）之間作衡量，確保公眾所獲致的利益，與人民因此所承受之限制、負擔，二者間仍處於一種理性、可能期待、而未顯失比例的關係。當系爭的限制所造成的侵害愈是嚴重、深入，則所欲追求的目的必須愈是重要、迫切[62]。

論者認為，在作憲法解釋時，立法者面對相衝突的利益，負有將私人利益與公共利益「最佳化」的任務，即必須劃定其彼此間的界線，使其

---

[58] 陳信安，同註20，頁211。

[59] 陳信安，同註20，頁212-214。

[60] 釋字第646號解釋理由書：「人民身體之自由與財產權應予保障，憲法第八條及第十五條定有明文。如以刑罰予以限制者，係屬不得已之強制措施，具有最後手段之特性，自應受到嚴格之限制。」

[61] 陳信安，同註20，頁215。

[62] 陳信安，同註20，頁216-217。

仍能各自獲致、開展其最佳之效力，而不得輕率地以片面犧牲其中一項利益來成全他項利益的方式解決衝突[63]。在「行為條款」方面，當難以衡量時，立法者享有衡量餘地；在「制裁條款」方面，則應將刑法學理中的「罪責原則」（Schuldprinzip）視為是過度禁止原則的具體化，國家只能科予與行為之危害程度及行為人可責性相符的刑罰制裁[64]。在罪責原則的內涵中，與此處的衡量判斷關係最密切者，是其中的「罪刑相當」要求，而罪刑是否相當的評估，必然是在整體規範環境中進行[65]，也就是必須將系爭刑罰法規與其他侵害法益較嚴重或較輕微、以及行為人罪責程度較高或較低的情形互相比較，方能確定[66]。

（二）殘餘的問題：法益內涵須能支撐判斷需求

1. 立法目的的空洞化趨勢

上述的比例原則審查流程，可說是一個理想的判斷架構，但在實際操作判斷時面臨的第一個難題，就是如果「立法目的」曖昧不清，便難以進行有意義的檢討。

按在近期的刑事立法活動中可觀察到，於生命、身體、財產等古典的法益類型之外，開始保護許多範圍廣泛（grossflächig）、內涵晦昧（wolkig）、空洞飄渺（luftig）的法益，亦即呈現出論者所謂的法益概念的「非物質化」傾向[67]。另外，也出現了許多「普遍性的法益」，這類法

---

[63] 陳信安，同註20，頁217-218。

[64] 陳信安，同註20，頁222-224。

[65] 併參許宗力在釋字第669號中的協同意見書：「……無論散見何處、性質上是否為特別刑法，刑罰體系的價值判斷應該是一個整體，沒有理由僅因系爭規定訂於他法之中，或僅因立法者宣稱其為特別刑法，在價值判斷上便可以與整體的刑罰體系切割開來。」

[66] 許玉秀，同註42，頁398。

[67] Matthias Krüger, Die Entmaterialisierungstendenz beim Rechtsgutsbegriff, 2000, S.15. 轉引自嘉門優，法益論の現代的意義，刑法雜誌，第47卷第1號，2007年11月，頁38。而目前實務上大量存在的從行政罰升級而成的刑罰規定，其保護法益幾乎都只能用整部法律的立法目的來理解（例如個人資料保護法第41條的違法蒐集處理利用個資

益以「系統保護」及「對系統之信賴的保護」為基調，包括「對社會整體秩序的保護」、「資本市場免受擾亂」（而非個別個人的財產不受侵害）、「國民健康免於危殆化」（而非個別個人的身體不受侵害）等[68]。

以上述這些抽象、普遍的法益作為刑罰法規的立法目的，即使大致上仍具有「目的正當性」，但要如何評估手段有無適合性？（與廣泛的目的沾到一點邊就可以了？）由於目的的範圍廣泛，各種手段對於「目的」的效果可能都展現在不同的層面上，如何作手段之間的比較？而因為目標總是冠冕堂皇、十分巨大，故手段與目的的追求之間必屬相當，永遠不會過度？

2. 對於法益的細緻探詢需求

比例原則對於刑事立法的缺失能夠作較全面的診斷，但為了要能夠運作這個判斷架構，所需要的相關資料內容也必須更加詳細，這迫使個別刑法規範中的法益必須被更細緻地探詢。其實，「法益論」本來就不該只是解釋論的課題，反而應該在立法論發揮最主要的作用。目前的刑法解釋，是因為立法者往往對保護法益交代不清，才只好由法律適用者幫立法者揣想，但解釋者都不具有如立法者般的權威性，很容易淪為各說各話。

立法者不能只隨便說出一個「立法目的」就算了，關於個別刑法規範所保護的對象、行為對於該對象造成什麼樣的侵害或危險等，立法者都應負責明示，如果不說清楚，很可能造成論者在批判檢討之際的混亂[69]。故即使比例原則的違憲審查架構是劃定刑罰邊界的可行方案，但若立法者在

罪，只能從該法第1條的目的規定中，瞭解其保護法益是「人格權」、「個人資料之合理利用」；刑法第185條之3醉態駕駛罪，1999年時的增訂理由表示旨在「維護交通安全」、「防止交通事故」，也只是呼應道路交通管理處罰條例的立法目的而已），追根究底，保護的其實只是行政管制的便利性。

[68] 金尚均，危險社會と刑法——現代社会における刑法の機能と限界，成文堂，2001年1月，頁17。該書中舉的是日本法上的例子，但這種「普遍性的法益」在我國法中也不勝枚舉。例如：參與犯罪組織罪，保護法益是「維護社會秩序，保障人民權益」（組織犯罪防制條例§1）；內線交易罪，保護法益是「發展國民經濟，保障投資」（證券交易法§1）；污染水體罪，保護法益是「維護生態體系，改善生活環境，增進國民健康」（水污染防治法§1）等。

[69] 嘉門優，同註67，頁45。

立法時未盡謹慎、負責的說明義務,以致於法益內涵不清、其他相關資訊也不足,那麼也難以檢驗立法之當否[70]。

肆、結論

歷史上曾出現的「刑事犯vs.行政犯」或「刑事不法vs.行政不法」的對立,表面上看似是同樣的議論,實則用語所指涉的內涵、及議論背後所針對的問題意識,往往帶有細微差別(nuance)。我國為解決刑罰使用過於浮濫的「刑罰肥大症」現象而引進此一議論,其實未必全然切合需求。近期關於刑事立法的劃界,方法上轉向採用以「比例原則」架構進行違憲審查的新理論建構型態,取代傳統的「質差/量差」之分,在思考上較為全面,也較符應解決問題的需求。但我國由於事前的立法過程粗糙,對立法目的(刑罰法規的保護法益)往往未交代清楚,造成事後的司法審查難以進行,精心設計的討論架構實質上無法操作。這個棘手的現況,雖不完全是抽象理論的探討所能夠解決,但目前的法益論也確實有此缺失。若先從解釋論開始,深化法益論的內容,將法益內涵實質化,再進而將這樣的成果反饋到立法論,提供立法者分析法益內涵的方法,循此步驟提升立法部門的論述能力及品質,或許可作為下一步努力的目標。

---

[70] 就「法益不清」這個罩門而言,在「質差說」陣營中將焦點置於可受刑法保護之利益本身的性質的學說,可說是有先見之明,其討論方法及成果在日後發展法益實質內容的學說論述中仍有機會繼續利用。例如以利益性質是否與文化規範有關,還是僅涉及純粹的義務,而區分刑事不法與行政不法的M. E. Mayer的學說(參林山田,同註2,頁41-42;韓忠謨,同註3,頁64);或區分是對法益的「危險」還是「實害」,而對應於違警犯與刑事犯的Köstlin的學說(參韓忠謨,同註3,頁41;鄭善印,同註9,頁25)等是。

參考文獻

一、中文

1. Georg Kneer & Armin Nassehi 著，魯貴顯譯，盧曼社會系統理論導引，巨流，1998 年。

2. 何子倫，刑事犯與行政犯之區別初探，財團法人國家政策研究基金會國政研究報告，憲政（研）092-005 號，2003 年 1 月，http://old.npf.org.tw/PUBLICATION/CL/092/CL-R-092-005.htm，最後瀏覽訪日期：2015/12/11。

3. 吳庚，行政法之理論與實用，三民，2001 年 8 月增訂 7 版

4. 李惠宗，論比例原則作為刑事立法的界限——大法官釋字第 517 號解釋評釋，台灣本土法學雜誌，第 18 期，2001 年 1 月。

5. 李曉明，「刑事法律與科學研究」一體化，元照，2012 年 12 月

6. 林山田，論刑事不法與行政不法，刑事法雜誌，第 20 卷第 2 期，1976 年 4 月。

7. 林山田，行政刑法與行政犯辯正，法令月刊，第 40 卷第 9 期，1989 年 9 月。

8. 林山田，刑法通論（上冊），自版，2008 年 1 月 10 版。

9. 洪家殷，論行政秩序罰之概念及其與刑罰之界限，東吳大學法律學報，第 9 卷第 2 期，1996 年 8 月

10. 許玉秀，刑罰規範的違憲審查標準，收錄於國際刑法學會臺灣分會主編，民主、人權、正義——蘇俊雄教授七秩華誕祝壽論文集，元照，2005 年 9 月。

11. 許宗力，比例原則與法規違憲審查，收錄於氏著，法與國家權力（二），元照，2007 年 1 月。

12. 許澤天，刑法規範的基本權審查——作為刑事立法界限的比例原則，收錄於黃舒芃主編，憲法解釋之理論與實務（第七輯）（上冊），中央研究院法律學研究所，2010 年 12 月。

13. 陳信安，再論刑事不法與行政不法之區別——以德國聯邦憲法法院裁判見

解及立法形成自由為中心（上），興大法學，第 15 號，2014 年 5 月。

14.陳信安，再論刑事不法與行政不法之區別——以德國聯邦憲法法院裁判見解及立法形成自由為中心（下），興大法學，第 16 號，2014 年 11 月。

15.劉錫賢，以行政罰為前提的刑事不法之研究——兼論其舉證責任及證明標準，東海大學法律學研究所碩士論文，2005 年。

16.蔡茂寅，比例原則的界限與問題性，月旦法學雜誌，第 59 期，2000 年 3 月。

17.鄭善印，刑事犯與行政犯之區別　　德、日學說比較，中興大學法律研究所碩士論文，1990 年 4 月。

18.韓忠謨，行政犯之法律性質及其理論基礎，台大法學論叢，第 10 卷第 1 期，1980 年 12 月。

19.蘇俊雄，從刑事犯與行政犯之理論界限論刑法修正之問題，法學叢刊，第 21 卷第 1、2 期（81、82 期），1976 年 6 月。

20.蘇俊雄，刑事犯與行政犯之區別理論對現代刑事立法的作用，刑事法雜誌，第 37 卷第 1 期，1993 年 2 月。

二、日文

1. 金尚均，危險社会と刑法——現代社会における刑法の機能と限界，成文堂，2001 年 1 月。

2. 嘉門優，法益論の現代的意義，刑法雜誌，第 47 卷第 1 號，2007 年 11 月。

4

論挑唆防衛及其防衛權限制

林書楷[*]

---
[*] 東吳大學法律學系專任副教授。

目　次

壹、前言

　　刑法上所謂的「挑唆防衛」（Notwehrprovokation），亦稱之為「挑撥防衛」，係指行為人因可歸責於自己之事由引發他人的攻擊行為而形成防衛情狀，其後再對攻擊的一方實施防衛行為的一種情形。由於我國刑法第23條的正當防衛條款僅規定：「對於現在不法之侵害，而出於防衛自己或他人權利之行為，不罰」，因此當客觀上確實存在對自己或他人權利之不法侵害時，單就法條文義解釋來看似乎並無不准當事人主張正當防衛以阻卻違法之理。最高法院早年在18年上字第228號判例即秉持此種見解謂：「刑法上防衛行為，祇以基於排除現在不正侵害者為已足，其不正之侵害，無論是否出於防衛者之所挑動，在排除之一方仍不失其為防衛權之作用。」此項早期的判例見解最高法院一直沿用迄今並未經變更，至今仍是我國法院實務的一貫見解[1]。

---

[1] 近期的最高法院判決重申此判例見解者，例如97年度台上字第4642號、98年度台上

　　實務此種認為不論不正侵害（不法侵害）是否出於防衛者所挑動均不影響其正當防衛權的觀點，如果將之與刑法上另一個重要爭議概念「原因自由行為」（actio libera in causa）做相對比，即可發現規範評價上的不一致性。因為在「原因自由行為」的情形，行為人因可歸責於自己之事由（例如喝酒、吸食麻醉藥品）而自陷責任能力瑕疵狀態，不管通說、實務或現行法均一致認為行為人並不得主張行為時無責任能力或限制責任能力的免責事由（刑法§19III），何以在同樣因可歸責於自己之事由而引發防衛情狀的「挑唆防衛」之情形，挑唆防衛人卻可以主張完全的正當防衛權而不受影響？在最高法院18年上字第228號判例甚至後來的相關判決中，對此均完全欠缺法理基礎之論述與說明。

　　事實上，由於挑唆防衛的防衛人對於防衛情狀的惹起，本身即具有可歸責事由，因此挑唆人是否可對被其引發攻擊的另一方主張完全的正當防衛權，長久以來即是刑法釋義學上的重要爭論。此種爭論甚至可上溯至歐洲中世紀，當時的普通法上即存在一個廣泛流傳的觀點，亦即：挑起爭端者對於因此被激發而不由自主進行攻擊的一方，不得主張正當防衛[2]。這種觀點隱含著一個思想，亦即當行防衛行為之人本身對於引發攻擊者的不法侵害具有可歸咎事由時，將喪失其主張正當防衛的權利。此種挑唆防衛之行為人完全不得主張正當防衛權的觀點，與前述最高法院18年上字第228號判例之見解，恰處於完全相異的天平兩端，形成強烈的對比。因此，關於「挑唆防衛」之行為人得否主張正當防衛以阻卻違法的問題，著實有加以進一步檢視與探討的必要。

　　本文以下將首先針對「挑唆防衛」進行概念上的釐清，並將挑唆防衛區分成「意圖式挑唆防衛」與「非意圖式挑唆防衛」兩種類型，接著從不同的理論觀點來檢視不同挑唆防衛類型間其正當防衛權所可能遭受的限制，最後則進一步探討當挑唆防衛之行為人違反其所遭受之防衛權限制而實施防衛行為時其所可能導致的法律效果。

　　字第443號等判決，均引用18年上字第228號判例來推翻下級法院否定挑撥者之正當防衛權的見解。

[2] Stuckenberg, Provozierte Notwehrlage und Actio illicita in causa, JA 2001, S.895.

貳、挑唆防衛的概念釐清

一、類型劃分

關於「挑唆防衛」的類型討論，主要可區分成蓄意利用自己製造之防衛情狀的「意圖式挑唆防衛」以及其他可責地引發防衛情狀之「非意圖式挑唆防衛」兩種[3]，至於文獻上有提及所謂的「防禦挑唆」的情形，性質上是否亦屬於挑唆防衛的一種類型則有爭議：

所謂「意圖式挑唆防衛」（Absichtsprovokation；意圖挑唆），係指行為人意圖利用自己所引發之防衛情狀以實施法益侵害行為的情形。也就是說，行為人一開始即有意圖地引發他人對自己之攻擊行為，以製造出符合實施正當防衛的情狀，自己再藉實施防衛之名而遂行侵害法益之行為。例如，熱中討論政治話題的甲與乙，兩人因談論政治時事立場不同引發激烈爭吵而產生仇隙，甲有意教訓乙，乃計畫利用乙衝動易受激怒的脾氣，故意以惡毒言語激怒乙，引發乙對自己的攻擊，再以事先準備好的木棍對乙實施防衛將其打傷。在此種「意圖式挑唆防衛」案例類型中，行挑唆防衛之人的主要目的其實是在行法益侵害，他只是利用自己所刻意製造出來防衛情狀來達成其侵害他人法益的目的。也就是說，挑唆防衛的行為事實上是「假藉正當防衛之名、而行法益侵害之實」。因此，雖然意圖式挑唆防衛的行為當時確實存在防衛情狀，但畢竟挑唆人之原始目的是在侵害法益，此時究竟是否對其正當防衛權不生影響、抑或會造成對正當防衛權的限制、甚至是導致挑唆人完全喪失其正當防衛權，則是刑法釋義學上的重大爭論。

至於所謂「非意圖式挑唆防衛」，則係指防衛人雖沒有假藉正當防衛之名而行侵害法益之實的意圖，但是卻是以其他可責的方式引發他方對自己的攻擊，因而對於防衛情狀的惹起具有可歸責事由的情形。例如，甲與

---

[3] Heinrich, Strafrecht Allgemeiner Teil (AT), 3. Aufl., 2012, Rn. 371 ff; Krey/Esser, AT, 4. Aufl., 2011, Rn. 554 ff; Wessels/Beulke/Satzger, AT, 43. Aufl., 2013, Rn. 346 ff.

乙因故口角而起言語衝突，甲竟然在眾人面前當面辱罵乙，導致乙怒火中燒因而揮拳攻擊甲，此時甲為求自衛在不得已的情況下乃將乙打傷。於此案例中，甲的當眾辱罵行為雖然激起了乙的不法侵害行為，但其事先並無刻意引發乙攻擊而藉防衛之名以對乙行侵害的意圖，此種情形相較於前述之「意圖式挑唆防衛」在程度上顯然較為輕微，故應予以差別處理。也因此，在刑法學說上幾乎未見有主張此種「非意圖式挑唆防衛」會導致正當防衛權完全喪失的見解，爭議往往只剩下是否因防衛人本身對於引發防衛情狀具有可歸責事由，而應在某種程度上予以限制其正當防衛權，甚至是完全不做限制。

除上述「意圖式挑唆防衛」與「非意圖式挑唆防衛」外，文獻上也有見解係將所謂的「防禦挑唆」（Abwehrprovokation）也列為「挑唆防衛」的一種類型。所謂「防禦挑唆」，係指防衛者在事先已預期到他方可能對自己實施不法侵害，因而有意識地選擇特別危險的防衛手段而非較溫和來武裝自己（例如隨身攜帶手槍或凶器），當事後他方果真進行攻擊時，行為人乃直接以事先所預備好的防衛手段實施防衛行為，而行為人所使用的防衛手段在實施防衛行為當下的情況「有可能」是具備必要性的[4]。例如，甲與乙心儀之女性交往因而引發乙的醋意，乙遂對外放話要毆打甲，甲得到風聲後預期乙應會付諸行動也心想若乙果真攻擊要讓他付出代價，乃隨身準備一把尖銳的彈簧刀作為防身之用。數日後，乙埋伏在半路偷襲甲，甲遂拿出彈簧刀實施防衛將乙砍成重傷。

基本上，本文認為此種所謂「防禦挑唆」的概念，並無將之列為挑唆防衛的一種類型而獨立存在之必要。此可從兩方面來加以觀察：

首先，若於此等案例類型中他方之不法侵害行為並非實施防衛之一方以可歸責的方式挑起，性質上即不符合「挑唆防衛」的概念，因此與一般正當防衛之情形並無兩樣，行為人的正當防衛權也不受影響，應直接適

---

[4] Lindemann/Reichling, Die Behandlung der sogenannten Abwehrprovokation nach den Grundsätzen der action illicita in causa, JuS 6/2009, S.496 f. 另外，關於「防禦挑唆」的中文文獻介紹，可參見陳俊榕，論「挑唆防衛」，國立中正大學法學集刊，第39期，2013年4月，頁100以下。

用正當防衛的規則來處理。此時，問題往往僅在防衛人所使用之手段是否欠缺必要性而構成防衛過當，甚至是屬於僅為保護輕微法益而以防衛行為造成他方巨大損害（極端失衡的情況）的防衛權濫用，不得主張正當防衛[5]。以前舉案例為例，由於甲僅是與乙心儀的女性交往，對於引發乙的不法攻擊不論從法律或社會倫理價值的角度來看均無可歸責事由，故仍得主張完全的正當防衛權，因此關鍵僅在於實施防衛行為的當下其防衛手段是否逾越必要程度而屬防衛過當的問題。倘若乙是赤手空拳攻擊甲，則甲直接以彈簧刀實施防衛將乙砍成重傷，應非當時情況下有效防衛的最溫和手段，將構成防衛過當；惟若乙是持刀攻擊甲，在欠缺其他有效防衛手段情況下甲以彈簧刀反擊實施防衛應非屬過當，此時即仍得主張正當防衛以阻卻違法[6]。

　　相對地，若他方的不法攻擊係實施防衛之一方以可歸責的方式所挑起，性質上雖符合「挑唆防衛」的概念，但實際上也涵蓋前述兩種挑唆防衛的範圍之下，此時亦無獨立將之列為另一種挑唆防衛類型之必要，直接依其屬「意圖式挑唆防衛」或「非意圖式挑唆防衛」的類型而予以相同之處理即可。亦即，若防禦挑唆的行為人自始即基於符合意圖式挑唆防衛的心理而引發與他方的衝突，則應直接與「意圖式挑唆防衛」適用相同之

---

[5] 林山田，刑法通論（上），增訂10版，2008年，頁329以下；林書楷，刑法總則，2版，2015年，頁141。反對見解：黃榮堅，論正當防衛，收錄於刑罰的極限，1998年，頁105；同作者，基礎刑法學（上），4版，2012年，頁239以下，認為不論所保護之利益多麼微不足道，均得主張正當防衛。

[6] 不同見解：Roxin, AT I, 4 Aufl., 2006, §15 Rn. 82；陳俊榕，前揭文，頁103以下，雖亦主張在防禦挑唆的情形不會造成對正當防衛權的限制，但認為會導致正當防衛必要性判斷時點的前置，亦即在「防禦挑唆」的案例中，判斷防衛行為之必要性的時點應提前至防衛人在先前的預備防衛措施階段。惟本文認為將防衛行為必要性判斷時點前置的觀點，在防衛人對他方將來預期的攻擊手段判斷錯誤而低估其侵害強度的情況下，會造成遭受攻擊的一方無法行有效防衛的結果，導致防衛人付出額外代價。正確的理解應該仍將防衛行為必要性判斷的時點置實際為防衛行為當時，雖然行為人事前預備了較強烈的防衛手段，但若對方攻擊強度不如預期，行為人在當下應選擇不使用事先預備的強烈防衛手段而改採較溫和的防衛方法，否則將構成防衛過當、甚至是權利濫用。

處理規則[7]；若行為人係以意圖挑唆之外的其他可責方式引發與對方的衝突，則適用與「非意圖式挑唆防衛」相同的規則來處理。

二、可責的挑唆行為

在挑唆防衛的概念中，必須以防衛人可歸責的前行為引發了防衛情狀為前提，因此若挑唆行為屬於法律上所要求的、正當的或是其他在社會倫理上無可非難的，即非屬「可責的前行為」，並不會造成正當防衛權的限制或喪失，解釋上應無疑問[8]。例如，雖預期可能會激怒對方引發其攻擊行為，仍然對官員違背政治誠信的言行進行嚴厲批判，若果直引發對方的不法侵害行為，此時仍得主張完全的正當防衛權，自不待言。學說上有爭議者在於，於挑唆防衛中，所謂「可責的前行為」是否僅限於具違法性的挑唆行為（例如非法暴力、公然侮辱、侵入住居、毀損或與對方妻子通姦……等違法行為），抑或是也包含雖不違法但違反社會倫理價值的挑唆行為（例如言語或動作挑釁、嘲諷譏笑……等）。

對此，學說上有見解認為在挑唆防衛中，關於防衛人之可責的前行為應以違法的挑唆行為為限，若僅是違反社會倫理價值之行為尚不足以構成對正當防衛權的限制。此說在德國學界為多數說[9]，在我國學界則為少數說[10]。主張此說的理由主要有二；首先，若防衛人之挑唆僅屬單純違反社會倫理價值的行為，則在此等案例事實中只有被挑唆而實施不法攻擊的一方破壞了法平和，相對地防衛人先前的挑唆行為仍屬合法行動並未逾越法

---

[7] Perron, in: Sch/Sch-StGB (Schönke/Schröder StGB Kommentar), 28. Aufl., 2010, §32 Rn. 61b.

[8] Hoffmann-Holland, AT, 2011, Rn. 258; Perron, in: Sch/Sch-StGB, §32 Rn. 59; Roxin, AT I, §15 Rn. 71.

[9] Erb, in: MünchKommStGB/Bearbeiter, 2003, §32 Rn. 206; Jakobs, AT, 2. Aufl., 1993, 12/55; Jescheck/Weigend, AT, 5. Aufl., 1996, S.347; Krey/Esser, AT, Rn. 559; Kuhlen/Roth, JuS 1995, S.716; Perron, in: Sch/Sch-StGB, §32 Rn. 59; Roxin, AT I, §15 Rn. 73. 類似見解：Freund, AT, 2. Aufl., 2009, §3 Rn. 117.

[10] 余振華，刑法總論，2011年，頁245以下。

律的界限，因此不應產生限制其正當防衛權的效力[11]；其次，此種尚未達違法性門檻之社會倫理價值違反的概念，並非法領域所掌握的範圍，概念上也因此顯得過於含糊不清[12]。應強調者，縱使採此種見解也應以挑唆人之違法挑唆行為已經終結者為限，倘若挑唆人的違法挑唆行為仍在持續中尚未終結（代表現在不法侵害仍存在），此時被挑唆人依法本得對違法挑唆行為實施正當防衛，在此情況下被挑唆人之攻擊行為既已阻卻違法，則挑唆人對其攻擊不得實施正當防衛，自不待言。

　　相對上述見解，學說上亦有見解認為對於正當防衛權的限制並不以防衛人之違法前行為為必要，只要防衛人之先前之挑唆行為係違反社會倫理價值之行為，即足以構成對其正當防衛權的限制。此說在德國學界為少數說[13]，在我國學界則似乎為多數見解[14]。本文基本上亦贊同此說，理由在於：首先，正當防衛權在某種程度上本會受到社會倫理（社會道德）的限制[15]，對於其行使應有所節制；其次，刑法上因可歸責於自己之前行為所導致在主張免責事由上的限制，亦不以可責之前行為須具備違法性為前提，「原因自由行為」就是最好的例證。因為單純喝醉酒本身並非違法行為，但卻會產生行為人喪失其主張於行為時無責任能力而免責之權利的法律效果（刑法§19III）；最後，許多常見的挑唆行為性質上都不屬違法行為，例如言詞或動作挑釁、嘲諷、譏笑等，而且很多時候此等行為的

---

[11] Perron, in: Sch/Sch-StGB, §32 Rn. 59.

[12] Roxin, AT I, §15 Rn. 73.

[13] Hoffmann-Holland, AT, 2011, Rn. 258; Rengier, AT, 2009, §18 Rn. 86; Wessels/Beulke/Satzger, AT, Rn. 347 f.

[14] 林山田，刑法通論（上），頁331以下；吳耀宗，挑撥防衛之問題，月旦法學教室，第101期，2011年3月，頁20以下；許澤天，刑總要論，增修2版，2009年，頁126；另，王皇玉，刑法總則，2014年，頁284；黃常仁，刑法總論，增訂2版，2009年，頁57以下，似均亦採此見解。另外，盧映潔，挑唆防衛，月旦法學教室，第7期，2003年5月，頁49以下，將不法挑唆列為挑唆防衛的一種獨立類型，但在其餘兩種挑唆防衛類型中，則似亦不以違法挑唆行為為必要。

[15] 對此可參閱張天一，對正當防衛受社會道德限制之再檢討——以正當防衛阻卻違法之實質根據為中心，刑事法雜誌，第45卷第4期，2001年，頁71以下。

挑撥效果（引發他人憤怒而產生攻擊行為的效果）甚至還大於具違法性的挑唆行為，例如當面以言詞或動作挑釁的挑撥效果即可能高於單純的毀損行為。因此，若將挑唆防衛對正當防衛權的限制僅限於違法挑唆行為的範圍，則挑唆防衛概念的規範意義將大幅降低、甚至可能被架空。

三、挑唆關連性

在挑唆防衛的案例類型中，由於對挑唆人正當防衛權的限制係建立在挑唆人可責地引發防衛情狀的基礎上，因此挑唆行為與防衛情狀的出現之間必須具備挑唆關連性（Provokationszusammenhang），才屬於挑唆防衛的類型。如果挑唆行為與防衛情狀的出現間欠缺挑唆關連性，就非屬挑唆防衛，自無產生防衛權受限或喪失的問題。此種挑唆關連性，應包含「客觀挑唆關連性」以及「主觀挑唆關連性」兩部分：

所謂客觀挑唆關連性（objektiver Provokationszusammenhang），係指在先前之挑唆行為與因此而導致的正當防衛情狀（對方的不法侵害）間，必須存在時間或空間的緊密關連性，且正當防衛情狀的產生可以被視為是挑唆行為所導致之可預見的相當結果[16]。因此，倘若行為人公然侮辱他人，而被侮辱者卻是是在很長一段時間後才對侮辱者實施攻擊，此時因欠缺挑唆關連性並不會造成對先前為侮辱行為人之人的防衛權限制；又如，行為人以可責的方式無故毀損他人之物，但對方卻因而實施完全不相干、不合乎比例關係的反擊行為（例如對為毀損行為者實施謀殺），此時亦不會對先前為毀損行為之人的正當防衛權產生任何影響[17]。

至於所謂的主觀挑唆關連性（subjektiver Provokationszusammen-hang），則是指挑唆人可責的前行為必須涉及後面行攻擊之他方的權利領域或與其有親密關係的人，而能讓其個人感覺受到挑撥[18]。因此，例如在

---

[16] Vgl. Berz, An der Grenze von Notwehr und Notwehrprovokation, JuS 1984, S.342; Erb, in: MünchKommStGB/Bearbeiter, §32 Rn. 211; Krey/Esser, AT, Rn. 553; Kühl, AT, 7. Aufl., 2012, §7 Rn. 226; Perron, in:Sch/Sch-StGB, §32 Rn. 59; Roxin, AT I, §15 Rn. 73; Wessels/Beulke/Satzger, AT, Rn. 348.

[17] Roxin, AT I, §15 Rn. 73.

[18] Wessels/Beulke/Satzger, AT, Rn. 348.

惡意辱罵對方所崇拜的偶像明星或政治人物的情形，縱使因而引發對方憤怒而進行不法攻擊，行為人仍然可以實施正當防衛以阻卻違法。因為防衛人先前之惡意辱罵行為，係針對公眾人物批評，此並未涉及攻擊者個人的權利領域或是關於與攻擊者有親密關係之人。

參、意圖式挑唆防衛

在「意圖式挑唆防衛」中，行挑唆防衛之人的主要目的其實是在行法益侵害，他只是利用自己所刻意製造出來防衛情狀來達成其侵害他人法益的目的。例如，甲與乙兩人因為追求同一女友而起糾紛，甲對乙懷恨在心，乃決定利用乙容易衝動的暴躁脾氣來教訓他。甲遂計畫激怒乙攻擊自己，然後再對乙實施防衛將其打傷。某日，甲按照計畫當面挑釁乙，乙果真中計大怒而攻擊甲，甲遂依計畫持事先準備的木棍實施「防衛」將乙打傷。在此種「意圖式挑唆防衛」的情形，雖然客觀上確實存在正當防衛的事實情狀，但挑唆人是否可以主張正當防衛以阻卻違法，是刑法學說上的重大爭論，文獻上大致有以下幾種不同的觀點：

一、無限制的正當防衛權

學說上有見解認為權利毋須迴避不法，故縱使是在行為人為意圖式挑唆防衛的情形，正當防衛權也應該不受限制的被允許[19]，此種見解在文獻上被稱之為「權利防衛理論」（Rechtsbewährungstheorie）。主要理由在於，從刑法正當防衛規定的文義來看，無法得出挑唆防衛可以產生限制正當防衛權的結果，否則可能已超出法條文義逾越單純法律解釋的界限，屬類推適用而有違反「罪刑法定原則」之虞[20]。而且，站在保護必要性的觀點，被挑唆之一方在當下有能力不對挑唆者實施攻擊或至少有能力可以及

---

[19] Baumann/Weber/Mitsch, AT, 11. Aufl., 2003, § 17 Rn. 38; Hohmann/Matt, JR 1989, S.161; Mitsch, Notwehr gegen fahrlässig provozierten Angriff, JuS 2001, S.753 f.

[20] Hohmann/Matt, JR 1989, S.161.

時中止其攻擊，因此為保護被挑唆之一方而限制挑唆者的正當防衛權是不必要的。在這裡，被挑唆之一方其實有能力自我保護，亦即不實施攻擊或停止攻擊[21]。

此說迄今仍為我國實務的一貫見解，18年上字第228號判例即謂：「查刑法上防衛行為，衹以基於排除現在不正侵害者為已足，其不正之侵害，無論是否出於防衛者之所挑動，在排除之一方仍不失其為防衛權之作用。」近期實務見解如最高法院97年度台上字第4642號、98年度台上字第443號等判決，亦均仍採相同見解。

依此說，上述案例中甲雖然對乙進行意圖挑唆、但仍可主張完全的正當防衛權，因此甲之傷害行為可適用刑法第23條關於正當防衛之規定而阻卻違法。

二、權利濫用

學說上亦有見解認為，倘若防衛人係有意圖地激起他人對自己之攻擊行為，藉以製造出符合實施正當防衛之情狀，自己乃進而假藉防衛之名而行侵害法益之實。此種防衛人有意圖地進行挑唆防衛之情形，應屬於正當防衛權的濫用，將導致正當防衛權的喪失，故不得主張正當防衛。此種見解在文獻上被稱之為「權利濫用理論」（Rechtsmissbrauchstheorie），為目前學界多數說[22]。主要理由在於，權利濫用禁止原則拘束所有權利的一般法律原則，也包括正當防衛權，因此當挑唆人係意圖假藉其所引發的正當防衛情狀而行侵害他人法益之行為時，基於權利濫用禁止的思想永遠都

---

[21] Baumann/Weber/Mitsch, AT, §17 Rn. 38; Vgl. Mitsch, JuS 2001, S.753 f.

[22] 王皇玉，刑法總則，2014年，頁284；余振華，刑法總則，頁248；林山田，刑法通論（上），頁332；吳耀宗，前揭文，頁21；盧映潔，前揭文，頁50；蔡墩銘，刑法精義，1999年，頁201；韓忠謨，刑法原理，1992年，頁157；蘇俊雄，刑法總論Ⅱ，1998年，頁199；Ebert, AT, 3. Aufl., 2001, S.79; Heinrich, AT, Rn. 375; Kretschmer, Jura 1998, S.245; Rengier, AT, §18 Rn. 86; Roxin, AT I, §15 Rn. 65; Rudolphi, Notwehrexzess nach provoziertem Angriff, JuS 1969, S.464. 另外，陳子平，刑法總論，2版，2008年，頁246以下，基本上亦採權利濫用不得主張正當防衛之見解，惟又補充認為當對方施以侵害異常重大之反擊行為時，仍可成立正當防衛。

是不應該允許的[23]。而且，挑唆人自己故意自陷於危險情狀（故意挑唆他人攻擊自己），就法秩序的觀點也不需要予以保護[24]。

依此說，前述案例中甲的意圖式挑唆行為因屬於權利濫用，完全不得主張正當防衛以阻卻違法，應構成傷害既遂罪。

三、自我保護理論

此說認為在「意圖式挑唆防衛」中，為挑唆之行為人雖然還是可以主張正當防衛，但是其防衛權曾受到極大程度的限制，只有在作為最後手段的情況下才被允許。也就是說，挑唆者在面對他方不法攻擊時應先選擇迴避，只有在欠缺迴避可能且亦無其他自我保護的可能性時，才可以對攻擊者的不法侵害實施防衛[25]。此種見解在文獻上被稱之為「自我保護理論」（Selbstschutztheorie）。其主要理由在於，挑唆人雖然意圖引發防衛情狀並加以利用，但不應完全剝奪其主張正當防衛的可能性，因為無論如何法律並不允許讓挑唆人陷入兩難的困境——他必須選擇不實施防衛而付出犧牲生命身體法益的代價、或是選擇實施防衛但必須遭受刑罰[26]。而且，在挑唆防衛的案例事實中，被挑唆人也是自己主動捲入整個衝突事件之中，因此應禁止透過將所有的責任均加諸於挑唆人的解決方式[27]。也就是說，既然被挑唆人的攻擊行為本身也有責任，就不應該將責任全部置於挑唆人之意圖挑唆行為而完全剝奪挑唆人的正當防衛權。

依此說，前述案例中甲之行為是否可以主張正當防衛，應視當時情況甲是否有迴避或其他自我防衛之可能性而定。而由於案例中甲係未迴避就直接就對乙實施攻擊性的防衛行為，故解釋上無法主張正當防衛，仍應成立傷害既遂罪。

[23] Rudolphi, JuS 1969, S.464; Heinrich, AT, Rn. 375.

[24] Heinrich, AT, Rn. 375; Roxin, AT I, §15 Rn. 65.

[25] Jescheck/Weigend, AT, S. 346 f.

[26] 陳俊榕，前揭文，頁91以下；Jescheck/Weigend, AT, S.347; Berz, JuS 1984, S.343; 另外，Jakobs, AT, 12/50 ff; Kühl, AT, §7 Rn. 239 f，似亦採此說。

[27] Jakobs, AT, 12/50.

四、原因違法行為

　　「原因違法行為理論」（Lehre von der actio illicita in causa）認為在
意圖式挑唆防衛的情形，行為人針對他人不法侵害所實施的防衛行為，雖
然仍可主張正當防衛而阻卻違法，但是行為人會由於其先前意圖挑起對方
攻擊的挑唆行為而成立故意犯罪[28]。就理論上而言，此種「原因違法行為
理論」的主張實際上並未對挑唆防衛之行為人的防衛權造成限制，因為其
得出挑唆人可罰性的結果並非來自於防衛情狀下的行為（亦即挑唆人對他
方之不法攻擊所實行的防衛行為），而是來自於其先前引發他人不法攻擊
的可責挑唆行為[29]。

　　此種「原因違法行為理論」的思維模式類似於在「原因自由行為」
中採「前置說」（Vorverlagerungstheorie）的見解，亦即類推間接正犯的
概念[30]。詳言之，在原因自由行為中的「前置說」係將構成要件行為前置
於原因設定行為，並類推間接正犯的概念來達到處罰前行為的結果；而在
「原因違法行為」的概念中，因為挑唆人針對他方之不法攻擊而行防衛的
部分會因在正當防衛權的效力涵蓋下而阻卻違法，因此乃主張處罰的對象
是先前的可責的挑唆行為，此部分為正當防衛權的效力所不及。「原因違
法行為」的結構類似於利用行為不具違法性之犯罪工具的間接正犯類型，
只是在原因違法行為中這個不具違法性的犯罪工具換成了挑唆人自己[31]，
因為挑唆人在當下可以主張正當防衛而阻卻違法。

　　依此說，前述案例中當乙中計大怒而攻擊甲時，甲針對乙的不法攻擊
仍得主張正當防衛以阻卻違法，但因其先前在為挑唆時不僅對其挑唆行為
有故意、也對於引發乙不法攻擊後所為的防衛行為（傷害）有故意，在具

---

[28] Baumann, Rechtsmissbrauch bei Notwehr, MDR 5/1962, S.349 f; Frister, AT, 5.Aufl., 2011, 16/30; Haft, AT, 7. Aufl., 1996, S.81 f; Lindemann/Reichling, JuS 6/2009, S.498.

[29] Lindemann/Reichling, JuS 6/2009, S.498.

[30] Stuckenberg, JA 2001, S.901. 關於「原因自由行為」中「前置說」類推間接正犯的概念，詳細論述可參見林書楷，原因自由行為，收錄於刑事法理論與財經刑法之接軌，2012年，頁58以下。

[31] Baumann, MDR 5/1962, S.350.

備雙重故意的情況下應就其先前的挑唆行為負故意傷害既遂罪之責。

五、放棄法益保護的承諾

學說上也有見解認為挑唆者先前所為之可責挑唆行為等同於事實上放棄法益保護的承諾，導致對方的攻擊行為因此而欠缺違法性（得被害人承諾之阻卻違法事由），故在欠缺正當防衛情狀的情況下，此時挑唆者已經無法再對他方主張正當防衛。此種見解在文獻上通常被稱之為「承諾理論」（Einwilligungstheorie）[32]。依此說，前述案例中甲故意激怒乙攻擊自己的挑唆行為視同放棄法益保護之承諾（阻卻違法之承諾），導致乙對甲的攻擊行為阻卻違法、非屬現在不法侵害，因此甲再持木棍予以反擊將乙打傷之行為無法主張正當防衛，應構成傷害既遂罪。

六、評析

「承諾理論」認為在意圖式挑唆防衛中，挑唆者先前所為之可責挑唆行為等同於事實上放棄法益保護的承諾並藉此否定其正當防衛權，承諾理論此種「挑唆等同放棄法益保護之承諾」的見解，本文以為純屬虛構的擬制並不可採。刑法上關於被害人放棄法益保護的承諾只能是「明示的承諾」、不及於「默示承諾」，更何況此種是將挑唆人之挑唆行為解釋成事實上放棄法益保護之意思的「擬制承諾」。至於是否有適用「推測承諾」（Die mutmaßliche Einwilligung）的餘地，本文亦採否定說，因為所謂的推測承諾其實是一種對法益持有者真實意思（wahre Wille des Rechtsgutsinhabers）的可能性判斷[33]，在意圖式挑唆防衛中挑唆人的目的在假藉防衛之名行侵害他人法益之實，事實上不可能存在同意放棄法益保護的意思。

「原因違法行為理論」的抽象卻又（似乎）合乎邏輯性的思維觀點，對法律人有著莫名的吸引力，在德國法學界存在不少追隨者，然而不

---

[32] 此處僅參閱Heinrich, AT, Rn. 378; Hillenkamp, 32 Probleme aus dem Strafrecht, 13. Aufl., S.18.

[33] Krey/Esser, AT, Rn. 677.

論在實際適用或法理上均有其問題。首先，原因違法行為類推（或類比）間接正犯的概念，在德國法上固然有將其連結至德國刑法上的間接正犯規定而取得成文法基礎的優點，但因我國刑法並無間接正犯的明文規定，故難以等同類比；其次，類推間接正犯（或原因自由行為的前置說）的概念連帶也會帶進在間接正犯領域上的相關難題，例如著手實行時點的判斷與錯誤的問題[34]，在挑唆防衛上均會發生難以合理解釋的困境。

　　至於，「權利防衛理論」與我國實務一貫見解主張意圖式挑唆防衛之挑唆人可主張無限制的正當防衛權，實際上是忽略了正當防衛阻卻違法的法理基礎除了法益保護外、也包含法秩序的維護[35]，本文亦難以贊同。在意圖式挑唆防衛的案例中，刻意引發防衛情狀並藉此以行法益侵害的挑唆人，實際上是不當地利用與操控了法律的正當防衛權機制來達到其法益侵害目的，不論從正當防衛的基礎或法秩序維護的觀點來看，均不得不予以防衛權的限制，否則法的正當防衛機制將淪為個人遂行侵害的手段。

　　由此以觀，以權利濫用禁止作為限制挑唆防衛人之正當防衛權的「權利濫用理論」的觀點，應較為可採。惟本文也認為挑唆人雖然意圖引發防衛情狀並加以利用，但不應完全剝奪其主張正當防衛的可能性，因為無論如何法律並不應該讓挑唆人陷入兩難的困境——他必須選擇不實施防衛而付出犧牲生命身體法益的代價、或是選擇實施防衛但必須遭受刑罰[36]。因此，在「意圖式挑唆防衛」中，當挑唆人面臨他方重大反擊而造成生命身體之重大危險時，為挑唆之行為人雖然還是可以主張正當防衛，但是其防衛權會受到極大程度的限制，只有在作為最後手段的情況下才被允許。也就是說，挑唆者在面對他方不法攻擊時應先選擇迴避，只有在欠缺迴避可能且亦無其他自我保護的可能性時，才可以對攻擊者的不法侵害實施攻擊性的防衛。也就是說，意圖式挑唆防衛之挑唆人的正當防衛權會

---

[34] Stuckenberg, JA 2001, S.901. 有提及親手犯的問題，但在挑唆防衛的情形似乎較難以涉及親手犯的領域。

[35] Ebert, AT, S.71 f; Wessels/Beulke/Satzger, AT, Rn. 324a.

[36] 陳俊榕，前揭文，頁91以下；Jescheck/Weigend, AT, S. 347; Berz, JuS 1984, S.343；另外，Jakobs, AT, 12/50 ff; Kühl, AT, §7 Rn. 239 f，似亦採此說。

遭到重大限制（但非完全被剝奪），而其理論基礎則在於其濫用了法的正
當防衛制度，基於權利濫用禁止的法理產生的結果。

肆、非意圖式挑唆防衛

在「非意圖式挑唆防衛」中，防衛人雖沒有假藉防衛之名而行侵害法
益的意圖，但是仍以違法或違反社會倫理價值的行為方式引發防衛情狀，
而導致其實施防衛的情形。例如，甲與乙兩人均為熱中政治的民眾，某日
在談論政治議題時因黨派立場不同「臨時」爆發言語衝突，甲竟然在眾人
面前當面出言辱罵乙，乙因而怒火中燒猛然揮拳攻擊甲，此時若甲為求自
衛而實施反擊將乙打傷，可否主張正當防衛而阻卻違法？

一、受限制的正當防衛權

在「非意圖式挑唆防衛」的情形，行為人欠缺藉由惹起防衛情狀而
行侵害的意圖，僅對於防衛情狀的惹起具有故意（主要是未必故意）或過
失（主要是有認識過失），此種非意圖式挑唆與前述意圖挑唆的情形相
較，顯然有行為本質上的差異，因此應做差別處理[37]。在這裡，除了主張
權利毋須迴避不法之「權利防衛理論」仍然主張無限制的正當防衛權外，
通說往往認為雖然防衛人並沒有假藉防衛之名而行侵害的挑唆意圖，但
無論如何行為人畢竟對於正當防衛情狀的惹起具有可歸責事由，因此其雖
然仍可以主張正當防衛，但防衛權會受到壓縮。也就是說，在「非意圖式
挑唆防衛」的情形，挑唆人雖未完全喪失正當防衛權，但其防衛權會遭
到限制，限制的方式則是適用正當防衛權受限下所謂的「三階段理論」
（Dreistufentheorie）[38]。

此種「三階段理論」的內涵主要在於，當正當防衛權受限的防衛人

---

[37] Vgl. Hohmann/Matt, JuS 1993, S.134.

[38] Ebert, AT, S.79 f; Heinrich, AT, Rn. 379 f; Rengier, AT, §18 Rn. 56; Roxin, AT I, §15 Rn. 69; Wessels/Beulke/Satzger, AT, Rn. 348.

面對不法侵害時，禁止立即實施正當防衛，僅能採「迴避 —— 保護式防衛 —— 對抗式防衛」的三階段防衛步驟：

首先，防衛人有迴避的義務，不能直接實施反擊。在當對方的侵害可能是沒有危險的，或是實施防衛可能會對他方造成嚴重侵害是，防衛人必須迴避，例如逃走。如果可以經由尋求他人的協助而達到防禦的目的，防衛人也必須尋求外力協助，例如尋求警察的幫忙[39]。

其次，如果當時的情況在客觀上欠缺迴避可能性而無法迴避攻擊，亦只能先採取防禦措施的保護式防衛（Schutzwewhr），例如阻擋攻擊、拍落對方武器……等。而且，在這裡防衛者必要時得容忍自己可能得承受造成輕微損害或侵害的危險[40]，例如因保護式的抵擋防禦難以完全中斷對方之攻擊、導致自己在防禦時遭到輕微身體傷害。

最後，倘若要對攻擊者實施具侵害性質的對抗式防衛（Trutzwehr）（攻擊式防衛），則只有在作為最後手段時時才會被允許[41]。例如實施防禦性質的保護式防衛實際上已經無法抵擋對方的侵害，又別無其他可以保護自己的方法時，不得已只能直接以攻擊式的防衛行為將對方擊倒。

二、適用原因違法行為對挑唆者論以過失？

採「原因違法行為」之見解者，在「非意圖式挑唆防衛」之案例類型的處理上，則呈現出與前述通說見解完全不一樣的思考。「原因違法行為理論」認為，在挑唆防衛中，挑唆人針對他人不法侵害所實施的防衛行為仍可主張正當防衛而阻卻違法，對挑唆人之歸責主要係針對其先前的挑唆行為，並類推間接正犯（或原因自由行為）的概念作為合理化其結論之基礎。由於不管是在「間接正犯」或在「故意的原因自由行為」（vorsätzliche actio libera in causa）（主要指前置說的觀點）概念當中，行為人都必須具備對自己之加工行為以及其後所實施之法益侵害行為的

---

[39] Roxin, AT I, § 15 Rn. 62.

[40] Ebert, AT, S.79.

[41] Heinrich, AT, Rn. 361. 另外，Ebert, AT, S.79. 甚至強調要實施具侵害性質的對抗式防衛，只有在對自己發生重大危險（例如生命危險）時，才會被允許。

「雙重故意」（Doppelvorsatz），因此同樣的在「故意的原因違法行為」（vorsätzliche actio illicita in causa）中行為人也必須要具雙重故意，否則就無法論以故意犯、頂多只能成立過失。

將「原因違法行為」的概念適用到挑唆防衛上，則挑唆人要為其先前之挑唆行為成立故意犯罪，乃必須其於為挑唆行為時即具備雙重故意，包括故意挑唆以及對防衛行為所造成的法益侵害也有故意，此種雙重故意存在於「意圖式挑唆防衛」的案例類型中，因此依「原因違法行為理論」意圖式挑唆防衛之行為人應就其挑唆行為所造成之構成要件結果成立故意犯罪。相對的，在「非意圖式挑唆防衛」的案例事實中，當挑唆人是過失引發防衛情狀時固然欠缺雙重故意，縱使挑唆人是故意引發防衛情狀，也會因欠缺對防衛行為所造成法益侵害的故意而不具備雙重故意，因此往往都是成立過失犯。例如，前述案例中甲與乙兩人在談論政治時臨時爆發言語衝突，甲公然出言辱罵乙，導致乙揮拳攻擊甲，甲實施防衛將乙打傷。甲辱罵乙時雖然對其公然辱罵行為（挑唆行為）有故意，但對於傷害乙的事實欠缺故意，不具備雙重故意，因此甲不成立故意傷害罪。但無論如何，甲於辱罵時對於引發乙攻擊再將其打傷的事實仍具有預見可能性，因此應對甲之挑唆行為論以過失傷害罪[42]。

如前所述，本文對「原因違法行為理論」的觀點抱持質疑態度，除前述在「意圖式挑唆防衛」中所產生的問題外，於此處「非意圖式挑唆防衛」的情形，原因違法行為理論認為挑唆人在行防衛時仍得主張正當防衛而阻卻違法，只是針對先前的挑唆行為成立過失，然而若構成要件結果已經因正當防衛而阻卻違法，則成立過失犯也連帶變得法理上無法自圓其說[43]，因為欠缺結果不法、而過失犯又不處罰未遂。據此，「原因違法行為理論」的觀點，不論在意圖式挑唆防衛或非意圖式挑唆防衛中，均存在其理論上的不圓滿性而為本文所不採。

---

[42] Vgl. BGH JZ 12/2001, S.664 ff; Haft, AT, S.82.
[43] Roxin, JZ 12/2001, S.667.

伍、結論

　　從正當防衛的基礎或法秩序維護的觀點來看，挑唆防衛行為人之正當防衛權均需予以限制，然而縱使是在「意圖式挑唆防衛」的情形，也不應完全剝奪挑唆人之正當防衛權。因為雖然挑唆人係刻意引發正當防衛情狀而加以利用，但法律仍不應讓其在遭受生命身體的重大危險時只能選擇束手就縛。當挑唆人面臨他方重大反擊而造成生命身體之重大危險時，為挑唆之行為人雖然還是可以主張正當防衛，但是其防衛權會受到極大程度的限制，只有在作為最後手段的情況下才被允許。也就是說，挑唆者在面對他方不法攻擊時應先選擇迴避，只有在欠缺迴避可能且亦無其他自我保護的可能性時，才可以對攻擊者的不法侵害實施攻擊性的防衛。在這層意義上，可以發現不管是「意圖式挑唆防衛」或「非意圖式挑唆防衛」，挑唆人的防衛權都只是遭受限制，而非被完全剝奪；限制的方式就是由德國實務所發展出來而為學界通說所採用的「迴避——保護式防衛——對抗式防衛」三階段防衛步驟（即所謂的「三階段理論」）。理論基礎則在於挑唆防衛人濫用了法的正當防衛制度或是至少對正當防衛情狀的惹起有可歸責事由，基於權利濫用禁止的法理，其理應對於自己的防衛行為更加節制。

　　最後，挑唆防衛的行為人在正當防衛權受限的情況下，若未採「迴避——保護式防衛——對抗式防衛」三階段防衛步驟而直接實施對抗式、攻擊性的防衛行為，固然無法主張阻卻違法之正當防衛，但是否有成立「過當防衛」的可能性，解釋上不無疑問。對此，本文以為既然挑唆防衛的行為人其正當防衛權既然仍存在、並未完全遭剝奪，只是防衛權遭受限制而已，則在其違反「迴避——保護式防衛——對抗式防衛」的三階段防衛步驟時，類似於放棄較溫和手段、而直接採過度防衛行為之情形，解釋上仍應認為可成立「防衛過當」而得減輕其刑。也就是說，行為人在對方實施不法攻擊的當下，可能因為遭受攻擊時的驚懼、憤怒、恐慌而導致在錯誤的時機選擇了過度的防衛手段，在遵守規範行止之期待可能性降低的情況下，應得適用刑法第23條但書關於過當防衛之規定，予以減輕罪責、並減輕其刑。

5
論過失犯之行爲不法內涵

王乃彥[*]

話說前緣

和壽星介正豪老師結下師生緣分，扳手指算算，也有一十個年頭了。課堂上的情景，仍不時浮顯在腦海。那間供研討用的大會議室，坐滿了研究生不說，進門入口處，常常還擠著一排人。這種盛況，在我攻讀刑事法碩士學位乃至博士學位當時的台北大學（原來的中興大學），實在很難得看到，可見正豪老師的魅力非常。

研討課的進行，是由擔任主題報告的研究生講述內要大要揭開序幕，緊接著是評論人的質疑提問，在報告人扼要回覆質問之後，眞正的重頭戲——開放討論，就要上場。精通德、美刑事訴訟法制的江舜明學長、長年從事實務工作的賴彌鼎律師、目前活躍於刑事政策領域的許福生教授和我，會從各種觀點切入報告主題帶動討論，與其說是討論不如說是詰問。正豪老師在課堂結束之前，除扼要總結當天的討論，總會提示我們遺漏未曾注意的觀點，學生由是獲益良多。

除了授業上的學恩難忘之外，我記得攻讀博士班的時候，正豪老師還曾約我上陽明山文化大學，想著如何安排適當的兼任課程，這份提攜後進的心意，著實讓人感動。

過失犯論是正豪老師的博士學位論文，至今仍是研究此領域論者競相參考援引的重要著作。爲此乃針對過失犯論的思想遞變，撰寫小文以表祝賀，敬祝老師身體健康，諸事順心。

[*] 東吳大學法學院專任副教授。

壹、問題之所在

　　刑法第12條第2項規定：「過失行為之處罰，以有特別規定者為限。」本項所稱「特別規定」，意指包含特別刑法、附屬刑法在內的廣義刑法（刑法§11），專為處罰過失犯而定的罰則。刑法第284條第1項：「因過失傷害人者，處六月以下有期徒刑、拘役或五百元以下罰金；致重傷者，處一年以下有期徒刑、拘役或五百元以下罰金。」刑法第186條之1第3項：「因過失致炸藥、棉花藥、雷汞或其他相類之爆裂物爆炸而生公共危險者，處二年以下有期徒刑、拘役或五千元以下罰金。」刑法第163條第2項：「因過失致前項之人脫逃者，處六月以下有期徒刑、拘役或三百元以下罰金。」陸海空軍刑法第20條第4項：「因過失犯第一項前段之罪者，處三年以下有期徒刑、拘役或新台幣三十萬元以下罰金。戰時犯之者，處一年以上七年以下有期徒刑。」食品衛生管理法第49條第4項：「因過失犯第一項、第二項之罪者，處一年以下有期徒刑、拘役或科新台幣六百萬元以下罰金。」諸如此類的規定皆是。

　　只要將立法者為處罰故意犯與過失犯而定的罰則，放在一處作比

較。很容易便可看出，二者所描述的犯罪結果，並無不同。例如，刑法第271條第1項：「殺人者，處死刑、無期徒刑或十年以上有期徒刑。」與刑法第276條第1項：「因過失致人於死者，處二年以下有期徒刑、拘役或二千元以下罰金。」皆以人類死亡這樣的法益受侵害事態，作為犯罪成立的必備條件。

殺人罪與過失致死罪，皆為「結果犯」。呈顯於「構成要件該當結果」的法益受害狀態，與可受人類意思支配的身體舉動，必須存在事實上的關連。此項要求，基於「結果犯」的本質，不因「故意犯」或「過失犯」而有分別。此外，對「具有結果犯性質的犯罪類型」而言，「構成要件該當結果」與「構成要件該當行為」之間的「因果關係」，是「不成文的構成要件要素」。基此，呈顯於「構成要件該當結果」的法益受害狀態，與可受人類意思支配的身體舉動，此二者間存在的「事實關連性」，於法院判斷行為事實有無「構成要件該當性」之際，也必須一併受審查。

最高法院29年非字第52號判例，即曾表明：「傷害人致死罪之成立，以死亡與傷害具有因果關係者為限。若被害人所受傷害，原不足引起死亡之結果，係因加害者以外之他人行為（包括被害人或第三人）而致死亡，則與加害者之行為，並無相當因果關係，自難令負傷害人致死之罪責。」

所謂「相當因果關係」，依據最高法院76年台上字第192號判例，意指：「依經驗法則，綜合行為當時所存在之一切事實，為客觀之事後審查，認為在一般情形下，有此環境、有此行為之同一條件，均可發生同一之結果者，則該條件即為發生結果之相當條件，行為與結果即有相當之因果關係。反之，若在一般情形下，有此同一條件存在，而依客觀之審查，認為不必皆發生此結果者，則該條件與結果不相當，不過為偶然之事實而已，其行為與結果間即無相當因果關係。」

呈顯於「構成要件該當結果」的法益受害狀態，與可受人類意思支配的身體舉動，此二者間存在的「事實關連性」，必須合乎「相當因果關係」。此對「故意犯」與「過失犯」而言，亦無差異。

值得注意的是，台灣高等法院台中分院，在90年度交上訴字第19號判

決中指出：「過失犯罪行為之不法，不只在於結果發生之原因，而且尚在於結果乃基於違反注意要求或注意義務所造成者，若行為人雖違背注意義務，而發生構成要件該當結果，但如以幾近確定之可能性，而可確認行為人縱然符合注意義務之要求，保持客觀必要之注意，而構成要件該當結果仍會發生者，則此結果即係客觀不可避免，而無結果不法，行為人即因之不成立過失犯；又刑法上之過失，其過失行為與結果間，在客觀上有相當因果關係始得成立；所謂相當因果關係，係指依經驗法則，綜合行為當時所存在之一切事實，為客觀之事後審查，認為在一般情形下，有此環境、有此行為之同一條件，均可發生同一之結果者，則該條件即為發生結果之相當條件，行為與結果即有相當因果關係。反之若在一般情形下，有此同一條件存在，而依客觀之審查，認為不必皆發生此結果者，則該條件與結果並不相當，不過為偶然之事實而已，其行為與結果間即無相當因果關係。有最高法院七十六年台上字第一九二號判例可資參照。」本件判決，亦獲得最高法院認同，而判決駁回台灣高等法院台中分院檢察署檢察官提起的上訴（最高法院92年度台上字第4164號判決）。

在此特別促請注意的是，台灣高等法院台中分院90年度交上訴字第19號判決，在提出「如以幾近確定之可能性，而可確認行為人縱然符合注意義務之要求，保持客觀必要之注意，而構成要件該當結果仍會發生者，則此結果即係客觀不可避免，而無結果不法，行為人即因之不成立過失犯」之後，又引用最高法院76年台上字第192號判例所示「相當因果關係」。此二者性質不同，務必辨明。

前者，在學說上稱之為「合乎注意義務的替代行為」，目的在解決行為製造的法不容許風險，是否在該當於不法構成要件的法益受害事態獲得實現，亦即，此乃有關「結果不法之歸咎」[1]，非為解決「行為不法」相關問題而提出的理論。

最高法院76年台上字第192號判例，強調應以行為時存在的事情，作

---

[1] 林山田，刑法通論（上），自版，2008年10版，頁230；林鈺雄，新刑法總則，自版，2014年4版，頁168-169；林書楷，刑法總則，五南圖書，2014年2版，頁96-97；王皇玉，刑法總則，新學林，2014年，頁196-197。

為認定相當因果關係存否的「事實基礎」，固與「相當因果關係的客觀說」一致，惟對於行為後發生的事情，可否納入「事實基礎」，未置一詞，此處與「相當因果關係的客觀說」將行為後發生的事實，在客觀上有預見可能性者一併納入事實基礎[2]有別。然而，擱置此點不論，本件判例是以行為時存在的事情，作為認定的事實基礎，以經驗法則作為判斷準據，則無疑問。如是「事後的預測」，目的在衡量行為惹起犯罪結果的機率，應當是「行為不法」層面的問題。

其實，最高法院58年台上字第404號判例，已表示過：「過失責任之有無，應以行為人之懈怠或疏虞與結果之發生，有無相當因果關係為斷，所謂相當因果關係，即以所生之結果觀察，認為確因某項因素而惹起，又從因素觀察認為足以發生此項結果，始克當之。」最高法院70年度台上字第6963號判決也強調：「刑法第二百七十六條第二項業務上過失致人於死罪，其死亡與業務上過失須具相當之因果關係，如死亡結果之發生與行為人之業務上過失間並無因果關係聯絡時，尚不能因行為人業務上之過失違反規則，即令負本項之罪」。最高法院上述見解，牽涉到的「違反注意義務」與「法益侵害結果」之間的違反義務關連性、「法益侵害結果」是否在行為人「違反義務所觸犯的規範」保護範圍內等問題，與前揭「合乎注意義務的替代行為」，皆是為了解決「結果不法之歸咎」的相關問題[3]。

綜合以上檢討，我國學說與實務，就惹起呈顯於「構成要件該當結果」的法益受害狀態，即「結果不法」，以及「結果不法的歸咎」，並未刻意區別「故意犯」與「過失犯」，而給予不同待遇。去除「結果不法」與「結果不法的歸咎」之後，「故意犯」與「過失犯」的差異，便只能求諸「行為不法」或「罪責」了。

刑法第12條第1項規定：「行為非出於故意或過失者，不罰。」本項

---

[2] 甘添貴、謝庭晃，捷徑刑法總論，自版，2006年修訂版，頁85；余振華，刑法總論，三民書局，2013年2版，頁164；陳子平，刑法總論，自版，2015年3版，頁163。

[3] 許恒達，合法替代行為與過失犯的結果歸責：假設容許風險實現理論的提出與應用，台大法學論叢40卷2期，2011年6月，頁717-722。

規定所稱「過失」，同法第14條，有如下兩項規定，各別描述其形態：「行為人雖非故意，但按其情節，應注意並能注意，而不注意者，為過失。」（§14 I）；「行為人對於構成犯罪之事實，雖預見其能發生而確信其不發生者，以過失論。」（§14 II）

從歷史沿革的觀點來看，刑法第14條的前身，是1928年刑法（舊刑法）的第27條：「犯人雖非故意，但按其情節，應注意並能注意而不注意者，為過失（第1項）。犯人對於構成犯罪之事實，雖預見其能發生，而確信其不發生者，以過失論（第2項）。」純就法條用語而言，除了行為主體的描述，有「犯人」與「行為人」之別，其餘並未見顯著差異。

查考1918年刑法第二次修正案，於第20條可見：「犯人雖非故意，但按其情節，應注意與能注意，而不注意者，為過失（第1項）。犯人對於犯罪構成之事實，雖能預見其發生，但確信其不發生者，以過失論（第2項）。」由條文內容可得推知，本條應是1928年刑法第27條的前身。

依據1918年刑法第二次修正案第20條所附理由，新增本條規定的用意，是鑒於1911年暫行新刑律第13條第1項，雖言及「過失」，卻未明白規定其涵義，唯恐法律適用因之流於恣意，為確保法安定性，乃思以立法方式清楚界定「過失」所涉範圍，以便法院有所依循。立法理由還表明：第20條第1項所規定者，即學說上的「不認識之過失」；第2項所規定者，則是學說上的「認識之過失」[4]。

由前揭立法理由可知，1928年刑法第27條所稱「注意」，應是關連於「認識」之事情，意指人的內在心理狀態；同時，1918年刑法第二次修正案，於凡例中亦曾提及，曾參考德國1913年委員會刑法草案[5]，而該草案也是以人的內在心理狀態來規定，成立過失必備的「不注意」[6]。依據

---

[4]　修訂法律館，刑法第二次修正案，法律草案彙編（二），文成出版社，1973年台1版，頁15-16。

[5]　同前註，頁1。

[6]　井上正治，過失犯の構造，有斐閣，1958年，頁56；木村龜二，犯罪論の新構造，有斐閣，1966年，頁287；莊子邦雄、小橋安吉訳，カール・エンギッシュ，刑法における故意・過失の研究，一粒社，1989年，頁331。

理解法律條文內涵規範意義的歷史解釋方法，刑法第14條第2項所稱「注意」，應該是指行為人內在的心理活動。

就刑法第14條第2項，「預見」、「確信」等遣詞用語而論，本項規定指涉的內容，是行為人內在的心理活動，應無疑問。依據理解法律條文內涵規範意義的體系解釋方法，同條第1項所稱「注意」，除非有特殊的考量，否則，應認為「注意」指涉的內容，類似同條第2項的「預見」、「確信」，皆是指行為人內在的心理活動。

刑法第14條描述的內在心理活動，與過失犯的不法評價、罪責評價有何關連，正是本論文探究的問題所在。

貳、純罪責形式的過失

從歷史沿革的觀點來看，規定無認識過失與有認識過失這兩種過失犯類型的刑法第14條，乃承繼1928年刑法（舊刑法）第27條：「犯人雖非故意，但按其情節，應注意並能注意而不注意者，為過失（第1項）。犯人對於構成犯罪之事實，雖預見其能發生，而確信其不發生者，以過失論（第2項）。」而來。1928年刑法（舊刑法）第27條，係中華民國暫行新刑律所無之規定，增定本條目的在釐清過失犯的涵義，使司法實務有所依循。不過，新增條文所述內容，實與適用中華民國暫行新刑律之司法實務無異。比較最高法院20年非字第40號判例：「查刑法上過失犯之成立，應以不注意於可以預知之事實為要件。」與大理院4年上字第391號判例：「刑律上過失犯之成立，應以不注意於可以預知之事實為條件，如係不能預知之事實，即屬無從注意，自不能發生過失問題。」即可得知。與過失犯處罰有關的中華民國暫行新刑律第13條第1項，則沿襲自大清新刑律草案第13條第1項。為明瞭過失犯概念遞變經過，有必要從大清新刑律草案第13條第1項考察起。

一、中西過失概念的會通

　　清王朝大清新刑律草案（1907）第13條第1項規定：「凡不出於故意之行為，不為罪。但應以過失論者，不在此限。」關於本項的規範旨趣，立法理由有如下說明：「凡非由故意，不得謂為其人之行為，即不得為其人犯有罪惡。本條第一項，所以有前半之規定者，以此。雖非出於故意，惟因其人不知注意致社會大受損害，如死、傷、火災、水災等類，不可置之不問。本條後半之規定，以此。[7]」

　　刑法以處罰故意犯為原則，如是思想，在西方社會，可以追溯到古代羅馬法。例如，哈德良皇帝（Publius Aelius Traianus Hadrianus Augustus, 76-138, 117-138在位）就曾在一則批復中表示：「如果某人殺死一個人，但是他不具有殺人的意圖，可以被免罪。如果某人雖然沒有殺死別人，但是他以殺人的故意而導致他人受傷，那麼他應該被判處殺人罪。[8]」成立犯罪必須具備dolus（故意），於羅馬法的古典法時期（從西元前3世紀以迄西元3世紀）大勢底定。尤其是這個時期新增的不敬罪，甚至只要對皇帝、官員以及彼等擔當的公共職務，有敵對性的意志，即可成立犯罪。古代羅馬法，以追求結果的意志，作為刑事責任的根據，則是受到亞里士多德倫理學的影響[9]。亞里士多德於《尼各馬科倫理學》即提起過：「非自願行為是被強制的或由於無知。而自願行為的始點則在自身之中，他對行為環境和條件逐一認知[10]」。前揭立法理由所述：「凡非由故意，不得謂為其人之行為，即不得為其人犯有罪惡」，和古代羅馬法以來，將刑事責任的基礎，建立在追求結果的意志上，可說相當吻合。

　　對中國而言。《尚書》的〈康誥〉，有這麼一段話：「人有小罪非眚，乃惟終，自作不典；式爾，有厥罪小，乃不可不殺。乃有大罪非終，

---

[7]　商務印書館編譯所，大清光緒新法令第十九冊，商務印書館，宣統2年7月（1910）5版，頁38。

[8]　薛軍譯，學說匯纂第48卷（羅馬刑事法），中國政法大學出版社，2005年，頁141。

[9]　眞鍋毅，現代刑事責任序說，法律文化社，1983年，頁23-24。

[10]　苗力田編，亞里士多德選集·倫理學卷，中國人民大學出版社，1999年，頁51。

乃惟眚災適爾；既道極厥辜，時乃不可殺。」依據屈萬里先生（1907-
1979）的解說，這段的意思是：「如果有人犯了小罪而不是無心的過失，
且永遠怙惡不改；那是他自己（有意）去作不法的事；像這樣的，他的罪
雖小，也不可不殺他。如果有人犯了大罪而不是永遠怙惡不改，而且是因
無心的過失偶然遭到罪過，既已懲罰了他的罪過，像這種人就不可殺死
他。[11]」區分「有意」或「無心」而施以重輕不等的刑罰，此種觀念也為
後世律法所沿襲。例如《論衡》即有如下述說：「刑故無小，宥過無大，
聖君原心省意。故誅故、貰誤，故賊加增，過損減損。」漢律以來，故犯
予以處罰，過失犯則減輕或不罰[12]。

　　源於《尚書》的非眚惟終，與其說重視行為意思，遠不如說關切行
為者的人格。如是將刑事制裁的理由根據，求諸反映人格的意志，可說是
一種意志責任。不過，從保護法益安全的觀點來看，只要發生法律所保護
的利益受侵害的事實，與此利益侵害有因果關連的人，即有可能因此而須
承擔法律的制裁。例如，清王朝刑律當中的人命律第11條（戲殺誤殺過失
殺傷人）就明定：「……過失殺傷人者，各準鬥殺傷罪，依律收贖，給付
其家。」關於本條所稱「過失」的義涵，同條夾「註」有如下規定：「過
失，謂耳目所不及，思慮所不到，如彈射禽獸，因事投擲磚瓦，不期而殺
人者；或因陞高險，足有蹉跌，累及同伴；或駕船使風，乘馬驚走，馳車
下坡，勢不能止；或共舉重物，力不能制，損及同舉物者。凡初無害人
之意，而偶致殺傷人者，皆準鬥毆殺、傷人罪，依律收贖，給付被殺傷之
家，以為塋葬及醫藥之資。」

　　清王朝康熙年間的律學大家沈之奇，對前揭規定有如下詮釋：「過失
殺傷之事，註內開載甚詳，事出偶然，發於意外，既非殺傷人之事，亦無
殺傷人之心，惟其人之不幸而致之耳，與戲、誤殺傷之事，懸絕不同。然
過失之情可原，殺傷之人何辜？罪坐所因，不能概免，故各準鬥毆殺傷人
之罪：傷者，照鬥毆條內笞、杖、徒、流等法定罪；死者照鬥殺絞罪。各

---

[11] 屈萬里，尚書集釋，聯經，1983年，頁149-150；屈萬里，尚書今註今譯，商務印書
館，頁99-100。

[12] 戴炎輝，中國法制史，三民，1995年10版，頁66。

依律收贖，給付被殺傷之家，以為塋葬醫藥之資[13]。」

依沈之奇所論：過失殺、傷人者，既無殺、傷人之犯意，其所為亦非殺、傷人之事。行為人既不存在應受譴責的犯罪意思，也沒有實施堪稱殺、傷人之應受非難行為，何以如此仍須承擔法律制裁？推想其緣由，泰半是因為被害者負傷、死亡，畢竟由本人行為而起。惹起死、傷結果者，應為此償付塋葬、醫藥費用。行為人的舉止與法益侵害之間存在因果關係，是行為人必須承擔法律責任的理由根據。

再舉清王朝道光年間的下述實務見解為例作檢討：「伊犁將軍咨：王恩長叉取掛衣脫落，棒擊何云騎馬驚跑，碰跌鄭象身死一案。此案何云騎馬路過王恩長估衣鋪簷下，適王恩長叉取簷下掛衣，不料繩結散開，衣服脫落，被撐衣木棒擊中馬頭，致馬驚跑，將何云掀跌落地，馬行急驟，復碰跌遣犯鄭象身死……查鄭象之被碰身死，由於何云之馬驚跑，而何云之馬驚跑則由王恩長之撐木擊打所致，罪坐所由，應以王恩長獨當過失殺人之咎，將王恩長照過失殺人律追收贖銀12兩4錢2分，給付被殺之家塋葬[14]。」

上述實務見解，是由被害者的死亡與何人的動作有事實上的關連，得出誰應負擔贖銀的結論。如是依據「因果關係」來評斷過失的思維，和沈之奇的論調，實無二致。不過，戴炎輝先生（1909-1992）在闡述唐律的過失犯本質時，曾經提起：「……又廄八之二，就誤殺傷畜產，【疏】曰：『謂目所不見，心所不意。或非繫放畜產之所而誤殺傷，或欲殺猛獸而殺傷畜產。』此等均係對犯罪事實無預見之說明。至其加以處罰之根據，並無言及。其言及於此者，職二之三規定，貢舉非其人，失者減三等；【疏】曰：『謂意在堪貢，心不涉私（無故意），不審德行有虧。』其所謂『不審』，明指其不注意。又如：有所造作，及有所毀壞，備慮不謹而誤殺人（擅二一之二），亦同……[15]」。準此以解，中國固有法制的

---

[13] 沈之奇，大清律輯註（下），（北京）法律出版社，2000年，頁690。

[14] 祝慶祺、鮑書芸、潘文舫、何維楷編，刑案匯覽三編（二），（北京）古籍出版社，2004年，頁1135。

[15] 戴炎輝，唐律通論，國立編譯館，2010年2版，頁128。

過失犯，並非純然以行為人的舉止與法益侵害之間存在因果關係為斷。法
益侵害的發生，尚須出於行為人的不注意。

　　封‧費爾巴哈（Paul Johann Anselm v. Feuerbach, 1775-1833）對過失
犯論的建構貢獻卓著，由其見解，或可看出不注意與過失犯之間的關連。

　　封‧費爾巴哈對國家有著以下的期望：眾人之所以建立國家，目的
在使統治權力所及範圍內的人，都能各自保有自由，也就是讓每個人都可
以安全地任意行使自己的權利。基此，任何權利侵害，皆有違公民社會的
本質與目的。為使人人均得自由之目的實現，國家必須不讓任何權利侵害
發生，於是便產生該用什麼手段防止權利侵害的課題[16]。儘管人有抑制感
性衝動，而做出符合義務要求的決定之能力。可是，人固有的這種能力，
既不受外力影響、又能抗拒外在強制，國家亦難以左右此種能力，而達成
確保人人自由之目的。職是之故，國家只能轉向感性的一面，利用人趨樂
避苦的天性，以及懂得權衡利害的知性來達成目的[17]。詳言之，國家若是
將權利侵害的內容，以及該權利侵害發生時，必予以懲罰，一一明定於法
律，預先公告周知。瞭解權利侵害與受刑罰有因果關係的民眾，於逐利欲
求形成侵害權利的動機之際，為避免受刑罰之苦，也會產生相應的反對動
機，而在意思決定形成過程中，打消侵害權利的念頭。藉由刑罰威嚇使民
眾產生心理強制，而不為侵害權利的意思決定，確保人人自由之目的，即
可達成[18]。

　　鑑於利用「權利侵害－受處罰」的聯想，抑制權利侵害的意思決
定，是「心理強制說」的主旨所在。向人民公布刑罰法規，與其說是訴諸
理性，課予人民法律義務，令其莫為法律有明文規定的犯罪，還不如說是
求諸感性，而對原本有意為法律有明文規定之犯罪者，藉刑罰的預告予以

[16] 西村克彥、川島健治訳，フォイエルバハ「省察」第一章および第九章（三），警
　察研究61卷11号，1990年11月，頁45。

[17] 同前註，頁47-48。

[18] 西村克彥、川島健治訳，フォイエルバハ「省察」第一章および第九章（四），警
　察研究61卷12号，1990年12月，頁44-46；林山田，刑法通論（下冊），自版，2008
　年10版，頁433。

嚇阻。無視刑罰預告的意思決定，對植基於「抑制刑」的刑法理論而言，無疑是重要角色。

依據封・費爾巴哈的看法。以意思決定為基準，犯罪得區分為「故意犯」與「過失犯」兩類。前者是以權利侵害為目的；行為人知道想要做的事情違反法規，依然做出了意思決定。後者並不是以權利侵害為目的；受行為人意思決定支配的作為或不作為雖然違反法規，隨之而來的權利侵害，卻非出自於行為人本意，而是違反法規的作為或不作為，依循自然法則所產生的後果[19]。

處罰過失犯，除須有「對非故意權利侵害科刑」的罰則，以及使人成為犯罪的物理發動者之外在行為，還要具備主觀的要件。儘管犯罪的發生，並非意思決定想要達成的目的，然而由以下所述可知，該意思決定還是違反法規：行為人縱然沒有造成權利侵害的意圖，（違反法規的作為或不作為之意思決定）也違反本人所知，應迴避所有可能促成犯罪的事情之（注意）義務。換言之，在決定作為或不作為之際，行為人本該意識到該作為或不作為與權利侵害有因果關係，或者只要適度加以注意，本來可以認識到該作為或不作為與權利侵害有因果關係，卻毫無顧忌地做出與權利侵害有因果關係的作為或不作為。值得注意的是，封・費爾巴哈強調：作為或不作為與違反法規的結果之間因果關係，若是相隔甚遠或異常，以致料想不到；或者為避免危險所應為之事，對行為人而言，需要有非凡的洞察力或付出異常努力，這些情形皆不論以過失犯而罰之[20]。

封・費爾巴哈將距離作為或不作為過於遙遠的結果、因果歷程異常的結果，以及需要非凡洞察力與過人技能始能避免結果發生的場合，視同偶發的事故而排除於過失犯處罰之外，儘管是「心理強制理論」必然的歸結（常人預見不到、阻止不了的權利侵害，再怎麼用刑罰威嚇，亦無濟於事），然而，藉由排除偶發事故的處罰，抑制刑法訴究「結果責任」的走向，不可否認，也同時呈顯出有利「罪責原則」實現的一面。

---

[19] 西村克彥、保倉和彥訳，フォイエルバハ「ドイツ普通刑法綱要」（1801年），收於西村克彥訳，近代刑法の遺産（中），信山社，1998年，頁69-70。

[20] 同前註，頁70-71。

　　依據真鍋毅先生的解說，封‧費爾巴哈認為，對國家而言，阻止違法結果發生是其任務所在。課予人民不使任何違法結果發生的一般性注意義務，則是達成上述任務的手段。此種一般性注意義務的內涵，除要求人民不去做，有可能帶來違法結果的外在行為（外在的不作為），還包含避免非出於本意的違法意思決定被完成（內在的作為）。違反「內在行為誠命」的情形則有以下三種：違反「知悉」法規的義務；違反「知悉」自己行為違反法規的義務；違反對行為與違法結果二者間關連「慎思熟慮」的義務。準此以解，行為人沒有預見到違法結果可能會發生，無非是沒有「慎思熟慮」行為與違法結果二者間的關連，如此便已違反「避免非出於本意的違法意思決定被完成」之「內在行為誠命」，以致違反一般性注意義務。基此，沒有預見到可能會發生的違法結果，與一般性注意義務的違反，遂被認為是過失犯的本質[21]。

　　再考察參與過大清新刑律草擬工作的岡田朝太郎（1868-1936），在《漢文刑法總則講義案》（有斐閣、1906）的說法：「過失者，要認識且可以認識之事實，因不注意之故而不認識之謂。就犯罪云時，要知犯罪之構成，又加重之物的條件之存在，且本可以知因不注意而不知之謂也。[22]」所謂「不注意」，岡田朝太郎於京師法律學堂講述刑法總則時指出：「刑法上之問題，總以有義務為前提，過失之問題亦同。故關於自己無應知之義務時，不生過失之問題，若有應知之義務之事實，又為可以認識之事實（可以認識有兩種意義：（一）具有普通之知識；（二）並非難以認識之事實），其必當注意無疑也。乃當注意而不注意，遂成刑法上之罪[23]。」

　　綜合以上所述，可得推知：大清新刑律草案第13條第1項但書規定的「過失」，應該有兩重涵義。第一，行為人不認識的犯罪構成事實，必須

---

[21] 眞鍋毅，同前註9，頁69-70。

[22] 岡田朝太郎，漢文刑法總則講義案，收錄在岡田朝太郎法學文集，法律出版社，2015年，頁17。

[23] 岡田朝太郎口述，熊元翰編，刑法總則（安徽法學社、1925年），上海人民出版社，2013年，頁77。

是他力所能及者；第二，行為人不認識犯罪構成事實，必須違反預見犯罪構成事實的法律義務。質言之，行為人有能力預見犯罪構成事實；也負有預見犯罪構成事實的義務，在這樣的前提下，沒有預見犯罪構成事實，才會受到法律的非難而產生罪責。

二、過失在犯罪論體系上的地位

在岡田朝太郎講述，江庸（1878-1960）筆譯，商務印書館1911年發行的《刑法總論》，有關於「有責行為」的以下論說：「……二、犯罪之成立，不可無身體之動作，且其動作為刑罰法令所列舉者。然使其動作為無責任者時，尚不能成立有責行為之種犯罪也。僅有外部積極或消極之結果關係之舉動，其舉動未具有與本人可以連絡之責任之要素時，以刑法之眼觀之，只一遭之時變而已，不得引為生人之罪戾，其犯罪固不能成立。上所述者，乃全無例外之一大原則也。責任無能力者之舉動，及能力者不具責任條件之舉動，刑法上斷無以為罪之理。三、以身體之舉動為有責任者之行為，(1)須有責任能力者之舉動，(2)須有責任條件（含故意或過失）之舉動。[24]」由岡田朝太郎所述可以明瞭，過失（違反義務不認識可認識之犯罪構成事實）在當時被認為是「責任」的構成要素（責任條件）；而「責任」則是把行為人，與符合刑罰法令的有害外部行為及其後果，連繫起來的要素。俞承修先生（1894-1967）在說明「責任」涵義時，亦採相同見解：「……刑事責任則指，一定之行為人，其外部行為與內心意思相互連絡之意……[25]」

當時的學說，對犯罪成立要件的剖析，多先區分「犯罪共通成立要件」與「個別犯罪成立要件」，前者是總則探究的課題，後者委諸分則。「犯罪共通成立要件」再按成立犯罪要素的內容，劃分為行為危險性、違法性等「客觀成立要件」，與責任能力、責任條件等「主觀成立要

---

[24] 岡田朝太郎講述，江庸筆譯，刑法總論（法政大學、1911年），收錄在岡田朝太郎法學文集，法律出版社，2015年，頁85-86。

[25] 俞承修，刑法總則釋義（上冊），文源書局，1959年，頁84。

件」[26]。

按照當時的學說，例如，大場茂馬（1869-1920）所示：「刑法意義的責任，以違反刑法義務應受非難的心理活動為實質內容。依據違反刑法義務的形態為直接或間接，責任得區分成故意或過失。行為人認識犯罪行為而為之，直接違反刑法義務，行為人於此種場合所負的責任為故意；行為人不認識犯罪行為而為之，但若付予相當程度的注意，應該能認識犯罪行為，此種場合即間接違反刑法義務，行為人因此所負責任為過失。故意與過失皆為促生犯罪行為的原因之心理活動，就此點而言，兩者並無不同，但故意應受非難的罪責重於過失[27]。」

又如林彬先生（1893-1958）所說：「就刑法上之意義言之，責任條件之實質，即違背刑法上義務之可被非難的心理動作也……刑法上義務之違背，有間接與直接之別，故意責任與過失責任之所由分，即以此為標準。行為人能辨識犯罪事實而仍決意為之者，謂之直接違背刑法上之義務。此時行為者所負之責任，為故意責任。反之，行為者對其所發生之事實雖無辨識，但若一用相當注意即能辨識之者，謂之間接違背刑法上之義務，此時行為者所負之責任為過失責任[28]」。

「故意」、「過失」多被認為是可受非難的心理狀態，從而，與行為、結果及其評價等犯罪客觀成立要件，迥然有別，不至相混。「過失」純屬責任形式，可說毫無疑問。

三、純罪責形式的過失之轉變契機

依據純責任形式的過失概念，「慎思熟慮」行為與違法結果二者間的關連，是「法的內在行為誡命」課予行為人的義務。不慎思熟慮而未預見，自己的行為適於惹起違法結果。此種違背「法的內在行為誡命」之懈

---

[26] 王覲（姚建龍勘校），中華刑法論（1930-1933），中國方正出版社，2005年，頁80-81、頁96；俞承修，同前註，頁84-85；趙琛，刑法總論，自版，1982年15版，頁78-79。

[27] 大場茂馬，刑法總論下卷，中央大學，1918年再版，頁688-689。

[28] 林彬，刑法總則，中華書局，1959年台初版，頁132。

怠心態，乃是刑法非難的對象。更深一層想，「法的內在行為誡命」之所以課予行為人，「慎思熟慮」行為與違法結果二者間關連的義務，無非是敦促「知道行為適合於惹起違法結果」的行為人，不為行為決意、不去做會惹起違法結果的事。例如，貝林（Ernst v. Beling, 1866-1932）即曾指出：行為人在作成意思決定的過程中，應履行法秩序課予他的如下義務，即認識結果的發生，藉此阻止自己做出違法行為，卻怠於履行此一預見結果義務，以致未能形成阻止自己做出該違法行為的意思決定[29]。

西方社會在啟蒙運動解放思考框架，變動政治體制後，知識日益普及，科技、發明不斷問世更替，加上工業革命帶動社會生活型態的改變。在新時代，只要慎思熟慮，總能預見眼下活動，多少都有發生犯罪結果的可能性。依據傳統過失犯論的見解，這些帶有危險性活動，無不是事先可預見有可能產生法益侵害結果者，難道全都放棄不為？此種決斷在工業革命後的新時代，殊難想像。誠如艾克斯納（Franz Exner, 1881-1947）所言：國家不能要求人民，但凡可預見的損害皆予以避免，否則，無異於否定學術、技術上的一切進步；排除對社會相當有益，在各領域不斷取得的豐碩成果[30]。為因應新時代的課題，容許風險理論乃應運而生。

刑法上容許風險理論的思想萌芽，一般認為，可以追溯到封‧巴爾（Carl Ludwig v. Bar, 1836-1913）[31]。德國各地工業化的程度儘管不盡一致，產業革命在1850年左右，大體上已經完成。身處工業化社會的他，想必見識過，發掘礦藏的礦場、使用機器大量生產的工廠、持續向各處延展的鐵路，而且對採礦事故、機器作業引起的職業傷害、火車造成的交通事故有所耳聞。工業革命之後的新社會生活型態，對能源、自動化與便捷交通的需求，正在醞釀思想的變革。依循過往的刑法思維，行為人若是盡其預見結果義務，當會知曉自身的行為可能造成法益侵害結果，從而，應當斷然放棄意想中的行為。難題在於，發掘礦藏、機器作業、行駛火車等

---

[29] 藤木英雄，過失犯の理論，有信堂，1969年，頁17。

[30] 前田雅英，許された危險，中山研一、西原春夫、藤木英雄、宮澤浩一編，現代刑法講座（第三卷），成文堂，1979年，頁25、29。

[31] 小林憲太郎，刑法的歸責，弘文堂，2007年，頁267。

活動，在當時已堪稱資本主義社會的命脈，不可能因為此些活動帶有危險性便予以禁絕，換言之，社會生活中已無可避免一定程度的受害風險，若是強求企業必須採取，可以防止各種可能發生的惡害之萬全措施，實質上等於禁絕所有可能的企業活動，此種政策對正在壯大中的資本主義社會形同自殺，毫無可欲性，基此，對社會有益處的企業，怠於採用所需費用與該企業的營收不成比例的預防措施，並無過失可言。反之，企業不採用已知、容易辦到或所需費用與該企業營收相稱的預防措施，則有過失[32]。

　　關於前述為適應新時代來臨的容許風險思維，封・巴爾還曾以醫療為例指出，醫師若是對患者置之不理，則三日後必死；實施帶有危險性的手術，假如成功，則有可能挽救患者性命；如果失敗，則患者將在數小時內死亡。倘若醫師的手術過程，完全符合醫療常規並無疏失，但終究還是失敗而導致患者死亡，此種場合，該如何論斷醫師的刑事責任？當時有論者從違法結果的預見可能性觀點，得出醫師無罪的結論，惟封・巴爾並不贊同這樣的推論。因為，依據「條件理論」，患者之死固然與醫師之手術作業，存在條件關係。可是，在這些條件當中，唯有違反社會生活常規的「重要條件」，才是患者死亡的「原因」。醫師的手術作業，合乎醫療常規沒有疏失，便不屬於「重要條件」，故而也不屬於患者死亡的「原因」。患者死亡之結果，既然不能歸屬於醫師的手術作業，醫師理應獲判無罪[33]。從這則虛擬的事例，尤其可以看出，合乎社會生活常規之行為，縱然導致法益侵害的後果，亦不受刑法規範禁止的意義。

　　除了受現實環境刺激產生的「容許風險」思想，敦促論者關注惹起法益侵害結果的行為，或存在有價值者。刑法學研究的進展，對傳統過失犯論的轉變，亦有相當大的貢獻[34]。

　　首先，19世紀後半，發生在德國，環繞法的本質是否「命令」而展開的「主觀違法性論」與「客觀違法性論」之爭，在支持「客觀違法性論」

[32] 前田雅英，可罰的違法性の研究，東京大學出版，1982年，頁227-228；松宮孝明，刑事過失論の研究，成文堂，2004年補訂版，頁10-11。
[33] 前田雅英，同前註32，頁230註16；小林憲太郎，同前註31，頁267。
[34] 甘添貴，刑法案例解評，自版，1999年，頁18以下。

的梅芝格（Edmund Mezger, 1883-1962）分析指出：「法規範首先表現為評價規範，對象為一定之客觀社會狀態，其次經由論理之程序方能領會法作為決定規範之性質，分離規範與命令二者而區別規範與規範之手段有其必要性存在。從法之本質乃推論得知違法之本質，違法乃係違反評價規範之法，亦即變更法所承認之狀態而惹起法否認之狀態。質言之，評價規範之法所提供者僅係對社會有益或有害之評價基準，其並不存在受規範者之規範[35]」，暫時告一段落。既然違法是變更法所承認之狀態，而惹起法否認之狀態。受違法評價者，自然僅限於客觀實在，不包括個人內在的心理狀態，故而乃有「一切客觀莫非違法；所有主觀皆歸責任」的標語。可是，「主觀違法要素」的發現[36]，顛覆了違法評價對象只限於客觀實在的認識，「客觀違法性論」亦不得不被迫因應，而將違法性的「判斷對象只限於客觀實在」，更改為「判斷基準不因人而異的客觀性」。於此「新客觀違法性論」的基礎上，違法性與罪責的分別，已轉變為「應為」與「可能」的關係[37]。

舊時關於「注意義務標準」之爭，力主客觀說的王覲先生（1890-1981）表示：「余以為欲確保社會之存立，必使人人有切實注意之義務，刑法之所以論過失者，係以注意義務為責任之基礎，不問行為人之有無注意能力也[38]」。

在違法性與罪責的分別，轉變為「應為」與「可能」的「新客觀違法性論」之後，立於一般人標準的「客觀說」，與立於行為人能力的「主觀說」，自可並行不悖。事實上，先以一般人標準作評價、再對缺乏履行義務能力者，依個人標準作評價的方法，也是當時的通說見解[39]。此與德國學說透過客觀注意義務的侵害來建構過失犯的行為不法，將主觀注意義務

---

[35] 余振華，刑法違法性理論，自版，2010年2版，頁26。

[36] 日高義博，違法性の基礎理論，成文堂，2005年，頁43-48。

[37] 甘添貴、謝庭晃，同前註2，頁126-127；陳子平，同前註2，頁232-233。

[38] 王覲，同前註26，頁134。

[39] 俞承修，同前註25，頁106；林彬，同前註28，頁152；趙琛，同前註26，頁104-105。

違反性、主觀之預見及避免可能性等，與個人能力有關的評價歸於罪責，而形成二階結構的過失犯論[40]，不無相通之處。

其次，魏采爾（Hans Welzel, 1904-1977）指出：依據「容許風險」理論，構成要件該當結果雖因行為而起，導致構成要件該當結果發生的行為，卻仍被評價為合法。考究其理由根據，無非是因為該行為遵從注意守則，其所追求者，又是社會不可或缺，而為其殷切期待之目的所使然。此種特殊態度，正是該行為獲致合法評價之緣由所在。容許風險理論，對惹起構成要件該當結果之行為，思及該行為所追求目的乃社會不可或缺，且該行為亦符合注意守則要求，故此肯定其適法性。此種思維，已從結果無價值朝行為無價值邁出第一步[41]。

魏采爾認為，並非一切法益侵害皆具違法性，唯有逾越有秩序的社會生活保持活力所必要限度的法益侵害、逸脫「社會相當性」的法益侵害，始具違法性。遵守客觀注意義務，就算造成法益侵害的結果，也不違法。他還強調：此種觀念，不該止步於「容許風險」的領域，應適用於整個過失犯領域。違反客觀注意義務是過失犯的違法要素[42]。

此外，階層結構犯罪論體系為我國學界所接納，不僅嚴加區別違法性與有責性，尚且講究審查的順序。如是體系思考，與前述「新客觀違法性論」、魏采爾提倡的行為無價值，皆讓「過失」在「違法性」審查階層覓得一席之地，增加不少助力，以致論者紛紛改弦更張，肯定「過失」為「違法性要素」[43]，而創造出過失犯論轉變的契機。

---

[40] 蔡聖偉，刑法問題研究（二），元照出版，2013年，頁21。

[41] 半田祐司，不法問題として過失犯論，成文堂，2009年，頁135-136。

[42] 福田平，刑法解釈学の諸問題，有斐閣，2007年，頁67-69。

[43] 周冶平，刑法總論，1972年台全訂5版，頁160-160；陳樸生，實用刑法，自版，1991年重訂版，頁204-205；高仰止，刑法總則之理論與實用，自版，1996年5版，頁204；褚劍鴻，刑法總則論，1998年增訂12版，頁146-147；韓忠謨，刑法原理，自版，2002年2版，頁109-110。

參、過失犯的行為不法

一、制裁規範與行為規範

　　憲法第8條第1項第3句規定：「非由法院依法定程序，不得審問處罰。」基此，國家不依循「法的正當程序」而侵犯、剝奪人民自由、權利，乃為憲法所禁。秉承憲法上「法的正當程序保障」，刑事訴訟法第1條第1項復重申：「犯罪，非依本法或其他法律所定之訴訟程序，不得追訴、處罰。」為落實「程序法定原則」，刑事訴訟法雖已規定偵查乃至執行的必要程序，惟支配此等程序之「犯罪」嫌疑，則付諸闕如，需要有罪刑規定之刑法予以補充。就刑法附合於刑事訴訟法，共同規制刑事審判活動言之，刑法不失為「裁判規範」。若單以法官定罪科刑而論，則刑法各罪之規定，例如刑法第271條第1項：「殺人者，處死刑、無期徒刑或十年以上有期徒刑」，似可解為：法官應對殺人罪犯，宣告死刑、無期徒刑或十年以上有期徒刑。想起前揭憲法「非由法院依法定程序，不得……處罰」，刑法各罪規定當中有關「犯罪類型」的部分，不啻容許法官對刑事被告為刑罰宣告之法律要件，從而，刑法也具有「制裁規範」的性質。需留意者，「作為裁判規範的刑法」，係指刑法與刑事訴訟法有機聯合共同規制刑事審判活動，刑法於此所發揮之功能，在於解明刑事訴訟法上犯罪嫌疑之義涵、澄清檢察官起訴效力所及範圍、劃定須經嚴格證明之要證事實等程序事項，此與「作為制裁規範的刑法」，重在究明發動國家刑罰權必備要件，並不一致，務必辨明，以免混淆。

　　從制裁規範、將刑法看成是發動國家刑罰權容許條件的觀點來建構犯罪論，多是以刑法對個人自由的保障效用為思考出發點，故而首要課題在節制國家刑罰權力。什麼行為得以成立犯罪，對犯了罪的人，得處以什麼刑罰，必須由人民選出的代表所組織成立的國會，預先制定語意明確的法律予以界定，刑法無明文規定處罰的行為，不問該行為危害法益情節如何重大，皆非犯罪，禁止對行為人科處刑罰。因有「罪刑法定原則」，人民

不受國家刑罰權力的恣意干預；犯罪者不受逾越其應負刑責的懲罰。鑒於法官對被告宣告刑罰，係明示國家對該被告有刑罰執行權，刑法明定罪刑所產生的雙重保障，能否獲得落實，端視法官是否遵守刑法規定，故而約束法官認事用法，遂成當務之急。古典犯罪理論，以犯罪輪廓的價值中立性純粹描述，實證法規及心理狀態，作為法官認知犯罪存否之依據，目的正是在防範個人好惡左右裁判結果，以致國家刑罰權遭到濫用。

犯罪理論若是以監控法官的審判權力行使為本旨，關於犯罪存否的認定，多以審判時存在的事實作為判斷對象，即不足為奇。強調刑事不法之實質內涵，係法益受侵害或法益陷於危殆之事態，即所謂「結果無價值論」，無非也是本於「控制法官的審判權力行使」而構想形成之刑事違法性論。然而，純粹從「制裁規範」觀點設想之犯罪論，因急於抑制法官的審判權力行使，忽略「犯罪」並非純然是法益受侵害或法益陷於危殆之事態，「犯罪」亦是出自人類意思決定、為實現意思決定為意思活動，在社會生活中有其特殊意義之「人的態度」。人的態度違反「行為規範」所產生的「行為不法」，同樣值得關注。

二、行為逾越社會相當性

先前提到過，被推崇為「容許風險」思想萌芽的封‧巴爾，他認為按照「條件理論（不可想像其不存在的所有條件，皆屬結果的原因）」篩選出來的，與結果有因果關連的諸多條件，只有當中的「重要條件」，才是結果的「原因」。那麼，在經過「條件理論」篩選出來的諸多條件當中，究竟哪個是「重要條件」呢？

依據事理，符合社會生活常規之行為，因該行為乃民眾習以為常反覆行之者，當非刑法所能禁止，即便刑法強行禁止，亦難起約束之效用。符合社會生活常規之行為，若不應受刑法禁止，該行為衍生之後果，亦不受刑法責問才是。既然符合社會生活常規之行為，該行為衍生之後果，皆不應受刑法拘束，則該行為與其後果之間的因果關係，在法規範層面，理當不至於產生需要檢討的問題。基此，刑法上因果關係理論的研究對象，有必要移除符合社會生活常規之行為。符合社會生活常規之行為，既自始不

發生刑法上因果關係的問題，屬於刑法上因果關係考察對象者，便只能是違反社會生活常規之行為。如此一來，行為有無違反社會生活常規，乃成為認定「重要條件」的判斷基準。有疑問之處在於，評價某行為是否合乎社會生活常規之判斷準據何在？

依封‧巴爾的看法，沿襲自古代羅馬法的衡量準則，即「家長的明智謹慎（bonus pater familias）」，亦即，德國民法（德國現行民法§276 II）上所謂「交易上必要注意」，可以作為評價行為是否符合社會生活常規的判斷基準[44]。上述構思，除指出唯有「重要條件」堪稱原因，從規範觀點對事實性因果關係作進一步篩選，以免刑事責任範圍逾越合理限度，可評價為「相當因果關係論」的先驅[45]之外。因其強調符合社會生活上應盡注意義務之行為，並不屬於「重要條件」。縱然符合社會生活常規行為，導致法益侵害後果發生，因其非屬刑法上因果關係檢討之對象，不具刑法上意義。換言之，符合社會生活常規之行為，惹起的法益侵害結果，不能歸咎於行為人。準此以解，法益侵害結果，若出自符合社會生活常規之行為，該行為亦不能認為是犯罪。

事實上，以先在於刑法的社會規範，作為違法性評價基準，在德國由來已久。賓頂（Karl Binding, 1841-1940）就認為：刑罰法規，則只不過是國家處罰人民違反規範之行為的法律根據。行為所違反的規範，並沒有隨同違反規範的處罰，一併明定於刑罰法規之中。立法者之所以未將犯罪違反的規範明定於刑罰法規，是因為各該不許違反之規範，皆屬綿歷數千年的社會文化遺產，任何人無不瞭然於胸，故而沒有規定的必要。由是可知，刑罰法規只不過是規定犯罪成立要件及其所生法律效果的規則[46]。

涂爾幹（Émile Durkheim, 1858-1917）在《社會分工論》這部經典名

---

[44] 前田雅英，同前註32，頁230註16，東京大学出版会，1982年；横沢亘，ドイツにおける信頼の原則の根拠の検討，（明治大学）法学研究論集，第41号，2014年9月，頁21。

[45] 林陽一，刑法における因果関係理論，成文堂，2000年，頁104。

[46] 竹田直平，法規範とその違反，有斐閣，1961年，頁73-75；韓忠謨，同前註43，自版，2002年2版，頁23-24。

著中，也引證賓頂的見解而表示：「民法法規的第214條規定了妻子必須與丈夫同居，人們就此推論道：丈夫可以強迫妻子同房，然而這種制裁在任何一個地方都沒有明文規定。刑法卻恰恰相反，它只規定了制裁，而對與之相應的義務隻字不提。它並不規定必須去尊重別人的生命，但規定了對殺人兇手必須處以極刑。它並不像民法那樣開門見山地提出：這是責任；相反，它總是急不可耐地提出：這是懲罰。毫無疑問，如果某種行為受到了懲罰，那是因為它違背了某種強制性規範，然而，這種規範並沒有得到確切的說明。之所以發生這種情況，惟獨有一種原因：人們已經普遍理解和接受了規範本身。[47]」

　　上述想法，可說與魏采爾提示的「社會相當性」理論，有相通之處。社會生活日積月累形成的生活秩序所許的行為；不逾越社會生活常軌的行為，諸如外科醫師為挽救患者性命施以外科手術截肢、從事拳擊運動競賽攻擊對方身體等，皆非刑法上的犯罪行為[48]。

三、逾越適度危險的行為

　　處罰過失行為的各個法規範，要求每個人都必須盡到，為避免構成要件實現所必要的注意。不過，過失構成要件，對應有注意的實質內容與程度，通常都沒有作任何說明。安吉思（Karl Engisch, 1899-1990）將注意義務區分成「內在注意」與「外在注意」，後者再細分成：不為危險行為、避免法益侵害結果發生，以及查詢蒐集履行義務必要資訊等[49]，頗為簡明。

　　首先，就「內在注意」而言，按照賓頂的說法，對「要求避免違法的規範」而言，「預先審酌義務」是一成不變的要素。法的社會之構成員，即使不曉得自己計畫的事情違法，也負有避免違法的義務，從而，在行為實行之前，乃至實行行為之際，皆須三思而後行，始符合規範要求。

---

[47] 渠東譯，埃米爾‧涂爾干，社會分工論，三聯書店，2000年，頁38。
[48] 福田平、大塚仁，刑法の基礎知識1，有斐閣，1982年新版，頁119。
[49] 廖正豪，過失犯論，三民書局，1993年，頁90。

有鑒於避免法益受害所需預防措施，從選擇何種預防措施、決定預防措施的實施程度，無一不取決於對法益的危險之認識。職是，依據處罰過失行為的各個法規範，為避免構成要件實現而要求注意之誠命，每個人因之負有的首要義務，就是去認識自己的行為對法益的危險，並且對該危險的程度作出正確的評估。此即履行賓頂所謂「預先審酌義務」必要的「內在注意」，詳言之，即觀察行為所在周遭環境，本諸經驗，藉助想像力以預測該行為將來的進展歷程，以及在某些場合或許會發生的附隨情況變化，審慎評估已知的「行為對法益的危險」，可能如何演變而促使法益受害結果發生[50]。

其次，「外在注意」的不為危險行為，涉及「容許風險」的衡量問題。米利西卡（August Miřička, 1863-1946）在1903年發表的一部有關罪責形式的著作（Die Formen der Strafschuld und ihre gesetzliche Regelung）討論過這個問題。他認為，「危險」是外界發生有害變化的可能性。作「危險性判斷」，應受關注的重點事項，並非具體事件的後續發展，亦即，法益侵害結果後來到底發生了沒有，該囑目的事情，毋寧是法益侵害結果在相同的情況下，已經發生過好幾次，換言之，法益侵害結果在某種情況下頻繁發生的事實，這類經驗的不斷累積，才是「危險性判斷」關切的重點課題。本於對「危險性判斷」的上述認知，米利西卡提示了「刑法上有意義的危險」之概念。他首先將符合行為之社會目的（與行為之社會目的相稱）的危險，名之為「適度危險（adäquate Gefahr）」。逾越「適度危險」之限度者，即屬「刑法上有意義的危險」。

關於「適度危險」的界定，以及評價某行為有無逾越「適度危險」之限度的判斷準據，主要求諸「安全受威脅的法益之價值」、「法益侵害波及的範圍」、「法益侵害結果發生的可能性」這三項因素，舉例來說，採掘礦藏活動之社會目的在供應生產所需能源，事涉資本主義社會的正常運

---

[50] 莊子邦雄、小橋安吉訳，同前註6，一粒社，1989年，頁331-332；西原春夫監訳，イェシェック＝ヴァイゲント，ドイツ刑法総論　第5版，成文堂，1999年，頁449-450；蘇俊雄，刑法總論Ⅱ，自版，1998年修正版，頁478-479；林山田，同前註1，頁183。

營，採掘礦藏可能威脅到的法益則為礦工的生命、身體健康；因為能源供應無虞受惠者，範圍可能遍及因產業發達提升經濟條件的全體人民，發生法益侵害結果可能波及的範圍，則限於礦坑崩塌事故現場的勞工；假如礦場的安全作業嚴實，事前謹慎防範可能發生意外的種種因素，礦場意外事故的發生機率便能壓低。綜合上述三個因素作整體評價，伴隨開採礦藏活動所帶來的風險，很有可能被評價為「適度危險」。總之，依據安全受威脅的法益價值高低、法益侵害結果波及範圍大小、法益侵害結果發生的機率，此三項因子綜合評價總結出來的「量化危害程度」，即可作為某活動是否逾越「適度危險」之限度的「危險衡量準據」[51]。

依據安全受威脅的法益價值高低、法益侵害結果波及範圍大小、法益侵害結果發生的機率，作整體綜合評價而得出的「量化危害程度」，雖可用以衡量，某行為伴隨的危險，相較於該行為之社會目的，是否已經逾越「適度危險」之限度。然而，鑒於從事刑事司法審判的法官，必須針對每個案件，逐一作判斷，即便用以衡量行為是否逾越「適度危險」之限度的判斷準據，侷限於安全受威脅的法益價值高低、法益侵害結果波及範圍大小、法益侵害結果發生的機率，仍不免受承辦法官個人價值傾向的影響而出現裁判不一致的現象，為維護刑事被告法之前平等的保障，必須確保「法安定性」，建立能夠讓法官的判斷保持穩定的規範。

為達成確保「法安定性」之目的，米利西卡又提示了「合於規範的危險」（normale Gefahr）之概念，亦即，法秩序為避免法益侵害結果發生或降低法益侵害結果發生的可能性，而禁止或誡命一定的行為，人民之所為若符合法秩序的禁止或誡命，則伴隨該行為的危險，即屬「合於規範的危險」。詳言之，法秩序為防範法益侵害結果發生而加諸一定行為誡命、禁止，係本於現實生活中，一再發生的相同事例，亦即，係對此些反覆發生法益侵害結果的事情，作長時間觀察而逐漸累積形成的「均質化適度危險判斷」[52]，運動競賽規則、建築技術規則、醫療規則乃至各種為維持社

---

[51] 松宮孝明，同前註32，頁14。

[52] 例如，現有人使用的住宅著火，造成屋主、家人、訪友等被燒死的案例，若是一再發生，經過長時間的觀察，人們就會學習到，現有人使用的住宅著火，會燒死人的

會生活秩序的取締規定，皆屬於此種「均質化適度危險判斷」。

　　值得留意的是，米利西卡認為：用以衡量行為伴隨的危險，是否超出「合於規範的危險」的各式行為規則，一方面，基於維護法安定性的需求，作為「裁判規範」用以拘束法官認事用法；另一方面，也是人民在決定是否從事某行為時的指針，亦即，這類行為規則對人民而言也具有「行為規範」的效用。換言之，法秩序為防範法益侵害結果發生而加諸一定行為的誡命、禁止，不止是拘束法官個人價值衡量的「均質化適度危險判斷」，人民在考慮可否為某行為時，亦受其拘束。基此，人民之行為，如果違反此些行為規則，則伴隨該行為的危險，便逾越「合於規範的危險」之限度，而「合於規範的危險」又屬「均質化適度危險判斷」，因此該行為亦逾越「適度危險」之限度而為刑法所禁；反之，只要遵從此些行為規則，該行為伴隨的危險，即因屬於「合於規範的危險」而為刑法所容許，縱然該行為引起法益侵害，行為人亦不必為此負責[53]。

　　米利西卡為使法官的危險判斷趨於一致，提出「合於規範的危險」概念，試圖藉助表明「均質化適度危險判斷」的各式行為規則，衡量行為伴隨的危險是否為法秩序所容許。此種作法，有減輕法官負擔、維持刑事司法裁判一致的長處，確實有值得稱道之處。不過，「合於規範的危險」是一種「均質化適度危險判斷」，在事理上，本就不可能與「適度危險」相重疊。換言之，符應「合於規範的危險」之行為，在具體個案中，很可能逾越「適度危險」之限度，例如，按照交通規則於交通號誌亮綠燈時通過交岔路口的駕駛，若是已經察覺前方有車輛違規闖紅燈，為保護違規車輛駕駛、乘客等的生命、身體安全，避讓即有必要，於此種場合，「合於規範的危險」便不等於「適度危險」。反之，違反各式行為規則之行

經驗。根據這樣的社會生活經驗，一旦有人提起，現有人使用的住宅著火，人們就會想到，屋內會有人被燒死。如是「屋內會有人被燒死」的判斷，並不需要細查實在的具體情形，一旦確認存在「現有人使用的住宅著火」之事實，即可直接作出：「屋內恐怕會有人被燒死」的判斷。換言之，只要（抽象）類型化生活事實（現有人使用的住宅著火）的認定無誤，便可作出劃一（均質性）的危險判斷（屋內恐怕會有人被燒死），不會涉及法官個人的危險衡量，有助於法安定性的維持。

[53] 松宮孝明，同前註32，頁15；小林憲太郎，同前註31，頁268。

為，雖逾越「合於規範的危險」之限度，於具體個案中，未必就逾越「適度危險」之限度。例如，行駛於狹窄的山路，為避開前方道路上的巨大落石，不得已侵入對向車道的行為，雖然有違交通規則而逾越「合於規範的危險」之限度，卻是因應具體情形的必要措施，並未逾越「適度危險」之限度。務必留心辨明「適度危險」與「合於規範的危險」這兩個概念的性質，方才不致產生概念的誤用。

　　試圖以「客觀歸責理論」的各個審查基準，取代現有過失論的不法評價，國內不乏支持者[54]。「客觀歸責理論」代表性人物駱克信（Claus Roxin）對目前居於主流的過失犯論提出諸多質疑，例如預見可能性，係法律課予個人預見義務，而非事實上能否預見[55]（這樣的見解應用在「信賴原則」上，相當有說服力）；結果的可避免性、客觀注意義務的內容，皆可被容許風險、信賴原則等客觀歸責理論的細部審查基準所取代[56]。在「客觀歸責理論」的各個審查基準，對於「具有結果犯性質的犯罪類型」之客觀不法構成要件該當性評價，居於近乎主導地位的今日，設想「客觀歸責」的評價，等同於過失犯的客觀不法構成要件該當性評價，頗有回歸到古典犯罪論體系故意犯、過失犯的不法同質論的意味。事實上，純罪責形式的過失犯概念受詬病之處，本就不在罪責內涵，而是單調的不法內涵。歷經「相當因果關係理論」乃至「客觀歸責理論」充實化的不法論，已不再是舊日建立在「條件理論」幾近於物理流程的蒼白面貌。此時再度重返故意犯、過失犯的不法同質論，自非倒退回古典犯罪論體系之意。不過，過失犯除了客觀不法，是否也有主觀不法？倘若過失犯有主觀不法，「客觀歸責理論」對過失犯主觀不法，即缺乏詮釋能力，不能說完全取代目前的過失犯理論。

---

[54] 林鈺雄，同前註1，頁177-178；林東茂，刑法綜覽，一品，2015年8版，頁1-193至1-194。

[55] 駱克信，許玉秀譯，客觀歸責理論，政大法學評論50期，1994年，頁19。

[56] 同前註。

四、主觀不法

「主觀的義務違反」意指，在具體的狀況下，自己的精神能力、身體能力，雖然足以勝任規範課予每個人的注意義務，卻懈怠不為。主觀的義務違反，與不關心別人、輕率等行為人的性格無關。行為者本人偏離「與受法秩序保護的價值結合的人」之基準，並非不法，而是與責任有關的問題[57]。主觀的義務違反，非屬責任要素，而是主觀的不法[58]。

許玉秀教授也強調：「在過失犯，不管是有認識過失或無認識過失，都是對構成要件的實現沒有認識。從存在構造上來看，似乎是欠缺行為的主觀面，但在規範構造上，從規範本身的立場來看，也是表現出和規範所期待的行為人主觀態度不一致的狀況，規範不只不能容忍背叛，也不能容忍受規範者粗心大意看不到它，如果行為人有認識規範的能力，他原本可以看見規範所禁止的結果，但竟因為不夠專心記住規範的告誡，或錯估自己的能力或危險的狀況，而造成規範所不願見的結果——構成要件實現了，這種行為意思，就規範而言，也是一種錯誤、偏差的行為意思，而錯誤、偏差之處，就在於行為人有能力避免偏差和錯誤，這種能力的具備，顯示行為人的行為意思，是有瑕疵的，藉由這種有瑕疵的行為意思所支配的行為，也才具有行為不法。[59]」

認識客觀不法構成要件，且認可甚至意欲其發生，此種心態（故意）被定位在主觀的構成要件，與不法意識、責任能力及期待可能性等責任要素有別，此為我國現行刑法的定制（刑法§13、§16）。故意犯的不法，之所以被主觀化，是因為對結果的發生而言，行為內在的、為法所不容的危險，唯有在認識客觀不法構成要件，且認可甚至意欲其發生的心態出現時，才有可能被覺察。缺乏故意的心態，就故意犯而言，自始便不存在「行為不法」。基此，故意犯的行為不法，兼有主觀與客觀要素。故

---

[57] 吉田敏雄，刑法理論の基礎，成文堂，2013年3版，頁371。

[58] 許玉秀，主觀與客觀之間，自版，1997年，頁43-44；柯耀程，刑法釋論Ⅰ，一品，2014年，頁309。

[59] 許玉秀，同前註，頁208-209。

意犯，行為人對結果發生的認識與意欲，在行為操控上起一定的作用；過失犯，個人的能力在避免結果發生上，也扮演相同的角色。主觀的義務違反，在過失犯上的地位，就好像故意犯的意欲要素一樣。如此說來，當故意已經成為不法要素的今日，就過失犯而言，主觀的義務違反，也應該被定位為主觀構成要件要素才是[60]。

　　此外，國內有論者認為，關於行為構成過失與否的判斷，應該以行為人個人現實具備的能力條件作為判斷的基準[61]。黃榮堅教授也分析指出：「在行為人具備足夠知識的情況下，在法律所設想之謹慎人的狀態下，可以認定是一個人對於侵害事實的發生已經具備足夠的預見可能性。此時會造成一個人對於侵害事實的盲目，原因只剩下一個，就是行為人對於其行為的外在作用不關心。並且在這種情況下，刑法希望透過刑罰的威嚇可以使行為時的行為人提高用心，亦即動用其既有的知識去預見侵害事實的發生而產生迴避的動機與行為。[62]」

　　從規範的觀點來思考，規律個人與他人的共同生活之社會倫理規範，為使各個人皆採取適合法規範的誠信行動，有必要將每個人都納入法規範的命令對象。如是「命令說」的基本觀念，不止對故意犯，對過失犯也一樣適切。規範具有對人訴求的功能，從而，不僅客觀地評價受人支配而完成的狀態（評價規範），也會要求人促成或不惹起特定狀態（意思決定規範），故而規範乃誡命與禁止。基此，規範是以規範收受人的意志為對象。對規範收受人訴求，既是規範的意義所在，自當以受命人有避免違反規範的能力為前提，缺乏遵守規範的誡命、禁止之能力的個人，規範對其即喪失訴求的性質。對個人而言，只有預見得到的結果，才有辦法避免。不該強加力有未逮的義務；法的實效性終止於受其支配者智能的極限。結論就是，唯有個人在其能力範圍內所做出的違反義務行為堪稱「不

---

[60] 吉田敏雄，同前註57，頁372。

[61] 許玉秀，同前註59，頁205；黃榮堅，基礎刑法學（上），元照出版，2013年4版，頁373。

[62] 黃榮堅，同前註，頁371。

法」，主觀的義務違反屬於不法構成要件[63]。

的確，處罰行為人力有未逮的義務不履行，等於責難其智識低落與能力低下，有違刑法的存在目的。不過，個人雖能力不足，但已付出真摯努力，能否肯定其具有「志向價值」而阻卻行為不法[64]；或者針對能力不及一般人者，在罪責階層，基於無期待可能性的原理，不予以非難，是一回事；以各個人能力標準全面取代客觀注意義務，則是另外一回事。本文基於下兩個理由，不贊同以各個人能力標準，全面取代客觀注意義務：

第一，假如把個人的能力當作不法評價的標準，勢必會重蹈「主觀違法性論」的覆轍。主觀違法性論者認為，法規範的本質，是對人的意思所為誡命或禁止。唯有能夠瞭解法規範所為誡命、禁止內容，並依從指令做出意思決定的接收規範者，始有可能違法。換言之，缺乏理解規範內容能力、沒有能力依從規範要求做出意思決定者，本來就不在規範效力範圍內，從而也不生違反規範的問題。既然唯有能理解規範內容，能依從規範做出意思決定，始能做出違反規範誡命、禁止之事，藉此表現對規範威嚴的藐視，如此說來，有責性不啻違法性之前提，不存在無責任之違法[65]。把個人的能力當作不法評價的標準，形同將可歸責性，視為不法評價的必要內涵。如此一來，好不容易拆解開來的「不法」與「罪責」，又會回歸一處。一次性的總括犯罪評價，容易失誤，並不可取。

第二，一旦以行為者個人能力作為不法評價標準，則能力強者，須負擔的義務亦重。固然，有論者解釋箇中緣故指出：「在行為人個人注意能力超越一般人注意能力情形，以行為人個人較高的注意能力為判斷預見可能性的標準，形式上是一種不公平，因為能力愈高的人，所負的責任也就愈重。問題是就刑法的預防目的而言，這種形式上的不公平並不是實質

---

[63] 吉田敏雄，同前註57，頁375-376。

[64] 艾克斯納（Franz Exner, 1881-1947）認為，行為人粗心大意惹起侵害的原因，歸咎於違反義務地輕視法益，此乃過失責任的本質。小林憲太郎，同前註31，頁269。付出真摯努力阻止犯罪結果發生的行為人，不漠視法益安全，是否仍因其力有未逮而認其有行為不法，值得再作考慮。

[65] 齊藤信宰，刑法における違法性の研究，成文堂，2003年，頁112-113。

上的不公平。因為對於迴避相同一個客觀利益侵害，一般人所必須付出的
用心是高於能力比較高的人所必須付出的用心。因此對於兩個不同條件的
人做相同的要求，從每一個人要為法益保護的目的（平等）付出的角度來
看，反而是不公平。而刑法基於法益保護的目的，更沒有理由要自動放棄
基於平等原則而來的法益保護效益。舉例言之，對於醫生不能用一般人的
醫學常識做標準來判斷其急救處理有無過失。[66]」

　　以「業務過失」來解釋個別化標準的過失判斷準據本就存在疑問，
因為客觀注意義務的設定標準，並不是處於行為人地位的一般人，而是就
具體的場合而定的，有洞察力且謹慎的汽車駕駛、醫師等[67]。業務過失的
特性，在於業務的特性，而非行為人高超的能力。駕駛計程車肇事，司機
也可能是經驗不老道的新手[68]。此外，藉助刑法的力量迫使個人發揮最大
的力量，並不適宜；依據個人能力來決定注意義務的程度，則注意義務的
基準必然是個人的能力，如此「當為」與「可能」已無分別；從法安定性
的觀點來看，從個人能力導出的「應為」，因客觀注意義務預作限定始有
可預見性[69]。以個人的能力來決定注意基準並不恰當，「客觀注意義務違
反」作為過失犯的成立要件，仍有必要。

肆、結論

　　刑事過失概念的形成，可以追溯到中世紀義大利後期註釋學派。此
概念傳來中國，則已經是20世紀初，清王朝為排除外國領事裁判權而繼
受西方近代刑法法制時候的事。隨同西方近代刑法典引進中國的刑事過失
概念，破除固有律令的結果責任思維，使責任原則得以貫徹，是其卓著

---

[66] 黃榮堅，同前註61。

[67] 吉田敏雄，同前註57，頁368。

[68] 林東茂，同前註54，頁1-202。

[69] 吉田敏雄，同前註36，頁381。

貢獻，惟傳統過失犯論，將疏於注意之過失心理，定位於罪責階層，否認故意犯與過失犯於構成要件、違法性階層存在差異，如是結果無價值思維的過失犯論，無法妥善因應工業革命後處處充滿必要風險的新社會生活型態，容許風險理論乃應運而生。容許風險理論，權衡利益社會必要活動及其伴隨法益受害風險，在一定限度範圍內，允許有潛在法益危害風險的利益社會活動，容忍因之而生的法益侵害結果，此種因應工業革命後社會生活型態的新思維。

　　容許風險理論，此種因應工業革命後社會生活型態的新思維，權衡特定活動帶給社會的利益與伴隨該活動的法益受害風險，在一定限度內，允許有法益危害風險的活動存在，容忍因之而生的法益侵害結果，也刺激過失犯論的改革，使之呈現嶄新樣貌。

　　分別於不法與罪責兩處作檢討的兩階段過失犯論，取代純粹罪責形式的過失犯論，已成為今日主流。不過，認為客觀歸責諸基準，足堪替代結果可預見性、結果可避免性乃至客觀注意義務違反性等，用以認定行為有無過失犯之不法構成要件該當性之準據，以及強調依個人能力始能定立義務，應放棄客觀注意義務之概念，皆對通說見解帶來不小衝擊，雖尚不至顛覆通說而居於主導地位，仍有值得注意之處。

6

不能犯之意涵及其判斷基準

余振華[*]

祝壽文

廖老師正豪先生學識豐富，戮力作育英才，不遺餘力。筆者留學返國任教近二十年來，深受老師之關愛與提攜，感念滿懷，無以回報。欣逢老師七秩華誕，謹以此論文恭祝老師松柏長青、永享遐齡。

[*] 日本明治大學法學博士、中央警察大學法律學系暨法律學研究所教授兼系主任兼所長。

壹、前言

　　2005年2月刑法部分條文修正案將刑法總則作了重大之修正，修法前第26條所規定之不能犯，其法律效果僅係刑度上之減輕或免除，惟於修法後，將不能犯修正為「不罰」，亦即不成立犯罪。若從第26條之修法理由「不能犯之前提係以法益未受侵害或未有受侵害之危險，如仍對於不能發生法益侵害或危險之行為課處刑罰，無異對於行為人表露其主觀心態對法律敵對性之制裁，在現代刑法思潮下，似欠合理性。因此，基於刑法謙抑原則、法益保護之功能及未遂犯之整體理論，宜改採客觀未遂論，亦即行為如不能發生犯罪之結果，又無危險者，不構成刑事犯罪。」來觀察，不能犯之規定明顯地係基於客觀未遂理論而作修正。然而，由於立論之不同，針對不能犯之成立問題，再度成為刑法學界熱烈討論之議題，問題焦

點仍然集中在「不能發生犯罪之結果，又無危險」之判斷基準[1]。其中，大多數論者認為應嚴格劃定「危險性」之界限，並且限縮不能犯之成立範圍，始能符合不能犯修法之旨趣。

承上，2006年7月開始施行新法後，不能犯之解釋與適用已經歷經十年，其間，究竟有關不能犯之「危險性」，其判斷基準為何？學說與實務如何對應？針對此一問題，本文擬先說明不能犯之基本概念與犯罪類型，再觀察十年來有關不能犯之實務見解，最後再確立危險判斷之構造與危險判斷之基準。

貳、不能犯之概念

有關不能犯（不能未遂）之意義，學者有不同之說法；例如，不能犯乃指行為在本質上即不能達到既遂狀態，而又無危險之未遂犯，亦即指行為人雖然著手實行以實現構成要件為目的之行為，但是由於事實上或法律上之理由，使行為決意之實現與行為人原所認識者不相一致，在客觀上又無危險，而不能完全實現客觀不法構成要件所成立之未遂犯[2]；不能未遂是指行為人在認知上發生了重大錯誤，誤以為自己之手段可以實現構成要件，或誤以為攻擊之對象存在（事實上不存在），使得構成要件結果根本不能實現[3]。此外，亦有認為不能犯並非刑法上之未遂犯者，亦即行為既

---

[1] 2005年2月修法後，關於不能犯成立問題之討論，文獻上有以下數篇重要論著：高金桂，不能未遂判斷之走向，東海大學法學研究，第24期，2006年6月，頁49-92；蔡聖偉，評2005年關於不能未遂的修法——兼論刑法上行為規範與制裁規範的區分，政大法學評論，第91期，2006年6月，頁339-410；余振華，不能未遂之危險評價，法學叢刊，第55卷第2期，2010年4月，頁45-66；甘添貴，不能犯與中止犯適用之若干問題點，法學叢刊，第55卷第4期，2010年10月，頁1-24；黃惠婷，論不能未遂，台灣法學雜誌，第163期，2010年11月，頁1-27；蔡孟兼，論未遂犯之危險概念，中央警察大學法學論集，第26期，2014年4月，頁143-171；蕭宏宜，未遂犯的處罰依據其及影響，東海大學法學研究，第45期，2015年4月，頁37-98等。

[2] 參照林山田，刑法通論（上冊），作者自版，2008年1月增訂10版，頁498-499。

[3] 參照林東茂，刑法綜覽，一品文化出版，2012年修訂7版，頁1-218。

然無法實現結果，且其危險性與可能性皆不存在，蓋刑法不須對根本不可能發生法益侵害危險之行為加以規範，即使此種行為在行為人主觀之意思上，仍舊具有法敵對之意思，但因其客觀事實不存在，故仍非屬刑法上所欲評價之對象，應排除在未遂規範外，是以不能犯根本不是刑法之論理概念，僅是一種事實狀態、一種思維[4]。

一、不能犯「不罰」之意涵

我國刑法第26條所規定者係屬完全不具可罰性之「不能犯」，亦即行為人雖然已著手實行行為，但由於該行為事實上「不能」發生構成要件之結果，亦即並無產生未遂犯處罰根據之具體危險，故不成立普通未遂，而成立不具可罰性之犯罪型態[5]。簡單而言，不能犯雖然呈現著手實行行為之外觀，然而該行為在性質上卻沒有實現構成要件內容之可能性。

首先，就修法之背景來探討不能犯不具刑罰性之內涵。日本刑法並無不能犯之規定[6]，然其學說及實務上皆肯認不能犯之概念，並且採不成立犯罪之法律效果；而德國刑法第23條第3項則明文規定不能犯之內容，並採得減輕或免除其刑之法律效果[7]；至我國刑法，從暫行新刑律時代起即肯定不能犯之可罰性，並將其與普通未遂犯同視，舊刑法亦予以沿用。惟在實務上卻因學說有「無罪」之絕對不能與「可罰」之相對不能，而從危險之觀點認為，不能發生結果之行為，若基於實際上並無危險者，並不

---

[4] 柯耀程，刑法總論釋義修正法篇（上），元照出版，2006年3月，頁243-244。

[5] 在德國「不能未遂」雖亦可能成為可罰之不能犯，但是在日本不能犯完全不具備可罰性。針對不能犯的法律效果，依據德國刑法第23條第3項及我國刑法舊第26條後段規定，雖然亦可能成為具有可罰性的不能犯，但我國現行刑法第26條係將其定位為不具刑罰性。因此，本文認為，我國刑法所稱不能犯，係與不能未遂具有同義性，而有異於德國刑法之不能未遂。

[6] 在日本，基於學說及實務見解皆肯認不能犯之概念，1974年改正刑法草案於第25條提出「行為在性質上絕對不能發生結果者，為未遂犯，不罰。」之規定，可理解其欲將不能犯明文化之旨趣。

[7] 德國刑法第23條第3項規定：行為人由於重大無知而誤認犯罪對象和手段之性質上絕對不能達到既遂者，法院得減輕或免除其刑。

成立未遂罪。其後,「舊法」因認為不能犯不具危險性,應予以較普通未遂犯更輕之處罰,故將不能犯規定為「行為不能發生犯罪之結果,又無危險者,減輕或免除其刑」(§26但書規定)。「2005年刑法部分條文修正案」更基於刑法謙抑原則、法益保護之功能及未遂犯之整體理論,由折衷印象理論而改採客觀未遂理論,將不能犯之法律效果修正為「不罰」。

其次,從實務見解來探討「新法」規定不能犯不具刑罰性之妥當性。實務上認為不能犯不具可罰性之判例,例如我國舊刑法時代,在殺人未遂之案件中,以「刑法處罰未遂犯之精神,係以著手於犯罪之實行,雖因意外障礙不遂,而有發生實害之危險,不能不加以制裁,故刑法(舊法)第39條第1項後段之不能犯,亦係指該項行為有發生實害之危險而言,如實際上本不能發生損害,即無危險之可言,自不成立犯罪。本案上訴人侵入某甲家,雖意在將其殺害,但某甲既早已出外,絕無被害之危險,按照上開說明,究難令負殺人未遂罪責。」[8]之理由,而認為應成立不可罰之不能犯。此一判例係採「絕對不能」與「相對不能」之區別方法,將絕對不能發生結果之行為,認為不具危險性而應不罰。有關此種區別方法,學者有認為雖然行為客體存在,只是與行為人之期待有所出入而不在現場,此時難以決定係絕對不能抑或相對不能[9]。本文認為,絕對不能或相對不能之區別確實難有定論,倘若將未遂犯之處罰根據求諸法益侵害之危險性,以行為時一般人能夠認識之事實以及行為人特別認識之事實為基礎,從一般人之觀點,如果有發生結果之可能性為未遂犯,如果沒有發生結果之可能性則為不能犯,此種論點應可謂較具妥當性。

二、不能犯「不罰」之體系定位

行為人之行為究竟成立不能或普通未遂犯,倘若從「構成要件之實現」之觀點而言,應屬於構成要件該當性之問題,惟基於構成要件係違法行為之類型,而發生結果之危險(實現構成要件之危險)歸根究底係屬於

---

8 最高法院19年上字第1335號判例。

9 林山田,刑法通論(上冊),作者自版,2008年1月增訂10版,頁508。

違法性之問題，故區別不能犯與普通未遂犯應屬於違法性之問題。因此，不能犯既係屬於不具實現構成要件危險性之未遂犯類型，則在犯罪論體系上應將其定位為阻卻違法事由之「不罰」。

　　不能犯意指行為人主觀上企圖著手實行犯罪，但因為現實上不能發生犯罪結果而不受處罰之情形。換言之，不能犯呈現著手實行犯罪之外觀，然而在行為之性質上，卻沒有實現構成要件內容之可能性。在不能犯之情形，判斷是否可能發生結果之標準，有許多學說互相對立，而這些學說係以不能犯與未遂犯之區別為背景而爭論著。究竟係不能犯或者係未遂犯，若從其與「構成要件之實現」有關之觀點來看，應屬構成要件該當性之問題。但是，構成要件是違法行為之定型化，而發生結果之危險（實現構成要件之危險）歸根究底不外是「法益侵害」之危險，從這個角度來看，區別不能犯與未遂犯應屬於違法性之問題。

　　關於此點，本文認為應從構成要件與違法性間之關係再作檢討，亦即應該從與未遂犯處罰根據相關連之角度來探討不能犯。關於未遂犯之處罰根據，長久以來一直存在著客觀主義刑法理論與主觀主義刑法理論之激烈對立。亦即，關於未遂犯之處罰根據，客觀主義僅探討「行為」之危險性，但是主觀主義則注重於「行為人」乃至於「法秩序」之危險性，所以不能犯之學說相當錯綜複雜。有關此點，在後述危險判斷之構造中再加以詳述。

參、實務上成立不能犯之犯罪類型

　　有關不能犯在實務上之判斷，應從其具體類型來加以思考，亦即應從主體不能、客體不能與方法不能等三種不能犯類型，同時一併思考其相關類型之幻覺犯、迷信犯與構成要件之欠缺，依此始能清楚理解不能犯之成立範圍。

一、主體不能

　　主體不能係指行為人不具身分或特定關係（主體資格），卻誤以為自己具有該種身分或特定關係，而著手實行構成要件行為之犯罪類型。例如，收賄罪之情形，甲不具公務員身分，卻以為自己係公務員而接受他人之賄賂；不作為殺人罪之情形，甲欲殺害其子女而詐領保險金，誤以為溺水呼救者係其子女，而故意不救助，導致溺水之他人小孩溺死；背信罪之情形，甲誤以為自己係為他人處理事務者，而實行背信行為。

　　主體不能究竟是否屬於不能犯，學說上仍有相異之見解。德國通說認為，特別身分或特定關係屬於真正之構成要件要素，無身分或特定關係之人因為錯誤而誤以為具有特別犯之行為主體資格，而著手實行犯罪行為，只不過屬於反面之構成要件錯誤，故主體不能仍可成立不能犯，而屬於可罰之不能犯[10]。

　　本文認為，在主體不能之情形，例如背信罪，若從具有事後判斷之客觀危險說（絕對不能與相對不能說）來觀察，很容易導出非為他人處理事務者並無不能犯之危險，但若從具有事前判斷之客觀危險說（具體危險說）來觀察，一般人亦經常會與行為人發生同樣之錯誤時，則難以否定成立不能犯，故主體不能應係屬於構成要件之欠缺，而非不能犯。

二、客體不能

　　客體不能係指行為人針對根本不存在之行為客體，卻誤以為該行為客體存在，而著手實行構成要件行為之犯罪型態。例如，在殺人罪之案例中[11]，行為人以殺人意思對已經死亡之屍體開槍時，若從絕對不能與相對不能說之觀點，則結果始終不可能發生，故屬於殺人罪之不能犯，僅成立毀損屍體罪；但若從具體危險說之觀點，以行為時一般人所能認識之情狀

---

[10] 林山田，刑法通論（上），作者自版，2008年1月增訂10版，頁509-510。

[11] 最高法院28年上字第2075號判例：上訴人向某甲開槍時，某甲已為某乙毆斃，是其所射擊者為屍體，而非有生命之自然人，縱令該上訴人意在殺人，因犯罪客體之不存在，仍不負殺人罪責。

以及行為人所特別認識之情狀來判斷，則有發生結果之危險，故屬於殺人罪之未遂犯[12]。

此外，例如行為人在黑暗中進入他人寢室，在一片漆黑中，主觀上以為隆起之棉被中有人，而對實質上沒有人之空棉被開槍之情形，若從具體危險說之觀點，行為對象若在行為人實行行為之前不久才離開，則有危險，成立殺人罪之未遂犯；但若從絕對不能與相對不能說之觀點，則該寢室中原本即無人在睡覺時，則並無危險，成立殺人罪之不能犯[13]。在竊盜罪之案例中，行為人將手伸入他人之衣服口袋中欲竊取財物，但該口袋內卻空無一物之情形，若從具體危險說之觀點，如果行為之相對人並非口袋中空無一物，而係將財物放在右側口袋，行為人卻將手伸入左側口袋時，此時即具有結果發生之危險，成立竊盜罪之未遂犯；但若從絕對不能與相對不能說之觀點，則經事後判斷，行為人根本不可能將手伸入右側口袋，故無結果發生之危險，成立竊盜罪之不能犯。

三、方法不能

方法不能（手段不能）係指行為人已經著手實行構成要件行為，惟其所使用之行為手段並無可能實現構成要件之犯罪型態。例如，製造毒品之案例，如果製毒之流程係屬妥當，而僅因為某種藥物之使用量不足而無法製成成品之情形，若從具體危險說之觀點，一般人認為行為人十分有可能滲入適切之藥量（假定之事實）時，則有發生結果之危險，成立毒品罪之未遂犯。反之，若所使用之主要原料並非真正之原料時（例如以麵粉煉製

---

[12] 日本判例上有採具體危險說作為判斷依據者，例如在被告認為遭手槍射殺之被害人尚存生息，基於致人於死之犯意而以武士刀刺殺之事件中，高等法院認為「不僅係被告在行為當時認為被害人尚活著，即使一般人在行為當時亦無從得知被害人已經死亡」，因為一般人感受到「被告以武士刀刺殺被害人之行為，有導致被害人死亡之危險，此乃理所當然」及「不可謂行為在性質上沒有發生結果之危險」，故成立普通未遂犯（廣島高等裁判所1961年7月10日判決，高等裁判所刑事判例集第14卷第5號，頁310）。

[13] 在日本實務上，有採絕對不能與相對不能說而肯認客體不能之判決，例如胎兒已經死亡無法成為墮胎罪客體之案例。參照大審院1927年6月17日判決，大審院刑事判例集第6卷，頁208。

安非他命），則不可能製成毒品，成立毒品罪之不能犯[14]。

在殺人罪之案例中，行為人使用針筒將20c.c.至30c.c.之空氣注入他人靜脈之中，若不考慮客體特殊狀況之問題，實際上要注入70c.c.至300c.c.之空氣始有致人於死之危險。若從具體危險說之觀點，不考慮被注射者身體之狀況，則注入量已快達足以致死之劑量時，或劑量已足而適巧被注射者人當時之身體狀況特別好而未致死時，則有發生死亡結果之危險，成立殺人罪之未遂犯；但若從絕對不能與相對不能說之觀點，由於注入劑量非常少，根本沒有發生結果之危險，故成立殺人罪之不能犯。

此外，在所使用手段之外觀上具有危險，但事實上並無發生結果之情形，例如行為人基於殺人而奪取執行勤務中警察之配槍，且以該槍瞄準他人並扣下扳機，但該槍枝適巧未填裝子彈，故無法射擊之案例。在此種案例中，若從具體危險說之觀點，針對穿著制服執勤之警察所佩帶之槍枝，一般社會通念認為應係裝有子彈，搶奪該警槍而向他人射擊，發生殺人結果之可能性相當高，故成立殺人罪之未遂犯。但若從絕對不能與相對不能說之觀點，基於事後之判斷，該槍並無裝填子彈，絕對無發生結果之可能性，則可成立殺人罪之不能犯。

四、類似不能犯之犯罪類型

(一)幻覺犯與迷信犯

幻覺犯（誤想犯）係指某種事實在刑罰法規上並不構成犯罪，行為人將其誤認係法律所處罰之行為，係屬於違法性錯誤（法律錯誤、禁止錯誤）之問題[15]。例如行為人誤認未婚男女間之性行為係構成刑法上之通姦

---

[14] 在日本實務上，有基於絕對不能與相對不能說而肯定方法不能之判例，例如使用硫磺殺人案件（大審院1917年9月10日判決，刑事判決錄第23輯，頁999）；使用經過長時間埋在地下而性質上已經發生變化之雷管與導火線製成手榴彈之案件（東京高等裁判所1954年6月16日判決，東京高等裁判所刑事判決時報第5卷第6號，頁236）。

[15] 有學者將幻想犯稱為反面之法律錯誤，而區分為反面之禁止錯誤、反面之容許錯誤與反面之包攝錯誤三種。參照林山田，刑法通論（上），作者自版，2008年1月增訂10版，頁505。

罪（§239）。幻覺犯與不能犯之區別在於：幻覺犯係屬於刑罰法規所不處罰之行為，行為人誤認係犯罪行為，而不能犯係行為人將並不存在之事實誤認可實現構成要件。因此，幻覺犯係屬反面之法律錯誤，而不能犯則屬於反面之構成要件錯誤，二者分別屬於規範與事實之範疇，其本質即具有相異性。

迷信犯，係指行為人欠缺自然法則之知識，以迷信之手段實行犯罪行為，誤以為可實現構成要件，事實上並無發生結果之可能性。例如迷信茅山道術可殺人而仿效茅山道術施法企圖殺人之行為，或迷信符咒差鬼抓人而仿效法師作法抓人等情形。由於迷信犯僅屬於行為人之迷信行為，並無支配外在因果歷程之行為決意，亦即欠缺構成要件之故意，故其與不能犯具有著手實行犯罪、行為人危險之性格以及有可能發生結果等皆不相同，其性質上根本無法發生實害之結果，故刑法並不處罰此種迷信行為。

（二）構成要件之欠缺

構成要件之欠缺（為事實之欠缺）係指在構成要件要素中，除了因果關係以外，欠缺行為主體、行為客體、行為手段、行為情狀等要素，行為人誤以為有該等要素而實行行為之情形。例如欠缺行為主體（瀆職罪之「公務員」）、欠缺行為客體（§222加重強制性交罪之「未滿十四歲之男女」等）、欠缺行為手段（殺人罪之「以無殺傷力之物品殺人」）、欠缺行為情狀（§106單純助敵罪之「與外國開戰或將開戰期內」等）。

構成要件之欠缺，係欠缺構成要件要素之行為，而不能犯係欠缺構成要件要素之結果；構成要件之欠缺不屬於未遂犯，而不能犯係屬於未遂犯，故二者係屬不同之概念。因此，構成要件之欠缺，並非未遂犯，亦非不能犯，而係屬於一種特別之不罰行為。

肆、危險判斷之構造

關於未遂犯之處罰根據，長久以來一直存在著客觀主義刑法理論與

主觀主義刑法理論之對立。亦即，關於未遂犯之處罰根據，客觀主義僅探討「行為之危險」，但是主觀主義則注重於「行為人之危險性」或「法秩序之危險性」，故在檢視是否屬於不能犯時，必須基於此種觀點來加以判斷。有關此點，以下將更進一步加以說明。此外，有關不能犯與普通未遂犯之區別標準，學說上大致有純主觀說、抽象危險說、絕對不能與相對不能說、具體危險說等四種學說見解。2005年2月刑法修正後，欲解決不能犯不具刑罰性之問題，必須從學說與實務二個角度確立其基礎，既然刑法修正係參酌日本之立法例，則有關不能犯與普通未遂犯之區別基準，實有必要理解日本有關區別不能犯與未遂犯之學說見解。

一、行為人之危險與行為之危險

一直以來，不能犯係在與「未遂犯」處罰根據之關聯性上被提出來討論，之前也因此造成了客觀主義刑法理論與主觀主義刑法理論之激烈對立。有關未遂犯之處罰根據，客觀主義僅重視「行為」之危險性，而主觀主義則著眼於「行為人」乃至於「法秩序」之危險性。

所謂行為之危險，係基於客觀主義而重視外部客觀事實之立場，認為具有現實意義者不是行為人而是行為，從而就其所持觀點而言，雖然是外觀上得視為實行著手的行為，如果在行為的性質上沒有發生結果的危險，只成立不能犯。未遂犯有發生結果（法益侵害）之危險性而具備違法性，因此肯定其可罰性。不能犯自始即欠缺發生結果之危險性，不帶有違法性，故不具備可罰性。

所謂行為人之危險，係基於主觀主義之立場而重視行為人之反社會危險性，不承認犯罪行為本身具有獨立之意義，行為只不過具有表現犯罪者危險性之機能。基此，從主觀主義之立場，只要存在行為人認識、預見之客觀事實，該行為本來就具有惹起結果之可能性（抽象的危險性），此即可作為行為人危險之表徵而肯定其可罰性。基於主觀主義立場所主張之主觀說，僅承認迷信犯為不能犯，擴張未遂之範圍，為何承認迷信犯為不能犯，其根據並不清楚，而且過於縮小不能犯之範圍，亦不合乎實際。因此，本文認為，應該從依據「行為」有無「發生結果之危險」之觀點來加

以思考才是，以「行為人之危險」為基準所作之思考應屬不妥當。

二、危險判斷之基礎理論

(一) 純主觀說

本說將未遂犯之處罰根據求諸行為人性格之危險性，犯罪意思在外部明確地呈現之時，行為人之危險性格即可確認，因為肯定未遂犯之可罰性，原則上否定有不罰之不能犯。即使結果之發生在客觀上不可能，既然經由犯罪意思之存在表徵出行為人之危險性格，應該肯定其具備未遂犯之可罰性。然而，本說亦承認應視為不能犯之例外情形，例如，利用雕刻人偶此等超現實方法殺人之迷信犯係屬不能犯。在迷信犯之情形，行為人只具有怯懦之性格，並無訴諸現實手段之危險，基於其不具任何危險性，故不具備違法性[16]。

(二) 抽象危險說

本說亦稱為主觀危險說，將未遂犯之處罰根據求諸於行為人主觀意思之危險性，以行為人於行為時所認識之事情為判斷基礎，在該認識事實係屬現實情況時，從一般人觀點認為具備發生結果之危險時，即成立未遂犯，若不具備危險性時，則成立不能犯[17]。本說從一般人之觀點來判斷行為人意思之危險性，故與純主觀說有所差異。依據此說見解，迷信犯自然成立不能犯，其他例如行為人企圖利用砂糖作為殺人之手段，由於從一般人之觀點來看，使用砂糖並不能殺人，因此只成立不能犯。反之，行為人出於殺人之意思，並確信自己所取者為氰酸鉀，但卻誤取砂糖放置於讓被害人飲用之飲料中，由於行為人主觀上所認識之事情可以實現，客觀上即有發生結果之抽象危險，故成立普通未遂犯。

---

[16] 宮本英脩，刑法大綱，成文堂，1985年覆刻版，頁192-193。

[17] 木村龜二著、阿部純二增補，刑法總論，有斐閣，1978年4月增補版，頁356。

(三) 絕對不能與相對不能說

本說將未遂犯之處罰根據求諸於行為之法益侵害危險性，客體以及手段不具備抽象、客觀的危險，凡結果不可能發生者則屬不能犯，而結果僅係偶然不發生者則為普通未遂犯[18]。依據此說見解，相信屍體為活人而持槍以殺人之意思對其射擊之情形，為客體之絕對不能；出於殺人之意思而使人服用足以致死量之毒物，卻誤以為砂糖具有毒性之情形，為手段之絕對不能。另一方面，以殺人之意思，相信該他人在室內而開槍，然而該他人卻偶然不在室內之情形，為客體之相對不能；以殺人之意思朝他人扣下板機，但子彈卻偶然無法發射之情形，為手段之相對不能。本說之特色在於，其將行為之具體狀況與行為人之意思內容予以抽象化，並從事後之觀點來判斷有無危險性。

(四) 具體危險說

本說亦稱新客觀說，將未遂犯之處罰根據求諸法益侵害之危險性，以行為時一般人所能認識以及行為人特別認識之事實為判斷基礎，從一般人之觀點，在特定情形下之作為，如果有發生結果之可能性則屬未遂犯，若沒有發生結果之可能性則屬不能犯[19]。本說為日本目前通說，以行為當時存在之具體情狀為基礎，並限於行為人以及一般人所認知者來從事有無危險之判斷為本說之特色。亦即，相對於絕對不能與相對不能說係從「事後」之觀點來從事危險有無之判斷，本說係從「事前」觀點來從事危險有無之判斷。

進而，將本說與抽象危險說比較言之，兩說同樣係以一般人之觀點從行為當時從事危險之判斷，然而其判斷之基準卻有不同。換言之，抽象危

---

[18] 日高義博，刑法總論，成文堂，2015年10月初版，頁410-411。

[19] 團藤重光，刑法綱要總論，創文社，1990年6月第3版，頁168；大塚仁，刑法概説（總論），有斐閣，1992年3月改訂增補版，頁230；福田平，刑法總論，有斐閣，1992年11月全訂增補版，頁222-223；西原春夫，刑法總論，成文堂，1977年4月，第301頁；大谷實，刑法講義總論，成文堂，1996年3月第4版，頁385-386；野村稔，刑法總論，成文堂，1990年6月，頁347。

險說係以行為人之意思內容本身為判斷資料，而具體危險說僅於行為人之計畫內容未實現者，但從一般人之立場來看卻屬實現之情況下，始作為判斷之資料，例如，行為人將砂糖誤認為氰酸鉀而使人飲用，唯有在一般人亦會將飲用之粉末誤認為氫酸鉀之情況下，或例如在殺害屍體之情形，唯有一般人在行為當時亦認為該屍體為活人之情況下，方可肯定其屬普通未遂犯。然而，抽象危險說則未加區別地將上述情形都視為普通未遂犯。

三、危險判斷基礎之確立

危險判斷究竟係採事前判斷或係採事後判斷？亦即，危險判斷係以行為時所可能認識之事實作為判斷資料、抑或係以裁判時判明之行為時到裁判時之一切事實作為判斷資料？此種危險判斷之基礎，係不能犯成立之重要關鍵，故必須確立危險判斷之基礎，始能提供實務上之運作方向。

針對早期所採相對不能與絕對不能說之區別基準，有學者認為雖然行為客體存在，只是與行為人之期待有所出入而不在現場，此時難以決定係絕對不能抑或相對不能[20]。本文亦認為，絕對不能或相對不能之區別確實難有定論，故基於採客觀危險說之立場，相對不能與絕對不能說已不足採，而應趨向具體危險說之立場，始能客觀且正確地判斷危險之存在與否。然而，若採具體危險說之見解，則其理論根據何在？此一問題，應從刑法規範之觀點來加以探討。

刑法規範係行為規範，亦為裁判規範。一般認為，倘若刑法規範較側重行為規範，則刑法主要規範之對象係社會一般人。由於注重行為人行為時是否有違反刑法規範之意思，以及刑法規範係在規制社會一般人之行為，故對於一般人無法認識之事情，不能以此作為行為規範之內容而要求一般人，亦即不能對一般人無法認識之事情加以處罰[21]。從論理而言，著重行為規範者，係以行為時存在之事實作為危險判斷之基礎，其屬於採事前判斷之方法；至著重裁判規範者，認為裁判者係刑法主要規範之對象，

---

[20] 林山田，刑法通論（上），作者自版，2008年1月增訂10版，頁509。

[21] 有關行為規範與制裁規範之概念，參照拙著，刑法總論，三民書局，2013年10月修訂2版，頁8-12。

故係以裁判時所判明之一切事實作為危險判斷之基礎，其屬於採事後判斷之方法。

本文認為，刑法規範之最基本功能，係規制社會一般人之行為。近代刑法雖有排除法官恣意裁判之目的，惟刑法規範若不具有行為規範之作用，則刑罰制裁將不具有效性，亦不符合憲法上之比例原則，因此行為規範功能應較裁判規範功能重要。基此，若以一般人為受規範者之行為規範（評價規範）來思考，則一般人的觀點以及行為時的情狀具有相當重要的意義，故對於所發生結果之歸責，應以行為時行為人所能認識或一般人所特別認識之情狀作為判斷之基礎。歸納而言，在危險判斷之客觀學說中，絕對不能與相對不能說完全無視於刑法之行為規範性，並非妥當。基於具體危險說之立場，倘若將未遂犯之處罰根據求諸法益侵害之危險性，以行為時一般人能夠認識之事實以及行為人特別認識之事實為基礎，從一般人之觀點來判斷，如果有發生結果之可能性，即屬於有危險，應成立普通未遂犯，如果沒有發生結果之可能性，即屬於無危險，則成立不能犯，此種判斷標準應較具妥當性。

伍、不能犯「危險判斷」之走向

一、修法前之實務見解

我國實務上，在2005年2月修法前，針對不能犯之判斷，主要係基於以下兩則判例：

（一）最高法院19年上字第1335號判例：「不能犯係指該項行為有發生實害之危險者而言，如實際上本不能發生損害，即無何種危險之可言，自不成立犯罪。本案上訴人侵入某甲家，雖意在將其殺害，但某甲既早已出外，**絕無被害之危險**，按照上開說明，究難令負殺人未遂罪責。」針對此一案件，最高法院係採「絕對不能」與「相對不能」之區別基準，將絕對不能發生結果之行為，認為不具危險性，而判決被告應成立不可罰

之不能犯。

　　（二）最高法院70年台上字第7323號判例：「刑法第26條但書所謂不能發生犯罪之結果者，即學說上所謂之不能犯，在行為人方面，其惡性之表現雖與普通未遂犯初無異致，但在客觀上則有不能與可能發生結果之分，本件原判決對於上訴人甲搶奪部分，既於事實認定被害人乙已預先掉包，故上訴人搶奪所得為石頭一袋而非黃金。上訴人甲意欲搶奪黃金，因被害人事先防範換裝石頭，未達目的，而又無危險，顯屬不能犯，自應依刑法第26條但書減免其刑，乃原判決竟以普通未遂犯處斷，自屬不合。」針對此一案件，最高法院係從被告所搶得的物品係石頭而非黃金之結果來判斷，認為被害人事先防範換裝石頭，使被告無法達到目的而又無危險，故判決被告成立不能犯。

　　從上述兩則判例可知，在2005年2月修法前，最高法院針對不能犯之判斷，係基於實際上有無發生實害危險之可能性，且採事後判斷之標準[22]。然而，若基於行為時一般人之觀點或行為人之認識事實來判斷，亦即採事前判斷之方法，則此二事件僅僅係偶然之機會而導致未發生結果，並非無發生結果之危險性，應成立普通未遂犯而非不能犯。

二、修法後之實務見解

　　從2005年2月修法後迄今，最高法院針對不能犯的成立問題，有以下數則較具代表性之刑事判決，茲將其判決要旨概述如下：

　　（一）最高法院95年度台上字第6281號判決：犯罪之不完成，係由於行為之性質上無結果實現之可能性，不能發生法益侵害或未有受侵害之危險，始足當之。倘行為人有犯罪之故意，並已著手實行，其犯罪之不完成係由於外部障礙所致，自不能謂係不能犯。

　　（二）最高法院97年度台上字第351號判決：刑法第26條規定行為不能發生犯罪之結果，又無危險者，不罰。故不能犯，係指已著手於犯罪之

---

[22] 此二則判例業經最高法院95年8月22日95年度第16次刑事庭會議決議，以「法律已修正，本則判例不合時宜」為理由，自95年7月1日起不再援用。

實行，但其行為未至侵害法益，且又無危險者；其雖與一般障礙未遂同未對法益造成侵害，然須並無侵害法益之危險，始足當之。而有無侵害法益之危險，**應綜合行為時客觀上通常一般人所認識及行為人主觀上特別認識之事實**（例如：行為人自信有超能力，持其明知無殺傷力，但外觀完好，足使一般人均誤認有殺傷力之手槍殺人）為基礎，**再本諸客觀上一般人依其知識、經驗及觀念所公認之因果法則而為判斷**，既非單純以行為人主觀上所認知或以客觀上真正存在之事實情狀為基礎，更非依循行為人主觀上所想像之因果法則（例如：誤認以砂糖食於人可發生死亡結果）判斷認定之。若有侵害法益之危險，而僅因一時、偶然之原因，致未對法益造成侵害，則為障礙未遂，非不能犯。

（三）最高法院98年度台上字第5823號判決：刑法第26條規定之不能犯，以行為不能發生犯罪結果又無危險為要件，**有無危險應依客觀事實認定之。**被告等人所實行之方法究竟有無產生開標結果不正確之危險，應審慎辨明之，然原判決之理由或謂被告等人已行使刑法定義上之詐術行為而不遂，又未被告等人之手段根本不具完成犯罪結果之危險，判決理由顯係前後矛盾，應撤銷原判決後發回更審，以釐清相關事實。

（四）最高法院98年度台上字第6175號判決：不能犯雖已將其主觀惡意表現於外，但客觀上對於其行為對象之客體，絕無可能發生行為人所希望之實害或危險，**又對於整體之法秩序，亦不致產生不安或干擾**，是其反社會性實微不足道，不致惹起法律上所欲保護之一切法益有所變動或影響，刑法第26條乃予容忍，不加處罰，**具有與社會相當性原則相通之法理**；復因係自法益保護之立場著眼，是無論為刑法分則（含特別刑法）之實害犯、具體危險犯或抽象危險犯，均同有適用。惟行為人若非出於犯罪之意思而作為，祇因其行為之外觀，恰與某種犯罪之客觀構成要件相同，又因外在因素，未致該犯罪之結果發生，固與障礙未遂之情形類似，但行為人既缺犯罪主觀犯意，自無論以故意犯罪餘地，然此與上述不能犯之情形有間，不應混淆。換言之，不能犯係在行為人具犯罪故意而著手實行後，不能發生犯罪結果又無危險者；行為人如不具有犯罪故意，則不成立犯罪（除有處罰過失犯時為例外），並無論以不能犯餘地。

（五）最高法院99年度台上字第2419號判決：所謂「不能未遂」（或稱不能犯），係指已著手於犯罪之實行，但其行為未至侵害法益，且又無危險者而言；其雖與一般障礙未遂同未對法益造成侵害，然須無侵害法益之危險，始足當之。而有無侵害法益之危險，**應綜合行為時客觀上通常一般人所認識及行為人主觀上特別認識之事實**（例如行為人自信有超能力，持其明知無殺傷力，但外觀完好，足使一般人均誤認有殺傷力之手槍殺人）為基礎，再本諸客觀上一般人公認之因果法則而為判斷，既非單純以行為人主觀認知或客觀存在之事實為基礎，更非依循行為人主觀上所想像之因果法則（例如誤認以砂糖餵人可發生死亡結果等是）判斷認定之。若有侵害法益之危險，而僅因一時、偶然之原因，致未對法益造成侵害，則屬障礙未遂，而非不能未遂。

（六）最高法院100年度台上字第5663號判決：不能未遂，係指行為人已著手於犯罪行為之實行，但其行為未侵害法益，且又無危險者；至有無侵害法益之危險，**應綜合行為時客觀上通常一般人所認識及行為人主觀上特別認識之事實為基礎，再本諸客觀上一般人依其知識、經驗及觀念所公認之因果法則為判斷**，而非單純以行為人主觀上所認知或以客觀上真正存在之事實情狀為基礎，亦非依行為人主觀上所想像之因果法則判斷認定之。是以，若有侵害法益之危險，而僅因一時、偶然之原因，致未對法益造成侵害，則為障礙未遂，而非不能未遂。本件行為人既已著手實行製造甲基安非他命犯罪之行為，且依其使用之原料仍有產製出甲基安非他命之可能，縱因原料、設備不足、技術欠缺，或遭警查獲等一時偶發因素，致未克其功，亦僅屬障礙未遂，而非不能未遂。

（七）最高法院101年度台上字第1248號判決：刑法上所謂不能犯除應具未遂犯之一般要件外，尚須具備行為不能發生犯罪之結果及無危險二要件；且不能發生結果與未發生結果不同，前者係絕無發生之可能，為不能犯，後者則係雖有發生之可能而未發生，為一般未遂犯。又無危險係指**危險之有無，應以客觀具體事實認定之**。本件行為人用以射擊之第二顆子彈，僅因動能不足而未發生死傷之結果，客觀上是否完全不具危險性，而符合不能犯之要件，原判決就此漏未審酌說明，洵有判決理由不備之違

法。

（八）最高法院101年度台上字第1570號判決：不能未遂，係指已著手於犯罪之實行，但其行為未至侵害法益，且又無危險者；其雖與一般障礙未遂同未對法益造成侵害，然須並無侵害法益之危險，始足當之。**判斷有無侵害法益之危險，應綜合行為時客觀上通常一般人所認識及行為人主觀上特別認識之事實為基礎，再本諸客觀上一般人依其知識、經驗及觀念所公認之因果法則而為判斷**，非單純以行為人主觀上所認知或以客觀上真正存在之事實情狀為基礎，更非依循行為人主觀上所想像之因果法則判斷認定之。若行為人之行為有侵害法益之危險，而僅因一時、偶然之原因，致未對法益造成侵害，則為障礙未遂，非不能未遂。行為人係利用不知情之他人前往領取自大陸地區私運入台，裝有愷他命之十五箱螺絲起子，該十五箱螺絲起子內裝之愷他命雖於高雄港遭關稅局人員查獲取出扣押，致實際上不能發生運送愷他命之犯罪結果；然此係因被查扣之偶發因素，致未竟其功，並非無侵害法益之危險，原判決認其所為係屬障礙未遂，而非不能未遂。

（九）最高法院101年度台上字第4645號判決：不能犯，其行為有無危險，究應如何判斷，學說看法固見紛歧，有所謂「具體危險說」（以行為當時一般人所認識之事實以及行為人所特別認識之事實作為判斷基礎，再以一般人之角度判斷該行為有無導致犯罪結果之具體危險。若有危險，則非不能犯），及「重大無知說」（以行為人主觀上所認識之事實為基礎，再以一般人之角度加以評價行為人是否重大無知。若非「重大無知」，即非不能犯）之分。惟就實質之內容觀察，不論係採何一說法，均係以客觀上一般人依其知識、經驗及觀念所公認之因果法則判斷危險之有無，故絕大部分所導出之結論，並無二致。惟在罪刑法定主義要求下，刑法之法律文字應符合明確性，使人民知所遵循。刑法第26條有關不能犯之規定，既未如德國刑法針對「重大無知」加以規範，且「無危險」與「重大無知」在文義上復相去太遠，甚難畫上等號。故「重大無知」不宜**作為有無危險之唯一判準，僅得作為認定有無危險之參考之一**。詳言之，行為若出於重大無知，致無法益侵害及公共秩序干擾之危險，固可認定其

為「無危險」，但若非出於重大無知，亦可能符合「無危險」之要件，即「無危險」不以重大無知為限。另所謂「危險」，不能純以法益是否受損為唯一標準，如行為人所為引起群眾之不安，造成公共安寧之干擾，並動搖公眾對法秩序有效性之信賴，破壞法和平性者，亦係有危險。即此處所謂之「危險」，包含對於公共秩序及法秩序之危險，始不致過度悖離人民之法感情按刑事訴訟法第377條規定，上訴於第三審法院，非以判決違背法令為理由，不得為之。

（十）最高法院102年度台上字第1613號判決：按刑法第26條對於不能未遂而不罰之規定，係指行為人已著手於犯罪之實行，但其行為未至侵害法益，且又無危險者；其雖與一般障礙未遂同未對法益造成侵害，然須並無侵害法益之危險，始足當之。至於有無侵害法益之危險，**應綜合行為時客觀上通常一般人所認識及行為人主觀上特別認識之事實為基礎，再本諸客觀上一般人依其知識、經驗及觀念所公認之因果法則而進行判斷。**

（十一）最高法院103年度台上字第681號判決：按刑法第26條規定之不能未遂，須其行為不能發生犯罪之結果，又無危險者，始足當之。若有侵害法益之危險，而僅因一時、偶然之原因，致未對法益造成侵害，則為障礙未遂，而非不能未遂，此時論以同法第25條之一般未遂犯，自無不適用法則或適用法則不當之情形。原判決於事實欄認定上訴人以尚未勃起之陰莖，撞擊A女之陰部，欲插入A女之陰道，而未得逞；並於理由中說明並無證據證明上訴人於案發前即已因罹患疝氣而有無法勃起之性功能障礙，其意旨自係僅認定上訴人於案發當時陰莖未勃起，而非絕對無勃起以遂行其強制性交犯行之可能及危險，自無上開不能未遂規定之適用，原判決論以刑法第25條之一般未遂犯，自無不適用法則或適用法則不當之情形。

（十二）最高法院103年度台上字第734號判決：所謂不能未遂，依刑法第26條規定，須其行為不能發生犯罪之結果，又無危險者，始足當之。若有侵害法益之危險，而僅因一時、偶然之原因，致未對法益造成侵害，則為障礙未遂，而非不能未遂。

（十三）最高法院103年度台上字第4504號判決：按槍砲彈藥刀械管

制條例第4條第1項第2款就如何得認為具有殺傷力或破壞性與爆裂物，雖無明確之定義予以規範，惟是否為爆裂物應以有無殺傷力為準，而非以引爆之方法為論斷。次按刑法所謂「不能犯」，係指已著手於犯罪之實行，而不能發生犯罪之結果，且無危險者而言。倘行為人有犯罪之故意，並已著手實行，其犯罪之不完成係由於外部障礙所致，自不能謂係不能犯。另所謂製造行為，除初製者外，尚包括改造在內，亦不論外觀情況或實質內容之改變，祇要將原物施加人工，變易其結構，縱僅變動其使用方式，仍然該當製造行為。

　　從上開近十年來最高法院十三則刑事判決觀之，目前最高法院針對行為人之行為有無侵害法益之危險，係採「應綜合行為時客觀上通常一般人所認識及行為人主觀上特別認識之事實為基礎，再本諸客觀上一般人依其知識、經驗及觀念所公認之因果法則而進行判斷」之具體危險說，而以行為之性質為斷。因此，我國實務上針對不能犯之成立，可謂已漸漸呈現採具體危險說來判斷「危險性」之趨勢。

陸、結論

　　綜上所述，針對不能犯之意涵與危險之判斷，已經充分論述清楚。我國刑法在2005年2月修正第26條之規定後，雖然採客觀未遂理論，但在不能犯之危險判斷上，若完全採行為人客觀面之思考，將形成應徹底排除行為人之主觀面之結果。基此，愈徹底排除行為人之主觀面，具體危險之論點就愈清楚，然而在此種論點下所為之危險性判斷亦愈來愈不合乎社會常識。採具體危險說之立場，實係由於其擔負導出合乎常理結論之重大任務，僅依人類行動之客觀面來進行評價，從具體妥當性之觀點而言，為求人類複雜行為之正確理解，實不能不採用行為人之主觀面。因此，具體危險說亦將主觀面列入考慮範圍，以期能夠達到適合法感情之結果，來進行法解釋。

　　此外，針對危險判斷之學說理論，縱然採具體危險說之見解，但在

危險判斷之際，應該重視規律知識之適用，亦即並非採取以一般人之知識為基準，而係採取科學知識之基準。而且，在將來科學知識普及之後，刑法認為不違法之行為，就不應加以處罰。有關此點，從上述殺人罪之具體案例來加以說明，行為人使用針筒將20c.c.至30c.c.之空氣注入他人靜脈之中，若不考慮客體特殊狀況之問題，實際上要注入70c.c.至300c.c.之空氣始有致人於死之危險。此際，行為人若施用某種劑量之一定藥量，該種行為是否與死亡具有關聯性，由於一般人並無專門之知識，故將會產生無法判斷之情形，又在科學上雖肯認因果法則之存在，但此種情形在目前尚未成為一般人之社會通念時，亦有可能無法肯定以一般人為基準來肯定具有危險性。換言之，行為人雖然注入空氣量在致死量以下，但依據被害人之身體條件，不可謂絕對不能達到死亡結果之危險，依據此種醫學上之知識，亦有可能成立未遂犯，

　　本文認為，有關不能犯之危險性判斷，採取具體危險說之見解，係屬較為妥當之見解。亦即，有無侵害法益之危險，應綜合行為時客觀上通常一般人所認識及行為人主觀上特別認識之事實為基礎，再本諸客觀上一般人依其知識、經驗及觀念所公認之因果法則而進行判斷。然而，在有關規律知識之適用，若採取一般人之判斷基準，可謂仍會產生無法具體判斷之情形。因此，針對規律知識之適用問題，並非採取一般人之知識，而應採取以科學知識作為危險性判斷之基準。

7

參與論的困境與突破

柯耀程[*]

祝壽序

人生際遇難知，卻是處處充滿驚奇。與廖教授的相識，早在1997年其任法務部長之時，那是一場刑法假釋規定修正的會議，當時的感受，一位從政者，能夠如此專注並重視法律制度的周延性，心中有著莫名的感動。在廖教授任法務部長期間，社會因開放而充斥著負面的結構，廖教授致力於法秩序平和的維護，儼然是一位文人的硬漢，值得尊敬！時光易逝，果真有「光陰迅速不可流，昔日朱顏已白首」，其間廖教授從政返學界，已至不逾矩之年，其間多少困境，廖教授一秉堅持的風範，終能突破而進入道風悠遊的境界，誠所以「陷溺困頓已有年，勇對凶險驚濤天，既得修行登高岸，無須流中更覓船」。廖教授的學政生涯，適如困境與突破，如今道果圓滿，故藉此文名「困境與突破」，是為祝。

---

[*] 中正大學財經法律學系特聘教授。

目　次

壹、問題導向

　　刑法參與論的主要問題，乃在於解決數人作用於一行為事實的可罰性判斷問題。當一個犯罪行為事實，是由單一行為人所為時，其刑事責任判斷的基礎，自可以從刑法規範（構成要件）的判斷得出，但若一個行為所成之侵害事實，是由數人所作用時，該數人的刑事責任，應如何加以判斷？究竟採取不分彼此參與關係的單一評價？抑或是必須一齊參與關係的差異，在刑事責任的評價上，亦應有所不同？由於參與問題係由數人共同作用於一行為事實，在刑法評價結構的判斷上，除須檢視該行為的可罰性形成關係之外，更須先理解數人如何作用於一行為的結構關係，進而判斷出該數作用於一行為之行為人的角色，以及其對於行為所應承擔的刑事責任。故而，刑法參與論的任務，主要就是為釐清參與的結構關係，亦即確認數人在一個行為事實中，到底是扮演著何種角色，而對於參與的角色，是否個別給予一定之概念定位，進而檢討不同參與角色之可罰性，以及法律效果形成的判斷關係。具體來說，參與論所要檢討的問題有二：1.參與角色的認定：多數行為人對於一個行為事實的參與關係，在參與的角色判

斷上，到底是要採取參與角色差異的區分體制？抑或不區分的單一體制？
若是採取區分參與角色的構想，則誰是核心的角色？誰又是周邊的角色？
也就是一行為的參與人中，誰是正犯？誰是共犯？這是參與論中的核心問
題，也就是採取區分制的參與角色認定問題；2.參與人的刑事責任判斷：
當個別參與人的參與型態被確認之後，對於不同參與角色的刑事責任認
定，到底正犯的刑事責任如何？而共犯的刑事責任如何？這是參與論中必
須先行確認的根本問題。

　　現行刑法所規範的參與體制，係採取正犯與共犯認定的區分制[1]，亦
即在行為人的參與關係中，依其所為對於犯罪事實成立的作用，區分為正
犯與共犯。所謂正犯的參與型態者，簡單地說，就是參與的主要角色，刑
法評價的基礎對象；而在共犯的類型中，則區分為教唆犯與幫助犯，其在
參與角色中，屬於周邊的角色。參與論所處理的主要問題，乃在將數人參
與一犯罪行為之個別角色，明確加以定位，以提供決定可罰性判斷之依
據。但從所有學理的闡述內容觀察，理論的重點，似乎都僅單純落在區隔
正犯（Täterschaft）與共犯（Teilnahme）的問題上，對於個別參與型態的
成立，以及參與型態成立之基礎與差異性，則較少論及，遂使得汗牛充棟
的參與理論，所能真正解決參與角色認定問題，顯得少的可憐。在參與
論中，特別是採取區分正犯與共犯型態的體制下，欲將數人參與一犯罪行
為事實的角色，明確區分為正犯或共犯？在學理及實務上，確實是困難重
重[2]。

---

[1] 在實定法國家中，採取區分制者，有德國、瑞士、法國、西班牙、荷蘭、日本、我
國等國家，而在採取區分制國家中，對於正犯與共犯的處罰標準，並不一致，例如
德國區分正犯與共犯（§25、§26、§27），其刑法中，不但在參與形式上有所差
異，且處罰上亦不一樣，其對教唆犯之處罰，同於正犯，但對幫助犯之處罰，則採
取必減的規定。而法國刑法（Art. 59 C.p.）亦採區分制，但在處罰上，則並不區分
正犯與共犯，即處罰是一樣地依正犯之刑處斷。Dazu vgl. Jescheck/Weigend, Strafrecht
AT, 5. Aufl., 1996, S.661, 662。

[2] 若干學理對於區分正犯與共犯明確界限的努力，發生絕望之際，乃進而捨棄參與型
態區分的見解，而轉為不區分參與型態的單一體制。關於參與角色區分為正犯與共
犯的難題，以及採行單一行為人概念的問題分析者，參見柯耀程，變動中的刑法思
想，2版，頁249以下。

　　再者，刑法評價最終的目標，乃在於確認行為人對其所為行為的刑事責任，亦即確認行為人的可罰性，進而確認其所應承擔的刑罰效果。基於此種目的導向的刑法評價，參與論所應具備的性格，亦應以最終刑罰的確認為結構探討的依歸，然而，參與論所探究的核心問題，並非確認行為人行為可罰性的問題，其僅係在區隔正犯與共犯的參與型態而已。倘若正犯與共犯的區分，有助於區隔參與行為人的可罰性，則參與論仍可歸屬於可罰性確認的學理範疇，其仍具有存在的意義；但若參與論僅聚焦於區分參與型態，行為人的可罰性，仍須於參與論之外，另闢途徑以確認，則區分制的參與論，既無助於刑罰的確認，對於區分正犯與共犯的論述，亦無法明確區隔正犯與共犯可罰的差異性，則參與論中的區分體制，乃令人質疑，蓋欲精確劃定正犯與共犯的界線，殊不容易，且為區分正犯與共犯，已耗盡所有可能的精神，其對於行為人可罰性的判斷，卻如此微乎其微，不禁使人質疑，區分正犯與共犯的作用何在？難道僅為確認行為人對於犯罪行為事實加功程度的差異性？此種差異性果真得以作為可罰差異性的條件嗎[3]？恐怕都是有待釐清與解決的問題。

　　此外，對於二人以上共同實行犯罪者，法律均定位為正犯[4]，以此概

---

[3] 正犯固可依循構成要件法律效果的基本規定，以確認其可罰性，然對於共犯的可罰性，其是否會因參與加功的程度較輕，而有較低的可罰性？抑或與正犯並無差異？現行法第29條規定之教唆犯，其參與的類型，不論學理或實務均認其為共犯，然在處罰上，不論是我國刑法第29條的規定，或是德國刑法第26條的規定，均等同於正犯之處罰。如此一來，因共犯的可罰性定性，與正犯並無區別，型態上做正犯與共犯的類型區分，對於可罰性的判斷上，將顯得毫無意義。

[4] 二人以上共同實現犯罪的類型，除基本型態的共同正犯之外，尚有間接正犯及所謂「必要共犯」（notwendige Teilnahme）的類型，亦即此種犯罪類型的成立，必須有多人的共同作用，此種犯罪類型的成立，無法僅由一人實現。在必要共犯的概念中，尚可區分為「聚眾犯」及「對向犯」二種形式，「聚眾犯」乃屬於顧同正犯的特定行事，其與共同正犯具有同一認定的關係，所差別者，僅在於具體犯罪實現的要求差異而已；而「對向犯」則係指犯罪的成立，必須二以上行為人，立於對立的地位，透過彼此行為的交錯，而使得犯罪成立，其中最典型的類型為賄賂罪，即該類型的成立，必須有行賄與收賄之人，透過行賄與收賄的行為，方得以使其成立。關於對向犯的概念，參見柯耀程，刑法釋論Ⅰ，一品出版，2014年8月，頁594以下。

念的理解，正犯的形式類型，除屬於構成要件所規定單一類型的單獨正犯之外，尚包括有共同正犯、接間正犯等類型。然正犯形式雖有不同的類型，但法律並未特別規定其處罰的關係，除刑法分則中，對於參與犯罪的人數，做特別加重的規定（如刑法§321Ⅰ④）者外，對於共同正犯及間接正犯的處罰，其是否應較單獨正犯的可罰性高？法律並無明確的揭示。可罰性的基礎，故以構成要件的法定行為判斷，但構成要件規範的基礎，主要是以單獨正犯的類型為思考，倘若有二人以上共同實行犯罪者，其參與行為人的可罰性，究竟僅能從構成要件為判斷，抑或程度要較單獨正犯為高？倘若無法區隔單獨正犯與共同正犯，乃至間接正犯的可罰性羌異，則參與論的功能，將備受質疑，蓋所有正犯的可罰性，既均依構成要件為斷，區分其類型的結構差異性，充其量僅是學理概念詮釋的意義而已，根本無法彰顯不同的正犯參與結構，其因結構關係的差異，連帶會使得可罰性有所不同。

　　此外，特別是在正犯與共犯區分判斷的問題上，如何從具體情狀上，做妥善的區隔，僅而對於參與的型態，做精確的認定？在刑法評價中，仍舊存在著相當大的模糊空間。若以具體的案例觀察，包括對於提領犯罪不法利益的「車手」[5]，其究竟應如何定位其參與類型？一概將其論為共同正犯？抑或是依其參與的具體情狀，作差異性的類型認定？此係困擾實務的參與判斷問題。又對於提供銀行帳簿供人利於取得不法利益的情況，亦即所謂「人頭帳簿」[6]問題，對於提供他人帳戶，而被作為取得犯罪不法所得的媒介者，其是否均合於所謂共犯的基礎條件，而得以成為該

---

[5]　關於「車手」的參與型態認定，實務之見多以共同正犯認定之，惟此種遽認共同正犯的模式，恐對於情狀萬端的「車手」類型，認定上會有以偏概全的疑慮。參見柯耀程，「車手」共同正犯的共同性研判，月旦裁判時報，第17期，2012年10月，頁50以下。

[6]　關於提供「人頭帳簿」之人，其認為係犯罪行為的幫助犯，此所謂犯罪行為者，究竟為詐欺、恐嚇取財？抑或得以遍及所有的犯罪行為？恐有認定上的難處，即使認為所謂幫助洗錢，又因洗錢並非一種具體性的犯罪類型，遽認提供人頭帳簿者，皆為主行為的幫助犯，恐有令人疑慮之處。參照柯耀程，人頭帳簿，月旦法學教室，第36期，2005年10月，頁24、25。

犯罪行為的幫助犯？恐無法一概而論！此外，對於組織犯罪結構中的成員，其所為的犯罪行為，是否在組織中的角色地位均全然相等，而僅能遽論為共同正犯？其難道沒有組織層級的關係存在？而必須依具體的結構關係，分別論其實行犯罪的行為人，依具體情狀的關係，論為共同正犯及間接正犯[7]？

採取區分體制的考量，無異係為使得參與者行為不法與其可罰性之認定，在參與形式上即加以區隔，如此不但在行為不法的確認上，有遵循之依據，且對於不同參與形式反應不同責任，亦有相當之說服力。然而，為求得參與形式的明確區分，不論是在理論上或實務運作上，均有其相當之困難存在，例如對於多人參與犯罪行為之實行，因結構關係所生之連鎖性參與（Kettenbeteiligung）問題時，採取區分制往往受限於區分正犯與共犯的要求，而疲於奔命。同時，區分制在認定正犯與共犯的區分時，均將區分的焦點置於正犯認定的基礎上，並未從共犯型態加以觀察，因而，其對於共犯認定的問題，有著相當之侷限性在。再者，如由故意犯所發展出來的參與理論，對於過失犯卻無適用之餘地，而將參與形式在主觀要素上，橫將之割裂為二種不同認定形式。除此之外，對於行為人背後之人，如何確立其參與角色，往往也是區分制頭痛的問題[8]。在區分制中，

---

[7]　2014年6月18日公布施行的刑法新增詐欺罪的規定（刑法§339-4），其中第1項第2款增訂「三人以上共犯之」，以作為加重條件，此三人以上共犯之，是否仍應以共同正犯的關係判定？其在所謂詐騙集團中，難道沒有層級性的結構關係存在嗎？亦即除共同正犯的類型之外，似乎仍存在著間接正犯的類型。又於刑法分則中對於參與人數作限制性規定者，其成立乃需具有一定的條件，亦即此種參與的行為人，均須於實行犯罪時在場（參見最高法院76年台上字第7210號判例），其屬性具有限縮大法官釋字第109號要求的作用，然刑法第339條之4的規定，卻不需受到此種「聚眾犯」條件的限制，而是單純依共同正犯判斷的基礎即可，如此一來，會使得參與型態的判斷，更形混亂。

[8]　舉個例子加以說明，甲為剷除其競爭對手張三，乃出資向某黑社會頭目乙遊說，請其代為解決，乙答應，並將此事交代其手下堂主丙，丙再將此事交代其堂下弟兄丁、戊執行。丁、戊順利下手將張三殺害。此例中丁和戊為共同正犯，應無疑問，但對於幕後串連參與之甲、乙、丙的參與形式為何？確實是區分制困擾的難題。德國實務上曾經出現過一個相當著名的案例，即所謂「史塔辛斯基」（Staschynskijfall）案（BGHSt 18, 87ff），此案例的概略情況如次：有二位前蘇聯自

為能明確區分正犯與共犯的參與型態，發展出相當龐大的理論體系，從形式客觀理論、主觀理論、到現在德國通說的犯罪支配理論（Lehre von der Tatherrschaft），可謂汗牛充棟，其無非只是想要妥善解決正犯與共犯的區分問題而已。惟在如此龐大且繁瑣的理論體系中，似乎也僅能解決參與型態認定的部分問題而已，並無法將全般問題一併完成。

貳、理論的侷限性

參與關係的檢討，從行為人概念為著眼出發，通常採取法定原則的國家，對於行為人的概念，多採取限制行為人的概念，一方面由於規範的內容，基於法定原則的要求，構成要件有一定的界分作用，以構成要件作為行為人的限制，確實是一個明確的判斷基準，故而罪刑法定的制度中，不論是採取單一行為人的體制，或是採取區分正犯與共犯的區分體制，在行為人的概念上，多以限制行為人概念為基準。

又在正犯與共犯區分的刑法參與制度中，區分正犯與共犯的參與型態，確實是一件不容易的事，為此學理提出相當多元性的理論，不論是形式客觀理論、主觀理論，或是支配理論，固然能夠提供一定程度的界限判斷，但所有的參與理論，似乎重點都集中在正犯的認定，以為確認正犯之後，共犯的角色即可以排除法則而得出，這樣的思考方式，顯然有些太過於樂觀，確認正犯之後，並不是非正犯者皆得以稱為共犯，這是現階段參與論的理論中，所始料未及的問題，嚴格來說，參與理論固然是為區分正犯與共犯而創設，但究其面貌，參與理論充其量僅能稱為是一種正犯認定

由派的人，逃到西方世界，請求政治庇護。而蘇聯當局的情治單位，認為該二人有洩漏其機密之虞，乃派出二名殺手，將此二人狙殺，二人最後被一名殺手，即史塔辛斯基（Staschynskij）所殺。史氏被捕後，在德國司法實務上對其受派殺人事由雖查明清楚，但對於整個犯罪結構的認定，卻出現意見紛歧的情況。對於史氏成為直接正犯的認定，並無疑義，惟對於幕後派遣之主導者，究竟為何種參與型態？乃發生爭議。該案例確實曾經在實務上，為界定行為人究竟為正犯或是共犯？引發相當大的爭議。

的理論，根本無法藉由參與理論的區分，真正確定出非正犯者，在何種情況下，可以被認定為共犯。因此，現行參與理論，僅能視為是一種正犯理論，透過理論的詮釋，所能得到結果，也只是正犯的形象而已，真正共犯的類型，恐需另起爐灶，現行刑法學理中，根本欠缺共犯理論，故而在整體參與關係中，仍舊有太多的問題，等待釐清。

一、參與理論概觀

　　參與理論形成的基礎，一直以來都是建立在區分體制之上，亦即在行為人的參與關係中，依其所為對於犯罪事實成立的作用，區分為正犯與共犯。所謂正犯的參與型態者，簡單地說，就是參與的主要角色，刑法評價的基礎對象；而在共犯的類型中，則區分為教唆犯與幫助犯，其在參與角色中，屬於周邊的角色。參與論所處理的主要問題，乃在將數人參與一犯罪行為之個別角色，明確加以定位，以提供決定可罰性判斷之依據。但從所有學理的闡述內容觀察，理論的重點，似乎都僅單純落在區隔「正犯」與「共犯」的問題上，對於個別參與形態的成立，以及參與形態成立之基礎與差異性，則較少論及，遂使得汗牛充棟的參與理論，所能真正解決參與角色認定問題，顯得少的可憐。是此，宜先從參與理論分析著手，觀其不足，以為理論填補之依據。

(一) 客觀理論

　　形式客觀理論主要係以構成要件所描述之行為，作為認定之標準。依其見解，完全或一部實現犯罪類型構成要件之人，即為正犯；其餘之參與者，皆為共犯。也就是凡對於犯罪構成要件所規定之行為加以實現者，即為正犯，如所實施者為構成要件以外之行為，而對於該犯罪行為之發生具有直接或間接之作用者，僅成立共犯。形式客觀理論認為，凡對於構成要件所規定之行為為實施之人，不論其主觀意思為何，均應視為正犯。至於刑法中所規定之教唆犯或幫助犯之成立，僅於其所加功之行為為構成要件以外之行為為限。

　　然而，以是否親自實現構成要件，作為客觀區分的界線，而對於未

親自實施構成要件之行為人，全然視為共犯，則有其缺陷存在，其無法對於利用他人實現犯罪之人，作有效且完全的評價，以現代的眼光觀察，對於間接正犯的情況，僅能將其視為共犯的型態罷了。事實亦是如此，蓋間接正犯的類型在形式客觀理論的見解中並不存在，在利用他人實現犯罪行為的幕後操控者，充其量僅能認為教唆犯而已，因間接正犯既未親自實施構成要件之行為，依形式客觀理論的見解，其不能成為正犯，只能視其為共犯型態。如以現代學理的觀點，形式客觀理論對於間接正犯的詮釋，根本無能為力。對於形式客觀理論另外一個疑慮，則發生在共同正犯的認定上。如依該理論之見解：「唯有親自實現一部或全部構成要件之行為者，始為正犯，餘者為教唆犯或幫助犯」，則共同正犯基於共同性所為分工之情況，對於未親自實施構成要件的行為人，則僅能認為幫助犯而已，乃造成共同正犯與幫助犯間區分的難題。

為解決此種對於共同正犯與幫助犯間界定及參與形態認定上之不足，於是乃有所謂「實質客觀見解」[9]的提出。

(二) 主觀理論

由於客觀理論在詮釋正犯與共犯之差異性時，仍有力有未逮之處，遂使得區分認定的觀點，朝向主觀層面思考，認為區別正犯與共犯不應從客觀層面著手，而應從行為人內在心理因素為探察標準，乃有所謂主觀理論（subjektive Theorien）之提出。其認為犯罪行為參與的類型從客觀層面並不能提供一判斷之標準，唯有從參與者主觀層面，如意思、動機、意圖等，方能確立個別犯罪行為參與之類型。在主觀理論的見解中，因對於主觀意思認定的出發點不同，有從犯罪意思的故意出發、亦有從行為人利益考量出發之觀點，主要見解有故意理論（Dolustheorie）及利益理論

---

[9] 其實實質客觀理論本身並非獨立之理論，而係由各個在實質內容上，以客觀標準為導向之理論，綜合而成的見解，具代表性之理論有：1.「必要性理論」（Notwendigkeitstheorie）；2.「同時性理論」（Gleichzeitigkeitstheorie）；3.「優勢理論」（Überordnungstheorie），以及由Frank（代表者）所提出的「生、心理探尋因果」（physisch und psysisch vermittelte Kausalität）之見解。Dazu Roxin, Täterschaft und Tatherrschaft, 7. Aufl. 2000, S. 38ff.

（Interessentheorie）兩種見解。前者認為區分正犯與共犯之主要標準，乃在於「意思」之特別形式，也就是參與者究係以正犯之意思，抑或是從犯之意思為行為之加功。故意理論認為共犯在整個犯罪事實中，相對於正犯係以一非獨立，且僅具有附屬意思，而為行為之加功，其本身係從屬於正犯之行為，也就是共犯對於犯罪行為，係任由正犯對之加以實現；而利益理論認為區分正犯與共犯之主要標準，應在於對於結果利益，究竟是歸屬於誰，如將犯罪行為之實施視之為自己之利益者，為正犯，反之，如視之為他人之利益而為之者，則為共犯[10]。利益理論在其實質內容中，其實並未超出故意理論的範圍，向來均將之視為故意理論的補充理論。

　　當然，主觀理論對於界分正犯與共犯仍有其缺陷存在。依其觀點，正犯與共犯之區分，主要係在於參與者主觀意思的不同。然而，主觀要素的認定，即是一個相當困難的問題，特別是在臨界的問題上，也就是如行為對於結果的直接關係，雖是為他人而為之犯罪行為，但間接卻是為自己之利益，則究竟可否仍舊僅視為共犯？此外，從主觀理論的觀點認定，如係為他人犯罪的意思，勢必使得即使親自為構成要件實現之人，淪為共犯，這樣的結果必然與構成要件設置之本旨相違背。而且，主觀的判斷究竟是將重點置於何處？係從行為人主觀上判定？或是以審判者的主觀認定為基準？則顯得相當游移不定，將其作為正犯與共犯的判斷基礎，似乎仍有不足。因此，主觀理論的論點，仍未能提供一個妥善的判斷基準，其理論的內容，仍有令人質疑之處。

(三) 綜合理論

　　由於客觀理論與主觀理論對於區分正犯與共犯觀點的差異，對於判斷所得之結果，必然產生不同。客觀理論將區隔的重點放在構成要件實現的客觀面觀察，而對於行為主觀面，則全然置之不理；而主觀理論則反過來，將基準置於主觀面的判斷，無視於客觀構成要件的實現關係。如依此二理論個別判斷，其所得之結果，必然產生南轅北轍、互不相容之結

---

[10] Roxin, aao., S.51ff., 55ff.

果。為說明之便，在此以德國司法審判歷史上相當著名的案例「澡盆案」（Badewannenfall）[11]作為分析，即可瞭解主觀、客觀理論間，對於區分正犯與共犯之差異。如從客觀理論的觀點，則下手實施之人，應成立正犯，未下手實施構成要件行為之人，僅能成立共犯，則案中下手殺害嬰兒之人，即成立殺人罪（應稱為謀殺罪）之正犯，而未下手，但卻是始作俑者的母親僅成立殺人罪之教唆犯而已。反之，如從主觀理論之觀點判斷，則殺害嬰兒係母親的意思，下手殺害者，僅係以幫助她完成該殺害嬰兒的行為而已，正犯應為該嬰兒之母親，幫其下手殺害者，僅成立幫助犯而已。如從法定原則及構成要件設置的意旨，加以審查，則實現構成要件之行為者，應為正犯，固無問題，但以客觀理論之見解，將使得幕後操控之人，無法以正犯論之，反而使其規避刑事責任，此殊非刑法之目的所在。反之，如將正犯認定標準置於主觀意思上，則對於雖親手實現構成要件行為，但卻係為他人所為之人，僅為幫助犯，無異係將構成要件之規定摒棄。因此，不論係主觀理論或客觀理論，在解決正犯與共犯區分的問題上，均有其不充分之處，且各有所偏，並不能真正提供一個完整而正確的判斷標準。為進一步調和主、客觀理論對於判斷正犯與共犯結果的差異，學理上遂進一步將主觀理論及客觀理論加以整合，而提出所謂折衷式見解的「綜合理論」（Vereinigungstheorie）。

綜合理論仍舊係以確定正犯為其理論的出發點，惟各家意見仍然相當分歧。最主要之爭議乃在於究竟應以主觀理論為主、客觀理論為輔，抑或是以客觀理論為主，而輔以主觀理論？德國學理上，早期以Stübel、Haupt、v.Bar等人[12]為核心的見解，則以客觀理論為主，而以其他理論為

---

[11] RG 74. 84ff. 該案的事實如次：一位未婚生子的母親，因恐社會輿論與經濟壓力，乃決意將其甫出生之嬰兒殺死。然自己因產後虛弱，加上自己下不了手，遂電請其妹妹代為行事。並告知其妹，可以利用其為嬰兒洗澡時，將嬰兒在澡盆中溺死，且佯稱嬰兒係出生後自然死亡。她因不忍心見其姊為一個非婚生嬰兒如此痛苦，遂答應其要求，而將嬰兒溺斃。之後東窗事發，二人均得接受法律之制裁。然而，卻產生認定上之爭議，該未婚母親及其妹妹究應各自成立何種參與類型？此一問題從帝國法院（Reichgericht）一直延續到聯邦最高法院（Bundesgerichtshof）都有爭論。

[12] 即使其均由客觀理論出發，但實質見解內容仍有差異，如Stübel係以形式客觀理論為

輔，綜合成認定正犯與共犯之綜合理論；而其實務上之見解，則係以主觀理論為核心，輔以客觀理論。雖然綜合理論有其避免形成認定偏差的優點，但仍不免有實用及方法上之疑點。首先，在認定標準上殊難有一確定之認定基準，其認定標準始終都游移於主觀及客觀之間，究竟何時應以主觀理論，何時以客觀理論之觀點為基準，並不明確，如此易流於恣意的判斷。其次，在方法學上亦有漏洞，基本上，整合必須建立在一致性的共同基礎上，然而，主觀理論與客觀理論間，卻找不出此一共同的基礎，二者可謂「水火不容」。如此的整合，不禁令人懷疑，究竟整合主觀及客觀理論的基礎何在？要如何在主觀與客觀上加以整合？此似乎是毫無交集的整合關係，其整合似乎僅取決於偶然而已。或許此種整合係對於參與者之個別行為，作主觀及客觀的雙面觀察罷了！事實上並無所謂之整合存在，只是為解決問題時，病急亂投醫的方式而已。因此整合理論對於界分正犯與共犯，不但無有助益，反而製造出更多邏輯思維上的疑慮。故而，對於界分正犯與共犯的理論基礎，不得不另闢途徑。

(四) 支配理論

　　由於以往理論對於參與型態區分的缺陷，乃促使得學理對於參與論（Beteiligungslehre）問題，更審慎加以思考，於是乎在學理的思辯上，乃有所謂「犯罪事實支配理論」（Tatherrschaftslehre）的問世。犯罪事實支配理論雖為現今德國刑法學理所認同，亦為用於界定正犯與共犯之通說，但從其發展的軌跡來看，學理對於犯罪事實支配概念的見解，並不一致[13]。依Roxin的見解，正犯係具體犯罪事實的核心角色（Zentralgestalt），此一核心角色係藉由犯罪事實支配要素、特別義務之

主軸，輔以同時性理論及調和生、心理因果理論作為認定之標準，而Haupt則認為行為階段之行為實施者均視為正犯（形式客觀理論），而準備階段之加功者僅為幫助犯。至於中間範圍內之加功者，則輔以故意理論認定之。而v.Bar則以形式客觀理論為基礎，輔以故意理論及同時性理論，作為認定之標準。Dazu vgl. Roxin, Täterschaft und Tatherrschaft, 7. Aufl. 2000, S.57ff.

[13] 犯罪事實支配理論的見解甚為歧異，幾乎是眾說紛紜，莫衷一是，關於各家之見解請詳見Roxin, aaO., S.68ff.

侵害及親手實施建構而成。對於故意犯而言，犯罪事實支配主要由三主要支柱建構而成：1.行為支配：以構成要件實現，作為正犯成立的判斷標準，所以實現構成要件者，必須是由行為人之行為來實現，故而所有正犯類型的判斷基礎，乃在行為支配的作用上，亦即所有正犯類型的存在，最根本者，必須存在有正犯的行為支配，以此為基礎，方得以延伸至其他正犯類型的判斷。故而行為支配者，其主要係針對親手且具目的性之構成要件實現而言，詳言之，任何犯罪行為的實現，必然有行為支配存在，特別在判斷參與者僅有一人時，更為明顯，如有數人時，則對於實現構成要件之人，必定具備有行為支配存在；2.意思支配：主要係作為認定間接正犯之標準，亦即如參與者具有縱向的前後關係存在時，對於幕後者的參與型態，必須透過意思支配基準來認定。凡事實情狀係藉由強制、錯誤、利用優勢知識及組織型態機制所為者，幕後之人即具有意思支配，而成為間接正犯；3.功能性支配：該標準主要係為認定共同正犯之犯罪事實支配之共同性，亦即多數參與者間，具有對等的橫向參與關係，如功能性支配確立，則所有參與者，皆為共同正犯。在功能性支配的基礎下，欲判斷多數人皆為共同正犯的情形，必須滿足下數四個條件：1.各正犯間具有行為形成的共同性，亦即從犯罪決意的共同形成，必須存在著彼此間的意思形成共同性關係；2.具有行為承擔的共同性關係，亦即構成要件行為的實現，必須具備共同性存在，即使正犯彼此間具有行為的分工關係，個別分工行為共同組成構成要件行為實現之全體，其中如有所欠缺時，則原行為共同性關係，即遭破壞，是以，分工關係僅是行為共同性下的行為分配形式而已；3.正犯間地位對等，亦即各正犯間的結構形成關係，均屬對等，並無相互間支配的問題存在；4.歸責關係對等，亦即所有之參與人，對於所實現之構成要件行為，具有同等承擔責任的關係，不論個別所為之行為是否屬於構成要件之行為部分，其所實現之行為，共同歸責於所有之人。

二、正犯理論的缺陷

參與問題最大的難題，並非在於對所生行為事實的判斷，而是在於參與結構中行為人角色問題的認定，亦即參與關係的判斷問題上。特別在

採取區分正犯與共犯類型的參與體制中，除需從犯罪事實形成的結構中，將正犯與共犯作明確的區隔外，進而尚須確認不同參與角色的不法與責任內涵，以作為確認刑罰輕重的基礎，使得參與問題，糾結在參與角色與其刑事責任的紛雜形象之中。學理為解決參與角色區分問題，窮盡所有的能力，嘗試不同的詮釋方式，試圖從中找出一套得以妥善區分正犯與共犯的理論。然而，當對於參與論的參與結構，作採取區分制的決定時起，學理的辯證及理論的開展，就已經陷入一個難以自拔的泥淖之中。觀察所存在的參與理論，從形式客觀理論到主觀理論，從綜合理論到支配理論，正犯與共犯區分的夢魘，始終如影隨形地糾纏這參與論的發展，迄今所可以得到的成果仍舊相當有限。蓋如從根源處觀察，參與理論雖欲解決正犯與共犯區分的問題，且將區分標準的軸線，精準地置於法定規範界線之上，但所得的成果，或許可以勉強界定出正犯的類型，因正犯本就屬於規範範圍內的結構，惟對於不在規範（構成要件）中的共犯類型，也僅能假借「從屬性」的概念，作為模糊的判斷基準，其實說穿了，參與理論僅能視為是判斷正犯的理論，亦即其所得出的結果，或許可以確認正犯的認定，但對於共犯的形成基礎，似乎仍舊力有未逮。畢竟正犯與共犯的區分，不能作截然二分法的方式，亦即非正犯者即為共犯，幾乎所有的參與理論，都是建立在這樣的假設性論點上，但共犯的形成，並非是正犯的攔截類型，而應當是一種具有獨立判斷的類型，其既無法單純以從屬性作確認的基準，也不能以非正犯即為共犯的羅織方式，作為認定共犯的基準，共犯類型的判斷，在參與論中，一直都處於空窗的狀態[14]，亟需進一步作理論上的發展，以尋找出判斷共犯的條件與標準。

刑法理論為妥善將參與角色加以區分，不斷努力嘗試反覆辯證並從不同角度提出區分的立論，所得到較具有體系性的論點也可謂汗牛充棟，從形式客觀理論的提出，到主觀理論的辯證，乃至結合主、客觀論點的綜合理論分析，一直到行為事實支配理論的嘗試，學理研究成果不可謂不豐碩。然而，參與理論雖然假設在一群行為人之中，著眼於正犯與共犯的區

---

[14] 參照柯耀程，刑法釋論Ⅰ，一品出版，2014年8月，頁571。

分,但卻也出現一個基礎性的疑慮,其似乎忽略一個最根本的前提問題,亦即在犯罪行為事實實現之後,哪些具有對犯罪事實作用之人,得以成為區分正犯與共犯的族群,亦即哪些人得以成為「參與者」(Beteiligte)?似乎在所有理論中,都沒有先予以確認[15]。現行參與理論,不論是形式客觀理論、主觀理論、綜合理論,或是犯罪事實支配理論,似乎都是以某一群行為人得作為正犯與共犯區分對象,作為理論的前提,然而這一個前提範圍,係屬於一種假設性的命題,亦即假設在一群行為人中,以理論的論點作為區分正犯與共犯的基準,例如形式客觀理論的區分見解,即認行為人如屬於親自實現構成要件行為一部或全部者,即屬於正犯,餘者則為共犯,主觀理論亦是如此,連支配理論亦然。這樣以假設命題作為區分正犯與共犯範圍的基礎,卻未對於假設命題加以確認其範圍,所發展出來的理論,自然有其漏洞與缺陷。

　　參與理論若要真能作為區分正犯與共犯立論基準,必須先確認出行為人的範圍,只有在一定範圍中的行為人,方具有區分正犯與共犯的意義。所有參與理論從構成要件的界線,作為區隔正犯與共犯的基準線,在邏輯上似乎有其支撐點,幾乎所有理論,都視構成要件範圍內的行為人,不論構成要件範圍內的要件,是屬於客觀行為或是主觀意思,只要落入構成要件範圍內,均為正犯,在確認正犯的立論上,固無問題,但非屬於構成要件範圍內的行為人,是否即得以視為共犯?恐在界定共犯的精準度上,容有不足,蓋構成要件以外的犯罪行為加功者,不論是直接或是間接作用於犯罪行為事實上,在區隔的概念上,應僅能視為「非正犯」,而「非正犯」並非即屬於共犯的概念,「非正犯」應具備一定的條件,方得以被認定為共犯,此種條件並不能由從屬性的概念得知,而應是屬於前提性範圍界定的事項,亦即參與角色的區分,必須先建構在一定範圍的行為人族

---

[15] 理論上對於哪一群人得以作為區分參與角色對象?大多未予以作前提性的確認,搜尋文獻僅能看到德國刑法學者Roxin,其在「正犯與事實支配」(Täterschaft und Tatherrschaft)一書中,有前提性的交代,亦即其先對於行為人概念作判斷,以便得以確認哪一些行為人得以作為區分之對象。但此一方法論述,仍未真正將行為人族群的範圍,作明確的標明。Vgl. Roxin, Täterschaft und Tatherrschaft, 7. Aufl., 2000, S. 4ff.

群，唯有在此一範圍之中，方得以構成要件的規範界線，作為區分正犯與共犯的基準線。學理對於此一行為人族群的範圍，所採取的立場，係一種假設性命題，此種假設性概念，對於共犯的判斷，會發生過度擴張共犯概念的漏洞。

三、共犯認定的不足

在參與論中，對於數人實現一犯罪行為的參與角色認定，目前理論所能提供的判斷標準，似乎僅止於正犯的認定，對於共犯的判斷，雖學理一直仰賴從屬性的概念，但「從屬性」並不能造就共犯，共犯也不應僅是從屬性概念下的產物，共犯的形成判斷，必須在理論上重新思考。本文嘗試從既有參與理論的缺陷，以及從屬性存在的盲點，作為檢討共犯判斷的出發點，並在邏輯辯證過程中，試圖尋找出判斷共犯成立的充分與必要條件。

學理在認定共犯的形成條件時，有著獨立與非獨立的從屬性關係的爭辯，究竟共犯本身應獨立於正犯之主行為，而具有單獨存在之性質？抑或是必須要從屬於正犯之主行為而存在？學理發展至今，大多肯定共犯從屬性的見解。惟共犯果真以從屬性的條件，即得以形成？恐容有辯證空間[16]。

(一) 共犯形成的辯證

共犯獨立性說（Verselbständigung der Teilnahme）的觀點認為，共犯本身的行為，如同正犯，均為行為人內在惡性的表現，其行為均具有反社會之性格，且均以故意或過失之形式表現於外，同時從條件理論的觀點而言，均係對於構成要件之事實，加入促使結果發生的條件，對其行為應有個別之責任，並無所謂從屬性之存在。共犯若著手實施教唆或幫助之行為，則其著手之認定，應以教唆或幫助時，為著手之時點，即使正犯未至

---

[16] 完整論述者，參見柯耀程，共犯理念的重新建構，輔仁法學，第39期，2010年6月，頁101以下。

犯罪,共犯仍應以教唆或幫助行為之未遂論之[17]。此種見解無異是認定共犯的型態,係依其行為而存在,而共犯接受評價的行為,乃其自身固有之行為,其具有與正犯相同之獨立性存在,刑法對於共犯的參與角色及其可罰性評價,並不受正犯行為之影響;而共犯從屬性說的觀點,則認為共犯既係一種相對於正犯之犯罪行為參與類型,且其存立必須依附構成要件所規定之故意主行為,於是此種依附關係,便成為共犯成立的基本條件,也就是所謂共犯從屬性(Akzessorietät der Teilnahme)。從共犯從屬性的原則出發,共犯型態的成立,既然取決於正犯主行為的不法,則正犯與共犯在參與型態的區分上,亦應在不法階段完成。如此一方面使得限制從屬性原則產生一致性的認定基礎,另一方面,對於參與者責任的認定,亦可有一前提的判斷標準。在行為評價架構下,行為人的責任,係以其行為不法的程度,作為認定之標準。也就是,不法係責任之前提。對於要確立共犯可罰性之程度,仍須有一認定的前提存在,故而共犯與正犯之參與類型,既然對於其個別責任有所差異,則此種差異必須在責任認定之前,即行確立,如此方能凸顯出正犯與共犯參與型態的不同,而產生責任上之差異。

(二)立論的盲點

在共犯獨立性與從屬性的辯證過程中,或許從屬性的觀念取得優勢,但並非即謂共犯的形成,係專以從屬性為已足。仍須觀察各見解間的立論盲點,方得以找出真正形成共犯的具體條件。

共犯獨立說的疑慮,乃在其一方面係誤解共犯之概念,蓋其將共同參與犯罪實施之人,均視為共犯之範圍,其將共同正犯亦劃為共犯的範疇,而非正犯類型。其次,共犯獨立說係將共犯成立根據與處罰根據混為一談,亦即將共犯之參與角色與共犯之處罰混為一談。雖然共犯之處罰基

---

[17] 2005年刑法修正前第29條第3項的規定:「被教唆人雖未至犯罪,教唆犯仍以未遂犯論」,即是共犯獨立性說的法律規定形式。當然該條文在適用上出現相當大的困難。也就是無主行為如何得知所教唆者為何犯罪?此不但在具體認定上出現困擾,在方法學上也是本末倒置之方式,該條文本身即有相當大的疑問存在。故於2005年刑法修正時,將該項規定刪除,而使得共犯從屬性的色彩更為濃厚。

礎，與正犯無異，均受行為責任及個別責任原則之規範，但並不表示共犯之成立，係完全獨立於正犯主行為之外，蓋共犯行為得以成為刑法處罰的對象，並非因其行為本身所致，因其行為在法定原則的規範下，仍屬於構成要件以外之行為，並非刑法評價的標的，其所以處罰，前提上，仍須有構成要件實現的存在。再者，共犯獨立性說的主要根據，乃因果理論之條件理論，但其亦將條件理論與歸責理論相混淆，條件理論僅是判斷行為與構成要件結果發生間的一個客觀因素，該因素即使存在，所代表的僅是結果係由行為所致，並非該結果的發生，必然得以將非價的評價歸責於行為人。此種混淆不但將行為責任導入結果責任的泥淖，更否定了構成要件的客體評價功能，而使得刑法的評價關係發生謬誤，造成非構成要件的行為，亦能成為刑法的評價對象，此種偏向之見解，將使得刑法中判斷行為的評價結構，完全崩潰，蓋對於行為的不法（Unrecht）與罪責（Schuld）的認定，係受到不同評價標準的規範，不法行為非必然即具有罪責，共犯獨立性說無異係將前提與本體（不法與罪責）完全混淆，而以行為非價（Handlungsunwert）取代責任之認定。其見解本身即產生相當大之不完整性[18]。

　　另外，如將共犯之認定，獨立於正犯主行為之外，則共犯之成立，究係以何種標準為認定之基礎，亦產生問題。蓋不受正犯主行為的限制，則似乎並無所謂構成要件實現的情況存在，又將如何可知究係成立何種不法行為之共犯？當然共犯獨立性說最主要的功用，是為補救當時從屬性的缺失，蓋早期學說對於共犯的成立，係採取共犯嚴格從屬原則，而導致不可避免的可罰性漏洞，而此種漏洞又非以間接正犯的形式所得以補救，故而有捨棄從屬性的說法[19]。然而共犯理論發展至今，嚴格從屬性所產生的可

---

[18] Ausführliche und zutreffende Kritik siehe Bloy, Die Beteiligungsform als Zurechnungstypus im Strafrecht 1985, S.176ff. 此外，刑法一方面在第29條第3項規定共犯的獨立性特質，另一方面又在第31條規定個別責任，前者否定從屬性，而後者卻又認同從屬性，如此矛盾的規定，實有加以修正之必要。

[19] 早期嚴格從屬性所形成的可罰性漏洞，主要為加功於無責任能力之人，無由成立共犯，此種漏洞雖可以間接正犯型態加以彌補，但事態情狀萬端，似乎不能以偏蓋全，全然認定為間接正犯；另外對於加功於具有禁止錯誤，而免除責任之人，亦無

罰性漏洞，已為限制從屬原則所修正，實無任何理由主張共犯之獨立性。主張共犯獨立性的見解，將使得參與的型態產生重大的變化，而趨向於單一行為人的結構型態，蓋共犯既不須從屬於正犯之故意主行為，而係由其自身行為獨立認定，如此一來，乃使得共犯成為獨立之行為主體，其參與角色的形成，將與正犯參與型態認定的關係，同屬於根本之行為人概念（primärer Täterbegriff）。然而，在構成要件體系中，僅實現構成要件之行為人，得有明確依據被認為是主要參與角色，如將未實現構成要件之人全數認定為行為主體，則一方面會造成行為主體概念定位發生問題，蓋此時出現二個行為主體的概念，其一為實現構成要件之行為人，另一為無構成要件實現之行為人；另一方面，亦將使得區分正犯與共犯的體制完全改變，此時共犯已非共犯，而係另一種形式的正犯型態（參照奧地利刑法§12）。

　　當然，在具體的情況下，對於共犯獨立性的說法仍可理解，例如以一教唆行為教唆多人從事犯罪行為，該教唆犯究應視為一行為觸犯數罪名，抑或成立實質競合？如果認為共犯不具獨立性，則勢將從屬於個別之獨立主行為，因主行為有數個，故而共犯之行為亦應成立數個教唆行為，由於行為個別獨立，需依實質競合來處理。如此以一教唆行為卻成立實質競合，是否與競合論之法理相容？的確具有相當之疑問。反之，如認為共犯係獨立於正犯之外，則因其僅有一行為，故僅成立想像競合，蓋共犯係依其行為為認定之標準，而非主行為。但是此種說法其實有其矛盾之處，蓋教唆犯雖可以一教唆行為同時教唆多人實施犯罪行為，但在其主觀上該教唆故意係整合多數之犯罪故意，也就是應個別視主行為之不同而定，不能僅因在客觀上，似乎僅有一個教唆行為，即認定其為單一教唆行為而已。另外，從刑事政策的觀點看，如以一教唆行為教唆多人從事不同的犯罪，僅依想像競合處斷，無異係鼓勵犯罪，殊非刑法設置之本旨。

　　再從從屬性的立論點觀察，共犯所以得成為共犯，並非在於從屬性

由成立共犯，此時並不能以間接正犯的型態加以彌補，確是一個相當大的可罰性漏洞。

的關係而已，在從屬性判斷之前，共犯的行為係獨立於正犯行為之外，在何種條件下，方得以有從屬性的關係存在，亦即共犯必須在何種作用於主行為的條件下，方有所謂從屬性關係的判斷。在邏輯上，檢討從屬性關係的時候，必然是共犯之行為與正犯之行為，在結構的關係上，具有某一種的連帶關係存在，而這樣的連帶關係，顯然是由共犯行為所造成，唯有先確認共犯依附於正犯之主行為關係之後，方有進一步檢討從屬性的問題。在刑法參與論中，雖然理論充斥，但就是獨缺判斷共犯形成的理論。單純從從屬性的理解，仍舊無法確認出何以形成共犯的參與角色。在學理參與理論的檢討上，充其量僅能得出正犯與非正犯的區隔，非正犯在概念上，並非必然即得以成為共犯，即使以從屬性的概念來詮釋，對於共犯之參與行為，因正犯行為而得以使其成為共犯，卻完全忽略共犯須有何種行為存在，而使其得以從屬在正犯的主行為中。從屬性的概念，似乎是以正犯之主行為，作為判斷共犯形成的主要條件，卻忽略共犯自身行為的檢討。或許共犯行為需從屬在正犯的犯罪行為上，方得以作為刑法構成要件判斷的依據，而使從屬性得以成為判斷共犯的條件，但從屬性的概念，絕非屬於共犯形成判斷的充分條件，其對於共犯角色的形成而言，僅能稱得上是一個必要條件，單以從屬性的概念，尚且無法確認共犯之成立，其仍欠缺一個充分條件，亦即共犯行為如何得以從屬於正犯之犯罪行為的詮釋條件，此一充分條件並不存在於正犯的主行為，而應存在於得以成為共犯的行為人本身。

參、擬制問題的檢討

在參與的問題中，不論是區分或不區分參與角色，都會面臨一個認定困難的類型，亦即特別犯的參與問題，特別是特別犯的共同正犯認定問題[20]。是以，刑法參與論的問題，學理的發展雖不可謂之不長，但迄今所

---

[20] 參見柯耀程，特別犯類型之共同正犯認定，共犯與身分，台灣刑事法學會編著，頁101以下。

呈現的面貌，仍舊充斥著迷思與疑惑[21]，而問題最大者，非參與的擬制問題莫屬。蓋一方面參與擬制既非犯罪行為事實的附隨性認定關係，亦非任何參與型態均有擬制的問題，其所涉及者，除參與型態的定位之外，更限制在僅有特定類型，方會有擬制問題的發生；另一方面參與的形成，並非在於單純行為的觀察而已，而是對於行為主體在整體行為事實中的角色問題，其主要的問題非僅在於行為，而是在於擴及到行為主體的定位關係；再者，行為主體因其參與行為事實的刑罰效果，本係基於行為事實規範所然，並非基於行為主體所然，故其法律效果並無主體的差異性可言，是以刑法第31條的規定，確實充斥著相當迷亂的問題，特別值得注意。

一、特別犯的參與問題

刑法犯罪類型中，特別犯的類型對於成立犯罪所需的基本條件，必須先確認行為主體資格的適格，倘若行為主體不適格，則不但犯罪無由成立，甚至連構成要件所要求的行為都不是構成要件所要求之行為，在此種類型的基本要求下，行為主體乃成為犯罪類型成立的基本條件，亦即不法的成立條件。由於其對於行為主體的資格有特別之要求，不具特定資格者，並不能成為犯罪行為的主體，亦即根本不能成為犯罪行為人，對於此類犯罪類型的參與關係認定，倘若參與者間具有行為主體要求之差異時，其參與的認定乃成問題。是以此種類型的參與關係判斷，遂成為解決刑法

---

21 參與理論發展至今，其所得成果之文獻，或可謂汗牛充棟，但平心而論，參與理論其實僅是正犯理論而已，其不論是界定正犯與共犯的傳統理論，如客觀理論與主觀理論，或是從行為事實之控制的觀點所提出的支配理論，充其量都僅是在作正犯地位的確認而已，用此種理論作為認定共犯的基礎，則勢必顯得捉襟見肘，蓋所有參與理論所可能界定的參與範圍，應僅及於正犯與非正犯，並不能將非正犯直接推定為共犯。然而，現今所見之參與理論，都陷入此種漩渦之中，直接將非正犯之參與者，逕認為共犯，恐在界定的基礎上，顯得急躁與跳躍，例如甲以幫助乙竊盜的意思，置一扶梯以利乙遂行行為，但乙並未利用此一助力完成其竊盜行為，可否得將甲之行為視為幫助之共犯行為？恐有疑慮。是以在參與理論中，或許在若干程度上，有助於確認正犯之角色，但對於共犯之形成與界定，恐效果相當有限。是以參與理論發展至今，應僅有正犯理論，卻無共犯理論，欲求完整參與理論者，恐仍須對於共犯的形成與認定，在學理的研究上，多予以著墨與發展。

參與問題時,學理與實務不能承受的重。

此種要求特定行為主體資格的犯罪類型,在處理參與問題時,必然會面臨二個問題:1.不具有行為主體資格之人,雖無法獨立成就犯罪,但其得否與特定之行為人共同完成之?2.不具有特定行為主體資格之人,在特別犯的成立要求上,得否以法律擬制的作法,使其成為適格之主體,進而得以對其科以特別犯之法律效果?倘若此二問題未能妥善解決,則不具特定行為主體資格之人,其參與型態認定的正當性,乃成參與問題處理時,最難調和的矛盾,蓋一方面犯罪類型要求特定行為主體,方得以成罪,卻在另一方面又承認不具有特定資格之行為人,亦得以該當特別犯之行為主體,顯然呈現一種似是而非的認知矛盾。就刑法的犯罪類型觀察,規範所以對於行為主體資格要求者,係基於犯罪類型的特殊性關係,此類特別犯在個別成立要件上,除卻所有與行為相關之構成要件要素,均需成立之外,尚須限定行為人之資格,該構成要件方有成立之可能,如欠缺行為主體之適格,則根本無由成立該類犯罪類型,此乃特別犯類型要求之特殊性所在,詳言之,特別犯之所以特殊,乃在於其具有雙重類型之要求:1.行為主體作為不法形成之要件;2.行為的判斷必須取決於行為主體之資格[22]。此種行為主體的資格僅具有存在或不存在的相對情況,不可能有第三種可能性存在,倘若不具有行為主體之資格者,基於構成要件規範的要求,並不能成為直接以行為實現形成的參與關係,亦即無法成為直接正犯[23],同時,此種行為主體資格欠缺者,並不能透過任何法律解釋或是擬

---

[22] 參照柯耀程,論行為主體於構成要件定位問題,刑事法學之理想與探索,收錄於甘添貴教授六秩祝壽論文集(第1卷),2002年3月,頁55。

[23] 如以參與的結構關係而言,稱直接正犯者,係屬於橫向的參與關係,亦即參與者係直接針對於侵害行為事實的加功者,在直接正犯的概念下,即可區分為1.單獨正犯;2.共同正犯;3.同時犯;4.對向犯等型態;而其相對性的正犯概念者,乃為間接正犯,其參與結構係屬於縱向的關係,亦即間接正犯的行為侵害事實實現,係利用直接正犯加以實現者,就參與形成的結構而言,間接正犯既係利用直接正犯所為之犯罪事實實現,則得否為正犯的思維,在規範的條件下,僅取決於規範的實現者,並無對於間接正犯為正犯特殊資格的要求,是以任何犯罪類型,應均得以間接正犯之方式實現。惟學理上仍有相當之爭議存在。Vgl. Jescheck/Weigend, Strafrecht AT, 5. Aufl., S.663ff.; Roxin, Täterschaft und Tatherrschaft, 7. Aufl., S.142ff., 360, 544; Maurach/Gössel/Zipf, Strafrecht AT Bd. 2, 7. Aufl., S.269.

制的方式，而使得不具有行為主體資格之人，擁有法律所要求的一定身分，故而任何行為主體資格的擬制關係，都充斥著相當的疑慮。

二、擬制參與角色的疑慮

對於要求特定行為主體資格之犯罪類型，其犯罪之成立，必須限定在適格行為主體之行為，對於此種類型之共同正犯判斷時，仍須嚴格遵守此一「行為人行為」之基本要求，故而對於特別犯成立共同正犯，除犯罪行為共同意思的條件外，更需確認行為是否為適格行為人之行為，如非適格行為人之行為，則非此種犯罪類型所稱之行為，自然難以成為評價之對象，更無由形成任何之參與關係。因此，在特別犯之共同正犯類型的判斷上，除形成共同之犯罪意思外，尚須將此意思為適格之展現，否則所成立之參與關係，亦難稱為共同正犯[24]。是故，在特別犯或是義務犯共同正犯之認定上，必須數人先形成共同之意思，進而為適格行為之實行，亦即僅能由具有該特定主體資格之人親自為之，方得以建構共同正犯之共同性，如由不具主體適格之人所為之行為，不但不能成為共同正犯之成立基礎，甚至其所為之行為亦無法稱為共同意思對外之實現。因此，特別犯[25]之共同正犯認定，誠如其名，具有特殊性之要求存在，而此種特殊性的核心問題，乃在於行為主體資格的要求。

如依特別犯成立的特殊行為主體資格要求，以及其得以成立共同正犯之嚴格限制，則與具有特定主體資格之人共同實現適格行為之人，其參與角色如何認定，將形成問題，蓋一方面以特別犯而言，因其並不具有特定之行為主體資格，理應無由成立任何正犯形式，但其係與具有特定行為人資格之人共同形成犯罪意思，且有效地實現特別犯之構成要件，在共同性

---

[24] Roxin所持之看法，亦如本文所論之見解。Vgl. Roxin, aaO., S.355ff.。

[25] 學理在理解特別犯概念時，乃從其主體的評價定位關係的認知，又區分為純正與不純正特別犯（echte und unechte Sonderdelikte）二種類型。稱純正者，係指行為主體資格屬於建構不法內涵之本質要素的特別犯類型；而不純正者，其行為主體資格並非不法要素，僅為刑罰加重或減輕之要素而已。刑法中是否得以允許將行為人資格作為刑罰加重或減輕之要素，容有疑問。惟本文並不檢討不純正特別犯之存在正當性，所論之特別犯類型，僅限於行為人資格作為不法內涵要素之純正特別犯類型。

關係下，顯然已經實現共同正犯所要求之行為共同性，其所欠缺者，僅行為主體之資格而已，此時如從支配理論功能性支配觀點觀察，犯罪類型已然實現，且該實現關係，係基於特殊之功能性分配關係，並不違反共同性成立之要求，理應成立共同正犯型態。然因其中有不具有特定行為人資格者，故其共同加功的參與關係，顯然無法成立本然正犯之形式，其與本然正犯概念有所出入。

雖然數人的參與結構中，彼此間具有共同意思形成，且透過共同之意識活動實現特別犯之構成要件，同時參與者彼此間亦非上下隸屬或是支配被支配的關係，故型態上似乎是接近共同正犯的型態，惟因參與者中有不具行為人資格者，在本然的概念上，並非屬於正犯的範圍，故如欲將其視為共同正犯，唯一的作法，似乎僅能以法律將其共同性關係擬制為共同正犯。是以不具行為主體資格之行為人，因欠缺特定行為人資格，故無由單獨成立特別犯類型之正犯，但如其與具有特定資格之人共同為之，且形式上符合特別犯實現的基本要求，不具有主體資格之人，雖不得成為本然特別犯之正犯，但因其具有形式上之共同性存在，在參與關係中，其參與角色儼然等同於正犯，故或許得以將其擬制為類似正犯之地位，使之成為特別犯之共同正犯。惟此種擬制的正當性，仍須嚴格加以審視。

值得深思者，如行為人本然上不具有正犯之資格時，不論法律如何擬制，該行為人仍舊難以取得行為主體之本然資格與地位，如此一來，在共同參與的問題上，乃出現一個認定共同正犯的難題。蓋法律對於犯罪形成的不法評價，倘若必須兼含有行為人資格之非價判斷時，即行為主體為不法形成之基本條件（特別犯類型），則不具有行為主體資格者，顯然無法形成不法之評價關係，主要的缺陷者，乃因其欠缺不法形成基礎的行為主體要素。為解決此一問題，如僅以法律的擬制關係來處理，則必然衍生出另外一個疑慮，亦即法律擬制的正當性何在？值得疑慮者，乃在於構成要件將特定的類型，為行為主體資格的特別要求，以特定之行為主體作為犯罪類型實現的根本條件，其意義乃在於限定犯罪類型實現的範圍，且行為主體資格僅有與沒有的問題，倘若不具有行為主體者，均得以以擬制的方式，使之從無變有，則構成要件設定特別犯的意義將蕩然無存。是以尋求

不具行為主體資格之人，得以成立特別犯之正犯形式之正當性問題，似乎又是刑法參與關係的無解難題。是故，不論法律如何對於行為主體資格加以擬制，首先必須先確認出擬制的正當性，然此一正當性並非任意透過立法的作用而存在，而是必須得以確認其係能取得實質之行為主體資格，方可以在參與角色上認定為正犯，且在處罰上引用正犯之處罰罰之。由此觀察，刑法第31條第1項的擬制規定，似乎在正當性的要求上，顯有不足。欲以此一規定來確認所有犯罪類型的共同正犯參與資格，進而藉以正犯之刑罰之，在正當性基礎的說服力上似乎仍有未逮。一方面並非法律的擬制，即得以使原本不具行為主體資格者取得該資格；另一方面，參與角色亦非完全決定不法內涵的機制，是以法律的擬制，似乎無法作單向涵蓋式的規範，而使行為主體資格的欠缺得以修復，刑法第31條的規定，已然偏離法律擬制關係的基本要求，因此導出的認定關係可能發生偏差。

我國刑法第31條第1項似乎有意透過法律的擬制關係，使原本不具有行為主體資格之人，亦得以成為正犯之形式，顯然太過於一廂情願。不具主體資格之人，不論如何均無法取得正犯之地位，即使其得以共同實現特別犯類型，仍舊不能與適格主體之參與地位等量齊觀。而第2項卻使得行為主體資格的概念，被切割成不法身分與責任身分的謬誤概念，也造成行為主體資格的概念，一面作為構成要件形成的要件，但在一般犯中，卻又成為刑罰加重或減輕的責任身分，殊不知其認定之正當性何在？殊值得對之重行加以檢討。

肆、可能性的突破

參與論發展至今，成果固不可謂不豐碩，但其中仍存在著相當多本質性的問題，亟待進一步加以解決。正犯與共犯區分的刑法參與制度中，區分正犯與共犯的參與型態，確實是一件不容易的事，為此學理提出相當多元性的理論，不論是形式客觀理論、主觀理論，或是支配理論，固然能夠提供一定程度的界限判斷，但所有的參與理論，似乎重點都集中在正犯的

認定，以為確認正犯之後，共犯的角色即可以排除法則而得出，這樣的思考方式，顯然有些太過於樂觀，確認正犯之後，並非不是正犯者，皆得以稱為共犯，這是現階段參與論的理論中，所始料未及的問題，嚴格來說，參與理論固然是為區分正犯與共犯而創設，但究其面貌，參與理論充其量僅能稱為是一種正犯認定的理論，根本無法藉由參與理論的區分，真正確定出非正犯者，在何種情況下，可以被認定為共犯。

刑法犯罪行為參與論發展至今，很明顯地形成兩種不同的體制，即對參與犯罪行為之人，在參與角色之型態上，具有二種可能的機制：1.區分正犯與共犯參與型式的區分制（Differenzierungssystem）；2.不區分參與者之參與形式的單一制（Einheitssystem）[26]。當然，此種體制上的差異，並非事物的本然（Natur der Sache），而是政策及論理上考量之結果。當區分制為區隔正犯與共犯，處於焦頭爛額的困境中時，是否可以反思單一制的採用？

又若堅持採取區分制，作為參與行為人判別的制度時，現行區分的理論，似乎都不足以精確地界定區分的標準，所有現存的參與理論，都是以正犯的認定，作為理論詮釋的出發點，其固可提供一定程度的正犯判別標準，但對於共犯的認定，卻始終無能為力。在正犯與共犯區分的前提下，應先確認一定的行為人界線[27]，以避免理論詮釋上，會得出非正犯者即為

---

[26] 實定法國家中，採取區分制者，有德國、瑞士、法國、西班牙、荷蘭、日本、我國等國家；採取單一制的國家，有奧地利、挪威、丹麥、義大利、瑞典、巴西、捷克等。於此值得一提者，在採取區分制國家中，對於正犯與共犯的處罰標準，並不一致，例如德國區分正犯與共犯（§25、§26、§27），其刑法中，不但在參與形式上，有所差異，且處罰上，亦不一樣，其對教唆犯之處罰，同於正犯，但對幫助犯之處罰，則採取必減的規定。而法國刑法（Art. 59 C.p.）亦採區分制，但在處罰上，則並不區分正犯與共犯，即處罰是一樣地依正犯之刑處斷。而在單一制的國家，其對於行為人型態的認知，亦有所不同。Vgl. Kienapfel, Der Einheitstäter Im Strafrecht 1971, S.17.

[27] 基本概念上，行為人概念與正犯概念並非同義。行為人概念是作為刑法篩選行為人的基礎，亦即何種人才能成為刑法評價對象（行為人）；而正犯者，則是刑法評價的核心對象，如果從概念的位階來看，行為人概念是正犯概念的上位概念，亦即先有行為人概念之後，再從行為人概念中，透過更為嚴格的條件，以確認刑法評價的核心對象者，方得成為正犯，倘若不是核心對象，則為非正犯之行為人，至於非屬

共犯的謬誤結論。

一、制度突破的思維

　　我國刑法從繼受大陸法系刑法思想以來，對於犯罪行為的參與型態，始終都是採取區分的體制，對於單一制的論述，相當少見，甚至可說相當陌生，在體制採用的考量上，似乎也欠缺比較的基礎，學理對於單一制的理解，亦僅止於形式概念而已，也就是僅認為單一制並不區分參與型態，而僅就單一行為人做外觀的說明而已。對於單一制的本質、發展過程、型態區別、責任認定及政策性考量等問題，則仍屬相當陌生，使得單一行為人概念在刑法參與論的法理中，猶如一片尚未開發的原生地，更使得立法上欠缺得以比較的基礎。加上向來參與理論的焦點，均集中在尋求明確區分正犯與共犯的參與形式，使得單一行為人體制所獨具的優點，竟然被輕忽，甚而遺忘，且時而誤解單一行為人的基本概念[28]，及其認定

正犯的行為人，是否以「共犯」（Teilnahme）稱之？則是概念選用的問題。故而學理常誤解行為人概念，而竟將其視為正犯概念，從而非屬正犯的行為人，將被排除在行為人概念之外，如何而可得出共犯的角色？這是概念釐清的問題，也是參與論中根本的問題，必須先區辨清楚。Dazu zutreffend Bloy, Die Beteiligungsform als Zurechnungstypus im Strafrecht 1985, S. 115ff.

[28] 雖然主張維持區分體制的見解，主要係對於單一行為人體制無法對於個別行為加功程度的差異在不法上加以確認，對於罪責的量定，恐有前提不清的疑慮，而傾向於區分參與形式。但是此種顧慮，未必然全無問題存在，一者其誤解單一行為人的結構關係，並且誤認單一行為人係將不法與責任混淆，其實參與形式不論係在區分體制或單一體制，均與行為不法有所區隔，二者並非同一，參與形式僅是確認行為不法的外在前提而已，行為不法的內涵並非可由參與形式加以認定。此種區隔關係在區分體制之下，甚為明顯，蓋正犯與共犯行為的不法內涵，均屬個別獨立認定，其標準應為刑法構成要件所揭示的不法內涵，而非其參與形式，正犯與共犯的參與形式，充其量僅能界分出其彼此間不法內涵，應有輕重不同，至於內涵如何？則非參與形式所能竟其功者。在單一行為人概念中，其對於各行為人行為不法內涵的認定，亦如區分制一般，所謂「單一」者，僅係將參與形式統一於「行為人」概念之下而已，其所涉及的為參與形式，並非如區分制見解所云，不分不法與罪責。區分體制對於單一行為人概念之疑慮，請詳參Roxin-LK, Rn. 3ff. vor §25; Jescheck/ Weigend, aaO., S.647; Roxin, Täterschaft und Tatherrschaft, 7. Aufl. S.118, 451; Schönke/ Schröder/Cramer, Rn. 11, 12 vor §25; Bloy, Die Beteiligungsform als Zurechnungstypus im Strafrecht 1985, S.159ff.

不法與罪責的基礎。諸如，在單一制中，是否在參與形式單一的情況下，所有行為人責任亦為單一，抑或仍有區分？其如何區隔因加功程度不同，而產生不同之行為不法？其將參與形式統一，而將責任量定交與刑罰裁量，其如何克服罪責原則之要求？諸如此類存在正當性之疑慮，都是單一正犯體制中，必須解決的問題。

　　區分制所可能產生界分正犯與共犯的困擾，在二次大戰結束後，刑法修正期間，德國在刑法參與論的修正上，對於參與論究竟維持區分制，抑或改採單一制，在實務上及學說上，有一番激烈的辯證，立法者最後雖在刑法中，採取維持舊制的作法，仍舊採行區分正犯與共犯的參與體制，但卻將與刑法規範性質相近的秩序違反法（Gesetz über Ordnungswidrigkeit，簡稱OWiG），改為單一行為人的體制[29]。此種立法的方式，無異是為使參與論的探討，能有一個更加寬廣的視野，以便能對於參與型態的探討，得以彼此兼顧，同時對於體制的衡量，能更為妥善。固然，如同區分制所存在的問題，單一制亦有其本質上的疑慮存在，單一行為人體制[30]，最受指謫者，乃在於其將責任判斷完全移至刑罰裁量之中。在刑法學理上，責任判斷的前提，為行為所揭示的不法內涵，而在單一行為人中，似乎對於不法內涵的確立，並未提供任何判斷的標準，且其以因果理論作為理論的基礎，本身即含有相當成分的不明確性，甚而可說不正確。向來主張區分制的學者，均以此對單一行為人體制加以批評。但是此種批評，似乎並不適切，畢竟不法與參與形式，不論在認定標準或判斷內容，均有不同，不能將之等視。如以單一行為人體制違反罪責原則，而加以批評，似乎對於單一行為人體制有失公平，且並未深入瞭解單一行為人體制的內質。其實，單一行為人體制所面臨最主要的難題，反而應該是行為既、未遂判斷的問題。在單一行為人體制中，由於所有加功於犯罪事實實現之人，在刑

---

[29] Vgl. Roxin, Täterschaft und Tatherrschaft, 7. Aufl., S.451; Gallas, Beiträge zur Verbrechenslehre 1968, S.78ff.; Jescheck/Weigend. Strafrecht AT, 5. Aufl., S.654; Göhler, OwiG, 8. Aufl., Rn. 1ff. zu § 14.

[30] 關於單一行為人制度的詮釋，參見柯耀程，變動中的刑法思想，2001年9月2版，頁249以下。

法的評價上,均為行為人。因此,行為既、未遂之判斷,並不需取決於直接行為人之行為,而係以行為人自己的行為,為獨立判斷的標準,此種說法,似乎與既、未遂的法理難相吻合[31]。蓋刑法中判斷既、未遂之標準,均以是否已著手實行構成要件之行為,為根本判斷依據,如尚未進入著手階段,則並不能以未遂評斷之,充其量僅為著手前的預備階段或預謀階段而已。對於單一行為人體制中,判斷直接行為人行為既、未遂,固無問題,蓋構成要件之規定,亦是以規範直接行為人為根本。但對於惹起行為人與協助行為人其行為之既、未遂判斷,如仍以其個別行為為基準,而不需取決於直接正犯之行為,則將使得判斷既、未遂的法理產生動搖,如此一來,著手的概念,將為之崩潰。為使得單一行為人體制,不至於破壞既、未遂法理,在奧地利刑法第15條Abs. 2的規定中,特別加以限制,如直接行為人並未實施犯罪行為,則他行為人之加功行為,即不加處罰[32]。也就是對於主要行為未遂,則加功行為人即視為具可罰性,而對於未遂之協助行為人視為不具可罰性。但是此種限制規定並未根本解決直接行為人以外行為人既、未遂認定問題,反而更混淆既、未遂與可罰性的界線。儘管在法律上做如此之限制規定,但仍舊不能脫免判斷既、未遂之難題,其只不過將問題留給刑罰裁量而已。

　　單一行為人體制在實務上確有其相當便利和經濟之處,至少其可避免區分制在區別參與類型所面臨的困擾。而且得以統一故意犯與過失犯在參與論適用的情況。然而,認定既、未遂的問題確是單一制最頭痛的問題。此一問題應可與構成要件擴張問題一併解決。也就是既、未遂認定的標準仍應以直接行為人之行為為判斷之基準。雖然如此,並不表示在單一行為人體制中,需融入從屬性原則,僅是將既、未遂的認定基礎回歸給構成要件,為規範性判斷而已。此於區分制的結構亦然。

　　如能對於單一行為人體制所面臨難題,做一番妥適的解決,則單一行為人體制立於其便利性的優勢,實不失為刑法參與論中,相當值得採行的

---

[31] Vgl. Triffterer/Schmoller, Die österreichische Beteiligungslehre 1983, S.35.

[32] Triffterer/Schmoller, aaO., S.40.

制度，其一方面可免除區分正犯與共犯之苦，而使用法之人能將精力集中在犯罪事實的釐清上，另一方面更可避免將不必要的心思耗費在參與型態的辯證上，專心致力於個別行為不法與行為人責任的認定上。由於我國正值刑法修正期間，對於單一行為人體制的介紹，並非企圖作變更參與體制的訴求，毋寧說是提供一個法律修正時可資思考的題材，且提供一個不同體制的思維方式。

二、共犯理論的重建

在區分制參與論的認知觀點中，共犯常被當作正犯認定以外的必然類型，卻忽略正犯以外的參與關係，充其量僅能視之為非正犯而已，而且，當被確認為非正犯時，其要成為共犯，仍須檢視共犯形成的條件，唯有條件成立時，方得認定共犯成立。參與型態的認定，並不能以單純二分法的方式，認為「非正犯即屬共犯」的認知模式。同樣地，共犯僅是一種參與的整體性概念，並非是一種個別性的概念，在個別的共犯形成形式上，仍須檢討其加功行為的特定性要求。基本上，教唆犯與幫助犯係屬於特定類型的共犯型態，其加功行為的對象與作用之行為，均需屬於特定的構成要件行為，反之，共犯結構除特定類型外，也有不特定的類型，諸如煽惑犯罪，或預為幫助犯罪而公開呼籲犯罪的情形，其中最典型的事實型態，乃屬於對於所謂「人頭帳戶」問題的判斷。對於非特定加功對象或行為的參與類型，在刑法的參與學理中，仍有相當大的開拓空間。

另外，對於共犯的認定，向來都依賴從屬性概念，但從屬性對於共犯的形成，或許是一個條件，但充其量僅是一個必要條件而已，亦即共犯不論形成條件如何，均須從屬於一個構成要件實現的行為，從屬性概念在共犯的判斷上，仍屬於不可或缺，但共犯的形成，並非以從屬性為已足，仍須觀察其與構成要件實現行為間的關連性，此種關連性的形成，必須是建立在成為共犯的行為人自身行為之上，或許得以將此種建構與構成要件實現行為間的關連性，稱之為共犯的「依附關係」，此種依附關係係由共犯自身行為所致，亦即共犯所以為共犯，乃因其具有特定條件的行為，以依附於實現構成要件的正犯主行為之上，倘若欠缺此種依附關係，即使對

於正犯構成要件實現行為，具有一定的加功作用，仍舊無法將其認定為共犯。對於共犯在學理的探討中，似乎太過於關注不法判斷的關係，而將共犯的形成基礎，完全置於從屬性的觀念之上，卻遺漏了某一個相當重要的因子，亦即共犯的本身行為，此係共犯所以為共犯的基礎所在，亦即必須有共犯主動的依附行為存在，方有檢討是否具有從屬關係的不法判斷，進而認定共犯所應承擔的刑事責任，倘若欠缺共犯自身行為的觀察，則從屬性將成為一個空中樓閣的概念，也將使得共犯的認定，在刑法參與結構中，一直存在著令人質疑的形象。

　　因此，共犯的形成，必須建立在雙重條件之下；1.行為人必須直接或間接有加功於構成要件實現的行為，透過此種行為使其得以依附在構成要件的實現上，由於依附行為係共犯得以成為共犯的自身行為，在判斷上，仍舊僅能從其加功行為本身觀察；2.構成要件行為實現時，依附行為與其具有從屬性的關係存在。當加功關係具有雙重條件存在時，方得以將加功於構成要件實現的非正犯行為人，視為共犯。

　　總結而論，共犯所以為共犯者，因其行為並非構成要件的行為，而是屬於構成要件以外之行為，而為構成要件以外行為者，並非均得以共犯稱之，必須構成要件以外之行為，能夠依附於構成要件行為時，方有共犯形成之可能。而在檢討非正犯之行為，在何種情況下，得以依附於正犯之主行為，進而檢視從屬性關係是否成立，必須先觀察非正犯本身的行為（依附行為），是否與正犯之主行為發生依附關係，而得以發生依附關係者，應具備有三個條件存在：1.非正犯之行為必須出於蓄意；2.依附行為必須是構成要件行為實現導向關係；3.必須確實有主動積極促成故意之構成要件行為被實現。唯有確立此三條件，非正犯之行為，方得以成立與正犯之依附關係，進而才會有檢討共犯從屬性，乃至共犯處罰的問題。

三、擬制參與的解決

　　現行刑法第31條第1項的規定，原係將不具行為主體資格之參與者，擬制為適格參與者的規定，惟在犯罪類型的參與關係中，一般犯的參與型態認定，並毋須為任何的擬制作用，所需擬制的類型，應僅及於特別犯的

類型。此外，在參與型態中，共犯的形成，所依據者係從屬性關係，其無論一般犯或特別犯，只要正犯的參與角色與行為事實得以確認，均對其從屬性不生影響，蓋共犯既毋須以主體資格為成立條件，更不須任何的擬制作用，故第31條的規範本旨，應僅在於擬制正犯的參與類型，惟修正草案卻誤解其意，竟將「以共犯論」修正為「以正犯或共犯論」，不但未修對核心，反而成了畫蛇添足之舉。實際上正犯的擬制，並不能找到擬制的正當性，刑法第31條的問題，係在於本質的錯誤，而非單純將「共犯」嚴格區隔為「正犯或共犯」。故第1項的正確修正方向，應是將其刪除。

而第31條第2項的規定，係關於所謂不純正特別犯處罰之規定，此一規定在修正草案中並未加以修正，但既有的規定，已經形成行為主體概念的切割，蓋行為主體的資格基於法定原則的拘束下，既專屬於特別犯之不法要件，在一般犯的類型中，本未對行為主體的評價，作差異性之認定，則對於行為主體的特定資格作為刑罰加重或減輕事由者，顯然逾越出法定原則的範圍，所加諸在特定主體身上者，無異係超越罪責所得以容許的刑罰範圍，此種加重已然錯誤，更何況主體資格有無的差異處理？是以第2項的規定，本身既存有雙重謬誤，而修正草案卻未對之加以修正，第2項之規定始終不動如山，此種不修正的作法，亦屬一種錯誤。是以，第2項的修正方向，亦是刪除。簡言之，擬制參與關係的作法，本質上即屬一種謬誤，而修正此種錯誤的方法，即是將刑法第31條的規定完全刪除，使參與關係回歸常軌的認定為妥。

四、結語

從參與結構的認知，到參與型態制度的觀察，刑法法理發展至今，對於參與問題的詮釋，不可謂之不多，但真正的功效仍舊有限，其中所未觸及的問題尚多，仍有相當大的擴展空間，在學理的研究上，乃至在實務的具體操作上，都有相當寬廣且待開發的問題存在。

除一般性的參與關係認定的問題之外，在參與問題上，尚存在有相繼參與、串連參與等問題，同時在參與關係的形成與轉變的型態上，亦有從

未被觸及的參與解除問題[33]，諸多尚未解決的參與問題，仍留待學理更加努力。

---

[33] 關於特殊性的參與問題，參見柯耀程，刑法釋論Ⅰ，一品出版，2014年8月，頁649以下。

8

數人犯罪之評價策略
——以墮胎罪章之重新建構爲論述中心

陳友鋒[*]

[*] 中國文化大學法律學系專任副教授。

壹、前言——發想及構思藍圖

　　就法益保護之刑法立制觀點，針對某一社會有害行為之是否構成犯罪，本來，所關注之焦點即在於該人類之所為，是否創造吾人生活中所不能容許之風險，並進而實現為法規範所意加以遏止之法益危險或實害。此點，無論於犯罪成立要件之要求上，係採取何類階層檢證系統；又該社會有害事實，係由一人獨力或數人協力實施者，殆無不同。

　　我國刑法，自民國以來，在面對數人參與一故意犯罪之議題，向皆一貫地且逆於固有法制之體例[1]，設正犯與共犯之別而採行所謂之二元犯罪

---

[1] 固有法中，對於數人共犯罪者，唐律於其「名例篇」內即設有相關規定，第42條定曰：共犯罪，造意為首（疏議謂：諸共犯罪者，以造意為首，隨從者減一等）。
按唐律所稱首犯之造意者與隨從者，非指今之教唆犯與幫助犯，而首犯與隨從，亦非對稱於近代法之主犯與共犯；事實上，舉凡參與犯罪之人，其首倡謀議犯罪者，即屬造意為首之列，至於其餘附和隨同者，則歸系在處刑上得減一等之隨從者。若依當今學理上之觀點，其於犯罪參與體系上，當類似於一元論之單一正犯概念。

參與體系[2]。此一立法上之安排，固然符合「後自然科學實證」之知識研究態度，亦即，以眼見為憑之行為人親自實行為憑藉，形塑出限制正犯概念，據以為掌握犯罪人之核心角色；進而，恃數人相互間一體或從屬之連結關係，發展為共犯或參與犯概念。然而，誠如眾所已知之紛亂者，其針對間接正犯之釋明能量，顯然無力，又於僅參與事前犯意謀議之人，或始作俑者之造意者，乃至於在犯罪過程中之把風、接應，或其他提供助力俾正犯得以遂行犯意之行為人而言，不僅就各該人行為之犯罪成否認定，抑或各行為人於犯罪中之角色認定，在諸多莫衷一是之理論牽引下，著實令多數習法與用法者，如陷五里霧般地茫然無依。

　　此等困惑，在事務尚簡之農業社會，或無大礙，然就當今社會實況以觀，數人合意協同之一時性組合，或組織下之團體犯罪，在犯罪目的遂行之有效化、不法利益取得之最大化等犯罪心理驅使下，儼然已成為多數犯罪類型之主流模式[3]。在此狀況下，二元犯罪參與體系在技術性操作上，得否恰如其分地發揮其於法益保護之效益（堵其源於未然），並適切掌握各參與行為之不法內容（示其惡於已然），誠令人質疑。

參閱蔡墩銘，唐律與近代刑事立法制度之比較研究，1968年，台灣商務印書館，頁208。

對此，廖正豪教授則主張唐律對於共犯罪之規定，並非單一正犯概念思考下之產物，毋寧僅為「區別之正犯概念」，其立論與用語，雖異於蔡墩銘教授，惟實質內涵應無大別，皆認唐律規定，尚無意識到正犯與共犯之區分議題。參閱廖正豪，唐律與現行刑法有關共犯規定之比較，刑事法雜誌，第23卷第3期，1979年，頁25。

[2] 2006年刑法總則進行大規模修正，首先將第四章原章名「共犯」正名為「正犯與共犯」，立法理由更清楚載明：「由於我國與德國、日本同採二元犯罪參與體系，而非單一正犯體系，且目前學說皆認正犯與共犯有本質之不同，即正犯被評價為直接之實行行為者（如直接正犯、間接正犯、共同正犯），共犯則被評價為間接參與實行行為者（如教唆犯、幫助犯）……。」明確宣示摒棄單一正犯概念而獨尊犯罪參與二元論之一貫立場。

[3] 就本法所定，諸如內亂罪（第100、101條）或聚眾不解散罪（第149、150條）而於學理所稱之必要共犯，固勿論。針對毒品之製造、販運，人口之質押買賣，隱私之竊錄製播散布，或綁票勒贖，及詐騙集團層出不窮之詐欺案等，於今觀之，尤難覓得僅由一人獨力犯罪之實證案例。

　　對策方案選項中之另一，即單一正犯體系，無論在立法例上[4]或學理倡議上[5]，皆曾被嚴謹思考評估過。本文認為在行為人單一之犯行評價上，僅進行該行為是否成立犯罪之評價即為已足，並無一元二元參與之分；惟於判斷數人協力於犯行之案例，針對直接行為人以外之其他參與者，在檢驗犯罪成立之際，二元犯罪參與體系之論述，卻迴避階層論之檢證系統，殫精竭慮於辨識各該行為人與直接正犯間之關係，並嘗試定位其扮演之角色。於是乎，如犯罪共同說、行為共同說、意思共同體說、犯罪支配理論、道具理論，乃至於共犯獨立性、共犯從屬性，以及不法從屬形式、犯罪從屬形式、處罰從屬形式；其於表述上之角色代名詞，如共謀共同正犯、實行共同正犯、相互正犯[6]、正犯後之可罰正犯；教唆教唆犯、教唆幫助犯、幫助教唆犯、幫助幫助犯，乃至於輾轉共犯[7]等之陸續出籠，反而模糊了各個行為與法益危害間之實質連結評價。是以，誠不如逕自著眼並聚焦於各行為之負面品質上加以研覈，或可更精準掌握並簡要闡明各該行為之可刑（罰）性所在，俾貫徹「個人責任」、「行為責任」

4　立法態度最為鮮明者，當推奧地利，其刑法第12條規定：「自己實施應受刑罰制裁之行為，或假手他人實施應受刑罰制裁之行為，或於他人應受刑罰制裁之行為實施予以幫助者，皆為正犯。」另，義大利刑法第110條規定：「數人共同實施同一犯罪者，當中之每一人，均處以法律對該犯罪所規定之刑罰。……」亦被視為同屬採用犯罪參與一元論之立法例。

5　黃榮堅，從破壞性教導行為看共犯觀念，刑事法雜誌，第39卷第3期，1995年6月，頁2以下；同氏著，基礎刑罰學（下），元照出版有限公司，2006年，頁799；柯耀程，刑法參與論——單一行為人體制之評釋，法學叢刊，第163期，1995年7月，頁74以下；同氏著，刑法單一行為人概念之評析，收錄於變動中的刑法思想，瑞興圖書股份有限公司，1999年，頁213以下。

6　即同時犯，意指在同時同地展開故意犯行，卻於相互間欠缺主觀上之「犯意聯絡」，自亦無從呈現在客觀上之「行為分擔」，裁判上，當然僅就個人之所為範圍予以定罪科刑。

7　相對於教唆或幫助正犯犯罪之「直接共犯」，與其相對之「間接共犯」，即教唆教唆犯、教唆幫助犯、幫助教唆犯與幫助幫助犯等四者之統稱。而所謂之輾轉共犯，則指參與關連更為外延之參與型態，例如教唆幫助教唆犯或幫助教唆幫助犯，乃至於教唆幫助教唆教唆犯之類；定義上尚未加以限定，甚至可能有無限輾轉之想像空間。

之近代刑法原則。

　　最足堪充當經典而以生命法益爲其保護客體之不法類型，本法分則訂有殺人罪，及用供提前保護而以危險犯構造所規定之遺棄罪，檢視分則編第二十二章、第二十五章內諸條文，緣於其極盡保護之立法態度，概以不定式行爲之犯罪形式[8]呈現，因此，就解釋論上之文義或目的追求言之，適用二元犯罪參與體系或單一正犯體系之結果，其在終局結論上之歧異性，未必顯明而呈敵對現象[9]。然而，試觀於同以保護生命法益爲目的（只是其行爲客體轉爲有機會出生而成爲人類之胎兒）之墮胎罪章，情況則有鮮明之差別，其間緣由誠値細膩推敲。

　　現行分則編第二十四章，依其條序先後設有懷胎婦女墮胎罪（第288條）、加工墮胎罪（第289條）、圖利加工墮胎罪（第290條），與未得孕婦同意墮胎罪（第291條）[10]。立法者之如斯安排，顯然係針對不同參與墮胎之行爲人角色，逐一且分別制定罰則輕重頗爲懸殊之各個罪名[11]。在

---

[8] 察此二章中之基本犯罪類型，即第271條普通殺人罪與第294條遺棄罪，按條文所用語彙或法院及學理對其構成要件行爲之解釋，皆含括在人類經驗法則中足以致人於死之任何可能行爲，其不論時間、地點、動機、手段、積極作爲或消極不作爲、行爲人與被害人關係，乃至於被害人之同意與否，在所不限；故屬於不定式之犯罪類型。

[9] 理由是：既然就「殺」或「遺棄」之構成行爲要素，立法者爲免生掛一漏萬之弊，已然放棄除因果關係外之其他一切制約條件，則其不論展現在外而被傳統用語稱之爲共同實施（或共同實行）、教唆他人使之實施（或教唆他人使之實行，或教唆、造意）或幫助他人實行（或幫助）之何詞彙，於檢驗各該行爲是否成立殺人罪或遺棄罪之際，終須（也不得不）回歸刑法第271條或第294條所明定之法定要件上，以展開第一步之不法判斷。

[10] 本文之所以未將第292條規定之介紹墮胎罪列入，乃鑒於本罪性屬危險犯構成要件，規範用意係張「維持風俗、保全公益」（見1935年載明於第288條下之立法理由）之大旗，而行刑罰權提前發動之舉。然而，通觀本章全體之犯行，殆皆以實害犯構成要件進行其不法類型之建制，是本諸體系一貫性之考量，更鑒於刑罰權前置化在本章法益保護上之欠缺有效、必要及衡平性，本條規定實有逾越立法權合理行使範圍之虞，立法論上言，日後修法應予刪除爲適當。

[11] 簡略形式表述下，<u>墮胎行爲人爲孕婦者，不論其自行爲之或聽從任由他人爲之，成立懷胎婦女墮胎罪</u>；若墮胎行爲人係非孕婦之他人，則按有無得孕婦同意，而分別構成加工墮胎罪或圖利加工墮胎罪，與未得孕婦同意墮胎罪。

此章中，若套用二元犯罪參與體系之思維模式，滋生疑義的是，孕婦與得其同意之加工墮胎人，難道不能論以共同正犯？何以立法者須大費周章地按其所扮演之角色，個別訂定第288條第2項與第289條等二罪名？甚者，其相互間逕論以對方之教唆犯或幫助犯，亦屬頗合理之角色定位。再者，慫恿孕婦墮胎或唆使他人（如密醫）為孕婦實施墮胎之人，按字義上進行理解之結果，固然可依第288條或第289條（亦可能為第291條）規定之墮胎罪，援引總則第29條而斷為各該墮胎罪之教唆犯，惟一旦細思，在第31條第2項不純正身分犯之屬性制約下，似乎又無理作出如此「想當然爾」之便宜操作。是則，各該慫恿唆使行為人之參與角色，又該如何予以定性為適當呢？

另向思考，即在單一正犯體系下，面對上述繁雜難理之參與型態的辨識，顯然得以避開泥淖而輕騎過關。要言之，在本章所擬加保護的胎兒生命法益的目的評量下，大凡施以經驗法則上足以滅絕孕婦腹中胎兒生命繼續發展，致其無法出生成為人類之任何行為，盡屬具可刑（罰）性之墮胎行為[12]。而本章各條之所以逐一羅列並訂明各個不同犯罪要件及刑度，無非鑑於在墮胎過程中，各該行為人所居角色扮演之地位差別而已；亦即，具體案情若為數人參與墮胎行為，致胎兒終局地失去其出生為人之機會者，均一律被立法者鎖定為犯罪行為人，就其侵害法益之不法評價而言，並無軒輊，惟基於責任輕重之異而賦與參差不一之刑罰效果。進而言，立法者無異藉此分列之各條宣示：無論參與人居於何地位、扮演何角色，皆具獨力實施墮胎並引致死胎既遂結果之因果製造能量。

緣乎上揭之發想，本文擬自墮胎罪章之現行法規定出發，試行解構並析明墮胎行為之不法本質；並在此基礎上，推證單一正犯體系之觀念，在本章立制初始，實早已充斥於立法者之思考當中。隨之，更擬就立法論之

---

[12] 鑑於本章不法類型乃屬實害犯與結果犯構成要件之設計，其完整之法益攻擊狀態的描述，於客觀構成要件內，除墮胎之行為，行為客體之胎兒外，尚另設有死胎結果，以及因果關係要素，始堪稱齊備；並非一有墮胎之著手實行，即告成罪。此點，只須對照觀諸第288條、第289條及第290條規定內，並未設有同於第291條第3項之罰及未遂行為明文，自足證之。

觀點,沿用上述立制初衷,進而重建墮胎罪章各條之合理關係;並致力於
前揭所示紛爭困局之解決。惟因優生保健法於1985年已公布施行,在人口
議題上,其第9條第1項各款規定,效果上某程度地形同對墮胎行為進行了
實質除罪之政策宣示,因此,本文立論係植基於就本法評價上,墮胎行為
依然具有可刑(罰)性之前提下展開,並無意涉獵人口政策或優生保健法
相關規定之探討。

貳、數人犯罪之刑事立制評估

如前所述,我國刑法自開國迄今,針對數人參與犯罪之刑事策略,
始終且一貫地採用二元犯罪參與體系之思維。惟觀乎本法繼受來源之德國
刑法,雖其近代法制沿革正二元犯罪參與體系之產物,但於二戰結束後研
修刑法之時,就是否改行單一正犯體系一事,確實歷經過一段反省檢討之
學說發展史[13]。及今觀之,德國刑法固依舊維持原有二元犯罪參與體系之
架構,然卻在其秩序違反法中轉向而改採單一正犯體系[14],此一法制態度
上之分歧,吾人或可以由行政管制目的與刑法保護法益目的之不同加以理
解;然而,就同屬公法範疇中,出於節制公權力過度行使之本然思考,德
國與我國在刑法與行政罰法上同採切割分離式之體例,不正恰恰證明當今
立法者對於二元犯罪參與體系所形成之適用上困局,已有意識並試圖進行
漸近緩和之改造工程。易詞以言,源自眼見為憑之客觀實證考察,以限制
正犯概念作為碁底所展開之二元犯罪參與體系,回歸近代刑法思想推演之

---

[13] 參柯耀程,前揭註5,變動中的刑法思想,頁216。

[14] 參林山田,正犯與共犯之基本問題,收錄於刑事法論叢(一),國立政治大學法律
學系法學叢書(二十五),1987年,頁5;柯耀程,同前註,頁216。而針對我國行
政罰法第14條第1項就共同違反行政法義務之規定,多數學者亦主張其乃參仿德國
秩序違反法第14條,採用單一正犯體系之產物,參林錫堯,行政罰法,元照出版有
限公司,2005年,頁91;蔡震榮、鄭善印,行政罰法逐條釋義,新學林出版股份有
限公司,2006年,頁20-21;洪家殷,行政罰法論,五南圖書出版公司,2006年,頁
177-178;吳庚,行政法之理論與實用,三民書局,2011年,頁492。

歷史背景以觀，或許具有在人權保障追求上之極正面訴求能量，因此，與其稱之為「論理上之必然」，當不如評之為「趨勢上之使然」；然而，時序至今，此一歷史發展趨勢，仍否具有偌大之必然驅力，誠令人啟疑，依本文所識，對之重予研議並考慮轉向之分歧點，其實早已屆至且醞釀許久。

一、癥結所在之必要共犯概念

思考起始之前提上，就數人犯罪進行議論之對象，範疇上本來就已將過失犯罪予以排除，因此，不僅所謂「過失共同正犯」[15]，即使係「過失教唆犯」、「教唆過失犯」，或「虛偽教唆犯」[16]等，亦未被我國實務及學理所肯認。繼起之思考是，在檢視刑法所定全體不法犯罪類型後，學說每先確立「必要共犯」概念之存在，並將之細分成「對向犯」與「聚眾犯」[17]；亦即，無論由個案之真實情節或立法者所描述之個別構成要件加以觀察，少數危害法益之攻擊模式，的確無從單憑一人之所為而足以獨力實現或完成。隨次，遂將其餘多數犯罪之實施情境，理所當然地設定為：立法者係預定僅由一人獨力所為之不法類型；於是乎，在遭逢數人偶然參

---

[15] 堪推為代表之案例乃「滾石案」，學說上對1988年瑞士聯邦最高法院為處理滾石案而承認過失共同正犯之舉，顯然並不加以支持。參林東茂，刑法綜覽，一品文化出版社，2015年，頁1-251。

[16] 陷害教唆，亦名陷阱教唆，指行為人為達陷害他人之目的，自始即以「使他人受刑事追訴」之目的而教唆他人犯罪，俟被教唆人進至犯罪實行後尚未既遂以前，旋即報警加以逮捕之情形。本質上，基於行為人並未具有使正犯犯行達於既遂之心態而言，陷害教唆自屬未遂教唆之一種態樣；然因其另有陷害之惡性，與單純之未遂教唆則稍有不同而備受關注。
於我國較早期之學理上，每認行為人既以教唆犯意唆使他人犯罪，被教唆人並已因而進於犯罪之實行，鑒於陷害教唆之特別惡性，為昭公允，自仍應論以教唆未遂犯；惟近來見解則主張，由於陷害教唆欠缺教唆故意，與本法所定教唆犯之要件不符，並不成立教唆犯。

[17] 聚眾犯（或稱聚合犯或集團犯），指犯罪之成立，係由抱持相同目的之多數人分立於不同地位而協力參與之情形，如內亂罪或聚眾不解散罪。對向犯（又稱對立犯或對合犯），指二以上彼此對立或相對稱之行為經合致而成立犯罪之情形，如賄賂罪之行賄與收賄行為，重婚罪之重婚與相婚行為或通姦罪之通姦與相姦行為。

與其中而協力實現某犯罪之事實時，為應事實之需，乃別創「任意共犯」
概念以處理並充當各該參與人在此一犯行中之不法評價，且是針對其參與
行為有無構成犯罪判斷之用。進一步，二元犯罪參與體系乘勢登場，提出
其所獨特建構之共犯可刑（罰）性基礎之學理論述，展開對各個參與行為
之犯罪評價，以及各該行為人之角色界定（或標籤黏貼）。

對於上段之思考推導，乍視之下，當無何等不合情理之謬處，惟本文
以為其絕非思考脈絡中之唯一路徑。蓋自刑法所主張法益保護之建置目的
予以考察，所謂必要共犯概念之創設，先天上即可能屬多餘之贅物，因，
刑事立法者所掛心而思欲加以遏止者，應係針對如何之攻擊行為，在何種
情狀下可能製造出法益危害之後果；又於立法權合理行使之範圍內，應如
何恰如其分地加以描述，俾能精準的拿捏各危害行為以充作不法構成要件
之內容，並將之明確的載述於成文法典上，以落實罪刑法定之實質訴求。
因而，不論係對內亂罪、聚眾不解散罪、賄賂罪、重婚罪、賭博罪，乃至
於殺人罪或竊盜等罪，其訂定時所注重之焦點，理應是各類攻擊行為之經
典模式之如何形塑，斷非參與人數之多寡單複；相對言之，所謂之對向犯
與聚眾犯，其參與人之複數性以及各該人相互間內部關係之如何，無寧是
在描述足以害及法益之行為整體形貌時，所不得不附隨加以思慮之本然事
實而已[18]。

學理上本諸必要共犯概念之投射，進而別設以單獨正犯為基礎之
「任意共犯」框架，並立足於該框架內宣稱，凡不屬必要共犯之犯罪類
型，係立法者預設僅由一人獨力實施為其想像之思考原型。對此，本文以
為斯類創設「限制正犯」及「單獨正犯」雙重框架下之推導，即使不是出
於錯覺，殆亦不脫於直覺之概念反射所致，蓋若未經辨證即自陷於上開思

---

[18] 按本法第100條內亂行為人之分首謀與非首謀之實行者，第149條聚眾不解散罪之分
首謀、下手實施與在場助勢人，考其沿革，恐係深受固有法上區分「首犯與隨從
犯」之影響所致，宣稱其係本諸必要共犯概念之產物，未必具有強大說服力。而第
237條之分重婚與相婚人、第239條之分通姦與相姦人並加以同罰之規定，亦屬在完
成各罪所預定法益侵害行為時之事實必然。亦即，純粹憑藉單獨一人或其中一方之
所為，勢不可能造成國家安全存在或社會穩定秩序之風險，或完成一般人所名之為
重婚或通姦之社會事實。

考框架中，一旦面對數人參與某一故意犯行之案例，由於受限制正犯概念之制約，除開全程參與之行為人外，其他參與人之行為似乎無法於涵攝（subsumption）過程中，逕受評價為正犯之構成要件該當行為，例如竊盜犯罪首腦於幕後之運籌帷幄行為，或居於幕後利用欠缺故意的印刷工以達偽造貨幣目的之利用行為；又或者依計畫各自擔任行為某一階段之接續式或併進式犯行，例如三人事前謀議入宅強盜，分別施以室外把風、制壓被害人反抗與搬取財物行為；乃至於在犯罪初始源頭上之造意行為，或值犯罪進行中出於故意而提供直接重要助力之行為等等，由於在成立犯罪與否之審查上，上述各類未全程參與之行為，並無個別構成犯罪之可言，則在釐定參與角色時，自亦無由取得正犯資格才是。問題是，在保護法益之刑法使命要求下，吾人誠無法對各該參與人之行為置之不理，於是乎，刑罰權擴張說之支持論述，自然而然猶始雨後春筍般，一一冒頭而蔚為今日足令吾人眼花撩亂之二元犯罪參與體系。

二、限無可限之限制正犯概念

　　我國立法者於制定本法分則各條要件之際，或許預設有「限制正犯」之立場，甚至，應認其必然有此立場，蓋無論自罪刑法定原則「無行為，無犯罪」之思想，或個人責任、行為責任原則「任何人僅以自己行為為限，承擔罪責」之理念觀之，皆然；然而，因受自然科學實證研究方法強烈影響，正犯資格之限定，字義解釋上卻過度窄限於「親力自為構成要件所描述行為之人」。茲以社會上再尋常不過之事證為例明之，在持槍殺人或發令驅使所豢養狼犬咬人案，理智上，吾人絕不致於解釋為係槍殺人或犬傷人，理由是，槍犬等之物件，對之進行評價，就刑法而言概屬無益多餘之思考操勞；於是乎，沿歸因之條件連鎖路徑而作逆向檢索之結果，極其自然地將死傷連結並認定為在槍犬背後之用槍或發令人，方是真正之構成要件行為實施人，同時，在解釋上自動對焦於該人之意志發動，並宣稱殺人或傷害之構成要件行為，係由該人所「親力自為」。然，純粹自然觀察下，行為人真真正正所親力自為之部分，除扣下板機或發令催促外，似乎別無其他動作！

此種完全漠視觀察所得事實並以直覺對之進行「親力自為」連結之作法，已不無混淆「觀察對象之描述」與「觀察對象判斷」之嫌，一旦進而遭逢利用無責任能力人以遂行犯罪計畫之案例，由於不能無視於該無責任能力人所為「刑法上之行為」一事，在抓賊擒首之意識下，遂等同類比於上開案例中之槍犬，硬生生地將該無責任能力人，評價為被利用之「工具」地位[19]，用意無非在於維持早已說理不清、搖搖欲墜之「親力自為」的限制正犯主張。而此一欠缺說服力之堅持，終於在被利用者係不法構成要件該當行為之案例出現時[20]，頓失其立論之防禦能量。觀察至此，所謂正犯於構成要件行為上親力自為之限定，事實上，已然失卻其原擬發揮之「限制」作用矣！進而，在面對任何非必要共犯之不法構成要件（例如強制性交罪或恐嚇取財罪）解釋時，執意繼續堅持「由於立法者預定該構成要件之實現係由一人親力親為，是其正犯必以親力自為構成要件行為之人為限」之主張，其於法益保護上之實益，恐亦已蕩然不復矣！

三、本法第28條至第30條規定之意向揣摩

撇開立法論上之說帖[21]不論，試觀於本法第28條所規定之內容，謂「二人以上共同實行犯罪之行為者，皆為正犯。」細繹之，其當係用以傳達「舉凡實行本法規定犯罪之行為人，為正犯；若該犯罪行為係由二人以上共同實行完成者，為共同正犯」之旨。然而，果若第28條之立制初衷僅止於此，則此一規定不免淪為畫蛇添足之訓示罷了！蓋依刑事法院與學理所共認而用供檢驗行為是否成立犯罪之犯罪階層（或階段）論系統，無論所採用者為四階論[22]、三階論、二階論或一階論，莫不承認，任何人之

---

[19] 對此主張，學理上稱之為工具理論或道具理論。

[20] 此即正犯後可罰正犯之學理名詞由來。就此概念，早期業已由林山田老師以傳神之例舉而深植吾人腦海，謂「暴力犯甲，因案服刑期滿返家，在臥房中見其妻乙裸臥在一熟睡中之丙男懷內，甲男妒火中燒，乃持刀架在乙女頸上，輕聲在其耳邊說：妳殺他，或者我宰妳。乙女在死亡恐懼下，拿取其身邊之絲襪，將丙男勒斃。」參林山田，正犯與共犯之基本問題，同註14，頁14。

[21] 同前揭註2所引述。

[22] 稱四階，其實只是將刑法上行為之過濾作用，自判斷對象移至檢驗要件內充當第零

所作所為，唯有歷經逐層判斷而終局地確認其行為具有不法構成要件所描述之負面性質，而後，方可能宣稱該人之行為構成某特定罪，至於行為人之為單或複數，論證上並無差別。設若行為非單一，其接續就數人間對於法益攻擊之關連性如何的確認，其實，係在犯罪成立判斷之後，所另行展開之別種評價。此際，各該行為人如於犯罪前或行為實施中，存在有主觀上之犯意聯絡以及客觀上之行為分擔事實，則吾人自得憑藉該「共同關係」，視全體行為人為該特定罪之共同正犯；反之，數人間欠缺上述內部連結之共同關係，所謂共同正犯概念，於此當然無登場機會，惟因各該人早被驗證其行為已構成犯罪，自各按個人之不法與罪責，分予定罪科刑為已足，所謂「同時（正）犯[23]」，正是指此。

　　進而言之，刑法第28條之規定用意，苟其機能僅在於區隔共同正犯與同時正犯，則其規範價值，自不免令人大失所望。何以言之？既然第28條是以複數參與人皆因其行為已然受犯罪成立之判斷為其適用上之前提，則其設立之功能當然不可能再置於犯罪論之範疇內，然相較於本法分則中所規定第222條第1項第1款、第321條第1項第4款及第339條之1第1項第2款，關於強制性交、竊盜與詐欺各罪之加重條件，顯然，立法者並未在第28條，明確宣示於成立共同正犯之情況下，是否按參與人數之複數及多寡加重處刑，或予以如何量科處刑之指令，反似極放心地充分授權並允由司法權於個案具體情節下，進行常態性之酌科。

　　反向思之，如若第28條之訂定，其用意係在犯罪成立之認定上，用以擴張刑罰權發動之範圍者，則其唯一之詮釋，恐在於傳達以下意旨，即認

階或第一階，而與行為之構成要件該當、違法，及行為人之有責，併為一體之檢證系統。而二階，則主張構成要件該當與違法，就行為之不法評價言，合一而逕作不法構成要件該當之判斷為適當，遂僅設不法構成要件該當及行為人之有責以作檢證之二階層。

至於一階，係認犯罪之評價，端賴對行為所展開之不法構成要件該當評價即為已足，所謂之有責，無非檢視行為人意志發動之全程，用以確立具體個案中之行為人，就規範要求之合理性以觀，有無加以諒解宥恕之事由，俾放棄對之用刑或緩和處刑程度之審酌，因之，自宜移出犯罪成立要件之外；此為本文向來堅持之觀點。

23 同前揭註6所述。

某些涉入其中之參與人行為，於啟用階層論檢驗系統進行審查之後，並無
法認證該行為足以構成犯罪（例如僅參與事前之犯意謀議，或擔任事前之
犯罪工具準備任務，乃至於僅僅實施複合行為犯罪其中某一階段卻未施以
另一階段行為者），惟出於法益保護之需，並兼顧人民法律情感之期待，
卻又無意認可該無罪之判斷結論，乃於學理上既有之若干論述支持下[24]，
透過第28條之明文，強行推出以「共同性」彌補欠缺「正犯性」之共同
「正犯」新型態。然則，倘若此等反思之假想一旦成真，習法之人恐必盡
皆瞠目結舌，蓋如此一來，近世刑法發展出而迄今猶未被翻轉之罪刑法
定，以及用以嚴謹過濾犯罪成立俾防範公權力恣意之犯罪階層檢驗系統，
勢必崩毀而淪為空談之口號；於利弊得失之權衡上，誠應慎之，再慎之。

　　推而言之，現行法第29條、第30條之設，亦屬在限制正犯概念過度窄
縮之前提下，預先將造意行為及幫助行為逕自排除於不法構成要件外，致
不得不另在總則上加以補充建置之規定。亦即，在階層論檢驗初始之構成
要件該當判斷上，教唆與幫助行為在構成要件行為要素之查核下，早已被
判為無法涵攝進入構成要件範圍內。例如第271條明定之「殺」，無論係
對人開槍、下毒、投擲炸彈或推落懸崖，皆足當之；但如僅出以言語之挑
撥或槍彈之供給，由於在此唆使、幫助行為與被害人死亡結果間，尚另有
一人直接實行殺害之行為，直觀下，遂斷定唆使、幫助與構成要件行為之
「殺」，不容等量齊觀。

　　然而，吾人只要細繹第29條第1項與第30條第1項內文，殆可推敲琢
磨出以下二點且係互呈矛盾之現象，其一，本法就教唆犯及幫助犯所設之
明文，儼然一副已將「具構成要件該當、違法且有責之人類行為」犯罪定
義拋諸腦後之態勢，反而執著於造意人、幫助人與正犯間，在犯行推進歷
程上之身分屬性定位；學理上乃以此為本，接手而展開造意行為、幫助行
為與正犯實行行為之連結，藉此以補其於犯罪成立檢驗上之疏漏。從而，
諸如責任共犯說、不法共犯說與惹起說等，用供解明參與行為可刑（罰）

---

[24] 諸如意思共同主體說、共同正犯一體性等學說論述。

性何在之理論[25]，隨之因勢而出。為貫徹其檢證之完備性，更復提出共犯從屬性概念，推衍而成為當今法例上所採用之限制從屬形式[26]，並宣稱在共犯從屬性之運作狀況下，已充分完成對於教唆及幫助行為之犯罪成立判斷。

其二，按第29條第1項與第30條第1項之字義理解，事實上，立法者同時亦表現出其對於造意、幫助行為與法益危害後果間，在因果連鎖過程上之關心。檢視「教唆他人使之實行犯罪行為者，為教唆犯」之明文，如由語義學上之字句排列結構以觀，立法者推敲遣詞之際，在其思考中不自覺所發出之訊息是：造意人之行為，係在於「使」之犯罪，至於教唆一詞，無寧只是屬性上作為副詞使用之行為表現方式，亦即，僅係「手段」罷了。如此一來，即使由形式字面上加以詮解，看似在角色定位上，本法自始已將教唆行為排除在分則各罪所定適用範圍之外，惟究其實，在法益保護之構成要件效力範圍的思考上，立法者並未忘卻關注於教唆行為與法益危害後果間之實質因果歸責。

上述所呈現之二矛盾現象，本文認為其相當程度地投射出立法者在面對共犯參與行為時之衝突、無奈情結，蓋於歷史推進之刑事思潮浮沉之

---

[25] 諸此理論，均載明於各刑法教科書，於茲不贅述，其詳細整理者，參吳勇君，論單一正犯概念於我國刑法適用之可能性──以實務上提供人頭帳戶案為論述中心，中國文化大學法律學院法律學研究所碩士論文，2011年，頁66-76。

[26] 2006年修訂施行之第29條，其公布之立法理由第二點載明：「教唆犯如採共犯獨立性說之立場，實側重於處罰行為人之惡性，此與現行刑法以處罰犯罪行為為基本原則之立場有違。更不符合現代刑法思潮之共犯從屬性思想，故改採德國刑法及日本多數見解之共犯從屬性說中之限制從屬形式。……」第30條於立法理由第一點亦明示：「關於現行幫助犯之性質，實務及學說多數見解，認係採共犯從屬性說之立場，然第一項關於幫助犯之規定，與現行條文第29條第1項體例相同，在解釋上，亦滋生共犯獨立性說與從屬性說之爭。依學界通說既認幫助犯應採共犯從屬性說之限制從屬形式，使教唆犯及幫助犯之從屬理論一致，……。」
緣改訂前本法原採嚴格之犯罪從屬形式，乃以正犯之齊備構成要件該當性、違法性及有責性為前提，共犯始依附於其上而承認犯罪性，惟鑒於責任判斷之主觀、個別性，本質上無從供作從屬之先決要件，乃修訂而統一採取限制從屬形式；亦即，只須正犯行為具備構成要件該當性與違法性（亦合稱不法構成要件該當性）為已足，學理上遂亦別稱之為「不法從屬形式」。

中，早期立法者似乎在未及深思熟慮下，受勢所制而遽然採用二元犯罪參與體系以作為因應數人犯罪議題之策略，而這套區分法在19世紀後葉之人類社會中，似也未發生何等扦格之無力規範困局；孰料，時序推移至20世紀後，多元併存之價值觀以及變遷快速之社會結構，導致犯罪行為型態隨之趨於複雜難防，而伴隨思潮澎湃所累積汗牛充棟之論述成果，益加迫使立法者處於一個無力回頭，卻又必須改弦更張之兩難分歧點上，如前所已述有關德國秩序違反法或我國行政罰中，立法者表現出之態度轉折，不正印證著此種在整體法秩序維護上，面對數人參與之行為評價，其對於二元犯罪參與體系所抱存之擔憂與焦慮嗎？

　　本文一貫認為，學理上所創卻反形成自限之限制正犯概念，在解釋論上，若自法益保護之構成要件實質機能進行考察，本就是一個「限無可限」之無益框架，在此框架中又另設之任意共犯概念，亦屬受制於必要共犯而徒招紛擾之贅物[27]。事實上，本法分則所羅列之各式法定犯罪類型，訂立原旨所在意者，純粹於「任何足以危害法益之不法行為」的輪廓描繪，至於具體個案發生之實情，係由一人或多人所為，當非其考量評估之首項因子；因此，無論是必要共犯，抑或是源自單獨正犯想像而衍化出之任意共犯概念，實欠缺吾人得加以承認或予以過度強調之實用價值。

四、二元犯罪參與體系之簡評

　　回歸最簡化之思考以形成最單純刑事因應策略之態度，若吾人堅信一個人類所為，其所以足予斷定為犯罪，理由不外在於，將該行為還原至當代人民所營社會生活中進行綜合之整體評價，已達弊大於利之過度法益危害的形成狀態，且慮及刑罰手段備位性之特質，確至除動用刑事制裁手段之外，別無他途之必要者方可判為具備犯罪品質之行為；而，為落實上述成罪理由所建構之犯罪成立要件階層論，正是檢視一個行為是否構成犯罪之唯一通路。證諸攻擊態樣參差不一之各類犯罪，在面對數人參與犯行之

---

[27] 蓋對於必要共犯之觀察重點，殊不宜落在參與行為人之複數性，反而應鎖定在若干害及法益經典類型所必然之行為複數性，其創設用意，依然係在法益保護目的下，對發動刑罰權予以節制之思考產物。

案情，刑法實不宜畫設任何多餘之框架並自陷其內。緣此，所謂正犯、共犯、單獨正犯、必要共犯、任意共犯、共同正犯、教唆犯、幫助犯等等，用以專供參與角色界定之標籤名詞，盡可揚棄之而不足惜；蓋吾人無論藉何等聳動之角色標籤加諸在行為人身上，倘若該人之行為與法益危害後果，並不足認有具可加規範掌握之因果性，即使動用如何華麗之詞藻而強以之為罪，終必失卻刑罰預防再犯之原始功能，亦於法益保護之刑法建置目的無絲毫裨益。

　　相對言之，設若不再墨守於親力自為方成正犯之限制正犯概念，對擔綱任何角色之參與行為，一律啟用階層論系統於構成要件效力範圍內對之進行覈實評價，並以此反觀本法總則第四章之規定，其訂定即不免顯露出確有低估刑法分則各條所具規範功能之荒誕。亦即，立於刑罰權擴張之視角，總則編第四章表達了「複數參與人之若干行為，分予個別檢視，原應作犯罪不成立之判斷，但基於某些擴張刑罰權之理由，為應各犯罪類型之需，遂統一設第28條至第30條於總則內，以充作各該參與人之行為論罪之補充規定」之不妥態度；為此，更逐一創設「共同行為」、「教唆行為」與「幫助行為」之可刑（罰）性根據，遂成第28條至第30條之明文。

　　總結上述，本文認為以限制正犯概念為基礎，進而建構得出之二元犯罪參與體系，在處理數人參與犯罪議題時，其不妥之處，要者有四：第一、其僅適用於故意之罪，並無力一體地將過失犯包括在內。第二、各該參與人角色之定位流於直觀形式，致界限多模糊交錯；為求其間區別之明確，折損過大心智、堆砌諸多論述，卻每淪為抽象空洞之指令，又無益於其在犯罪論上之區隔作用的發揮[28]。第三、規避階層論所設犯罪成立之檢驗機制，迂迴假藉「共同正犯之一體性」及「共犯之從屬性」等說帖，費

---

[28] 犯罪論上，區隔殺人與竊盜犯行之不法品質，就法益保護之目的而言，當然有其理論上及實證上之意義。然而，區分並界定參與人之角色，純就殺人罪言，顯然欠缺實益，蓋行為人在犯行實施過程中，不論其所扮演者為正犯、教唆犯或係幫助犯之何角色，其所成立之罪名，不均是殺人罪嗎？殺人罪之如此，竊盜罪或其他任何本法所定犯罪，又有何不同？

力舖陳各參與行為之犯罪性，卻每出現抓襟見肘或過猶不及之困境[29]。第四、過於專注在身分屬性之連結，致相當程度地忽略各參與人所實施行為自身之評價，不僅漠視犯行與法益危害間之關聯，亦有強以他人所為視為參與人行為之嫌。

　　鑒乎此，就立法論之立場言，本文主張應盡刪總則編第四章之全部規定[30]，徹底放棄周旋於各參與人角色界定之艱鉅工程，逕自回歸至刑法分則各犯罪規定，並專注致力於其構成要件效力範圍之掌握，或許方是正本清源且可一勞永逸之應對簡策吧！

　　擬更補上一言者，本文於立場上固然對於二元犯罪參與體系就複數參與人之角色安排，抱以反對態度，或許，在主張之實質內涵中，近似於單一正犯體系，然而，針對學理上所發展到成之單一正犯概念，詳細審之，其尚有「形式之單一正犯」、「減縮之單一正犯」與「功能之單一正犯」之區分[31]。由於本文無心在脫離二元犯罪參與體系之窠臼後，轉身投入另一對立且複雜之泥淖中，用意上僅在於提醒只須回歸刑法建制之初心，單純且一律地適用已趨穩定之犯罪成立判斷的階層論檢證系統。因此，既然於觀念上已根本揚棄了限制「正犯」概念，並主張應悉數撕去所有存在於參與犯身上之標籤名詞，自無理由襲用「單一正犯」用語。要言之，在刑法犯罪論中，吾人對行為所作之評價，結論殆僅生「有罪或無罪」之二者擇一；於刑罰論內，在行為已然確認有罪之後，對行為人而言，依序亦僅「需刑或免刑」之二者擇一，以及，於需刑之前提下，宜如何順應施刑之目的要求，妥適地選科刑罰種類與酌科其刑期之問題而已。二元犯罪參與體系與單一正犯體系長期以來之對峙紛爭，以及所謂之正犯共犯與單一正

---

[29] 不論由意思共同主體說或功能性支配說展開對共謀共同正犯之掌握，皆不免有流於寬鬆認定之情節，因此，學理上乃另有「共犯脫離」概念之創設，用以節制；然而，「脫離」概念及其適用範圍之界定，迄今，亦仍紛爭不休。

[30] 由於本文所論及範圍僅限於第28條至第30條規定，因此，宣稱悉數刪除總則第四章全部規定，似有過度牽連。惟，第31條有關身分於共犯間之擬制或個別適用問題，本就以第28條至第30條之規定為其操作前提，今，皮既不存，毛又將焉附？！

[31] 柯耀程，變動中的刑法思想，頁224-228；吳勇君，論單一正犯概念於我國刑法適用之可能性——以實務上提供人頭帳戶案為論述中心，頁130-135。

犯之標籤用語，在本文思考之際，並不占何等之意義。

參、墮胎罪章建置困局之突圍方案

　　對於人類此一物種之生命保護，向來即係法律制定之首要任務，刑法
尤然，展現在本法分則之規定上，依生命發展之階段，分別設有第二十四
章墮胎罪、第二十二章殺人罪以及第十八章內之侵害屍體罪[32]，稱其保護
之密度強度與時間之長度，冠蓋於所有法益，絕非虛言。其中之殺人罪，
在始自出生終乎死亡之人類生命歷程中，舉凡任何足以滅絕生命續行之
所為，殆盡列在規範禁止之列。相對於此，在生命起點[33]以迄於出生前之
生命體，本法名之為「胎兒」[34]，對之所設之保護規定，較諸殺人罪則顯
然略遜一籌，同屬故意實施，墮胎罪與殺人罪之刑度規定，不啻天壤之
差[35]。

　　概瀾刑法墮胎罪章內所定各罪之序列，顯示其立法結構，乃按行為人
之身分為基準所展開，以懷胎婦女為核心而將行為主體二分為孕婦與非孕
婦之他人，並預定除少數例外情形（如懷胎婦女自行墮胎、未經孕婦同意

---

[32] 自然人於宣告死亡後，足否即意味著人類生命已至終點，本文對之始終持保留之態
度，因屍體倘加以適當保存，人之毛髮或指甲，仍有持續生長之文獻紀錄可考。唯
本文重點並非在此，擬表達的是，「死亡」為一純粹之法律概念，且是一充滿價值
評價之選擇標記，欲藉之而逕行宣稱奧妙無窮之生命發展已告終點，似乎屬過速斷
言之人類傲慢。須注意的是，本法分則第十八章係舉善良風俗之名而規定者，立法
者之態度與本文立場，顯不相同，其似乎謹循著「未知生，焉知死」，與「不語怪
力亂神」之古訓而來。

[33] 多數學說認，生命起點應以受精卵著床（約精子與卵子相結合後之第13日或第2週）
為準計之；另亦有主張人類生命之最主要表徵，當推腦波活動之開始，是自應以腦
波機能出現之時，方足斷為人類生命之始，其時間約在受精後第6週至第12週不等。

[34] 參見民國24年，第271條及第288條立法理由之說明。

[35] 除此以外，在胎兒尚未至出生之前，若本於傷害胎兒之故意或過失，實施迄至出生
後始發現但證實係在婦女懷孕期間已造成之身體傷害者，本法就此類「胎兒期傷
害」之攻擊事實，亦保留刑罰權而未以之為罪。

使之墮胎），墮胎行為每有數人參與為其常態，緣此，乃有懷胎婦女聽從
墮胎、加工墮胎、圖利加工墮胎，乃至於公然介紹墮胎等四罪名之訂定。
依本文所識，如斯架構下之全章體例，反似為採行單一正犯體系之產物；
固然，吾人果依單一正犯體系之觀念以理解墮胎罪章，適用上自可收簡便
之效，惟倘對照總則第四章所示二元犯罪參與體系之明文，其間顯有立法
體例欠缺一致性之問題，在實證案件之判斷上，對同一事實極可能出現歧
異性結論而生倚輕倚重現象。諸此，將逐一檢視並闡述於下。

一、解釋與適用上之困局

按本章各條項所明定之犯罪型態，依序計有懷胎婦女自行墮胎罪、
懷胎婦女聽從墮胎罪、加工墮胎罪、加工墮胎致死罪、加工墮胎致重傷
罪、圖利加工墮胎罪、圖利加工墮胎致死罪、圖利加工墮胎致重傷罪、未
經懷胎婦女同意墮胎罪、未經懷胎婦女同意墮胎致死罪、未經懷胎婦女同
意墮胎重傷罪[36]，直觀下，其首先將行為人區分為孕婦與非孕婦二類，或
許慮及懷胎婦女實施墮胎，不免有自損身體健康之虞，又或係考量懷胎
婦女為墮胎，必有其難以承受之隱情，就一個滅絕生命之行為而言，其罰
則刻意壓低至「六月以下有期徒刑、拘役或一百元以下罰金」，倘喻之為
「微罪中之最微」，應非過言！至於其他非孕婦之他人所為之墮胎行為，
本法顯然極在意各該墮胎行為是否係在事先取得懷胎婦女同意之情況下所
實施[37]；藉此充當基準，乃進而分設未經懷胎婦女同意墮胎罪與加工墮胎

---

[36] 於茲未將第292條公然介紹墮胎罪列入，其理由已述於前揭註10，惟最主要者，乃本
條規定乃前置之危險模式，與可能發生數人參與於墮胎行為之本文論述主軸無關，
故加以排除。

[37] 本法所設侵害個人法益之犯罪類型，有關法益處分權，亦即被害人是否擁有拒絕法
律保護之權利？一旦被害人於事前或至遲在事中對於加害一事予以同意，在犯罪成
立之判斷上究竟將產生何影響？對此，即學理上向來熱烈討論之「得被害人同意或
承諾」議題。
按本文之理解，出於立法者就法益保護之價值選擇，略可分為不可處分與可處分法
益之二類。原則上生命法益及身體法益，乃屬前者（不過，由於本法第282條規定使
然，雖重傷罪所保護之身體法益其處分不生阻卻不法之效，但輕傷罪之身體法益，
一般認為得被害人承諾，係屬超法規阻卻違法之事由），縱被害人對之加以捨棄，

罪,試觀其間法定本刑之高低,若僅依最高刑度比對之,竟高達三倍有餘之差(第291條第1項為七年以下一年以上有期徒刑,而第289條第1項則為二年以下二月以上有期徒刑)。

令人不禁啟疑者為,何以同為滅絕胎兒生命之行為,卻可因懷胎婦女之有無同意而生偌大之別?就侵害胎兒生命法益行為之不法評價,懷胎婦女之同意一由,究竟扮演何角色?抑或懷胎婦女同意根本與墮胎行為之不法內涵無關,其間之差異係源自其他原因所致?

鑒於本法公布施行於1935年,斯時之孕婦理應鮮有墮胎之專業知識及設備,加以農業社會中苟有墮胎需求者,往往只能求助於醫務人員之技術支援或藥師之藥物供給,職此之故,本法所預設之行為主體群,自然鎖定在非孕婦之其他人身上;亦即,無論該加工人有否經孕婦事先之同意,皆被預設在「正犯」之列,例外情節是,在諱疾忌醫之隱晦需求下,懷胎婦女之自行墮胎,亦被列在處罰範圍內。其次,可以確知的是,立法者已然估量到孕婦可能與他人聯手實施墮胎行為,從而,聽從墮胎罪繼之緊接明訂於第288條第2項,而為孕婦實施墮胎者,則配置以第289條之加工墮胎罪。

然而,此類在事前形成殺死胎兒之犯意聯絡,並進而有行為分擔之複數參與人情事,本法之處置方案,似乎是分條各設罪名,個別加以輕重不一之制裁,而非訴諸總則第28條規定之補充適用。本文揣測此舉之理由當是,由於懷胎婦女之身分,性質上並非攸關不法評價之資格屬性,而係純粹致刑有重輕之不純正身分,即使啟用第28條規定也屬枉然;不僅如此,強行躁進於第28條中,亦可能衍生究應論以懷胎婦女墮胎罪或加工墮胎罪共同正犯之爭議。至於教唆孕婦墮胎或幫助墮胎,立法者當意在循求總則第29條與第30條規定予以補充適用,惟,更大之困局在於,既然懷胎婦女墮胎罪乃一不純正身分犯之規定,那麼,狹義共犯於適用本法第31條第2

絲毫不影響加害行為成立犯罪之判斷結果;至於自由、名譽、秘密、隱私及財產法益,則屬可加處分之後者範疇,一旦被害人捨棄而拒絕法律保護,加害人之行為將不足以構成犯罪(至於因法益之別而有阻卻構成要件該當,抑或阻卻違法,學理上雖有不同之主張,惟於結論上則無不同)。

項後，各該欠缺孕婦身分之教唆與幫助行為人，其所謂之「通常之罪」及「通常之刑」，又存在於何處呢？

另者，針對得被害人同意之於侵害生命法益的殺人行為，現行法藉由第271條與第275條二規定之關係，昭然宣示被害人就捨棄自己生命之處分行為，對於加害行為而言，並不足以產生阻卻不法構成要件該當之效力；亦即，無論係「教唆或幫助他人使之自殺」之參與自殺型態，抑或「受其囑託或得其承諾而殺之」之加工殺人型態，一律認其成立犯罪並課以「一年以上七年以下有期徒刑」之本刑。同理，在侵害胎兒生命法益之墮胎行為，本法於第289條亦重申並展現相同之規範意旨，惟其間之差異者有二，第一、較諸第275條規定，本法所定之加工墮胎罪中，並無「教唆或幫助他人使之……」之參與墮胎型態[38]。第二、雖曰係被害人處分其自身之專屬法益，但所謂被害人，就殺人罪而言，除被殺害之人外，別無他指，即使係刑事訴訟法中具有告訴人資格之近親[39]，亦不與焉；然於墮胎罪中之被害人，吾人殊難想像孕婦腹中胎兒，如何表達其同意被害之真意。弔詭的是，墮胎罪章內，一方面將懷胎婦女列為應加刑罰之首位行為主體（§288），卻另方面認其有法益處分權，並對經孕婦同意之加害胎

---

[38] 有謂二者不同，其因在於參與自殺之行為，由於被害人（即自殺之人）不構成犯罪，在欠缺正犯之不法行為前提下，參與之教唆及幫助行為無從附麗，自唯另以第275條明定之，方足規避必須按不法從屬性評價該參與行為之困局；而參與墮胎之情形，卻截然不同，蓋孕婦本身，因其行為已然符合第288條規定之要件而被論以正犯，則教唆或幫助懷胎婦女使之墮胎者，逕從屬於孕婦之不法行為而適用第29條或第30條。即為已足，根本無比照第275條另設參與墮胎型態之必要。

惟針對上述之說詞，本文深覺不然，對比於德國刑法第216條，其加工自殺罪僅承認有「受其囑託」一型態，並無「教唆或幫助他人使之自殺」之明文，考其用意，恐非係無正犯行為可資附麗下之轉向規定，而是立法者在罪責評價上認為對參與自殺之行為，並無從輕處罰之必要，因之，教唆或幫助他人「使」之自殺之行為，係直接按德國刑法第212條故殺罪處罰之，並非不以之為犯罪。

同此法理，我國刑法之所以設參與自殺之型態於第275條，原因亦非如論者所言之「倘未另加以明文，勢必因無正犯行為之可資附麗致無罪可罰」，而是立法者出於對被害人處分意志之尊重或諒解，異於德國法例，不區分參與自殺與加工殺人型態，一體適用較輕罰則之第275條以論罪科刑。

[39] 見刑事訴訟法第233條至第235條規定。

兒生命行為，賦與一定之法律效果，立法者思考上之拿捏尺度何在，頗令人費解。

　　由於第289條性質上乃緣於對被害人法益保護捨棄意願之尊重而相對減輕處罰之例示規定[40]，倘單就之稍作推演，最大之疑點旋即出現，即該用以提供減輕來源之基本（或準據）規定，究竟何在？自字義上斷言，顯然指向第291條之罪，然細繹之下不免深覺荒謬，蓋於對比下，第289條與第291條二罪之關係，所呈現者係A與「非A」之排斥關係，絕非全部與一部（基本與減輕）之包含關係，是於邏輯上，根本不可能理解何以A竟成為是被「非A」所包含之局部性概念，從而，又如何宣稱加工墮胎罪之第289條係未經同意使孕婦墮胎罪之減輕規定呢？退一步言，吾人縱使暫置上述之邏輯謬誤於不顧，接踵隨之而至的疑點是，加工墮胎罪之第289條既非基本規定，則於二人以上參與於使孕婦墮胎之行為，究竟是應先按第291條而分別成立共同正犯、教唆犯或幫助犯之後，再依參與人本身有無經孕婦同意之不同，進一步適用減輕之第289條規定？抑或囫圇吞棗般，逕令負第289條規定之共同正犯、教唆犯或幫助犯刑責？倘認後一適用模式為適當，其理安在？難不成在現行法評價上，與不法無關之「受懷胎婦女囑託或得其承諾」事由，也可以不問青紅皂白而直接套用共同正犯一體性與共犯從屬性？

　　前段所提質疑內，其實已潛藏另一更棘手困局於其中，設吾人反向而考察第291條「未受懷胎婦女囑託或未得其承諾」之要件性質為何？乍視之，由於第291條之規定內容極為簡要，將之定性為構成要件之客觀要素，其實並不令人意外。但如此一來，後續所生之連鎖性推理荒誕，必將一發不可收。蓋一旦解之為客觀構成要件之內建要素，設若行為人發生錯誤（即所犯不等於所知），想像情節一為，客觀上，孕婦確實一有效之同意存在，然行為人主觀上對該同意一事並無認知（即其認知上係未經同意）；理論上，此等「反面構成要件錯誤」類型，應論以第291條第3項

---

[40] 此一特別減輕之例示規定屬性，同於參與殺人罪，參照本法第275條之於第271條之結構關係，自明。

未經懷胎婦女同意墮胎罪之未遂犯,方符學理之通識,困局在於,既然在客觀上已得懷胎婦女同意,何以排斥第289條減輕規定之適用?情節二則是,主觀上,行為人之認知係已得懷胎婦女同意,但在客觀上孕婦根本未有囑託或承諾之表示,換言之,乃誤無為有之「正面構成要件錯誤」型態,按學理之多數觀點,此等認知上之違誤,就本法分設第289條與第291條二罪而異其評價之本旨以言,誠難謂該認知偏離程度不重大,於是乎,自應認為足以發生阻卻第291條未經懷胎婦女同意墮胎罪故意之效,其困局在於,本法就墮胎罪並未設有處罰過失行為之明文;此際,一個滅絕胎兒生命之侵害事實,明明已然實現,且行為人對其行為足以致胎兒於死產之事實,明知並有意使其發生,何以竟得以阻卻故意並作無罪宣告,事理之平安在?或有主張為免無視於法益保護之刑法訴求,應改按第289條規定論以加工墮胎罪,然而,在客觀上未受懷胎婦女囑託或未得其承諾之事實,如何得以視若無物般地逕論以第289條加工墮胎罪呢?

不惟如是,凡涉數人參與於使懷胎婦女墮胎之事案,上開所述錯誤之困境,勢必益發盤根錯結而無力釋明。縱退一步言,即使在未發生錯誤之尋常案件中,若各參與人間,有部分人受懷胎婦女囑託或得其承諾,亦有未受懷胎婦女囑託或未得其承諾者,在其角色定位上,究竟當援引何條明文以定其罪,又應科何人以共同正犯、教唆犯或幫助犯之刑呢?先天上,由於本法對墮胎罪章內各罪關係之安排,已然存有無力加以合理解釋之諸多疑點,更因其對數人參與犯罪之因應策略,執意採用二元犯罪參與體系,此二原因雙重交互作用下,其在學理解釋上或實務適用上所滋生之障礙,不啻於層層堆疊之登天蜀道,令人望而生怯,檢視學說著述,每見持字義學之解釋態度,止於逐條按規定內文予以釋意,而視上揭無數困局及邏輯上之矛盾於度外,殊屬可惜。

二、直觀且矛盾之各罪結構

墮胎罪通章未設有罰及過失行為之明文,依第12條第2項規定以觀,刑罰權之發動,現行法在此採取保留之態度。回歸本法有關於保護生命、身體、自由、名譽、財產等之個人法益犯罪各章,其罰及過失者,唯第

276條與第284條之二罪名；亦即在面對造成生命、身體法益實害後果之過失行為時，立法者鑒於人之死亡、受傷二重大「結果不法」之評價，始例外承認過失行為之可刑（罰）性[41]。墮胎之不罰及過失行為，考其由，雖屬對人類生命發展之侵害，但本法就生命法益價值之評估，以出生為分水嶺，在胎兒與自然人間，顯然並未給予等量齊觀；此一立法權之行使，是否屬合理範圍？設吾人藉比例原則進行略式審查，初步以「適當性（或稱有效性）」觀之，始自受精卵著床於子宮起迄自胎兒出生，除中後期孕婦身體外觀出現明顯之懷孕特徵外，一般人並不易意識到胎兒之存在，同時，因孕婦個人體質、工作、飲食、運動、交通等風險因素之通盤考量，過失致流產之行為，縱盡加臨以刑罰，亦未必足以有效達成法益保護之初衷；況，受罰者多必株連及於孕婦本身，對迎接下一個新生命之到來，反生逆向之阻力，因之，堪認在刑法上制裁過失墮胎行為，欠缺法益保護上之適當性；是以，不待更行檢討「必要性」及「衡平性」，吾人殆可確認，本法於墮胎罪章內未設過失犯之處罰明文，並無可加指摘之不當。

　　直觀上，因胎兒係存在於孕婦腹中，故本章各罪係以懷胎婦女為中心，並環繞之以展開規定，亦即，以第288條作為思考之中軸，並分別對稱以第291條與第289條規定之二副軸；此種直接反映源自外部事物純粹觀察描述而建構之體例，極可能使人以為懷胎婦女之墮胎行為，就是本章墮胎犯行之經典不法模型。惟依本文所識，此一認知顯屬重大誤解，蓋第288條乃本於孕婦之身分使然之特別減輕規定（其情形恰同於生母殺嬰罪之於普通殺人罪之關係），因而，其相較於本章其他各罪，刑度之輕堪稱之最，誠無絲毫理由視之為墮胎罪之基本規定；另者，本章除第291條規定外，亦強烈意指胎兒生命法益之最可能攻擊來源為孕婦本身，此一意向亦出於「害及胎兒，不能想像懷胎婦女不存在」之直觀，其顯然違反母性而與一般通念相違，蓋排除少數例外原因（如因被強制性侵而受孕、得知

---

[41] 一般咸認，在刑事評價上，過失行為之主觀不法以及客觀上之行為不法，程度上皆尚不足認有應加刑罰必要之高負面品質，是唯有憑恃其所致結果之重大性，方足以構成刑事犯罪。因此，過失犯構成要件之設置，自當限定在人身法益之保護需求下，始有必要，且必以結果犯構成要件之體例呈現。

胎兒有畸型發育或有礙優生之遺傳性疾病者），在物種本性驅力下，懷胎婦女不僅不應被視爲攻擊者角色，孕婦藉由其子宮之特殊生理構造，反而是胎兒得以安全孕育之最強力保護者角色，方符事理。

用供保護生命法益之最經典規定，首推刑法分則第二十二章之殺人罪，推敲殺人各罪之結構關係，其基本之普通殺人規定置於該章之首條，開宗明義揭示禁止任何足以致人於死行爲之規範意旨，準此，不論何時何地、手段爲何、行爲人與被害人間之關係如何、誘發行爲之情境或動機爲何，乃至於被害人是否自甘就死，概非所問，一律屬於第271條效力所及之禁止行爲。據之可推知，第274條乃考量生母一身之特殊情節[42]而酌設之減輕例示規定；此外，斟酌被害人自我放棄生命之自主意願，並於第275條另設一減輕之特別規定。整體以觀，殺人罪章之規定，條理排序頗爲簡潔明確，且不生法益保護上之漏洞。反觀墮胎罪章，同以生命法益爲其保護客體，相形下卻顯雜亂失序，在體例協調之對照下，本文以爲第288條與第274條規定，同屬對母性因素之琢磨；而第289條則類似於第275條，係出於對加害行爲之同意或承諾之諒解，性質上均屬於在刑罰上之減輕特別明文。而問題恰在於，唯一可能係墮胎罪基本規定之第291條，卻出人意外地以「未受懷胎婦女囑託或未得其承諾」作爲其成立要件，如此一來，其與第289條規定竟成爲敵對性之排斥狀態，並且亦失去成爲第288條基本規定之資格。果爾，由於在墮胎罪章內欠缺一個足以涵蓋全體墮胎行爲之類型要件，不僅與同屬侵害生命法益之殺人行爲，無法評估其間在不法評價上之差異比例；墮胎各罪間隨之亦不可能存在著競合之結構性關係，連帶所及，各罪行爲在不法與罪責評價上，顯然欠缺一個基準以衡量其建置之位階，結果當然是，在所定之法定本刑上，明顯可見其呈現無序直覺之高低跳躍現象。

此外，第290條亦屬令人相當錯愕之規定，固然，本法針對一定犯

---

[42] 梁啓超嘗有一令人悸動之描繪，謂「女，弱；爲母，則強」，妙哉其言。母愛殊可認係世間難有能與之抗衡之偉大力量其一，是必有足以令人鼻酸之隱情或莫大之精神壓力，否則，何以致殺其甫出生子女。

行，更以營利意圖為附加要件而加重刑罰者，不乏其例[43]，惟該意圖加重要件，理應附加於基本要件之上，始生其加重處罰之用意而不致對部分犯行漏未斟酌。然而，第290條卻一反常規，偏狹地僅以犯第289條之罪為其唯一前提，而第289條加工墮胎罪構造上原屬於特殊之減輕規定，遂形成立法例上「先減後加」之罕見奇觀。初視之，或不易察知其失妥處，但只須對比於第291條未經懷胎婦女同意墮胎罪，立現失衡之敗象及漏洞；蓋就舉輕明重之法理，若經懷胎婦女同意之墮胎行為，出於營利意圖者以加重之，卻在情節更為惡質嚴重之未經懷胎婦女同意墮胎行為上，不以為忤而未予加重，焉得事理之平呢？

三、墮胎罪章之重新建構

在不變動墮胎罪章內所定條文之前提下，即按解釋論之立場，本文認為處理數人參與墮胎犯行之最佳策略是，揚棄二元犯罪參與體系而改以單一正犯體系展開判斷，最屬簡便。蓋本法墮胎罪章係以「行為人之身分是否為孕婦」為經，而按「墮胎行為有無孕婦之同意」為緯，依其位序而展開。換言之，墮胎行為是否係在數人協力下之完成，並非立法者關注之焦點，不論其由懷胎婦女或他人之任一獨力實施，備置有第288條第1項懷胎婦女自行墮胎罪或第291條未經懷胎婦女同意墮胎罪，可供援用；縱使由孕婦與他人二人以上協力為之，亦各得適用第288條第2項懷胎婦女聽從墮胎罪第289條加工墮胎罪予以論處。此種對各個不同角色攻擊類型之預定，恰恰證明本法承認無論行為人居於何地位、扮演何角色，均具有獨力實現墮胎既遂後果之能力，因此，分別足以取得第288條、第289條或第291條犯罪之正犯資格。若稱這是單一正犯體系下之法例產物，何不當之有？反之，倘本諸總則編第四章規定，而將二元犯罪參與體系強行套用於墮胎罪章上，不僅有方枘圓鑿之嫌，其於解釋及適用上所形成之困局，如前揭所已述，根本無人有能力脫困。

---

[43] 例如在買賣質押人口罪之第296條之1第2項、和誘略誘未成年人脫離家庭罪之第240條第3項及第241條第2項規定。

相對而言，倘就立法論之立場，嘗試對本章所定各罪要件進行修訂以
應法理之需，本文認為，宜先將墮胎行為之不法基本模型加以明訂於本章
之首，其規範之內容當為「禁止滅絕胎兒生命之任何故意行為」，其明確
而具體之成立要件，則可簡潔扼要規定為「使懷胎婦女墮胎者」；亦即，
只要將現行法第291條之「未受懷胎婦女囑託或未得其承諾」要件予以刪
除，即可畢其功。蓋就保護生命法益之刑事價值考量而言，被害人之同
意，本就不足以撼動不法評價於絲毫，況於墮胎行為，稱被害人者，若在
想像上可能，亦當指胎兒而非懷胎之婦女；因此，懷胎婦女之不同意，就
墮胎行為之犯罪成立，自屬百害而無一益之贅餘要件。

以修訂後之第291條作為墮胎罪基本規定之實證意義在於，不論是否
為孕婦之任何人，是否得有懷胎婦女之囑託或受其承諾，亦不問其意圖為
何，舉凡出於故意而致胎兒於死者，概屬本法所欲加制裁之墮胎行為。惟
若，行為主體係孕婦本人，則改以適用減輕規定之第288條懷胎婦女墮胎
罪。另者，設為孕婦墮胎施以墮胎之人，係在受懷胎婦女之囑託或受其
承諾之情節下而使孕婦墮胎者，另優先適用第289條加工墮胎罪以減輕處
罰。此外，本章為禁止藉扼殺胎兒以牟取私利之行為，乃以營利意圖為特
殊惡性之徵表要件，倘行為人意圖營利而實施第291條所定使懷胎婦女墮
胎之行為者，則另按第290條規定加重之；為此，自宜將現行法第290條第
1項「犯前條第1項之罪」字樣刪去，改為「犯第291條第1項之罪」[44]。亦
即，意圖營利之加重要件，應建構在基本規定之上以求普遍，而不應限縮
於定性為減輕規定之第289條上，僅作為其加重之要件[45]。

末者，本於已述於前之理由，第290條公然介紹墮胎罪，則建議予以
刪除，俾維持實害犯立制之本章一貫體例。準上所述，茲將試擬之修訂條
文對照表臚列如下，用供參考。

---

[44] 如此之改訂，不免生逆序加重之弔詭現象，釜底抽薪之計，自唯有將本章各罪之條
號順序重行排列，將基本規定前移，並將此一加重罪名緊接規定在後。就此，參見
所擘修訂條文對照表，即明。

[45] 準此，第291條墮胎罪將分別與第289條加工墮胎罪及第290條圖利墮胎罪形成特別
關係之法條競合狀態，其適用之情形，同於當場激憤而殺直系血親尊親屬之競合模
式。

表8-1　墮胎罪章草案部分修正條文

修訂條文	現行條文	說　明
第288條： 使懷胎婦女墮胎者，處……。 因而致婦女於死者，處……；致重傷者，處……。 第一項之未遂犯罰之。	第288條： 懷胎婦女服藥或以他法墮胎者，處……。 懷胎婦女聽從他人墮胎者，亦同。 因疾病或其他防止生命上危險之必要，而犯前二項之罪者，免除其刑。	1.本條爲普通墮胎罪。 2.原第291條第1項刪去「未受懷胎婦女之囑託或未得其承諾」字樣，移至本條第1項。 3.原第291條第2項與第3項，移至本條第2項與第3項。
第289條： 意圖營利而犯前條第一項之罪者，處……。 因而致婦女於死者，處……；致重傷者，處……。	第289條： 受懷胎婦女之囑託或得其承諾，而使之墮胎者，處……。 因而致婦女於死者，處……；致重傷者，處……。	1.本條爲營利墮胎罪。 2.原第290條第1項移至本條第1項。 3.原第290條第2項，移至本條第2項。
第290條： 懷胎婦女墮胎者，處……。 因疾病或其他防止生命上危險之必要，而犯前項之罪者，免除其刑。	第290條： 意圖營利而犯前條第一項之罪者，處……。 因而致婦女於死者，處……；致重傷者，處……。	1.本條爲懷胎婦女墮胎罪。 2.原第288條第1項及第2項刪除，不再區分行爲態樣，合併定爲本條第1項。 3.原第288條第3項「前二項」字樣改爲「前項」，移至本條第2項。
第291條： 受懷胎婦女之囑託或得其承諾，而使之墮胎者，處……。 因而致婦女於死者，處……；致重傷者，處……。	第291條： 未受懷胎婦女之囑託或未得其承諾，而使之墮胎者，處……。 因而致婦女於死者，處……；致重傷者，處……。 第一項之未遂犯罰之。	1.本條爲加工婦女墮胎罪。 2.原第289條第1項移至本條第1項。 3.原第289條第2項，移至本條第2項。
第292條 （刪除）	第292條： 以文字、圖畫或他法，公然介紹墮胎之方法或物品，或公然介紹自己或他人爲墮胎之行爲者，處……。	本條原定之公然介紹墮胎罪，爲維持本章一貫之實害犯體例，避免罰及過廣，爰刪除之。

肆、結論

總結前述各章所述,歸納如下三點,權充本文之終結。

一、面對數人犯罪之議題,二元犯罪參與體系將正犯與共犯之角色區分,定位在犯罪論上,並主張其行為分別具有程度不一之不法評價。除限制正犯之親力自為構成要件所描述之行為外,其餘之參與人,對其行為則無從逕自按犯罪成立階層系統加以檢驗是否構成犯罪,職是,參與行為之可刑(罰)性均須另覓其他法理方足以取得其依據。緣乎此,乃被迫而展開其不可謂不龐大之理論體系以應需要;惜,迄今,關於間接正犯、共謀共同正犯、教唆犯及幫助犯各角色之界限釐清,不僅未能明確劃一,其爭議之分歧尚呈方興未艾之勢。相對之,單一正犯體系因將數人犯罪之議題,定位於刑罰論之層次上,得以輕易避開如二元犯罪參與體系折損偌大戰力於角色定位之突圍殊死戰局。

對此,本文立場上較傾向於單一正犯體系之思維模式,惟認正本清源之道,仍應回歸至法益保護之構成要件效力範圍中進行犯罪要件之解釋,將重點置在各該行為對於法益危害惹起或實現之因果評價上;亦即,解除限制正犯概念對於構成要件行為之過度限制,專注於行為人與法益危害間之行為連結,並持該行為充作判斷對象,一體適用階層論檢驗系統進行評價,以確立各該參與行為有無成立犯罪。至於「正犯」、「共犯」或「教唆犯」、「幫助犯」,乃至於其他各式各樣有關角色設定之標籤名詞,殆可一律摒棄不用,以免墮入無休止之角色定位混戰。

二、沿二元犯罪參與體系與單一正犯體系之對照檢索路徑,審視本法分則編內之墮胎罪章規定,恰足證明立法者立制之初,身陷於二體系間如何取捨之兩難糾結。亦即,依本文所識,直接按單一正犯體系之思考而展開墮胎各罪之結構解析,最屬簡易精準,只須猶如「一個蘿蔔一個坑」般地,逕自依條文所設定之條件逐一套用,即使面對數人參與角色或地位之不同,亦不生適用上之難點,故就解釋論立場言,單一正犯體系反而是最佳之便捷策略。

但如若堅持二元犯罪參與體系之模式，俾求與總則上第四章規定維持刑法內部之一致性，則恐須啟動墮胎罪章之修訂工程，全面重建本章各罪條文間之內容與結構。在此，擬補行強調者，本文雖於前揭第三章第三節內試行草擬修訂草案之條文，惟其並非專為二元犯罪參與體系所設，即使採用單一正犯體系，亦同有適用餘地；因此，其並非在立法論上為二元犯罪參與體系進行辯護之舉。

三、本文始終以為，在詮釋或適用墮胎罪各條規定之際，不論所採者為二元犯罪參與體系或單一正犯體系，由於始自第291條未受懷胎婦女囑託或未得其承諾墮胎罪，即內建有不可逆之立法失誤於其要件中，因而所衍生於第288條懷胎婦女墮胎罪與第289條加工墮胎罪間之邏輯矛盾及結構衝突，根本是藥石枉然；加以，行之有年之二元犯罪參與體系，早已龐雜至內部自行攻伐，而達抽象空洞之「玄之又玄」等級，例如功能性支配或優越性支配等概念，就筆者智力等級而言，就只能訴諸天馬行空之想像或揣摩，絕無能力亦乏勇氣持以決斷具體個案之事實。

是以，最理想之策略方案，唯有躍出二元犯罪參與體系與單一正犯體系之對峙漩渦，擺脫限制正犯概念所設「限制框架」，只須個別分就各參與人之行為（須先拋棄親力自為概念之桎梏），一體適用共識所承認之階層論檢證系統，在犯罪論層次，判斷出「成罪或無罪」之二者其一；在成罪之前提下，於刑罰論層次，針對行為人之意志形成與推進全程，審酌「需刑或免刑」之二者其一，並在行為人確屬需刑之前提下，以其主觀上之責任為基礎，審酌刑法第57條所列各款情狀，而所量定之刑只要未逾法定刑範圍（即裁量權行使之外部界限），復無違反比例、公平及罪刑相當原則者（即裁量權行使之內部界限）[46]，即屬妥適而完整之刑事檢驗。

---

46 最高法院104年度台上字第1153號判決；相同意旨者，104年度台上字第765號、104年度台上字第761號、104年度台上字第683號、104年度台上字第669號、104年度台上字第647號、104年度台上字第620號、104年度台上字第613號、104年度台上字第608號等判決。

9

法治國原則與有責性原則
——兼論連坐制度的合憲性問題

陳新民[*]

祝壽文

壽星一生奉獻在研究刑事法學與從事追訴犯罪的實務，其大作「過失犯論」（民國83年，三民書局），更是國內研究此一領域的權威著作。猶記得四十年前，我在就讀臺大法律系之時，經常在圖書館遇到當時尚在執業律師的壽星，往往西裝革履，提著一個大公事包，一坐下便埋首研讀刑法書籍，且頗多為日文資料，令人十分羨慕他流利的日語。當時我們初上蔡墩銘教授的刑法總論，蔡教授儘管學富五車，但個性靦腆，不擅表達。我們被複雜的刑法概念搞得七葷八素，故常厚顏的向他討教，這位大學長無不耐心的傾囊相授，讓我們茅塞頓開不少。

大學畢業後，我去德國留學。返國後，幸運的與壽星有許多相遇的機會，也得聞壽星在各個服務的崗位上，能發揮所長，堅持法律人應有的正義觀，對不公不義之人與事，總能剛正如石、嫉惡如仇的「挺起脊樑」，不畏不懼；同時對部屬同仁，皆能謙和儒雅，莫不如沐春風。這種「剛柔各本其位」的操持，堪為所有學者從政的典

[*] 德國慕尼黑大學法學博士、現任司法院大法官、台灣大學國家發展研究所、銘傳大學法研所、文化大學法研所兼任教授。

範。壽星治學、從政與爲人處世，能達到如此爐火純青的境界，豈能不讓人欽敬？

轉眼間，當年我們欽羨學養豐富、熱誠懇切與風度翩翩的廖學長，如今已將歡度七十大壽，歲月如梭，竟迅速如此！蒙壽星女公子尉均雅囑，邀我寫一篇小文以爲壽星賀，然我對刑事法學的浩瀚，始終難窺其堂奧，僅得硬起頭皮，索盡枯腸，塗鴉成此小文，眞乃班門弄斧也，謹請壽星以及方家不吝賜正，並藉此敬頌壽星：

　　　　　體健若金石，福壽比南山！

目　次

國家若要對人民施以刑罰或矯正措施，其前提要件必是：
國家的道德水準要比該人民優越的多。

德國大法學家・賴特布魯赫

壹、楔子——一篇「警官連坐調職新聞」談起

三年前一月初，不經意間，報上一小篇不顯眼的「上任十六天的分局長連坐調職」的新聞映入眼簾，原來甫接任台北市萬華分局長的江慶興，因為二年前擔任前一個職位（士林分局長）任內，一個轄區派出所副所長涉及瀆職罪（包庇賭場）的劣跡被查獲，上級遂以江分局長「督導不力」為由，連坐處分，調離新接任只有十六天的萬華分局長職務，降調為內勤科長。以警界的慣例，該分局長即無再外派的可能，易言之，將以待罪之身直到退休[1]。

看到這一則新聞，我內心不無感觸！江分局長是我在二十年前於英國倫敦大學亞非學院進修所結識的朋友。在我的印象中，是一位勤勉、熱誠與帶些鄉土質樸個性的學者型警官，最後獲得博士學位。由於英國是現代警察制度的創始國，有關英國的警察制度，特別是英國警察極為濃厚的「紳士風」，有異於德國與日本警察傳統帶有家長性質、類似小學老師般的「師長風」、以及美國警察「西部牛仔」般的執法性質，都使我在留英期間，十分關注英國警察培養過程所孕育的「警察文化」！

因此，在我國警界能夠出現第一位「英國博士」，我在多次的交談中，再三期盼江博士返國後，能以英國「他山之石」來影響，並提升台灣「八萬警察大軍」的警察法制之質量，因此，我為我國警政革新的前景仍報樂觀的態度。

回國數年間，我注意到江博士一直在警政署內擔任行政工作，以警

---

[1] 江分局長即於二個月後退休，年方五十七歲。但不久出任南港輪胎董事長，隨即協助警方偵破該公司前任資材部協理收賄弊案，並查扣我國治安史上金額最高的現金（查獲高達2.9億元台幣及外幣現鈔），一時傳為佳話。

察的職務發展原則而論，外派擔任首都地方的分局長，是考驗其能力的最好機會，也是職務生涯前進的必經之途，2010年江博士終於能外派士林分局。二年的成績頗受肯定，而後調任責任更重的萬華分局，才二週左右，便因其在士林分局長任內爆發的基層員警瀆職，連坐責任使其去職，並最終離開了警界。

這一則看似平淡無奇的人事命令，令我不禁感慨萬分！好一個連坐責任！在現代的法治國家，這一種不講究有無「防止可能」的連坐責任，可以以摧毀一位優秀公務員的生涯規劃、榮譽、尊嚴，甚至職業與工作權為代價，通得過法治國家所強調的比例原則，尤其是採嚴格審查標準的比例原則之檢驗乎？

這促使我想撰寫一篇由憲法角度來論究有責性原則的動機，也是將刑法內最重要的原則之一的「有責任方有罪刑」的原則，提升到憲法層次的可能性問題。

這是因為國家公權力行為——尤其是刑罰權與行政權力——，皆是代表國家貫徹領導者意志的工具。在人類法政文明數千年的發展過程中，國家型態與國家體制，已經產生巨變，達到了「法政文明史的最高階段」——即法治國家。而此國家文明的指標，正是使「司法刑罰權」的質量文明化，讓人民的財產與安全，能夠防止刑罰權此一「巨靈」的侵犯。

這個在三百年前興起的啟蒙運動以還，所進行的「思想改革」，最具體的成就乃是建立了一套先進的刑法的法理與體制，且早基於政治民主化、確定主權在民與權力分立等理念，所建立的「法治國家」出現之前。可以說，西方國家在步入現代意義的憲政國家之前，相對成熟的刑法思想，已經鋪好了可以以較文明，而非殘酷方式，達到此新型國家出現的坦途。

然而法治國家的理念，包括人權的概念與種類，乃是一種持續在發展的體制與思潮。不可避免的，作為下位位階的刑法理念，自會受到上位位階憲法法治國原則的影響，反之，處於較低位階的刑法理念，可否有朝一日亦能上昇成為憲法理念？倘持肯定論，則顯示出法治國原則與刑法學理論，可以處於一種「既衝擊又調和」的關係。但這種關係，除了上位階影

響下位階乃是較為簡單與當然的詮釋方式外，反向的，由下位階的刑法原則，如何昇華成上位階的憲法原則，似則應代表憲法原則的「成長」，此過程代表了法治國家原則「新元素」的增加，則更有探究與確認的價值。

因此，在擬具寫作的方向方面，本文擬嘗試由憲法所樹立的司法與刑罰權的基本原則談起，並引述法治國原則「滲入」刑事法學領域所遭遇的困境，並以賴特布魯赫原則近年來似乎獲得「復興」的成就，來論究憲法理念與刑事法思想的調和問題。最後，亦將討論其他法治國原則與刑法原則的互動關係，例如，刑法的有責性原則能否上昇形成憲法原則，從而規範其他非刑罰的公權力，如行政罰與懲戒罰，是否在相關法律引進「有責性原則」後，還能實施過去數十年的「連坐制度」——如前述的「警官連坐制度」般的相關問題，以探究有責性原則，在我國現今法制內，有無完全取得憲法位階原則的疑慮。

貳、憲法與司法基本權利

一、政治基本權與司法基本權

現代法治國家的人權理念，有一個迥異於傳統立憲國家的現象，即在基本人權萌發初期，乃是強調「政治性人權」，舉凡人民言論、行動、出版、宗教及結社自由等，都是彰顯其在政治意義上的效果，人民此類權利的擁有與保障，乃透過政治抗爭，政黨組織與朝野實力的競逐所產生。故國家若不能善盡保障基本人權，即可能淪為暴政，而產生國家政治的動盪，故人權問題形同火藥味十足的政治問題，也是憲法與行政、立法間的三角關係。

而在法治國家理念興起後，憲法成為一種「全方位價值判斷」的集合體，憲法條文的理念，可以、也應該隨著時代透過其解釋的代言人（如釋憲機關）來增加新的內涵。同時，其拘束的效果，產生了擴張效應，可以進入各種國家生活的領域，例如，涉及國家與地方財政立法、稅務關係

等，而有「財政憲法」（Finanzverfassung）；進入國家法治理念往昔最難影響到的國家國防軍隊事務、軍人的基本人權及國防事務法治化，產生的「軍事憲法」（Wehrverfassung）[2]；在文化與教育方面產生教育基本權及「文化憲法」（Kulturverfassung）等。

　　至於法治國家中有關司法權者，即為最高位階的「司法憲法」（Justizverfassung）——乃指憲法中有關於司法權之運作與組織部分的條款。這涉及到主要是國家權力分立關於司法權的部分。但憲法的司法權，包括組織層面的司法機關（法院）的建制、各種法官的產生、身分保障等硬體的結構外，尚包括司法權力運用的基本準則，可以稱為是所謂「軟體部分」，也包括基本人權中屬於「司法性人權」部分。此種「司法基本權利」（Justizgrundrechte），與政治性人權同屬於防衛國家公權力的「防衛權」（Wehrrechte），只是其防範的侵權力來自於司法機關（當然透過立法權的賦予）罷了。此即為現代法治國家的人權典章內，司法性人權條款，已經和「政治性人權條款」與強調國家要承擔積極給付與服務義務的「社會人權條款」，呈現「三強鼎立」的現象。

　　二次大戰結束後，許多國家的憲法，例如，德國基本法以及歐洲聯盟基本權利憲章（Charter of Fundamental Rights of the European Union）紛紛將人權領域擴張至司法[3]與社會領域，已經蔚為潮流矣。關於司法性人

---

[2] 關於軍事憲法的概念，可參見陳新民，軍事憲法論，揚智文化事業股份有限公司，2000年初版。

[3] 歐洲聯盟基本權利憲章（Charter of Fundamental Rights of the European Union）第六章司法權利第47條以下至第50條，便有詳盡的規定。可參見：
第47條（得到有效法律救濟，以及公平法院之權利）
(1)任何人受本憲章保障的權利若受侵害，皆有權利依本條所定的條件，向法院尋求有效的法律救濟。
(2)每個人都有權要求他所涉及的案件，由一個獨立的、不偏袒的、且依事先訂立之法律組成的法院來審理，並且必須通過公平的程序，公開而且在適當期間內審理完成。每個人都可以受諮詢、進行防禦、任用辯護人。
(3)資源不足的被告，應依其聲請給予訴訟援助，當這是為了保障其有效使用法院所必要時。
第48條（無罪推定與防禦權）
(1)每個被告，在被依法證明為有罪之前，視為無罪。

權，已經逐漸的形成一種「國際化的標準」，亦即成為普世價值。

關於司法權力的組織與運作方面，例如，受到法院審判救濟的機會（德國基本法§103Ⅰ、歐洲聯盟基本權利憲章§47）、法定法官的原則（唯有透過法官判決才可以剝奪人身自由，德國基本法§101Ⅰ、我國憲法§8也有類似旨意）、一般人民只接受一般法院的審判（我國憲法§9不許可人民接受軍法審判、德國基本法§101Ⅰ與威瑪憲法§136不得設置特別法院）等。這些對司法組織與運作基本原則的規定，也帶來法院角色的改變，由「單純中立第三者的仲裁者」演變為「積極防衛人民免受侵害」的保衛者角色，亦即將法院賦予能充分承擔起防衛人民遭到任何不法公權力侵犯的職責，法官應而開始如同軍人與警察般，乃人權的維護者，而非僅僅將此「桂冠」贈送給憲法法院也。

表明這種法院「定位改變觀」，最具體的乃是：德國基本法在第19條第4項，已開啟了此項「概括救濟」之門——人民對於任何來自於公權力的侵犯，都應受到法院的保障。除非法律另有規定，否則即可由普通法院承審之。

這是憲法承認人民一旦遭到任何公權力的侵害，都可以請求法院救濟，然唯恐立法者怠惰，不積極針對侵犯來源與種類詳加訂定管轄法院之規定，基本法才在此情形，明訂普通法院有管轄權，讓人民不致於「投訴無門」。但此條規定除了條文表面上後段顯現出來的「普通法院概括管轄權條款」外，其整體內部還代表了一個精神：即人民在一件事務上自覺有

---

(2)應保障被告的防禦權受到尊重。

第49條（罪刑法定原則，罪刑比例原則）

(1)行為或不作為時，依內國法或國際法不是犯罪者，不得因此行為或不作為而受有罪判決。亦不得宣告重於行為或不作為當時所規定的刑罰。若行為後法律更改為較輕之刑，必須依此較輕之刑處斷。

(2)本條不排除，行為或不作為時雖無法律的犯罪規定，但若依當時普遍的、所有國家都公認的原則屬於可罰時，仍得對此行為或不作為宣告有罪或處以刑罰。

(3)刑罰的輕重與犯罪行為，不得不合比例。

第50條（一行為不受兩次追訴，不受兩次處罰之原則）

任何人的同一行為，若已在歐盟境內依法受有確定力的有罪判決，則不因此行為再受刑事追訴或刑罰。

遭到公權力的侵犯，一定可以獲得法院的救濟。因此，即便是該侵犯已經透過法院的判決，人民對於此最後來自於司法公權力的決定，仍然認為已經侵犯其人權時，仍可依據此條精神，請求法院救濟，此即是立法者應考量的義務，準此，德國聯邦憲法法院即可將此種救濟，納入其「裁判憲法訴願」（Urteilverfassungsbeschwerde）的職權範圍之內。因此，對於人民防範所有來自各種公權力的侵犯，已提供了周詳的法院保障體制矣[4]！

其次，在所謂的「司法基本權」方面的入憲，也和政治性憲法幾乎同時，乃是關注到了政治極權與司法極權，同為國家暴政的一體兩面，甚至，司法極權乃充作政治極權的工具與打手。故要鏟除此兩大暴政，必須由司法權力的拘束著手。

這是極為進步的想法，這也和草擬此法治國家理念之憲法條文者的出身，乃是律師或法律專業，而有甚大的關聯也。

就以美國1791年12月15日公布的憲法增修條文為例，其十個條文中就共有五條之多，例如：規定了比例原則──不得要求過多的保證金或罰金，及施以嚴酷的刑罰（§8）；一事不二罰與正當法律程序（§5），同時特別強調人民在刑事程序中享有的權利，例如人身保護與搜索、扣押狀的制度（§4）；在和平之時，非經大陪審團提起之公訴，人民不

---

[4] 就此意義而言，在我國爭論多時的論點：究竟我國大法官要否引進能對終局裁判是否正確解釋法律、認定事實及符合證據原則與比例原則等，避免終局裁判確實侵犯人民基本權利，而建立的「裁判憲法訴願」制度，顯然在人權保障的周全性上，應獲得肯定的答案。當然，此制度的引進將衝擊大法官審查的界限與終審法院的衝突，使大法官成為實質的「超級第四審」，人民誤以為有超級審救濟的可能性。雖然這種期待實質上並非不可能經常出現，但是必須有賴於大法官建立嚴格的自律規則，僅限於嚴重、明顯與侵犯人權的重要案例，才有介入判斷的必要，同時此新制的導入也可能牽動大法官結構的改變。聲請案件必然倍增，大法官必須增加人數，恐怕須仿效德國聯邦憲法法院分成二庭，一庭專審此類案件，且承審大法官宜以最高（行政）法院出身者為原則。至於非由最高法院，而由高等法院或地方法院資深法官出任者，則不宜承審。同時，大法官助理即應有高等法院法官擔任，方可正確的審查最高法院判決的合憲性問題。可見得此新制的建立，仍需要周詳與大魄力的配套措施，否則僅是換湯不換藥的增加大法官的職權，將引來大法官解釋更粗糙、更可能濫權或淪為形式主義的後果，不可不察。可參見陳新民，如何強化憲法與基本人權「維護者」的體系功能，軍法專刊，第61卷第3期，2015年6月，頁3以下。

得接受重罪之審判（§5）；在聯邦刑事訴訟程序中，被告享有陪審團聽審、律師辯護及對質、有利證人傳喚之權利（§6）；民事法中超過一定訴訟標的（20美元），亦可享有陪審團的權利，陪審團認定的事實，除依普通法之規則外，不得於美國任何法院中再加審理（§7）。此五個條文剛好占了所有基本人權條文正好一半之多，同時也都與刑事訴訟有關之基本權利有關，因此「司法人權」也無異於「刑事基本人權」（Strafjustizgrundrechte）。

比較起同時間（1789年8月26日通過）的法國大革命人權宣言——代表了當時歐洲人權思想的菁華——，其中有關司法與訴訟的基本人權，包括保障人身自由的正當法律程序（§7）；罪刑法定主義（§8）；無罪推定原則、禁止任何加諸扣留人身的殘酷行為（§9），占了全部十七個條文中的三個，僅有17%左右。

由此憲法位階的美國與法國人權條款與司法人權的比例懸殊，至少顯現出兩個事實：第一，政治性的基本人權與司法基本人權（包括刑事訴訟基本人權），已經自始成為所有基本人權的兩大構成部分；第二，美國基本人權概念的重心，顯然偏向司法基本人權，這與美國憲法的制憲先哲傑佛遜、富蘭克林等，皆有優異的法律背景有密切的關係。

至於大陸法系的國家（例如，德國），受到法國大革命的影響甚深。因此在19世紀醞釀產生的憲政與基本人權理念，即以政治性人權為主，而以司法性人權為輔，例如，威瑪憲法第116條與基本法第103條第2項明白宣示的刑罰罪刑法定主義，基本法第103條第3項的雙重處罰之禁止，第102條的廢止死刑，以及前已述及「司法憲法」之法定法官原則、不得設立特別法院等，皆屬於此類型的基本人權。但遠遠比不上美國憲法的司法人權之多，然基本精神卻大同小異也。

二、刑事法律體系完整性——「體系與理念自足王國」的現象？

法治國家的憲法作為最高位階的法規範，故其人權規定能在各個法領域內獲得影響，例如，勞工法、智慧財產權、社會給付等，都有「開花散

枝」的繁榮現象，相關理論較易獲得法官的採納，是乃其法律思潮與學理的根基仍屬於「可塑期」也。相對學理與法院運作體系早已建立完整，甚至歷經一、二百年歲月發展，其間且經歷國家出現各類型政權的起起落落之民法或刑法體系，早已自成一個「體系與理念自足王國」。這些源於法治國家的理念，能否如同在上述「新興法域」般，貫穿其銅牆鐵壁，改變其重要的原則？恐怕充分的說理能力與冗長的時間，並非易事。這也可說明即使釋憲水準甚為精深的德國聯邦憲法法院，半世紀以來，對於傳統法學見解鮮有撼動其根基的案例，可見其困難之至[5]。這也是因為這些成熟的法領域內，有一批批根深葉茂的基礎原則，不易撼動也。

　　特別是刑事法律及其程序，乃赤裸裸國家公權力的行使，二次世界大戰後，早成為法治國家理念關切的對象，所有公權力的行使，都受到嚴格法治理念的檢驗。本來法治國理念與行政法的發展息息相關，行政法由奧圖・麥耶教授（Otto Mayer）在1895年大作「德國行政法」問世後，短短的半個世紀之間，已成為大陸法系行政法的主要架構與理論來源。行政法雖然由當時的秩序行政轉為二次大戰後的服務（給付）行政，一路的發展都策重在行政權力的拘束，或行政權力行使領域的擴張等問題之上。

　　相形之下，另一支構成國家公權力的主幹之司法公權力，則鮮少受到公法學者，甚至憲法人權研究者的關注。這多半是基於此些崇尚法治國家主義者，認定德國的公法與刑事司法，早已是遠比行政法，以及憲法的

5　這可以由我國大法官釋字第726號解釋，挑戰了民法基本原則為一例，來說明之。該案乃就勞雇雙方就工作時間等另行約定未經核備，是否仍受勞基法相關規定之限制所產生的最高行政法院與最高法院的見解爭議，由最高法院代表的見解，認為國家為了保障勞工不遭受過度工時之待遇，而制定的勞基法相關規定，對於勞工團體與企業主簽訂的契約，未必有強制的效力（超越法定工時的法律效果），仍必須尊重雙方的契約內容，反之，最高行政法院則以勞基法應具有強制規範的精神，未經核備，即應適用勞基法之規定。由最高法院的見解，可以反映出該院對於民法規範完整性以及足以應付類似問題的解釋能力，乃持高度的肯定的態度矣。關於民法概念產生於法治國家的萌芽階段，許多公法理念，都隨著國家實施高水準的法治國家，而引入至國家的法律體系，構成法秩序的主要支柱，因此，也會大幅度衝擊入民法的領域，民法規範自給自足的「體系王國」，已成為昨日黃花，參見陳新民在釋字第726號解釋所提出之部分協同部分不同意見書。

發展來得更為長久，理論體系也更為完整與成熟。國家憲法與行政法所拘束的行政公權力，最好不要觸及民事與刑事法院的運作，也毋庸將公法原則「投射」入民、刑法領域之中，反而，大規模的行政立法，特別是在20世紀起，爭論達數十年的行政程序立法問題，都是以民法總則與刑法總則這兩部的雄偉立法為採擷對象。不可諱言的，這兩部總則結構與理論周密，都整整牽動了三個世代以上的公法學者之心儀，企盼能取法「此二大總則」之體系，而使行政法總則，成為國家整體法秩序的「三大支柱」（drei-großeSäule）。

所以，面對著民法，甚至刑法的研究深厚，在奧圖‧麥耶教授以後相當長的一段時間內，公法學界是以欽羨的眼光來注視之。如奧圖‧麥耶教授稱之為「姐妹法學門」（Schwesterrecht）的民法與刑法，並儘量向其取經[6]。的確，就與法治國理念，尤其是前述已提及的司法性人權而言，有許多已經是在當時的刑事訴訟程序中實現，而政治性人權反而仍處於訓示規定、道德訴求，甚至成為立憲主義與民主主義者，與政府抗爭的主要訴求——例如，充分的言論自由、集會遊行與出版權、政黨結社權等。相反的，不少司法性人權，早已成為國家的刑法重要原則。就以1851年制定的「普魯士刑法典」（Preußisches Strafgesetzbuch）第2條為例，即將「罪刑法定主義」納入成為刑事司法的指導原則：任何一個重罪，犯罪與違規行為，都要在行為前已有法律明白規定可罰性時，方得處罰之。本條文且使用「無法律則無刑罰」的拉丁文（Nullapoena sine lege），顯示出已經繼承了大學者費爾巴哈（P. J. A. von Feuerbach）的見解，也因此開啟了德

6　這也難怪，因為奧圖‧麥耶教授本係研究法國民法的專家，由於法國民法發展遠比當時德國先進（拿破侖民法典制定於1804年，德國民法典遲至1896年才通過立法，1900年開始實施）。奧圖‧麥耶教授熱愛法國文藝、法學以及擅長優越的法文，因此在普法戰爭後，德意志帝國新獲得的領土「史特拉斯堡大學」裡教授法國與德國民法時，開始對法國行政法產生興趣，而後撰寫出膾炙人口的法國與德國行政法學總論，同時在任教前奧圖‧麥耶教授也擔任過一陣子的律師，若謂他是以深厚的民法基礎，踏入行政權力的規範領域，同時以民刑訴訟的概念來比擬行政權力與人民間的關係。故奧圖‧麥耶教授若欠缺民法的素養，可能就不會成為德國行政法的開山祖師，實不為過也。

國刑法學上嚴格的法實證主義年代，刑法學者致力於概念與立法規範的明確性。

此外，本法也對未遂犯、幫助犯、教唆犯等加以規定，特別是強調了「責任原則」，例如在第40條明定「無歸責能力」（Unzurechnungsfähigkeit）——指行為人於行為時喪失理智、瘋狂或是遭暴力脅迫而無自由意志為行為者，不構成犯罪；第41條規定緊急避難之行為，亦不構成犯罪；以及第42條規定「減輕責任能力」（Verminderte Zurechnungsfähigkeit）——指行為人若低於十六歲時，則為限制行為責任者，如於行為時無判斷其為違法之能力時，應不罰，但得交由家庭管教或令人適當收容機構實施矯正。

另外，亦有對於行為人對於犯罪違法性，基於犯罪時各種情形，無法確認為犯罪行為，則認為無歸責能力，對加重結果亦然（§44）；想像競合犯條款（即我國刑法§55的從一重處斷、該法典的§55），第56條以下有實質競合的條款，以數個獨立不同行為為犯罪，累積處罰，但重罪不得超越二十年、輕罪不得超過十年。也是人類刑罰文明的一個里程碑，已奠定了現在刑法的雛型[7]。

此部1851年的普魯士刑法典影響之大，不僅迭經1871年所頒布的「帝國刑法典」（Reichsstrafgesetzbuch, RStGB）所採納，甚至延續至今2011年德國「刑法典」（Strafgesetzbuch, StGB）為止，迭經近二百次的修訂。可認為是世界上最長壽的刑法典。其影響許多國家的刑法立法，包括我國刑法在內[8]。

在此僅以國家刑罰權最嚴重的死刑而作說明：雖然遲至二次大戰後的基本法第102條才明白宣告廢止死刑。但德國各邦國討論廢止死刑，則幾乎與刑法典的制定同步進行。例如在1849年3月28日法蘭克福憲法草案，第139條即明訂：「除了戰爭法律特別規定，或海洋法關於叛亂規定外，死刑應予廢止。同樣的，其他關於公開柱刑、烙印、以及體罰皆應廢

7　陳惠馨，前揭文，頁266以下。

8　陳惠馨，1851年普魯士刑法典——當代「德國刑法典」的基礎架構，月旦法學雜誌，第208期，2012年9月，頁258。

除。」此一反映當時受到法國立憲政體所興起的民主憲政理念，所擬定的憲法草案，雖然未能在政治運動上獲得成功的完成一部德國統一的憲法法典，但在德國憲政史上，無疑是具有極重要的象徵地位，顯示出德國各邦國已對「平日廢止死刑」，已有了共識。而後，在德國各地許多邦國亦陸續廢止死刑[9]。

相對持自由思想而廢止死刑的南德各邦國，政治上影響力最大的普魯士邦國，雖然一直未廢止死刑，但也自1860年起改變公開執行死刑為秘密執行。隨著1870年德意志帝國的成立，帝國刑法典主要由普魯士刑法典轉變而來，維持死刑，但卻極為謹慎[10]。由在德意志帝國成立後的二十年間，共執行四十二件死刑，平均每年只有二件，即可看出德國刑法實務界對於死刑的執行，已經達到最大的克制。若謂此種極低死刑執行率代表德國刑法文明的程度，亦恐不為過也！

因此，德國刑法學界對死刑的態度，已經明顯的融入了當時先進的法治國與人權理念，而即便對此立場最保守的普魯士邦國（以及為其掌控的德意志帝國），也可以由刑法典周密的規定以及學理對執行者的深入影響，才會在國家刑事公權力上，對其最嚴屬的死刑權，有如此巨大與明顯的案例數，以為佐證也。

而對照整整半個世紀後，德國學術界才有較完整的行政法學著作出現，所謂法治國家的概念（奧圖‧麥耶開始提倡討論的「警察國家」與「自由主義法治國」），才剛開始進入大學講堂，更可以印證出刑法研究

---

[9] 南德地區的巴登大公國在1849年3月16日廢除死刑（軍法部分除外），符騰堡王國在1849年8月13日廢除死刑，歐登堡、黑森、薩克森、薩克森安哈特等邦國也都在這段時間廢除死刑，而布萊梅、漢堡以及法蘭克福等自由市也在1849年初廢除死刑。參見廖揆祥，德國為何廢除死刑？──從歷史的角度觀察，新使者雜誌，第119期，2010年8月，頁19以下。

[10] 以下述統計資料即可得知其審慎的態度：1882-1886（76件宣判死刑／15件執行，下同）；1887-1891（52/1）；1892-1896（55/1）；1897-1901（42/25）；1912（40/20）；1914（41/15）；1915（19/18）；1916（23/21）；1918（30/16）；1920（113/36）；1921（149/28）；1930（43/1）；1933（78/64）；1934（102/79）……見von Münch/Kunig, GrundgesetzKommentar, Bd.2, 6Aufl., 2012, Rdnr.20 zum Art. 102.

的深入，已經遠遠地將公法學拋之在後[11]。

參、有責性原則內容的衝擊——賴特布魯赫原則與影響

　　如前所述，德國刑法自1851年的普魯士刑法典公布後，刑法學的基本原則，大致上已奠定了成熟的基礎，且符合當時發展中的（自由主義）法治國家的原則，許多原則延續至今。特別是在該法典中，已經出現了「責任能力」的條款，不僅強調十六歲以上，才具有責任能力外，且對犯罪行為必須出於自由意志，才具有可罰性。明顯的已經實施了「有責性原則」。隨著日後刑法典的逐漸發展，刑法對於此「有責性」原則基本認知並無改變，即認定每一個人都有自己決定為一定行為與否的判斷能力（責任能力）的前提下，因此竟然作出該犯罪行為，即屬可為社會所非難，方可處以刑罰。

　　我國刑法也類似，就以構成犯罪條件的理論模式而言，任何人成立犯罪的前提，除了要有特定的行為在之外，此行為必須符合刑法犯罪的構成要件（構成要件該當性）、具備違法性（欠缺阻卻違法事由）、有責性（行為人具有責任能力，並有期待其不為該特定行為的可能性）。此即所謂的「犯罪成立三段論」，在該刑法典中，大致都符合此原則矣。

　　因此，法律可以規定人民在何種情況下，雖有為符合構成要件的行為，但在違法性上已認定具有若干阻卻違法事由，即可排除該行為的不法性，自無追究刑罰的必要。例如，依法令之行為、依上級命令之職務行為、業務上正當行為、正當防衛及緊急避難等五種「法定阻卻違法事由」

---

[11] 儘管在政治軍事當時處於佼佼者的普魯士，在1851年制定了此一先進的刑法典，但在德國另一個當時影響中、南與西部德意志諸邦國更大的的大國——巴伐利亞邦國，卻更早在1813年便由費爾巴哈主導制定的巴伐利亞邦刑法典。此一部被認為是人類啟蒙時代以來最偉大的刑法典，已經形成整個德意志地區刑法學發展的動力，1851年的普魯士刑法典也奠基於此法典也。陳惠馨，前揭文，頁265以下。

（我國刑法§21～§24）。雖然上述「阻卻違法事由」，刑法只規定其法律效果為「不罰」，與滿足不法性後，因欠缺有責性，一樣可導致法律效果為「不罰」——即已經構成犯罪（構成要件滿足，及具備不法性），只是免除刑責而言，容易造成混淆。因此，學界對此早有批評，認為應改為「不具違法性」即可。如此一來，即在「違法性」的判斷上，已肯定此構成要件雖合致，但並無不法也，從而也不必再論及有責性也[12]。

　　至於有責性則要論及當構成要件與違法性皆滿足後，有無處罰的「責任」，此即由具備責任能力與否與「不法意識」為斷。前者如年齡與辨識能力，後者則涉及到行為人「主觀的意志」能否由所得的資訊，來判斷所為之行為是否違反法律，亦即注重個人有無「不為該犯罪行為」的期待可能性也[13]。

　　因此，就以公務員執行命令而言，我國刑法將之納入「法定阻卻違法事由」，而此服從的界限，是以「明知」違反刑法為界限（刑法§21 II但書），此明顯是採取故意犯為處罰對象。故對於「不知情」之違法者，即無責任可言。是採明白的有責性原則（故意犯）。故依傳統刑法理念，行為人必須有能力，認知該行為之違法性，從而可期待其能有自由意志而不為該行為，即「不作為的期待可能性」，方可課予刑責，亦即才有非難的必要性也。

　　至於，德國刑法，則對公務員依法令執行職務，不予處罰，主要不在違法性上論究其為阻卻不法事由，而是在有責性上論究其有無承擔刑罰的非難性[14]。例如，德國聯邦軍事刑法（1974年5月24日公布），第5條第1

---

[12] 如林山田，刑法通論（上冊），增訂9版2刷，2006年4月，頁301。

[13] 林山田，前述書，頁383。另外亦可參考黃榮堅，基礎刑法學（下），元照出版社，2012年最新版，頁592、606、623、625。林鈺雄，新刑法總則，元照出版社，2011年3版，頁299。

[14] 這是德國在18世紀以後受到啟蒙思想與自然法思想，特別是黑格爾的思想，認為一個行為的非難，不可光由外在行為的客觀歸責事由（imputatio facti）來論定其責任，亦即不應以行為層面來檢驗，而是要以行為人的主觀責任（imputatio iuris）來論究，亦即有無可能要求該行為人可以不為該犯罪行為，而改為符合社會規範行為的可能性也。此即區分「不法性」（Unrecht）以及「有責性」的基本原則。H. Otto,

項明白規定：「部屬如有實現刑法構成要件之行為，如該行為係依上級命令而實施者，唯有當行為人認識到其行為之違法性，或依據當時的情況，其應當明白其行為之違法性，始有責任。」顯然地，則將依命令的行為，視為不具備有責性的立法例。故雖和我國刑法的相關規定並不完全一致，但對公務員與軍人服從義務的有責性原則，並無歧異也。

德國刑法自1851年發展至二次大戰結束為止，公務員，或者以軍人為例，如遵守長官命令而行為，依據其主觀認定該命令具備合法性（由外觀合法性認定），且當時公務員相關法令並無許可下屬審查命令是否具備合法性之餘地。我國的刑法除了上述對違反刑法的命令，應不予服從的義務，僅限於「明知違法」外，對於違反其他法令的命令，學界則普遍認定下級公務員對於上級命令，只要法令形式上合法，即有遵守的義務，並不享有實質的審查權，以維護行政效率[15]。

在此便涉及到公務員與軍人在服從命令時，是否能夠期待其認知該命令的「不法性」，進而產生不執行該命令的權利。如果，不能期待該下級部屬，有此認知之可能時，即不應課予刑責，是為有責性原則的實現。這也是基於保護下級公務員的有限資訊與判斷命令不法的能力也，而無非難之必要也[16]。

這種下級公務員的「認知與期待可能性」，有無一定的內涵，亦即，有無哪些價值判斷，甚至「禁忌」，是構成該「期待與判斷」必備的要素？關涉有責性的判斷標準，成為新的問題。

Grundkurs Strafrecht, 2 Aufl., 1982, S.162.亦可參見H. L. Schreiber，吳俊毅譯，在法律上人是為他的行為而負責？，刊載：民主‧人權‧正義──蘇俊雄教授七秩華誕祝壽論文集，頁19以下，元照出版社，2005年。

[15] 林山田，前述書，頁351。

[16] 這也是法律要以寬容的態度，而非嚴苛的來對行為人應否負擔其刑事責任，而考量也。正如同鄭逸哲教授所稱的，替行為人「設身處地著想」，故應視開槍士兵的開槍，是否存在要其不開槍的可能性，作為是否成立阻卻責任的判斷因素也。鄭逸哲，法學三段論下的刑法與刑法基本句型（一）刑法初探，2005年9月增修3版，頁174、184。

一、賴特布魯赫原則的產生與紐倫堡大審

　　由於在二次大戰後，德國脫離了納粹集權統治後，建立新的法治國家的風潮，如風起雲湧般，造成公法學的「百花齊放」，公法學的發展已非昔日的吳下阿蒙，對於民法，特別是刑法體系成為「自足王國」的現象，也開始產生互動。值得重視的，開第一槍者，竟然是刑法權威的學者，且在一次大戰後威瑪共和成立所延攬的第一位擔任司法部長，並在1922年曾負責德國刑法典修正的刑法學家賴特布魯赫（G. Radbruch）。其在二次大戰甫結束後，發表一篇著名的「法律上的不法與超法律的法」（gesetzliches Unrecht und übergesetzliches Recht），嚴重譴責德國法治理念的墮落以及法治國家原則的崩壞，主要是基於二個口號：對軍人而言，命令就是命令；對法院而言，法律就是法律。這種將執法人士，即接受命令的軍人與公務員，以及執行法律的法院，都喪失了個人基於良知、公平觀以及正義的審查本能，完全被可能喪失人性與侵犯人類價值的法律命令所麻醉[17]。因此，他提出所謂的「賴特布魯赫定律」（Die Radbruchsche Formel），即實證法的規定，並非都是「法」，有些實證法在「特別情況」（in äußersten Fällen）時，會失去規範力，亦即，任何法律或命令的合法性都有一個底限，不得牴觸實質的正義，包括個人良知在內[18]。

　　本來，以刑事法專家出身的賴特布魯赫，在納粹政權暴政統治前，乃是法律實證主義的堅強支持者，在其早期學術的論作中，有許多名言，都是強調：法治國家應當強調法律安定性，且此法律安定性的重要性，超過實質正義[19]。但在目睹了納粹政權極端強調實證法律的效力，與透過制定

---

[17] 這句用語的雛型乃是賴特布魯赫在1945年9月12日於「萊茵內卡報」（Die Rhein-Neckar-Zeitung）所發表的一篇短文「五分鐘哲學」的第一分鐘開頭語。可參見李建良，轉型不正義？——初論德國法院與歐洲人權法院「柏林圍牆射殺案」相關裁判，月旦法學雜誌，第148期，2007年9月，頁19。

[18] 陳新民，「不法」法律及命令服從的困境——由譯、讀賴特布魯赫的經典之作《法律上的不法與超法律的法》檢視「賴特布魯赫定律」的適用問題，軍法專刊，第54卷第6期，2008年12月，頁4。

[19] 賴特布魯赫有關法安定性的名言甚多，例如，「正義是法的第二項重大使命，不過，第一項使命則是法的安定性——即和平。」（1929）；「法的安定性要求

法律之方式來遂行暴政，遂一改過去立場，在1946年8月提出此篇論文，強調追求實質正義，明顯的，是以自然法理念來融化冰寒的實證主義。

很明顯的，他所針對與指控的國家公權力，不以行政公權力為對象，而是以刑事公權力為對象；質言之，這些為虎作倀的「法院」──以賴特布魯赫在文中所舉出的案例，也是事後在納粹政權被推翻後，由占領軍進行的追溯納粹迫害者的訴訟中所顯示的法院──，都是刑事案件，無一涉及民事或行政訴訟。顯見，儘管在納粹政權時代，民事訴訟或行政訴訟亦不乏執行當時排猶法律所作出的不公與歧視案例，但比起侵犯人性尊嚴、人身自由價值範圍之重，以及案例之多，刑事體系乃主要為罪魁禍首。

按賴特布魯赫的理論，是在如火如荼登場的「紐倫堡大審」（1945年11月21日至1946年10月1日），已進行到接近尾聲的時刻（8月）才見諸於報端。其對紐倫堡大審的影響力應當是有限而已，而且大審最後對被告所確定違反的戰爭人道罪，並非依照德國刑法的理論（精確的講，乃「修正刑法理論」，如賴特布魯赫原則），而是國際有關戰爭人道義務的牴觸等。因此，賴特布魯赫原則雖未給予紐倫堡大審判決直接的理論基礎，然本原則要求軍人、公務員及法官，有「拒絕執行某些命令與法律」的義務，否則不得作為阻卻違法的事由，正是和當時適用之德國刑法與公務員法根本南轅北轍。也因此希特勒政權許多令人髮指的命令，包裹了合法的外衣（依法定程序公告並刊登在帝國法律公報上，取得形式與實質法律的地位），也幾乎在每一個被控違反戰爭人道罪的戰犯辯詞中出現。特別是本理論直接推翻了「罪刑法定主義」的基本原則，讓被告於行為時，毫無預見其不法性的可能。在整個訴訟過程中，本原則乃是目睹此一攻防戰後，立於「法庭外」的第三者所提出來的見解，也算是賴特布魯赫這位權威刑法學者對此「世紀大審」檢辯雙方所一再攻防的要點，進行思考後

是，在任何一個法的爭論中，總要有一個是最終的結論，哪怕是不實際的。」（1947）；「刑法比其他法的領域更需要法的安定性，故只有成文法才能保障法的安定性，使得每一部現代刑法，都將刑法鑄造成成文法的形式。」（1907）可參見 Gustav Radbruch, Aphorismenzur Rechtsweisheit, 1963, S.23/40.

的結果，所提出來的見解。但可惜的是，可能因其本人已年老力衰，無法長篇大作的加工潤飾，而成為更具說服力的理論模式。僅只是一個理念初稿。賴特布魯赫在三年後（1949年年底）即撒手西歸。此文遂成為其「天鵝之作」[20]。

　　就結果而論，紐倫堡大審的定罪依據與賴特布魯赫原則，乃一體兩面。但大審在短短近一年時間內要全盤清算納粹政權累積十二年的罪惡，且犯罪地遍布半個地球，因此此大審的判決未能在上述有責性成立的法理上，能有太多著墨，更不要論及對德國實證主義法制主義的批判。常年來，此大審被解讀為代表被侵略、迫害的各國與人民，對納粹政權的控訴，是具有國際與政治意義，對於遭受納粹政權迫害的德國人民及德國法治國家原則——即賴特布魯赫大作所指控的戕害，吾人也可稱為「內傷」，則非大審的目的。也因此，大審在過程不免摻入戰勝國的各自盤算，對被告固然並不冤枉，但在審判過程揭露的許多違反戰爭人道罪行，即使勝利國一方也有參與的部分，即未以同樣的標準制裁[21]。讓此大審永遠也帶來了屬於「勝者為王式」的裁判之名。

　　故，紐倫堡大審不妨視為國際壓力，使德國產生自省決心，但表現在對內的法治革新方面，則應當歸功於賴特布魯赫原則的提倡。其對於由1851年普魯士刑法典制定以來，長達百年的實證主義的塑造國民的法律秩序觀，以及傳統受到普魯士「絕對服從論」根深蒂固影響的德國公務員與軍人而言，更是必須在整個國家法秩序上重新加以調適不可。

---

[20] 陳新民，「不法」法律及命令服從的困境——由譯、讀賴特布魯赫的經典之作《法律上的不法與超法律的法》檢視「賴特布魯赫定律」的適用問題，頁5。

[21] 最著名的案例當指1940年發生的蘇俄屠殺2萬名波蘭戰俘的「卡廷屠殺案」（Katyn-massacre），是蘇聯秘密警察機關內務人民委員部在蘇聯共產黨中央政治局的批准下，於1940年4月至5月間對被俘的波蘭戰俘、知識分子、警察及其他公務員進行的有組織的大屠殺。遇害人數估計約為22,000人，最常見的數字為21,768人。https://zh.wikipedia.org/wiki/%E5%8D%A1%E5%BB%B7%E5%A4%A7%E5%B1%A0%E6%AE%BA，最後瀏覽日期：2016年1月21日。

二、賴特布魯赫原則與實證立法的採納

因此，這是一個整個國家法律傳統、國民法意識及法感情的鉅大改革，這也是德國國民在1919年揮別帝國時代，接納民主憲政的威瑪共和初期，所沒有的「全民法律情感」的重大變革。其朝野黨派與學術界共同表現的決心，呈現在立法與執法（司法或刑事審判程序）之上。

例如，在立法態度上，德國即是世界各國中最積極將賴特布魯赫原則形諸於由憲法以至於其他相關法律的條文之內。在憲法的層次，由基本法第一條承認人性尊嚴，並可作為直接拘束公權力的法律，將人性尊嚴作為指導一切公權力的正當性依據。在法律的層次，更是明顯的打破「絕對服從論」，部屬對長官的命令享有審查權限，但以不違反其所認定的人性尊嚴為限。因此，人性尊嚴連同其他刑法、秩序罰、懲戒罰的法律規定，以及不合乎勤務目的的命令，都屬於「無拘束力的命令」，下屬毋庸服從。質言之，人性尊嚴、合法性及合勤務目的，都構成了軍人與公務員的服從界限。準此，德國在1955年制定的軍人法第11條第1項及第2項[22]，與1953年制定之聯邦公務員法（Bundesbeamtengesetz, BBG）第56條及1957年制定之公務員法基準法（Beamtenrechtsrahmengesetz, BRRG）第38條，以及1957年制定的軍事刑法（Wehrstrafgesetz, WStG）第22條第1項（前段），都有類似的規定。

如此一來，軍人與公務員對於命令享有審查的權利與義務，故和以往不同，軍人即可對違法及牴觸人性尊嚴的命令──例如，可能造成無辜平民傷亡的開槍行動或其他動用暴力的行為──不僅擁有拒絕服從之權，也是義務；衛兵對於攀越法定圍牆之人民，亦不得逕行開槍阻止，如造成傷害，應負有急速救治之義務。至於法院法官對所承審的案件，認有違反基本人權之虞時，更可停止審判，透過聲請釋憲的方式澄清之，而無必須遵守之義務也。

賴特布魯赫原則的「不可容忍」（Unerträglich），顯然是一個最極端的界限，也是應以最嚴格的標準，劃出軍人或公務員執行命令的良知與

---

[22] 陳新民，法治國家的軍隊，軍事憲法論，頁108以下。

正義觀的「臨界點」，越此一步，即使「斧鉞加身」亦不顧忌也。

　　然而，上述轉換成實證法的命令界限，顯然寬鬆甚多，即使合法性與合勤務目的，乃較合實證法規之內容，可供推敲，至於與「不可容忍」要件較為接近的「人性尊嚴」，顯然來得更為寬鬆。按人性尊嚴，並非所謂的臨界概念，反而是一種隨時代與人權要求可以日益增加、包容性更廣的概念，易言之，是一種愈多愈好的人權。因此，其可能在各種不同領域內，可異其標準。這由德國任何一本憲法教科書對基本法第1條第1項的「人性尊嚴」所為的定義，以及其在刑事訴訟法、刑法，以及在社會救助法與社會福利法中，即可改變其規範與著重的方向：前者著重在人身自由的維護、名譽與尊嚴的保障；後者則在生活之資的確保，以及身心健康的基本維護權利（社會與健康保險與給付的充分保障）。因此，絕非賴特布魯赫原則的狹義與臨界概念可及。特別是在關涉到軍事勤務方面，受到的衝擊更大，也可能是世界其他國家的軍隊所無法想像，以致於能否應付真正嚴酷的戰爭考驗？已成為迫切的危機。

　　這也說明了一個不爭的事實——即本理論模式幾乎自一問世以來，即被歸類為：「不完美的法」（lex imperfecta），其概念內容以及適用後會對下命令的長官、接受或拒絕執行命令者的法律後果，學術上的研究都已經達到汗牛充棟的程度。然而，始終對最核心的問題——所謂的「不可容忍」的「特別情況」（in äußersten Fällen）定義，更無法明顯界定。這是標準的不確定法律概念的用語，在最強調法律明確性的刑事法律中，是否應當比在普遍出現的行政法中，要有嚴格限定其適用餘地的必要？本即是新時代強調法治國理念應有的檢討態度，然而，賴特布魯赫卻似乎未有從根本上檢討此種「明確性」立法技術的必要性，即將此不確定法律概念的「不可容忍」作為判斷行為人應否執行命令的依據——須知這種判斷的結果，可能造成行為人遭受槍決的嚴重後果[23]。

　　特別在常年受到法實證主義薰陶的刑法學者，儘管在一般刑事構成要件容忍不確定法律概念，但對本原則產生一個新的、概括性質的（不可容

---

[23] 李建良，前揭文，頁25。

忍的特別情形）的理由，來否認傳統刑事法學的阻卻違法事由，且此理由乃憲法層次，而非由法律層次之理念所產生，能否符合刑法學的體系，幾乎無不質疑者[24]。

這種顧慮，在理論模式的推演中，即不難發現其在執行的弊病方面，會有氾濫之虞。特別是這種理論，很容易被負有執行嚴格與危險職務義務的公務員所「濫用」與「誤用」，前者用來藉以逃避執行命令所帶來的危險與困難；後者易被對任務內容不清的下級機關，對於上級所發的危險與嚴格的命令，產生侵犯賴特布魯赫原則的認定。這種在軍事任務強調絕對保密，下級部屬無權得知每一個軍事行動的目的、功能，以致於以有限的資訊會產生此類似「誤想的正當防衛或緊急避難」，故對軍隊命令的貫徹，將大有戕害[25]。將在下文四討論之。

---

[24] 早在我國學界如林文雄教授引進賴特布魯赫定律時，已經明指此一弊病矣。林文雄，賴特布魯赫的自然法論，法實證主義，1976年4月，頁57以下。

[25] 例如，在1957年制定的軍事刑法（Wehrstrafgesetz, WStG）第22條第1項的後段即規定，下屬軍人錯誤認為上級所頒發的命令，已違法及違反人性尊嚴，而抗命不從時，仍屬抗命罪。第2項規定，前項的抗命罪，唯有下屬軍人產生的錯誤是不可避免時，方可不處以抗命罪。第3項規定，下屬軍人基於其所掌握的資訊，錯誤的認為該命令為違法或其因其他理由而無拘束力，而不執行，且也無法期待該下屬能採其他法律許可的方法來抵制該命令，則不應處以抗命罪。如可期待下屬軍人採取其他法律方式來抵制該命令時，法院可免除其抗命之罪刑。由上述對於錯誤認定命令違反法律，特別是違反人性尊嚴者，並無免除抗命罪責的特權，可知，抗命罪是一種危險的賭注。特別值得一述的，乃是德國軍刑法該條文第2項很務實的將下屬軍人判斷命令是否有拘束力的標準，侷限於「基於其所掌握的資訊」，更是切合戰爭的實況。所謂戰場爾虞我詐，戰術千變萬化，每位軍人、單位長官所執行之任務皆只為整盤棋局之一子，能知的資訊愈少愈好，避免洩露敵方。所以，愈是危險之單位，愈不能知悉更多命令的目的，甚至乃情報戰所提供的假資訊。因此，下級軍人所獲得的命令往往不知其目的，以致於產生錯誤的判斷，且處於緊急狀況，無平時的求證時間，更因此要強調保障下級軍人可能的犯錯。且個案情況，可由法院來決定，而非長官與部屬來主張，更合乎人性，應予贊同。但是德國上述刑法的寬鬆與人性規定，會否過於理想，而無法在真正的戰爭事件中經得起考驗，恐怕仍為問題也。但無論如何，軍人為求自保，自然會盡力想方設法，來檢驗命令的拘束力，日積月累的薰陶下，軍隊內的「命令文化」，一定會有質上及運作上的一套準則來對應也，這也是賴特布魯赫原則的勝利。

三、賴特布魯赫原則的復興——柏林圍牆守衛案的判決

　　賴特布魯赫原則出現在半個世紀前紐倫堡大審期間，雖然當年承審法官無一為德國人，更非法學者，甚至可斷言，無一法官瞭解賴特布魯赫的學理及其權威性，故未能採納或發揮其原則，乃理所當然。但德國基本法成立後，本原則在政治上已成功變成規範公務員與軍人服務義務的實證法後，已經將此原則平常法制化。漸漸的賴特布魯赫原則也淡化，由實際規範國民行為準則的刑法與公務員法等討論的議題，移位至法哲學探究的領域。在執法個案有無正確援引「違法或違反人性尊嚴」，作為阻卻違法事由或是有責性是否存在的問題，則屬於法院的認事用法判斷領域，即使有爭議，也不易成為釋憲的標的。而且聯邦憲法法院在日後漫長的數十年審判實務中，引用賴特布魯赫原則的案例寥寥可數，多半提及在法治國家中，實質正義的重要性乃超過法律安定性，作為宣判某些違憲法律，已達到重大程度而無效的理由也。但對何為「不可容忍」即「特別情形」，並沒有任何更進一步的探究[26]。故此原則已失去實證法的意義。

　　但自從1989年柏林圍牆崩潰，兩德統一後，為了追究前東德柏林圍牆士兵開槍擊殺不少逃亡的市民，而引發的「柏林圍牆守衛案」，也使德國法學界重新檢驗此原則。這是基於本原則於德國土地上成長近五十年後，所產生一連串的「轉型正義」的追究前東德士兵罪行之訴訟——長達十五年之久（1990至2004），進行112次訴訟程序，起訴246個被告（其中80名為前東德柏林圍牆士兵）。此時，乃在純由德國法律人，甚至可以說在賴特布魯赫學說影響下成長的德國法官來承審，理應能對本原則有深入與精采的發揮[27]。

　　然而，這些訴訟既然都涉及到東德守衛開槍、擊斃不少試圖攀越圍牆市民所引發應否承擔殺人刑責的問題，自然會對本原則多所論究。但最重要的一案，是1991年7月19日「居富禮案」（Chris Gueffroy），也被稱為

---

[26] BVerfGE 3, 225; 6, 132; 23, 98; 25, 284;54, 53; Klaus Marxen,Gerhard Werle, Strafjustiz und DDR-Unrecht: Gewalttaten an der deutsch-deutschen Grenze, 2002,S.634.

[27] 幾個重要的審判，可參見李建良，前揭文，頁7。

「第一件圍牆士兵守衛案件」，受到最大的重視。

　　居富禮是一位十九歲的東德青年，也是柏林圍牆倒塌前，最後一名試圖攀越圍牆的犧牲者。統一後，在場命令與開槍的四名守衛，被提起公訴。柏林法院本案的判決中，宣告開槍的士兵亨利（Ingo Heinrich）有罪，並處二年半有期徒刑。剛滿六十歲的審判長賽德（Theodor Seidel）博士，原居住在東德，四十年前移居西德，由於成長在納粹時代，因此對納粹的不法深感痛恨，因此，在整個訴訟中，明顯的援引了賴特布魯赫原則，特別是否認「違反實質正義的法律，仍然具有法的效力」。同時，也認為在個案情形，在法理上，賽德法官一方面肯認賴特布魯赫原則的難以確定性，故必須強化其具體的審查標準，故賽德法官援引了國際人權公約來驗證東德士兵開槍的嚴重違反人權，以及東德政權許可此種「阻卻違法性」的不正義。

　　賽德同時認為，早在1973年7月3日，聯邦憲法法院作出的兩德條約案件判決（BVerfGE36, 11/35）就已經認定：東德單方面建立死亡邊界圍牆，以及任意開槍阻止越界的政策，已和該條約的基本精神不符，同時此開槍制度保障的法益，只是阻止無害人民的越界而已，竟可以凌越生命法益，顯然是以政治目的超過生命價值，這是牴觸人性尊嚴與實質正義，因此，法院在此顯然的聯結了賴特布魯赫原則與國際人權的公約。也是將賴特布魯赫原則的不確定性，轉託在更具體的國際人權理念之上。

　　另外在個案的可罰性方面，由於是刑事庭，賽德法官更是在事實方面，逐一確認被告四位士兵的開槍情形。對於開槍的亨利士兵，法官以開槍的距離（39米）、視線良好（雖在夜晚，但在燈光前）、本人射擊技術極佳……，認定在試圖逃亡的青年居富禮已遭其擊中膝蓋後，復再射擊其上身而致命。法院認為既然居富禮已無逃亡可能，即開槍已達到制止攀越圍牆的目的，故認為再次開槍致死，即屬違反比例原則，而認定亨利士兵成立間接故意的殺人罪，並處三年半有期徒刑[28]。

---

[28] 這是賽德法官運用「以子之矛攻子之盾」，認定東德士兵的行為本身，便已違反當時的東德法令。這是認為可以對東德法令作出「正確與符合比例原則」的解釋也。同時證明該犯罪行為即使在東德「也是可罰行為」與西德一樣，只是當時東德的官

　　本案迭經上訴（減為二年有期徒刑並得緩刑），以及向聯邦憲法法院提起訴願，都未能成功。在聯邦憲法法院的判決中，憲法法院的論點主要是分析本案不牴觸德國基本法第103條第2項的「法律不溯及既往原則」，憲法法院認為所謂的法律不溯及既往僅是保障行為人於行為時必須有法律明確規範其得課以刑罰的構成要件之前提下，方得接受刑罰。亦即，基於信賴原則，立法者必須在行為時，對刑罰的可行性及輕重已有明白的規定時，方得追訴之。故對「不法行為內涵」的法定明確要求，不容在行為後改變之。同時對於阻卻違法的事由亦應遵循此原則。然而法院也贊同賽德法官援引賴特布魯赫的見解，並以國際人權規章來強化其審查標準。因此，對於賴特布魯赫原則，本判決對其內涵顯然未有太多突破性的建樹也[29]。

　　賴特布魯赫原則隨即又要接受了一個更生動的檢驗，且是「以國際角度」來檢驗之。

四、賴特布魯赫原則的「國際化檢驗」

　　在德國柏林圍牆守衛案告一段落後，賴特布魯赫原則似乎已經成為「轉型正義」的指標，一時之間，各國都傳頌德國法院充滿正義感的判決，賴特布魯赫原則所強調的「並非所有法律都是正義的，從而可以不執

方曲解此行為與法律之解釋也。同樣的態度也產生在東德守衛對於逃兵或監獄逃犯的開槍，則不以企圖越界的一般人民待之，是法所許可。因為前種行為在西德亦可使用警械也。同時賽德法官對於另一個被告詢問其對開槍射擊手無寸鐵逃亡者的合法性時，該名被告提及：當其未入伍前，認為士兵對此類逃亡的射擊是非法的，然而當其入伍後，接受嚴格的軍事與政治訓練後，才改變看法，認定此類人士都是犯罪分子，開槍阻止，甚至槍殺之，亦屬合法。賽德法官遂認定該位士兵認知行為之不法並非不可能，因此屬於故意殺人也。顯然，賽德法官是以自己的觀點來詮釋一、二十年前東德的法律以及司法見解，以致要求受到教條與嚴格軍事訓練下的軍人，也要採行此種當時不可能想像的法律見解，是否也沾染上若干紐倫堡大審的「勝者之氣」乎？

[29] 關於柏林圍牆守衛案的憲法爭訟，可參見吳志光譯，刊載：德國聯邦憲法法裁判選輯（九），2000年12月，頁1以下，特別是在頁45以下；李建良，前揭文，頁14；陳新民，前揭文，頁18。

行與遵守這些法律」，成為非常具有叛逆精神的時代意義。

而在各國媒體且廣泛流傳賽德法官在「居富禮案」的判決中，曾出現一句文字：

「作為士兵，不執行上級命令是有罪的，但是打不準是無罪的。作為一個心智健全的人，此時此刻，你有把槍口抬高一英吋的權利，這是你應主動承擔的良心義務。」

這就是著名的「抬高槍口一英吋」的名言，一時間傳頌全世界。然而，經過考證，這句「名言」乃是杜撰[30]。賽德法官並未說出此話，只是德國媒體綜合本判決後，藉著評論一個「小人物」（亨利士兵），在執行命令時，也必須像決定人民生死的長官（大人物）在下命令時，一樣要有思想與良知判斷的能力，來肯認更高價值的規範，而非盲目的執行命令罷了[31]。

---

[30] 長平，槍口抬高一點，德國之聲中文網，http://news.sina.com，2011年12月12日。

[31] 據調查應當是出現在1992年1月27日德國明鏡週報（Der Spiegel）司法記者Gisela Friedrichsen在對本案的報導時所作的評論，文筆辛辣的Friedrichsen雖然不贊成士兵的開槍，但是乎對於賽德法官的立論也未必贊成，除了指摘各庭是否有故意殺人的認定不一致外，作者也諷刺在兩德統一時，雙方頗水乳交融，沒想到統一後翻臉追究。同樣也反映在德國對外國惡名昭彰的領導，熱情歡迎來訪，但卻漠視其壓制人權的內政，形成標準不一也。藉以論及也認為法官乃向法律宣誓，要依法律審理案件，但本案反而拒絕適用法律，賽德法官何以自圓其說？綜觀其文，也未提到士兵亨利應當將槍口上移一吋。也有一說是德國時報（Die Zeit，1991年11月1日，第45期）的報紙上，這篇由W. Reischock所寫的「法庭上的良心」（Das Gewissenstehtvor Gericht）的文章指出，對於這些小人物的士兵而言，「或許他們能夠向旁邊射擊」（Siehättenauchdanebenschießenkönnen），實際上也如此，但也經常會擊中。作者直言這些小人物是執行「上面」（oben）大人物的不人道政策，使他們多多少少也變成無意志、無思想、無良知來執行。難道要他們「為上面負責」，是否誇大了道德勇氣的迷思。的確，本文並無提到士兵的槍口應向上（oben），只是假設可以向旁而已。而同時，文中有援引美國五角大廈發言人承認在伊拉克戰爭時，美軍利用裝甲堆土機將不少伊拉克地下碉堡掩埋，活埋了許多伊拉克官兵。該發言人也認為「在戰爭中沒有令人舒服的殺人方式」，作者因此對比東德士兵同樣服從不人道的命令，卻忘記當時的社會現狀沒有給予他們為良心負責的條件也。筆者也查閱賽德法官的判決書（Urteil des Landgerichts Berlin vom 20.1.1992，Az. (523) 2 Js 48/90 (9/91)），洋洋灑灑六十五頁中，似乎也沒出現上一句「名言」，當然這句名言也露出不少破綻，例如，德國人並不會使用「英吋」，若說「抬高一公分」尚

　　但無論如何，柏林圍牆士兵案及其他類似追究東德士兵濫用公權力的「正義訴追」審判，長達十年的審理過程中，引發學術界及媒體許多的評論，這種「兩面俱陳」、「各有所本」的「社會動員」[32]，就全國軍人以及公務員而言，無疑是上了一門活生生的「服從界限」之課程，也應當塑造了一種全新的「軍隊文化」或是「長官部屬關係」的新模式。此模式會否過於理想化而失去了功能性？按德國在冷戰結束後，華沙公約的解體，使得德國國防的重心，已經由防衛國家轉為「區域和平」的維護，故與北約參與國際維和任務，日漸的加重，德軍也開始派遣至世界產生衝突之處執行職務，這是德國基本法實施後，歷經軍事憲法的改革後，首次接受實戰的檢驗：究竟基本法所形塑下的新德國軍隊，能否承擔國家給予的任務，以及殘酷的戰爭行為給予此個充滿新理念的軍隊之挑戰。同時，此種任務的承擔，也檢驗了德國軍事體制與命令，能否與盟軍行動一致，並挑戰了賴特布魯赫原則的實用性。

　　例如，德國軍人法既然許可了下屬得以審查命令是否有效，如果認定為違法、或侵犯人性尊嚴等，即應拒絕執行。這種在許多國家都會視為

　　有可能；其次，德國法學者不可能提出這種「說一套做一套」的行為準則，這是講究實事求是的德國社會最反對的「陽奉陰違」，以及屬於「怠工」的技巧。這種不容於一般行為與做人道德的說法，竟出於法官之口，且作為軍人執行命令時應當遵守的準則，顯然不瞭解德國人的民族性也。無怪乎，有人（如長平），稱為這代表「中國人的小聰明」也。

[32] 這種兩面俱陳的討論中，同情東德士兵的輿論自然不少，尤其是原來東德的居民，特別是服過兵役者，深知當年他們應徵入伍，號稱「紅色普魯士」的東德軍隊內，強調軍紀與洗腦式政治教條的嚴格，遠非已經經過「內部領導統御革命」、推行「軍人是穿著軍服的公民」思想所建立的西德軍隊，所完全不敢想像（關於西德軍隊的建軍理念，可參見拙著，法治國家的軍隊，軍事憲法論，頁67以下）。東德的軍隊除了政治思想外，其制服形式、訓練以及軍中文化，幾乎和納粹的國防軍頗為類似也。因此，認為柏林圍牆守衛案的判決立論，不僅是「強人所難」，簡直是「強人所不能」。至於，亦有部分東德居民，以及大多數西德居民，會認為擔任柏林圍牆守衛之士兵，都是軍方與官方精挑細選的忠貞黨員，且待遇與裝備都較為優越，因此屬於會特別殘酷與無情來對付試圖越界者，其情形正如同紐倫堡大審時，對納粹黨衛隊的普遍見解一樣，故認為這些士兵的開槍，應當追究，是罪有應得也。此見解，可參見龍應台的一篇散文（走，跟我到小冷去！，龍應台自選集（卷四）看世紀末向你走來，上海文藝出版社，1996年5月）。

抗命罪的行為，在德國則列為軍人拒絕服從的典型案例。因此，即會在多國合作之軍事任務中產生不同的法律後果。數年前即發生了兩件德國軍官的抗命事件——發富少校（F. D. Pfaff），及羅斯中校（J. Rose）事件。兩位都涉及要參與中東維和任務，遂以調職的內容欠缺憲法的依據，或者所執行的勤務將違反國際法與人道為由，而拒絕執行。結果德國軍方以寬容的方式薄懲，未有太大的不利影響。反觀美國對於和多田中尉（Ehren Watada）類似的抗拒赴伊拉克作戰行為，經過兩年的軍事審判，最終以強迫退伍與落幕。這種在同一個戰場，兩個國家軍官的類似行徑，竟有如此巨大的差異，可見得賴特布魯赫原則對美國軍方毫無拘束力[33]。

　　同樣的，在對付戰俘的審訊方面，近年來不論在伊拉克、阿富汗及美國關達那摩軍事監獄內，都出現許多殘酷與不人道的虐俘行為，且以集體方式為之。甚至連一向對戰俘文明出名的英軍，也在伊拉克出現此類的暴行。然而依據德國的軍事法令，這類的命令乃典型的「無拘束力」之命令，下屬軍人根本不得實施，即使實施也屬於犯罪。

　　然而，審訊戰俘是戰場上獲得敵方資訊最好的方法，經常也是唯一的辦法，自古戰爭以來，無有不利用此方式者。由於靠審訊犯人可以直接得到有利於己的立即好處——獲得勝利，減少己方的傷亡，審訊者幾乎無所不用其極，來獲得資訊。於是乎，最殘忍與最侵犯人性尊嚴的行徑，皆出現在審訊戰俘之上。儘管國際盟約中早有三申五令不得虐待戰俘。但此類行為甚難根絕，即本於其重大的利益也。

　　德國軍人受到了賴特布魯赫原則的薰陶，以及柏林圍牆士兵案的啟示，能否在日後真正的戰場上，對戰俘的審訊，最多只能以刑事訴訟程序中的訊問為依據？其他刑事訴訟不許可的審訊方式，如疲勞訊問，自亦不可外，遑論其他言語恐嚇或暴力刑求？如此一來，此種文明審訊戰俘是否可行？恐怕還有待未來的事實來驗證。

　　但無論如何，以法學的眼光來檢驗「亨利士兵」的殺人罪成立，可

---

[33] 陳新民，「不法」法律及命令服從的困境——由譯、讀賴特布魯赫的經典之作《法律上的不法與超法律的法》檢視「賴特布魯赫定律」的適用問題，頁23。

以得知：當一個士兵訓練愈精良，亦即射擊技巧愈佳（亨利便是一名射手），則儘管有開槍之權力，但同時承擔更大的注意義務。例如，亨利在第二槍打中逃亡人之腳部，法官即認定，以其技術對其上身再發一槍，當有致命之虞，故亨利即不應射擊。

此種推論，將會使戰鬥力愈強的士兵，應承擔更大的注意義務，反之，即易牴觸比例原則；其次，德國法制也要求軍警開槍時應注重的比例原則中，必須考慮「狹義比例原則」——法益權衡。在本案中，單純試圖越界只要阻止即可，不可讓逃亡者付出死亡代價。賽德法官曾引一個案例：四個青年分乘兩輛機車，因為擔心酒駕被吊照，因此衝過德荷邊界崗哨，邊境警察制止不聽後，朝著機車奔逃方向開槍，擊中其中之一。法院最終認定警察開槍有罪的理由，乃是國家維護酒駕的秩序與駕照之利益，不得以開槍可能造成的損害相提併論。同時在邊境警察方面，也不得僅以維護護照與入國資訊的安全為由，作為動用槍械而造成傷亡為依據。這些都是軍警在動用武器前必須「審慎衡量」之義務也。

上述的德國軍人服從命令前，必須「三思」的法制，雖然保障國家的法治原則，使軍隊更有文明與人道精神，但也給軍人帶來更多的心理壓力，綁手綁腳而不敢放手進行戰鬥。故深受賴特布魯赫原則的德軍，乃是中東維和軍隊中的異類，據報載，德軍士兵每人都會攜帶一本「執勤手冊」，詳列何時方可合法動用武器，從而發生了猝受恐怖分子攻擊，還會一面還擊，一面緊急翻閱手冊的荒誕畫面，顯示賴特布魯赫原則的「非國際化矣」。

當然，德國軍隊派遣海外參與國際維和的時間尚短，派遣兵力規模亦小，目前的案例有限，且處於仍待發展的狀態之中，但是其對德國軍事憲法的嚴格的檢驗與衝擊，將會持續不斷，留待吾人的密切觀察[34]。

由上述賴特布魯赫原則的起起落落，得以一窺刑法傳統理論、思

---

[34] 就以德國除了軍艦外，不得設置軍事法庭的規定而言，在過去德軍未參與世界維和時，毫無施行障礙。但自從有海外派遣部隊後，軍人在國外（例如，索馬利亞）的犯罪，必須返國後才被訴追，犯罪時地、人證、物證都遠在海外，因此，已有要求重新設立軍事法庭之議，即是一例。

想，以及法治國與人權理念，並非經常處於和諧狀態，亦即傳統的「依上級命令不罰」的阻卻違法事由，必須受到修正，從而刑法的命令執行力，必須限於符合賴特布魯赫原則——亦即實證法上必須增加不違反人性尊嚴及法律與其他懲罰性質之命令。除此之外，其他新興而起的憲法理念亦有可能衝擊刑法的體制，但以賴特布魯赫原則的經驗而論，恐非易事。賴特布魯赫原則可說是一個難得的例外，靠著政治環境的配合，才能獲得了成功，尤其是在立法上的佳績。但似乎並未在傳統刑法學界獲得同樣讚譽。

賴特布魯赫原則的敲開刑法森嚴體系的大門也有敲開公法好奇的陽光，射進此一扇門窺探其內部奧秘一大功能也，吾人不妨不效踵之，繼續稍加探究一、二種其他的重要原則。

肆、有責性原則的昇華與影響力的延伸

由上文論究賴特布魯赫原則已經看到了憲法法治國家的上位理念，往下影響到刑法有關責任的規範領域，主要係針對傳統刑法學——「依上級命令執行者不罰」的內涵。

對於原來東德士兵服從命令的行為，應當由當時士兵所被灌輸而成為信念（不認為具有不法性）、且不具備期待該軍人能有其他理由拒絕執行命令的可能性，而遂行該行為，是乃「士兵當時主觀認知」，和若干年後，法院認定存在於該士兵當時所屬國家的法秩序之上，仍有一個「客觀存在」、且價值更高的「法規範」存在，即是「尊重人命是最高價值的誡命」，從而要求該士兵多年前的「主觀意志」必須屈服於其當時所能夠認知存在的「客觀更高法秩序」也[35]。就此而言，賴特布魯赫原則已經產生

---

[35] 例如，德國聯邦憲法法院在上述判決中便認為：「任何對手無寸鐵的逃亡者予以密集射擊，是沒有任何理由可以合理化此行為（從而沒有罪責），任何一個受過教育的人，都可以認知到其牴觸比例原則，及最基本的不得殺人之誡命也」。德國法院在論及此些軍人在教育訓練所得到形成行為信念的資訊，以及成功阻止逃亡後所受到的褒獎……，都是國家的宣傳、與所謂的「國家實務運作」，不能與行為的正當性與合法性相提併論。可參見李建良，前揭文，頁11、17、24。

了調整與重新詮釋「罪責原則」的內涵——儘管此種調整，在學術界上似乎並未獲得一致的讚揚——而利用法官造法的方法補充了刑法有責性原則的體系[36]。甚至，也直接衝擊到前述已提及之德國軍事刑法第5條第1項的將不法命令，界定為「唯有當行為人認識到其行為之違法性，或依據當時的情況，其應當明白其行為之違法性，始有責任」，易言之，所有的軍人之「認知違法可能性」已經當然將上述賴特布魯赫原則納入也。

一、有責性原則的憲法地位——由人性尊嚴與比例原則 衍生而出

除了在圍牆士兵案引發了檢討服從義務，連帶對有責性的內涵產生了具體的影響，加強了軍人或公務員在執行命令時，腦海中必須要先想到人性尊嚴等上位價值，作為「認知義務」，從而方可能獲得有責性原則的庇護。乍看之下，有責性原則的領域，似乎受到了賴特布魯赫原則的制約，而有調整的現象。然而，「失之東隅，收之桑榆」，透過前述有責性原則的意涵辯證過程，也使得有責性原則的重要性更見提升，而產生更多的影響力。

既然國家必須基於有責原則，方得課予人民刑罰，則其他一樣具有處罰性質的行政公權力，應否一樣適用？在法理上顯然應當一脈相傳。即「無責任即無刑罰」原則應當推廣至「無責任即無處罰」。然而，法治國家原則中，是否當然存在「有責原則」？由不少憲法的有關「司法或刑事基本權」中，並不容易導出之（可參見本文貳一處之說明）。而一般刑法教科書，論及法治國原則與刑事法律之間，也多半承認法治國原則可衍生出：1.刑事立法的內容與程序須符合實質憲法精神；2.刑事法律規定應明確，俾保障可預見性原則與法安定性；3.法官保留原則；4.平等原則；5.刑罰執行應符合比例原則[37]。但泰半將此原則限於狹義的「刑罰」

---

[36] 這些論點，似乎在有責性的討論上，甚少有所突破。同時此立論，也不無將「開槍」的客觀不法性推展到行為人的主觀不法上。此批評不無見地。可參見李建良，前揭文，頁29。

[37] 見林山田，前揭書，頁87。惟林教授尚有「刑事政策必須以專業考量」，作為法治

（Strafe），因此，擴張的範圍仍極有限。

因此，雖然從實證的憲法條文中沒有明白強調「有責原則」，其產生乃是透過時代的思潮，而形成為法治國家的原則。亦即「刑法的規定必須符合實質憲法精神」，而實質的憲法精神，當可由基本權利的理念產生之[38]。特別是現代國家的基本人權是以人性尊嚴作為引導原則，此即德國基本法第1條第1項所強調的所有國家權力都應當維護人性尊嚴。因此，法治國家原則與人性尊嚴理念，形成指導國家司法權力運作的最高原則。而產生的司法基本人權中，原本沒有臚列的有責性原則，也因為法治國原則強調的「可預見性」及「法安定性原則」，結合極早已被承認而成為司法基本權的「罪刑法定主義」[39]，而產生的結果——人民必須依據自己可理解、可掌控的意志而有違反刑法的行為，致有可責性，方得予以處罰，如此一來才可屬於給人民「最後手段」的嚴厲處分，此即比例原則的體現。也唯有如此，方可以使該「理應被譴責」的人民遭受刑罰，而非無辜受罰，而符合人性尊嚴也。故有責性形成憲法層次的基本人權，是經過推演的程序而產生的[40]。

德國聯邦憲法法院在上述圍牆守衛案，也援引了德國聯邦憲法法院早在1959年2月4日關於「經濟刑法」案件所宣示的原則：「法治國家的刑法，必須以有責性為前提；不僅是刑罰，甚至是秩序罰，都以行為人具有可歸責性為前提；立法者利用『推定責任』之方式課以罰責，不一定牴觸

國刑事原則的衍生原則之一。另可參見鄭昆山，通姦犯罪在法治國刑法的思辯——評釋字第五五四號解釋，月旦法學雜誌，第105期，2004年2月，頁217則提出九點的原則。

[38] 見H. J. Hirsch, Aktuelle Probleme rechtsstaatlicher Strafgesetzgebung, Juridica International VIII, 2003, S.4.

[39] 林山田教授也認為罪刑法定主義乃是先於法治國原則而成立的，固屬於法治國應遵守的憲法憲政原則，而由刑法晉升為憲法層次的原則；同樣的，比例原則本源於警察法，也晉升成為憲法原則。這是將罪刑法定主義視為基本人權，按德國憲法學界的通說，凡是基本人權乃「先於國家存在之權利」（Vorstaatliche Rechte），只是獲得憲法的承認與確保也。見林山田，前揭書，頁86。

[40] W. Frisch, Schuldgrundsatz und Verhältnismäßigkeitsgrundsatz, NStZ 2013, 251.

法治國原則，猶有待個別的構成要件來探究之；在個案情形，如歸責狀況不清，應採取『有疑問時應有利於被告』之原則（in dubio pro reo）」[41]。因此，認為「無責任即無刑罰」，即具有憲法的位階，其基礎為尊重人性尊嚴與法治國的精神。同時，此原則就刑事法院而言，也導出了「罪責相當」的原則[42]。

特別是，當比例原則已經形成憲法檢驗所有國家公權力的立法以及執行，是否符合法治國所有的理念——包括人權理念在內，使該原則可衍生出「有責性原則」，即須有罪責，方有刑罰；反而進一步衍生到「罪責相當」的領域——亦即刑罰的量刑應與責任輕重成比例，不應恣意為過重或過輕的量刑[43]。我國刑法第57條關於刑罰之酌量，即提及「科刑時應以行為人之責任為基礎」，即屬「有責性原則」；其次，同條文有十款規定（例如，一、犯罪之動機、目的。二、犯罪時所受之刺激。三、犯罪之手段。……等一切情狀）作為科刑輕重之標準的審酌因素，則是「罪責相當」的規範也[44]。因此，比例原則也形成了刑法的重要指導原則[45]。

至於我國大法官會議，也於釋字第687號解釋，明白的提到：「基於無責任即無處罰之憲法原則，人民僅因自己之刑事違法且有責行為而受刑

---

[41] BVerfGE 9, 167/169.

[42] BVerfGE 95, 96/137.

[43] 而由註35處的聯邦憲法法院，則是以罪責原則本身可以衍生出罪責相當的原則。

[44] 見甘添貴，責任原則，月旦法學教室，第20期，2004年6月，頁36。林山田，前述書，頁88。

[45] 然而，是不是比例原則都可以取代罪責原則，特別是「罪責相當原則」？學術界有甚多的討論，尤其是比例原則尚有目的性、必要性及權益均衡性的三個子原則，如果此三項子原則都適用在檢驗與控制刑事立法方面（即有責性原則），尚較有可行性，可由釋憲機關抽象的審查各個子原則是否正確適用；反之，在法院具體量刑的「罪責相當」，除了第三種均衡性的判斷較有客觀標準（犯罪侵犯的法益與犯人受刑罰程度的對比）外，其他兩項子原則（妥當性與必要性），極為抽象，法官在法定刑的種類與限度內所作的裁量，如何以此二原則來審查之？故學界頗認為由比例原則與人性尊嚴等法治國理念導出「有責性原則」及本原則，仍可衍生出「罪責相當原則」即可，毋庸冒然用比例原則作為量刑的標準也。可參見W. Frisch, Schuldgrundsatz und Verhältnismäßigkeitsgrundsatz, NStZ 2013, 251.

事處罰，法律不得規定人民為他人之刑事違法行為承擔刑事責任」，也是與上述德國聯邦憲法法院的見解無異。

二、行政罰與有責性原則

當有責性原則靠著前述人性尊嚴與比例原則等法治國原則而昇華成為憲法原則，顯示出所有國家公權力對人民不利的措施，都應當採取謙抑與保守的態度，尤其是號稱「公法帝王條款」的比例原則，更是在規劃、許可運用公權力的法律上，受到更高度的重視。因此，與刑法一樣會給人民帶來不利益的行政罰，是否也應當適用同樣的有責性原則？似乎也成為不可阻擋的潮流也。

行政法上對於不法行為，亦即所謂的「行政不法」（Verwaltungsunrecht），和一般刑法意義的「刑法不法」（Strafunrecht）不同，可以由法律另訂不同的處罰理由，換言之，由於各種行政目的，必須採行因應的對行為人之不利措施，例如，罰鍰、禁止營業、清除或改進義務或吊銷執照，恆以「目的導向之措施」（Zweckorientene Maßnahme），所以不必受到刑法總則的諸些原則所拘束[46]。隨著國家行政權力的膨脹，各種行政罰的種類，紛紛出現在行政法規之中，也因為常年強調行政罰與刑罰「質的不同論」，從而行政罰毋庸以有責性為前提[47]。我國一直持此理論，而和德國在二次大戰前的行政法學理論，乃一

---

[46] 德國行政法學界對行政罰學理作最早、且最有系統研究的格特史密特教授（J.Goldschmidt）在1902年出版的「行政罰法」一書（Das Verwaltungstrafrecht），刑事罰乃違反「法律之不法行為」，依國民及社會一般的觀念，是源於人類的「自然」正義觀，違反刑事規定者，例如殺人、放火、恆有道德的可非難性存在，屬於「自然犯」。至於，行政罰是違反國家行政法的「行政不法」，乃是純粹為了行政目的所給予的制裁，本身並無倫理性及道德性之可非難性存在。亦可稱為「法定犯」，故唯有刑事罰，方得適用刑法總則所揭諸的許多原則，例如：一事不再罰原則；從新從輕原則；責任原則（故意或過失）及時效規定。即是針對當時大幅度擴張的行政任務，不欲視之為對犯罪行為的處罰般，用嚴格的刑法總則之規定來束縛行政機關的權限。可參見陳新民，行政法學總論，2015年10月9版，頁381。

[47] 例如林紀東，便引述日本20世紀初最早的行政法學者，如美濃部達吉等之見解，力言此兩種行為本質之差異，以及行政罰不能夠當然援引刑法總則之理由。見氏著，

脈相傳也。

　　針對各種「行政不法」行為，所制定的行政罰，就其立法目的、處罰的種類、對人民權利的影響程度，其至國民的「法感情評價」……，的確是和「刑事不法」，有所差別，因此，憲法條文上所臚列的司法基本權利，並不一定當然適用在行政罰之上，亦即，行政不法的處罰，並不牽涉到人民的「道德非難問題」，只是國家為了維持行政秩序與公共利益的措施，此見諸在大量的交通、稅務與社會行政有關的規範之上，亦即屬於「國家管理措施」的一環罷了[48]。

　　但是，行政罰對人民之處罰，涉及財產權、工作權、營業權、生存權，甚至人身自由權（例如，過去違警罰法許可之拘留），與刑罰無異，只是程度大小問題，因此認為刑罰與行政罰，乃「質相同、量不同」的「同質論」遂興起，從而主張行政罰應援用刑法總則之規定。否則行政處罰權會失諸可預見性，造成法律安定性的傷害，而牴觸法治國原則。

　　主張同質論者的論點固然正確，但著眼於憲法的諸些司法基本權利條文都限於「刑罰」（Strafe），明顯的僅限於刑事法律之領域，故儘管行政罰與刑事罰都是來自國家公權力的侵害，要承認將其諸原則（如一事不二罰、罪刑法定主義、類推禁止、有責原則……）延伸到行政罰，便有待行政法學與憲法學的發展，遂漸的將法治國家原則與比例原則，「滲透」進行政罰之內，易言之，在強調立法者基本上有形成自由，決定哪一些違反社會與他人利益的行為，採行行政罰或刑罰之裁量權外，也可以就各種司法基本權，由刑法總則移植到該些行政處罰的事件之上，質言之，是為「折衷論」，立法者對於刑法相關之總則規定，只要是保障人權，應該「儘可能」準用在行政罰的案件之上[49]。

　　持折衷論者，承認就外表而言，刑事罰與行政罰確有不同：前者由法

　　行政犯與刑事犯，刊載於行政法論文集，台灣商務印書館，1973年1月，頁157；同作者，論行政犯與刑法總則之適用，頁161。參見陳新民，論行政罰的適用原則，公法學箚記，頁229以下。

[48] P. Badura, Staatrecht, 6 Aufl., 2015, H.44.

[49] P. Badura, Staatrecht, H.21；陳新民，行政法學總論，頁382。

院執行處罰,後者由行政機關處罰;前者罰責較重、對人民自由財產權利課予更重之負擔,後者則否。從而法律可以給予其不同規範,包括處罰與救濟程序。但兩者都是出於國家之裁罰公權力、對人民造成不利侵害,兩者有重疊部分。為了法治國家所保障之比例原則、法律安定性或信賴利益等,立法者負有審慎形塑行政罰法制的義務。亦即,立法者享有仔細衡量其特性的裁量權。

德國在1968年制定的「秩序違反法」的總則規定,便是仿效刑法總則而來;這是德國行政法學發展近百年來,另一個重大的改變,也宣示了國家對於施予人民實質罰則的公權力措施,都應當朝刑法的基本原則「靠攏」,抑制了行政的濫權可能。我國也經過漫長的討論,終於在1991年制定的社會秩序維護法及2005年制定的行政罰法,都是採行類似德國「秩序違反法」的立法例。從而,在行政罰法中落實了絕大多數的司法基本人權。

前項的司法基本人權,包括有責性原則在內。行政罰法有四個條文落實了此原則,基本上與刑法無異,例如,1.須出於故意或過失(§7I);2.不知法規規定,亦屬可罰,但得減輕其刑(§8);3.責任障礙(§9)及4.不作為犯概念的引進(§10I)。且配合刑法將依法令行為、正當防衛及緊急避難等三種阻卻違法的情形,納為行政罰法的「阻卻處罰事由」。因此,基本上,將有責任的原則,適用在行政罰法的領域。

綜上所述,行政罰法的立法,代表我國行政罰法制的進步。就行政罰應該具有責性原則而言,也是歷經了漫長的奮鬥過程,如大法官釋字第275號的首開強調故意過失為原則,是為里程碑的解釋,以及釋字第495號解釋,更以人民因不可歸責於己的過失,即不應受罰,皆一步一步為奠定行政罰法的完善立法而邁進[50]。

---

[50] 作者在1987年所撰成之「行政罰之的適用原則」,可算是初步就行政罰制度提出一份體檢報告。另可參見拙文:Bravo!大法官釋字第二七五號解釋,刊載於公法學劄記,學林出版社,2005年3版,頁298以下。

三、懲戒罰與有責性原則——連坐制度的合憲性檢驗

　　既然同屬於國家公權力對人民的不利措施，只是受處罰的對象不是普通人民，而係與國家有特殊法律與服勤關係的公務員，是否此公權力一樣要受到法治國家原則與比例原則的拘束？從而諸些司法基本權利，包括有責性原則，也一樣要在此所謂的「懲戒罰」內實現？也成為了必須一併解決的問題。

　　此問題也牽涉到了二次大戰後行政法學所挑戰並突破原本「銅牆鐵壁」般，防衛戒備森嚴的「特別權力關係理論」，這在行政法學上，已經獲得光榮與耀眼的成就，否認了傳統行政法學加諸在國家與特別服從關係者上，一大套違反法治國家的行政法理論，例如，以人事處分代替行政處分、剝奪完整的訴願與訴訟程序、法律保留原則的限制、人權享有者地位的緊縮、關於公務員勤務與權利內容的不定性……，都被合理的公務人員法制與行政救濟制度所根本上的替代。使得公務人員與軍人，亦為「穿著制服的公民」，當然享有基本人權。

　　因此，揮別了「特別權力關係理論」的時代，國家與公務員，即使有異於一般公民的權利義務，最多也僅是「特別法關係」（Sonderrechtsverhältnis），可由立法者特別規定，但立法者也必須受到法治國家原則的拘束，自不待言。

　　在此前提之下，顯然的已為了接下要論究的問題，即懲戒罰的問題敞開大門矣。

　　依公務員懲戒法第2條之規定：「公務員有下列各款情事之一，有懲戒之必要者，應受懲戒：一、違法執行職務、怠於執行職務或其他失職行為。二、非執行職務之違法行為，致嚴重損害政府之信譽。」這是規範公務員因自己行為的行政懲戒責任，在本法最早版本（1931）以來並無太大的改變。然而，本法在2015年5月20日增訂了第3條規定「公務員之行為非出於故意或過失者，不受懲戒。」亦即將有責性原則納入，這也是明顯的將釋字第687號解釋的意旨，認定刑法的有責性原則已經遞昇到憲法原則，從而應「向下散發影響力」及於行政罰與懲戒罰的具體案例，因此，

將衝擊了過去懲戒罰不適用有責性原則的體制，其中即以「長官連坐責任」為對象。此即本文楔子所舉的案例，也是觸發本文撰寫的動機也。

(一)連坐制度的概念──國軍連坐制度的「名」與「實」

所謂的連坐制度，非如民法的「連帶責任」，乃指財產的連帶責任之謂，是立法者規定與行為人具某些法定關係者，而使之與行為人承擔同一法律責任，例如，未成年行為人之法定代理人（民法§187）、僱用人之連帶責任（民法§188）。同時，此一責任的內容乃同一個債權，當行為人承擔全部責任後，負連帶責任者之給付責任即消失；反之亦然。

然而，連坐制度並非法定用語，自然在民法中並無此制度，乃是習慣上稱呼與應負擔一定法律責任者，具有某些法定關係者，而使之負擔某些法律責任。這些法定關係者，可能是家庭關係（子女之於家長，例如，古代一人有罪連誅九族）、地緣關係（例如，秦朝實施保甲制度，居民犯罪使保正連坐）及身分（職務）關係，例如，下屬犯罪，長官連坐處罰。至於，法律責任，可以將行為人的責任一樣施於連坐人之上，或是減輕與加重，並不一定。同時，與民法的連帶責任不同，行為人承擔責任後，連坐責任並不消失，故可以各自存在。而所謂的處罰，是指任何不利的處置，包括刑罰、懲戒罰等，不以民法的金錢給付為限。

連坐制度的精神──他人為行為人之不法行為承擔一定的法律責任，雖然能夠發揮出具體的威嚇作用，例如，督促長官貫徹監督義務、保正與家長有效約束居民與子女遵守法紀，並鼓勵檢舉不法，而使得法紀森然，都使得無為犯罪行為者，因犯罪行為而承擔罪責。這種連坐制度在戒嚴時期曾在檢肅匪諜等法律上實行，也是造成白色恐怖的主要工具，在我國行憲歷史上蒙上了最暗淡與恥辱的色彩[51]！故此種立法政策與精神，乃

---

[51] 1991年6月3日廢止的「戡亂時期檢肅匪諜條例」第5條亦有：「……各機關、部隊、學校工廠或其他團體所有人員，應取具二人以上之連保切結，如有發現匪諜潛伏，連保人與該管直屬主管人員應受嚴厲處分，其處分辦法另定之。」亦屬無責性的連保責任。同時，台灣省宣布戒嚴後，開始全面實行省政府員工的連坐保證制度（1949年7月9日），未有保證人具保者不予僱用，直到解除戒嚴為止。

強調團體責任，而非個人責任，牴觸了「有責任方有刑罰」的「有責性原則」，自然不能在法治國家之刑法中實施[52]。

至於被認為「連坐制度」推行最澈底的「國軍作戰連坐令」，是否屬於上述連坐法的性質？由其名稱可知，答案應屬肯定。但實質上卻不然也！

按我國在北伐時代公布實施的「革命軍連坐法」（1926年1月6日），十分嚴酷的承襲古代的「軍中連坐制度」，且儘管在憲法實施後，直到解除戒嚴，回歸平時憲政為止，仍實施之，可觀乎1957年再公布的「國軍作戰連坐令」（1957年4月4日），可知其嚴格的程度[53]。然而，細觀此些連坐責任，並非如上述連坐制度般，使得無責任者，亦承擔一定的法定責任。反而是，受到所謂「連坐責任者」，本身都是行為人。例如，就以最基層的連坐制度——班長的連坐責任而言。依「革命軍連坐法」之規定，係「班長同全班退，則殺班長」；依「國軍作戰連坐令」，則是「班長同全班退則殺班長，班長不退而其士兵退，則殺其擅退之士兵」，此時，不論前者的班長或後者前段之班長，都是有「退」之行為，而後段之班長，既然「不退」，自然由「擅退之士兵」承擔責任。可見得連坐者都是「退」之班長或士兵也。

另外在大單位的連坐，例如，軍長同全軍退則殺軍長，軍長不退而

---

[52] 學界亦有指責目前國家法律中尚有「兩罰」的規定，例如，藥事法第87條，對行為人與法人皆一併處罰；以及有所謂「無過失責任」、「過失擬制」與「轉嫁罰」皆與個人責任原則有所牴觸。可參見甘添貴，前揭文，頁36。

[53] 國軍作戰連坐令46年4月4日總統台統（二）實字第0314號代電核定。
第4條　陸軍縱的連坐，適用於臨陣擅自退卻之官兵，其規定如左：
一、班長同全班退則殺班長，班長不退而其士兵退，則殺其擅退之士兵。……四、營長同全營退則殺營長，營長不退而其官兵退，則殺其擅退之連長。……七、軍長同全軍退則殺軍長，軍長不退而其官兵退，則殺其擅退之師長。……
第5條　陸軍橫的連坐適用於同一戰場之作戰部隊，其規定如左：
一、在同一戰線上或同一戰場內之作戰部隊，如坐視鄰接友軍遭受慘重犧牲，而遲疑觀望不為救援，除有特別命另外，該部隊長依情況得予撤職或停職，交軍法審判。
二、凡受命救援支援掩護或策應友軍之部隊，如奉行不力而致友軍遭受重大損害而影響戰局，該部隊予以撤職會停職，交軍法審判。……

其官兵退，則殺其擅退之師長。則前段軍長有「退」之行為，即應承擔刑責；後段，軍長不退時，由於擅退的官兵甚多，無法盡戮之，即以其最高官階之「師長」代表承受刑責，蓋該師長亦為「擅退」也。

因此，細觀此嚴格的連坐令，雖然名為不以有責性為前提的「連坐」，實則仍是以有責性為主，而在「歸責上」強調以「有責違反者」的「最高官階者」作為擔負刑責的代表，只有在最低的單位（班），才實施全員一律負責制也[54]。

然而，這種發生軍人違反作戰的義務，屬於犯罪行為，乃軍刑法規範的對象，且任何行為人皆為可罰，故上述連坐令，僅處罰行為人代表（最高階長官），顯然並不能產生消除各個違法軍人刑事責任之效果，亦即皆仍有犯罪責任。同時，即使行為人及其最高長官，都應負有刑事責任，但應如何課予刑責，仍須考量其責任（有無故意或過失）致產生「退」之行為，以及其情形與後果嚴重與否……等一併考慮，不能即刻採行最嚴格的死刑，就此而言，已明白牴觸比例原則矣。

故我國軍隊的連坐制度，雖未必違反「責任原則」，但只顯現在其受處罰的原因之上，而在「量刑方面」顯然與責任大小等，明顯不符，已經牴觸法治國家之原則矣。幸而，此制度已隨著解嚴與國家回復承平憲政體制而廢止也[55]。

---

[54] 李濃，國軍作戰連坐令，軍法專刊，第10卷第6期，1964年6月，頁28以下。

[55] 至於上述連坐令的實施（§19），且由直屬指揮官，連同政工主管予以扣押，報請上一級指揮官核准，即可執行（槍決），顯然在前線可不經軍法審判即行槍決，對於軍人的人權毫無保障可言。李濃，陸軍作戰連坐令，軍法專刊，第5卷第8期，1956年8月，頁19以下。李瑞典，戰時軍事審判之研究，軍法專刊第56卷第2期，2010年12月，頁129。至於，我國何時廢止該國軍作戰連坐令，卻無法在法令彙編上尋得正確的日期，還有待繼續尋找。

（二）連坐制度的現狀——屬於懲處責任的一環

目前所謂的連坐制度，立法上並沒有明白的依據[56]，目前只在公務員體系，此「連坐責任」依然盛行不衰，尤其表現在以「督導不周」的懲處責任之上[57]。

就以楔子所提及的「警官連坐調職」一例，便是典型的連坐責任。這幾乎是警界盛行不衰的「風紀考核」傳統，至於對於被懲戒人的基本權利是否遭到嚴重的妨礙，似乎都未受到應有的重視。此類的案件甚多，甚至，當長官受連坐之累，嗣後原因事件之行為人，經法院確定判決為無罪，則該長官之懲戒處分，並不當然應撤銷之，反而多半會因其他程序上之因素，例如，已逾再審期間等，而無從獲得救濟之可能，遑論請求國家賠償其多年來的薪俸、名譽、生涯規劃等所造成的損失[58]。此即說明了，連坐制度成為「法治國家」的陰暗角落，也是文武公務員法制中，仍然殘留最典型的「特別權力關係」理論的遺毒，才會讓此制度衍生出許多不合理、法治國原則的「後續結果」！

連坐制度乃是牴觸了「無責任即無處罰」的法治國原則。如前所述，此已提升到憲法位階的有責性原則，既然應產生有效拘束公權力在予人民及公務員不利處分時，應「師出有名」——行為人應當要有行為不法

---

[56] 雖然近年來酒駕的問題十分嚴重，政府有意援引外國（例如，日本）的「連帶處罰制度」，對於有酒後駕車之虞者，而供酒或勸酒，以及其同車的父母或監護人等，若未阻止其駕車，將連帶承擔責任，有認為其為連坐責任者。其實這種立法意圖，乃設定某些人具有「阻止酒後駕車」的「作為或不作為」之義務，仍屬行為人之概念也。可參見湯儒彥、曹壽民，從連坐處罰觀念探討酒醉駕車行政處罰的界限力，台北大學法學論叢，第62期，2007年6月，頁95以下。

[57] 例如，警察人員獎懲標準（民國100年7月8日）第9條第1項：「各警察機關、學校主官（管）及相關人員對考核監督對象中有發生違法或品德操守上之違紀行為，應負考核監督不周責任，其懲處如附表」，而該附表明訂：免職處分或撤職者，記一大過或其他記過以上懲戒處分，連帶處罰其上之層主官；記過二次或申誡，連帶處罰上一層主官。但實質的連坐處分，還包括了調職。

[58] 可參考一位被連坐處分的長官，為自己所遭受的不公，所進行一連串冗長的訴訟，例如，行政法院89年度裁字第319號裁定以及最高行政法院101年度裁字第710號裁定。

性的「認知可能」，從而當連坐責任者（長官），對部屬行為「無預見可能性時」，亦即，儘管長官三申五令要求部屬守法，並依法定程序實施考核，已履行監督義務，但部屬依舊作出違反法紀之行為，則長官對該違法行為的確實產生，實無有阻止發生之可能，蓋該行為能否作出仍以行為人的自由意志為判斷，因此，要求長官的監督義務及於有效制止每一個部屬出自自由意志的違法行為，簡直是「期待不可能」也。

故光以「事實發生」，即推論長官違反「監督義務」（督導不力），乃是「狀態責任」（Zustandshaftung）——光以狀態的產生，即課以一定的責任，而非有責性原則所強調的「主觀責任」，注意在個人以可得的資訊，來判斷其對行為的產生不法性，有無期待的可能性。因此，對組織愈龐大、業務愈龐雜、部屬數量愈多、教育水準愈參差不齊的機關，其各級長官如皆須為下屬的違法行法而承擔連坐責任時，則長官之職位猶如位於「未爆彈」旁，不知何日會受到連坐的拖累，此豈非對國家公務員體制的一大戕害？

例如，同樣盛行連坐制度的軍隊，就以2015年3月底爆發的「阿帕契直升機觀光事件」為例，以一位中校的違規，竟有勞總統「連坐懲處」參謀總長及總司令記過一次及兩次，連帶二十餘位長官遭到懲處。如果，以此種比例來追究任何一個下屬的違紀事件，甚至更嚴重的違法事件，恐怕國軍日後無法產生高階領導階層，所有的軍官大概在中低階級階段，都已「連坐滿貫」而無法升遷矣。但在法條的運用上，則適用「陸海空軍懲罰法」（2009年1月21日）第8條第8款「領導無方，管訓失當者」之「懲罰」，而非習稱之「連坐」[59]。

但值得注意的是，上述「領導無方，管訓失當者」所產生的懲罰責任，之所以具有連坐的特徵，乃是「陸海空軍懲罰法」並沒有類似刑法採行有責性的原則，才使得長官的連坐，有如「一串粽子」般，可隨長官的意志而上升到追究的官階，並不受違規或違法嚴重性的影響[60]。但隨著

---

[59] 而以另一件更受矚目的洪仲丘案（2013年7月），則上至陸軍總司令也因督導不周而遭懲處（申誡），也是以此為依據。

[60] 就以法益侵害微不足道的「阿帕契直升機觀光案」為例，只不過是讓友人坐上直升

「陸海空軍懲罰法」在2015年5月6日大幅度修正後，已經將刑法的有責性原則，完整的移入。包括了「罪責原則」（§3、§4，以及關於責任能力的§5），以及相關的「罪刑相當原則」（§8）[61]。

　　比較起刑法的規定，「陸海空軍懲罰法」的規定已無太大的差異。除了有責任的原則移入外，公務員「依法令之行為」而取得阻卻違法的依據（刑法§21 I），也移入矣（陸海空軍懲罰法§4 I），雖然公務員「間接」依法令之行為（依上級機關之命令，刑法§21 II），本懲罰法雖然未一併在第4條第1項納入，但是關於軍人服從長官的義務，已在同法第6條有詳盡的規定，但不論是對違法或違反刑法的命令，縱然下屬有不同的對應方式，例如，前者應向上申訴意見，或上級確認合法，且以書面下達，部屬即應服從；後者即不可服從。但無論如何，皆以部屬「明知違法」為前提。這也符合了刑法對公務員服從的義務，以「明知」犯罪為界限（刑

機照相，並未起飛與操縱儀器，未造成損害、浪費及洩密，竟然追究到參謀總長；然而，凌虐士官致死的洪仲丘案，則只追究到陸軍總司令，豈非明顯的輕重失衡？

[61] 陸海空軍懲罰法在2015年5月6日後新增的條文：

第3條　現役軍人之違失行為非出於故意或過失者，不罰。

現役軍人不得因不知法令而免除本法所定懲罰責任。但按其情節，得減輕懲度。

第4條　違失行為有下列情形之一者，不罰：

一、對於現在不法之侵害，而出於防衛自己或他人權利之行為。

二、因避免自己或他人生命、身體、自由、名譽或財產之緊急危難，而出於不得已之行為。

三、依法令之行為。

四、業務上之正當行為。

前項第1款或第2款之行為，如屬過當者，得減輕懲度或免除其懲罰。

第1項第2款關於避免自己危難之規定，於業務上有特別義務者，不適用之。

第5條　違失行為時因精神障礙或其他心智缺陷，致不能辨識其行為違法或欠缺依其辨識而行為之能力者，不罰。

行為時因前項之原因，致其辨識行為違法或依其辨識而行為之能力，顯著減低者，得減輕懲度。

前二項規定，於因故意或過失自行招致者，不適用之。

第8條　辦理懲罰案件，應視違失行為情節之輕重，並審酌下列事項：

一、行為之動機、目的。

二、行為時所受之刺激。

三、行為之手段。……

法§21II但書）。

　　而另外關於公務員懲戒責任的「公務員懲戒法」本來對於公務員的懲戒也不以有責性為原則，但隨著陸海空軍懲罰法（2015年5月6日）的修正後，公務員懲戒法也隨即在二週後（2015年5月20日）修正，其中值得注意的是，增訂了第3條：「公務員之行為非出於故意或過失者，不受懲戒」，明白的將有責性原則，以及類似「罪刑相當、罪罰相當」的原則納入[62]。雖然在改革幅度上，不若陸海空軍懲罰法來得寬廣，並沒有提及阻卻違法事由，以及關於公務員服從義務界限。但適用上，將可以一併採納，使得國家處罰公權力，適用在刑罰、行政罰、軍人懲罰，以及公務員的懲戒事宜上，都有一個共同的適用原則也。

　　故由上述新修正「陸海空軍懲罰法」及「公務員懲戒法」可知，實施數十載的「連坐責任」，必須改弦更張，不得再專以「部屬違法事實」，作為負責的依據。同時也可以配合公務員服務法第23條：「公務員有違反本法之行為，該管長官知情而不依法處置者，應受懲處。」顯然仍以「知情不處理」為前提。更何況，以多年來我國軍警界實施「連坐責任」的立意雖然良善，卻也造成了擔心自己遭到連累，而產生了「官官相護」，以及「吃案消案」的弊端，反而敗壞了行政風氣。因此，此欠缺法治國原則而建立的連坐制度，彷如沙灘上建城堡，不好的地基，將使得房舍容易傾圮矣！

四、憲法與刑法學衝擊與互動的「未完之旅程」——明確性原則的「內容與檢驗原則的一致性」？

　　既然，有責性原則可以由刑法的原則，昇華到憲法的原則，同時也可能是一個法治國家理念，亦可「放射」其作用至刑法或公法領域，都是一

---

[62] 公務員懲戒法（2015年5月20日修正）
　　第10條　懲戒處分時，應審酌一切情狀，尤應注意下列事項，爲處分輕重之標準：
　　一、行爲之動機。
　　二、行爲之目的。
　　三、行爲時所受之刺激。……

個仍在繼續進行的程序，也可以引發吾人繼續思考若干仍待澄清的迷惑，甚至是法制重組的啟動。例如，鑑於刑事法律極強調程序面，包括刑事訴訟程序在內，這也和憲法「正當法律程序」的理念一致，因此，刑事法所樹立的若干基本原則，例如，搜索制度（以獲得法院的許可為前提），是否也應當援用在行政法的領域——即行政檢查制度之上？按行政檢查在行政法學的領域內，往往視為行政事實行為之一環[63]，行政程序法第39條至第42條雖有原則性的規定。這些常見的行政機關的勘驗、要求當事人提供一定的資料文件，人民都有配合協助的義務，美其名為「協力義務」，但卻容易造成行政檢查權的濫用，反而造成擾民之弊。這種形同於刑事搜索的行政檢查制度，並未嚴格適用法律保留原則（少數例外，如就業服務法§62 I 與水利法§33），但其對人民居住與營業處所的侵擾，既與刑事搜索無異，是否應當將憲法「正當法律程序」，從而向下影響至行政檢查制度，形成另一個「正當行政程序」之案例[64]？便是一例。

　　鑑於行政檢查制度對於人民的財產權、住居與營業安寧、甚至因為行政檢查所獲得的資訊，都有涉及到洩露個人隱私的危險。同時，行政檢查的手段正是赤裸裸的公權力行使，既然與刑事搜索無異，除了應嚴格的遵守比例原則外，刑事搜索的相關制度，包括應由法院發給許可等，都應當考慮援用到行政檢查之內。同時，對於行政機關所為不合調查目的之行為，以及逾越比例原則的行為，亦應設立及時救濟的制度（例如，釋字第535號解釋及警察職權行使法§29），故目前紛雜於各個法律內的行政檢查制度，且沒有嚴格護衛相關基本人權的體系，應當從速考慮制定行政檢查法，以統一此一紛雜與落伍的法制[65]。

---

[63] 蔡秀卿，行政檢查（Administrative Investigation），東吳法律學報，第18卷第2期，2006年12月，頁43以下；吳志光，行政法，新學林出版社，2014年修訂6版，頁315以下。

[64] 可參見大法官在都市更新計畫的正當行政程序，所作出的釋字第709號解釋；吳志光，前述書，頁317。

[65] 可參見廖義男，從行政法制之發展論行政調查立法規範，刊載氏著憲法及行政法法制，頁324以下，元照出版社，2015年2月。

　　然而，限於本文的篇幅，該些疑點無法一一仔細探究，只能擇其中較為重大的一個案例，即「明確性原則」的具體內容，究係有無憲法與刑法的差異？亦即，有關公法明確性的原則與刑法同樣之原則，是否有其一致的認定與檢定標準？來略究之。

　　按依罪刑法定主義之精神，既然所有的犯罪行為，必須在行為時已有法律明白規定為違法時，方得處罰之。這是強調犯罪構成要件的「法律成文規定」──即「法律原則」（Gesetzlichkeit），必須由立法者來決定可罰的行為內容，而非由行政機關或法官來決定[66]。然而，隨著行政權力膨脹以及社會現狀的複雜化，刑事法的立法者，將自身本應負責的「可罰性要件」，透過概括授權賦予行政機關為規定，形成所謂的「空白刑法」，雖然滿足了形式上的「授權合法性」，對行為人而言，其違法的可預見性，在行為時，亦可獲得之，從而沒有在實質上牴觸罪刑法定原則的精神，以致於空白刑法乃為特殊變動迅速的社會所需，故在刑法學上，承認其合法性，是為通說[67]。

　　這種承認概括授權與空白授權的法理，也在行政法中同樣的獲得確認。發展在遠較刑法為遲的行政法，奧圖・麥耶教授早先之所以作為行政法的基本精神的「依法律行政」（Gesetzmäßigkeit der Verwaltung）原則，即和「罪刑法定主義」中的「法律規定犯罪與刑責」，並無二致。從而，行政機關在具體案件作出的行政處分，也仿效法院的個案判決，都有依法處理的義務。在法律的依據上，對於概括與空白授權也以形式的授權完整依據與否，來判斷其合法性。

　　此情形直到二次大戰後，德國制定基本法，方予以深入的檢討，德國基本法第80條第1項規定：「法律可授權聯邦政府、聯邦部長、邦政府頒布行政命令。但必須對授權之內容、目的及限度在法律內明定之。」德

---

[66] D. Brodowski, Grundfälle zu den Justizgrundrechten, JuS 2012, 892.

[67] 見林山田，前揭書，頁73。但蔡墩銘教授認為完全空白刑法，是以行政命令來補充犯罪構成要件之內容，與罪刑法定主義應當堅持「法律主義」不合，故主張在罪刑法定主義原則之下，不應有空白刑法的出現。此見解值得支持。蔡墩銘，罪刑法定主義與空白刑法，刑法爭議問題研究，五南出版社，1999年，頁12。

國基本法之所以將法律授權的原則，由一般法律規範的層次，提升到憲法的位階，而為世界憲法史上所難見的一例，乃表達出德國在納粹時期，經常濫用「概括授權」，不僅造成行政獨裁，也讓國會失去了代表民意的功能。故強調法治國家原則必須強化國會的責任，限制概括授權。

因此，在基本法的新秩序下，各種法律，不論是行政法律或是刑事法律，都必須遵守「授權明確性原則」，故所謂概括授權，甚至空白授權的合憲性，已遭否認。

細考此一授權明確性原則的目的，雖然有保障人權與護衛法治國家原則（權力分立原則）兩大功能，但以其規定在基本法第80條，關於「聯邦立法」的章節，而非基本人權，亦非司法（基本）權部分，可見得這是規範分權的重要原則。就此意義而言，雖可同樣拘束行政法律與刑事法律，但以行政法律為規範的主要對象。

而就刑事法律而言，「授權明確性」已經取代空白刑法，而成為規範構成要件是否明確的另一標準[68]。然而，在刑事法的明確性原則，除了授權明確性的引進，而產生明顯的改變外，另外也會涉及到明確性原則在實踐上所經常遇到的問題——即檢驗的標準。

在民事與刑事法律都適用同樣的「授權明確性」原則，並不影響「何謂明確性」的問題。

在探究法律條文的明確性問題上，由於立法技術不可避免的使用不確定法律概念，使得法律條文的意義，無法由法律，甚至授權命令中獲得具體內容，質言之，即使行為人在行為時，對其行為的違法性，仍無法獲得確信。此時，能否嚴格的採行「有責性原則」，以及「有疑問時，應作有利於被告」的拉丁法諺？

在德國與我國行政法學中對於明確性審查的發展，大致上都達到了一種共識，亦即是大法官在釋字第432號解釋提出的審查三原則，已成為大法官釋憲實務上最常使用的模式。此三原則為：1.法條文字非難以理

---

[68] 我國司法院釋字第313、346、680號解釋，都對刑罰或行政罰採行授權明確性與刑罰明確性的原則。

解（Unmißverständlichkeit）；2.受規範者所得預見（Vorsehbarkeit），及
3.可司法審查（Justiziablität），作為判斷的標準。而為了強調「可預見
性」原則，大法官且在釋字第702號解釋提出兩點補充的標準：第一、所
謂的「類型化的案件模式」，即實務上已有若干類似的案件時，可提供
「預警」之功能；及第二、所謂「風險的預測」，即有關該可罰行為，在
行為時，已有許多規範、案例來提供行為人相當清楚的資訊，可預測某行
為遭遇法律責任的風險。

　　然而，上述對於明確性的檢驗標準，適用於行政法律，或許尚屬可
行，但可否適用於刑事法律？則有待商酌：

1. 明確性原則，並非一成不變，仍須依據「重要性理論」來針對受
   規範之權利種類的重要性來判斷立法者可以授權的範圍。質言
   之，凡是涉及人民愈重要的人權，愈要保留由立法機關決定之，
   此即大法官在釋字第443號解釋所提出的階層化法律保留原則[69]。
   故刑事法的授權明確性，無論如何授權的可能性減低，同時，其
   審查密度較行政法授權更高。

2. 刑事法且有「類推禁止」的原則，強調了條文內容的不可過度推
   展，故法條的解釋，比行政法條的解釋，範圍來得更為狹小。因
   此，類似「其情況嚴重者」的不確定法律概念，可以透過行政解
   釋來擴張其文義，但在刑事法律中，則應由立法者來予說明。德
   國刑法經常出現「其情況嚴重者」，例如，德國刑法第94條的叛
   國罪第2項，有對所謂「情節特別嚴重」的兩項說明條文；第99條
   違反職務秘密的洩密，亦有特別嚴重的情形（有3項規定）……。
   故立法者有明定哪些屬於加重處罰的構成要件，由立法者來履行
   此義務，而非個案的法院來承擔之[70]。

---

[69] 至於在釋憲實務上，大法官並未嚴格遵守此原則，例如，釋字第522及535號解釋。
參見陳新民，行政法學總論，頁260以下。

[70] 至於我國刑法中亦有出現「情節重大」（§294-1）或「情節輕微」（§185-1），
則由法院個案認定，而非由立法者加以明確規定。德國刑法典在1969年以後普遍興
起用此種方式，來取代一般法條的只是用加重情形，而由法官在量刑時參考，並藉

3. 既然罪刑法定主義的精神，是由立法者決定可罰性的構成要件，及刑罰的範圍。就前者最多而言，只能在授權命令階段即應達到明確的程度，不能交到司法機關時，方得獲得明確的內涵。以此標準，則檢驗授權明確性的三原則中，所謂的「可司法審查性」將法條使用的不確定法律概念帶來的不明確性，交由法院在解釋個案時來具體與明確的認定之，而非只留待釋憲機關來澄清也。顯然，如在刑事案件，亦由法院來履行「罪刑法定主義」乎？豈非與該原則精神相違？

4. 即使大法官在釋字第702解釋提出的兩點「類型化的案件模式」與「風險的預測」，來補強可預測性原則，也有「時間點」的矛盾：按法律是否違反明確性，應以法規範「出爐」之際，亦即法規範公布、產生法效力時點，論究其是否達到「可預見適用」範圍的程度。

　　基於這種行為時的不法性確定時點，與責任應具有「同時存在原則」（Koinzidenzprinzip），這兩點理由，反而是在經過若干時間的實施後，累積了許多實證條文中所未明白規定的案例，並據以綜合出得「風險預估」的依據，豈能論定原來實證條文內容已達到相當的明確性乎[71]？

　　由上述的明確性原則可知，刑法的明確性要求，當比行政法來得更高，不僅挑戰空白與概括授權的合憲性、授權明確性的高密度，甚至能否當然繼續使用不確定法律概念於刑事法律的構成要件之中，都值得吾人仔細考量。此恐應為今後公法與行政法學應繼續探討的一大課題也[72]。

以加強刑法規定的明確性。是否妥適，德國刑法學界也有許多的探究。可參見H. J. Hirsch, AktuelleProblemerechtsstaatlicherStrafgesetzgebung, S.7.

[71] 可參考作者在釋字第702解釋之部分不同意見書。

[72] 薛智仁，刑法明確性原則之新定位——評介德國聯邦憲法法院之背信罪合憲性裁定，第二屆翁岳生教授公法學研討會論文集——法治的傳承與永續（二），黃昭元主編，新學林出版社，2015年12月，頁191以下。特別是第225頁起有頗為深入與精采的討論，值得參閱。

伍、結論——提升有責性原則至憲法地位，即提升國家處罰公權力至高尚的文明程度

　　本文將過去曾橫跨刑罰與行政罰、懲戒罰的連坐制度，藉著憲法（法治國家原則），與刑法原則的相互影響，來探究其合憲性的問題。此連坐責任，乃在我國兵荒馬亂、法治不彰的時代所產生，學術界並沒有對此制度進行深入的探究，以致於理論層面千瘡百孔。實則，連坐制度應當以刑法的「監督過失」之理論，為主要的體系架構。這也是連坐制度主要顯現在「向上」追先責任，即追究負有指揮監督權責的上級長官而言。雖然，目前的連坐制度顯現在懲處與懲罰的領域，而非刑事領域，但前述已提及刑法的基本原則，大多已經擴展到行政罰與懲戒罰的領域，故此監督過失的理論，亦有參酌的價值也。

　　為此，壽星在其大作「過失犯論」，對於過去數十年頻頻發生不少食品、交通、藥品、公害及污染事件，造成人民生命健康與財產損失的結果，除了行為人外，企業中何人應連帶負責，包括何種階層的監督人應負責，屬於所謂的「監督過失」的理論，有極為深入的討論。此二十年前出版的大作中，已經指出了此問題的複雜，並認為「傳統刑法之立場，一般之刑法理論實無法適用於監督過失，然則判例中已逐漸採用監督過失之觀念，以解決問題」[73]，同時大作中引用許多日本的判例，來佐證此新趨勢的發展。同時，對於事業主及其他監督人承擔監督過失的責任，通說均認為應以該監督人與事業主對從業人員之未盡其選任、監督或有關其他違反行為防止等之必要注意為限。也因此，對於從業人員故意違反事業主與監督人上述已盡注意義務而有造成他人損害之行為，亦毋庸苛求彼等承擔「監督過失」之責任，反而，在從業人員因過失而為損害行為，才成為監督人與企業主有無承監督過失的問題。大作特別是介紹了新的過失犯理論，認定過失所重視者，非僅係有責性的問題——即主觀的預見可能性，

---

[73] 廖正豪，過失犯論，三民書局，1993年初版，頁226。

進而重視行為人的客觀注意義務，亦即當行為人是否已盡迴避結果產生的義務時，來論定有無過失。在有監督關係時，當以相當因果關係為論，故當被監督人「經過通常性因果關係」之檢驗，肯定如監督人在客觀上有應預見可能之情事，而發生此一結果，而在經驗上可為如此之認定時，其認為因果關係存在。因此，被監督人為行為前有危險存在，故監督人應採取有效的防止措施而不為時，即應有因果關係的存在也[74]。故被監督人的過失行為，如監督人已善盡監督的義務，則該過失行為並非基於監督人的怠於行使監督義務，則應由被監督人單獨承責任也。

這在刑法領域內探究監督人當否承擔連帶責任，顯然仍以期待監督人得以善盡監督之義務，防止可能產生的不法行為為前提，排除了行為人故意為不法行為而仍苛求監督承擔連帶責任之可能性。以及即使在行為人的過失行為，亦不必承擔監督不周的責任也[75]。

這種立論一則不致於「強監督人之所難」，二則也可避免行為人故意藉自己的不法行為，造成「加害」監督人承擔不法行為後果的可能性（所謂「拖人下水」的伎倆）[76]。因此，更使得刑法討論監督過失的法理，亦可運用在追究公務員與軍人長官有無妥善行使監督義務，亦即連坐制度最多也必須符合監督義務的過失也。

---

[74] 廖正豪，前述書，頁231以下。

[75] 關於此點，是否對行為人乃基於故意或過失的問題，我國警察人員獎懲標準（見註57處）並不嚴格區分，但可以由相關法條中，探究其有故意與過失之差別。例如，第9條第2項乃對於減輕懲處之規定，其中（四）「考核監督對象因過失而觸犯刑章或紀律」，是以過失行為，亦可屬於可連坐懲處，只是減輕而已；但（五）「考核監督對象觸犯刑章或紀律，與職務無關，且情節尚非重大」，顯然屬於故意犯或過失犯，專以職務無關的行為為懲處對象。顯見連職務外的行為，不論故意過失，長官皆有連坐的可能性也。

[76] 目前我國有些機關對於監督人「疏於監督」或「監督不力」的抽象規定，並不以「有無期待可能性」而是以結果而論。縱使有證明監督人「事前已盡督考之責、事後主動究辦或採取有效補救措施」，仍不免須承擔監督不力之責任，只不過是可減輕之理由而已。參見法務部調查局調查人員獎懲標準表第8點第1項；同樣的，參見上註，警察人員獎懲標準第9條第2項（二）「事前已盡防範之責，有具體事證，事後能主動或積極協助究辦，並妥適處理」。

　　因此，本文藉著探究連坐制度的有責性與相關問題，指出源於刑法的有責性原則與實質意義法治國家所強調的保障人性尊嚴與實質正義觀相互融和，已昇華形成了憲法意義的有責原則。其間，並透過賴特布魯赫原則的影響、衝擊，而使此一原則，與刑法相關的其他理論，如不法性原則（包括阻卻違法）體系，都遭到衝擊與重整。同時，也使得行政法內的相關制度，例如，文武公務員的服從義務，行政罰與懲戒罰制度等實證法上，都呈現出新的面貌。

　　同樣的影響過程，也發生在我國，不僅在法學界，也在立法實務界上產生甚大的轉變。由解除戒嚴以還，特別權力關係理論的全面退卻，行政救濟體制的日趨完善，都可以顯現出我國法治的更上一層樓。因此，殘留的老舊體制，如連坐制度與有責性的探究，已經不得再拖延下去。

　　特別是在近二年內，行政罰法、公務員懲戒法與陸海空軍懲罰法，都幾乎完全採納刑法的有責性與不法性原則之架構，這應有「火車頭」的功能，可以滌除過去威權主義與特別權力關係的殘毒，這也是表彰出我國近年來，由提倡建立優質法治國家的憲法理念，與傳統刑法原則所產生的衝擊、彼此相互調適與互動後，形成的立法結果。但由此有責性原則，能由刑法原理，遞昇到憲法理念的層次，再向下放射影響到行政法（及刑法等）的領域，頗如氣流由下往上，再往下的循環過程：

　　刑法原則→憲法原則→行政法原則（包括修正原有的刑法原則）

　　這個流程，顯示法治國家的重要原則，是一個成長的過程，可以在三個法領域內相互流通，改變體質，而獲得適用與承認。故，有責性原則提升到憲法的位階，代表國家處罰公權力的「馴化」，且晉升到高素質的文明程度，值得吾人予以喝采！國家公權力的文明度提高，自然代表了道德與信賴力的提高，正如同刑罰的「可非難性」（套一句百年前「刑罰與行政罰異質論」的名言）：乃建立在道德的可非難性之上。因此，不由得讓我想起了德國大法學家賴特布魯赫的一句名言：

「國家若要對人民施以刑罰或矯正措施，其前提要件必是：國家的道德水準要比該人民優越的多[77]。」

　　這種進步過程並非如空氣與氣流般的流暢，而是必須經過長時間的醞釀、案例的激勵、以及學理的論證後，獲得說服力，才能夠上昇到憲法層次，取得廣泛的共識，才可能透過實證的立法來一步步達成。此由賴特布魯赫原則在立法實踐上，獲得成功的例子，以及在具體案件的判決依據論戰的過程，都可以看出此一程序的困難性與複雜度，可以說都是經過長期「社會動員」以及「學術動員」，所獲得的結果。

　　在此，主要的推手，當是國家眾多的刑法學者。這些學者多年來致力於我國刑法學理的現代化與學術的科學化，都是使得刑法原則獲得「上昇力」最重要的推手，易言之，我國公法學近年來發展的迅速，也頗多得力於刑法學體系的深厚基礎，與刑法基本理念的深入人心所致。壽星廖正豪兄，正是這些付出重大貢獻的刑事法學者之典型。今欣逢壽星七秩大壽，謹以此小文代呈祝賀之至意焉！

---

[77] 可參見Gustav Radbruch, AphorismenzurRechtsweisheit, 1963, S.43.

10

論殺人罪之量刑

曾淑瑜[*]

祝壽文

在我大三那年因緣際會認識了來代課的廖老師，擔任班長的我為處理班務戰戰兢兢地與廖老師接觸，從此結下了後來數十年的情誼。廖老師在我心中就是「謙謙君子」的代名詞，不管是任公職時的勇於認事，「雖千萬人，毋往矣」、「知其不可而為之」的奉獻精神，或者是積極投入社會公益，為台灣社會、青少年及更生人付出，無人望其項背。正值廖老師誕辰，除為文祝壽外，更要提醒廖老師適時放慢腳步，注意身體保健。有事，弟子服其勞，隨時吩咐一聲，學生自毅力以赴。

[*] 台灣大學法學博士、台北大學法律學系教授。

目　次

壹、前言

　　雖台灣於2009年4月22日已制定公布公民與政治權利國際公約及經濟社會文化權利國際公約施行法，依上開施行法第2條規定：「兩公約所揭示保障人權之規定，具有國內法之效力。」尤其是公民與政治權利國際公約（International Covenant on Civil and Political Rights, ICCPR，以下簡稱公政公約）第6條第1、2項明定：「人人皆有天賦之生存權。此種權利應受法律保障。任何人之生命不得無理剝奪。」「凡未廢除死刑之國家，非犯情節最重大之罪，且依照犯罪時有效並與本公約規定及防止及懲治殘害人群罪公約不牴觸之法律，不得科處死刑。死刑非依管轄法院終局判決，不得執行。」是故，基於死刑之剝奪生命，具有不可回復性，台灣法院遇有被告所犯罪名法定刑有死刑（相對死刑）之案件，常見於判決中強調應

詳實審酌公政公約上開規定，及刑法第57條所列之各該情狀，必被告之犯行確屬罪無可逭，無可教化，非永久與世隔絕，不足以維護社會秩序者，始屬相當。然而，近年來針對不斷出現「隨機殺人」、「虐兒」事件，不但反對廢止死刑之聲音高漲，甚至一發生前開事件後，輿論一面倒強烈要求判決殺人者死刑；相對地，也有殺人者在殺人後嗆聲殺一人不會被判死刑。為什麼殺人不用償命？到底要殺多少人才會被判死刑？為什麼判決書上會寫「被告未泯滅人性，仍有教化改過的可能」？由於刑法第271條殺人罪之法定刑，除生命刑——死刑外，尚有自由刑——無期徒刑及十年以上有期徒刑之規定，法官在認定被告成立殺人罪後，尚須適用刑法第57條規定，以行為人之責任為基礎，審酌一切情狀，參酌該條十款量刑事由，為科刑輕重之標準，因被告及犯罪情節之差異性，自有不同之量刑結果。按人的生命不能以資訊系統上之按鍵或數字來決定，量刑是綜合犯罪行為人客觀犯罪情狀及其個人個別化罪責事由，從一般預防及特別預防為評量。原則上量刑之基準不會因罪名而有差異，惟鑒於殺人罪之量刑往往引發對立性爭議，本文爰為專題討論。首先，將介紹日本適用死刑之基準，其次，從殺人罪之類型、行為人之犯罪動機、犯罪行為之態樣及其他因素檢討殺人罪量刑個別化之事由。最後，除以我國實務判決殺人罪量刑之情形為例外，將進一步探討相關爭議問題。

貳、日本死刑之適用基準

一、永山事件

　　1968年間十九歲之被告使用竊取於美軍基地內之槍彈，於東京、京都射殺服勤中之員警，於函館、名古屋對計程車司機強盜殺人，在一個月之內剝奪了四人生命，被稱為「連續殺人魔」，造成日本人心不安。一審考慮被告犯罪之動機、計畫性、殘虐性、結果之重大性及對社會之影響，判決死刑。二審判決指出在立法論上，死刑之宣告只限於法官全體一致為死

刑判決之意見，選擇死刑須達該當死刑程度之情狀，判決被告無期徒刑。本案經檢察官以原判決違反判例及量刑不當，上訴最高法院，經最高法院廢棄發回，最終於平成2年死刑確定，平成9年執行死刑[1]。最高法院指出因現行法制下仍存有死刑制度，綜合考量犯罪行為之罪質、動機、態樣、殺害手段方法之執拗性、殘虐性、結果之重大性、被害人人數、遺族之被害感情、對社會之影響、犯人之年齡、前科及犯罪後之情狀等各個因素，如被告之罪質重大，一方面，從罪刑均衡之觀點，另一方面，從一般預防之角度，而不得不處以極刑者，應允許為死刑判決之量刑[2]。按日本最高法院於昭和23年判決宣告死刑具合憲性，其理由係基於其憲法第13條維護公共福址之基本原則，在立法上限制及剝奪國民生命之權利乃屬當然；又鑒於其憲法第31條國民每個人生命權之尊貴，非經法律明定正當程序，不得處以剝奪生命之刑罰。該年第一審判決死刑之人數高達一百一十六人，此後適用死刑之人數逐年減少，直至昭和52年以後，大概只有五人以下[3]。由於永山事件以後，法院在宣告死刑判決時大都參考永山判決所建立之死刑適用基準，被稱為永山基準（Nagayama Criteria）之死刑適用基準具有判例之地位。申言之，死刑之量刑須綜合考量下列九項事由：(1)犯罪之性質；(2)犯罪之動機；(3)犯罪之態樣，特別是殺害方法之執拗性、殘虐性；(4)結果之重大性，特別是殺害之被害人人數；(5)遺族之被害感情；(6)對社會之影響；(7)犯人之年齡；(8)前科；(9)犯罪後之情狀；須刑事責任重大，從罪刑均衡或犯罪預防之觀點，不得不為死刑量刑者，始得為之。

　　反觀我國，司法院大法官釋字第194、263及476號解釋也未認為死刑違憲[4]，且刑法第57條亦明列十款：(1)犯罪之動機、目的；(2)犯罪時所受

---

[1]　大谷實編，判例講義刑Ⅰ總論，2版，悠悠社，2014年，頁194。

[2]　最高裁昭和58年7月8日判決，刑集37卷6號頁609、判例時報1099號頁148、判夕506號頁73。

[3]　同註1。

[4]　2010年5月28日，司法院大法官又再一次以第1358次不受理案件之議決對於死刑制度表示意見，其認為兩公約未規定殺人犯不得判處死刑，公政公約第6條第6項雖規

之刺激；(3)犯罪之手段；(4)犯罪行為人之生活狀況；(5)犯罪行為人之品行；(6)犯罪行為人之智識程度；(7)犯罪行為人與被害人之關係；(8)犯罪行為人違反義務之程度；(9)犯罪所生之危險或損害；(10)犯罪後之態度；作為量刑之事由。雖然前開事由不僅僅適用於死刑之量刑，但依該條規定，「以行為人之責任為基礎」即強調量刑因行為人而個別化，且應綜合「審酌一切情狀」，與永山基準在適用上並無差異。前揭量刑事由與永山基準相較下，第57條第1、3、9、10款與基準(2)、(3)、(4)（類同第9款犯罪所生之危險或損害）及(9)相同。至於基準(1)在範圍上可能涵括第57條第2、7、8款；同條第5款當然包括行為人之前科，但不以此為限。第6款除與(7)犯人之年齡有關外，尚涉及行為人之心智、精神障礙、教育等原因，此與第4款均從特別預防之角度對行為人之量刑為個別化之判斷。

二、行為人之屬性與量刑之關連性

　　一般而言，量刑事由包括犯罪之情狀、行為人之屬性及犯罪後之情事三種。犯罪之情狀指的是犯罪之動機、手段、結果及其對社會之影響，主要是從一般預防之觀點與行為人責任有關之重要事實。行為人之屬性指的是行為人之年齡、性格、經歷及環境，犯罪後之情事則是提供判斷行為人社會之危險性或改善可能性之事實，前開二者主要是從特別預防之觀點，說明責任之評價及基於刑事政策上之考量。日本改正刑法（昭和49年）第48條第2項規定：「當適用刑罰時，應考量犯人之年齡、性格、經歷及環境、犯罪之動機、方法、結果及對社會之影響、犯罪後犯人之態度及其他情事，以達抑制犯罪及犯人更生改善之目的。」修法理由謂「犯人之年齡、性格、經歷及環境」主要是「判斷犯人之危險性或改善可能性之基礎，同時，也是評價犯人責任之因素。」相同地，德國刑法第46條第2項

定，該公約締約國不得援引該條，而延緩或阻止死刑之廢除。惟依同條第2項前段規定之意旨，凡未廢除死刑之國家，如犯情節重大之罪，且依照犯罪時有效並與該公約規定及防止及懲治殘害人群罪公約不牴觸之法律，尚非不得科處死刑。至於「赦免法」應否賦予死刑犯特赦或減刑權利，須由立法機關依兩公約內容考量，非大法官權責。

第5號亦規定：量刑時應考量「行為人之經歷、其一身及經濟的狀況。」為何前揭行為人屬性與量刑有關係呢？蓋其經常伴隨著行為之違法性或有責性之高低強弱出現，且在特別預防論或一般預防論上與刑罰加重或減輕事由有關。從行為人之屬性可推知情狀事實，例如行為人之癖好、依存、粗暴之性格、參加幫派或暴力集團等，這些都是特別預防中有關再犯可能性或改善處遇之事由，且亦與常習性、動機、犯罪態樣等犯罪情節之事實或前科有關[5]。有學者即謂瞭解被告之人格是識別改善可能性或社會危險性之特徵，此為重要之量刑因素[6]。亦有認為在量刑之個別化下，本應考量行為人之屬性，按現在之量刑判斷基本上是一種司法判斷，選擇對行為人更生目的最適當之處遇，竭盡所能考慮行為環境或行為人屬性上負面之因素，衡量其再犯可能性，在判決中反映綜合各個量刑事由所為之合目的性之裁量判斷[7]。

三、死刑與無期徒刑之界限

按死刑之選擇就量刑本身而言，客觀化及基準化是必要的，蓋不當、過重之刑罰或無用之刑罰對一般人無說服力，也欠缺威嚇力，無法期待抑止犯罪之效果，且有害個人人格尊嚴。即使「死刑」合憲，其仍屬極刑之性質，應審慎適用，並與其他相同性質之犯罪相比較，確保其公平性。刑罰在本質上既然是倫理的、道義非難之體現，尤其是死刑，具有應報之色彩，基於社會正義之要求，即應對應犯罪程度，處以痛苦之刑罰，以反映對犯罪之懲罰。是故，無責任即無刑罰，刑罰應按責任之比例計算，即為應報刑論之論點。然而，在死刑選擇之基準上，鮮少討論一般預防主義，而是綜合「罪刑均衡」及「特別預防」，從行為人「矯正（更生、教化）可能性」或「社會生活之適應（社會復歸）可能性」之觀點，

---

[5] 米山正明，被告人の属性と量刑，大阪刑事實務研究會編，量刑實務大系第3卷一般情狀等に關する諸問題，判例タイムズ社，2011年，頁79、80、82。

[6] 鈴木義男，被告人および被害者の特性と量刑，ひろば，第45卷第12號，1992年，頁76。

[7] 米山正明，同註5，頁83。

討論判決死刑是否正當，而此即為死刑與無期徒刑之界限。例如「被告性格偏激，雖然判斷其適應社會生活困難，但考慮到被告只有三十九歲，尚有矯正之餘地。」[8]「被告有反省、悔悟之情形，如從被告之年齡來看，被告之人格及犯罪傾向尚未達矯正不可能之程度。」[9]「被告無暴力犯罪前科，儘管有兇惡犯罪之危險性，性格亦偏激，但從本件各犯罪行為之惡性觀察，在判斷原判決所稱『犯罪性根深蒂固』上尚有疑義，……肯定仍有矯正可能性。」[10]等判處無期徒刑。而「被告具有反社會性，從被告現在之年齡及其顯現之性格特徵，非不得謂今後之矯正有顯著之困難。」[11]則判處死刑。由此可見，迴避死刑之判決是以矯正可能性為中心，立基於特別預防之觀點，綜合審酌量刑基準及量刑事由[12]。甚至1995年日本東京地鐵沙林毒氣事件[13]，並非所有犯罪行為人均被判決死刑，判決中即指出，本案犯罪情節重大，被告犯罪事證明確，實無處以極刑以外之結論，惟另一方面，被告自首真摯反省之態度，犯罪後供述之態度、供述之內容，對調查奧姆真理教犯罪具有貢獻，且對防止該教將來犯罪有所助益，因存有前述諸般情事，有鑒於此，處以死刑難謂為正當之結論，故判決無期徒刑[14]。按特別預防論本主張刑罰之目的係在改善及教育犯罪行為人，倘若刑罰對犯罪行為人或犯罪之危險可達矯正或社會復歸之目的者，則國家即無施用死刑之必要。然而，客觀上要預測犯罪行為人之危險性是很困難的，如何依據不確實之預測量刑？前揭永山判決中亦指出，即使犯罪行為人事後悔悟及賠償可降低遺族之被害感情，但犯罪行為後之情事似無法

---

[8] 東京高判平成2年3月13日，東高刑時報41卷1＝4號頁10。

[9] 高松高判平成5年7月22日，判例時報1474號頁147。

[10] 名古屋高判平成8年12月16日，判例時報1595號頁38。

[11] 高松高判平成1年11月28日，判夕721號頁237。

[12] 城下裕二，量刑理論現代的課題，成文堂，2007年，頁134、135。

[13] 奧姆眞理教教主麻原彰晃策劃在東京的地下鐵5班列車上，同時散布沙林毒氣，造成13人死亡，超過6,300人輕重傷。麻原彰晃以及執行任務的5名教徒先後被判死刑，惟迄今仍未受刑；另3名參與實行者則被判無期徒刑。

[14] 東京地判平成10年5月26日，判例時報1648號頁38。

消弭其犯罪行為時之手段及侵害法益行為所產生之結果。由此可見，法官在死刑或無期徒刑之選擇裁量上會受到各項量刑事由之輕重消長影響。

四、選擇無期徒刑或有期徒刑之基準

　　刑法第271條殺人罪之法定刑除死刑、無期徒刑外，法官尚有宣告十年以上有期徒刑之選擇，倘若綜合諸項量刑事由，認犯罪行為人有矯正可能性或社會復歸之可能者，則下個難題便是究竟應選擇「無期徒刑」？抑「有期徒刑」？「無期徒刑」從觀念上來看，似指終生監禁，但因刑法第77條本文規定，無期徒刑逾二十五年得許假釋，現實上經過一定刑期，行為人仍可出獄，並非屬終生刑。而法定刑為十年以上之有期徒刑，依刑法第33條第3款規定，上限為十五年，得加重至二十年；如為數罪併罰，不得逾三十年（刑法§51）；且逾二分之一得許假釋（刑法§77本文）。一般而言，無期徒刑具有以「有生之年贖罪」之意義，至少剝奪二十五年之自由，人生當中最核心期待參與社會活動之階段幾乎全部被剝奪，未嘗不是對犯罪之償還。而相對地，有期徒刑則是有上限的贖罪，不一定會付出人生核心部分的全部。茲不論是否有法定「應」或「得」加重或減輕之情形，選擇無期徒刑或有期徒刑自應先考量行為人的年齡、對行為人教化所需時間，尤其是面臨老年化社會，衡酌對無期徒刑假釋運用之影響，亦應考慮行為人社會復歸之狀況；又有期徒刑因有上限限制，行為人是否社會復歸有困難，此亦屬量刑時應斟酌之事項。至於法官於殺人罪判決中，死刑、無期徒刑或有期徒刑之選擇裁量上究竟會受到哪些量刑事由之輕重消長影響，例如行為人殺人之故意為突發性或預謀；殺人故意為直接故意或未必故意；於共同正犯之場合，在犯罪之參與上，實現自己犯罪意思較強或較薄弱；直接或未直接參與殺人之實行行為；被害人誘發犯罪之程度；是否有法律上減輕事由（精神耗弱、心智缺陷或自首）之事實；是否有顯著反省悔悟之情事；對被害人遺族賠償社會通念上合理之金額，且取得遺族積極的宥恕等[15]。應注意的是，有法定應減輕之情形，刑法第65條

---

[15] 植野聰，刑種の選択と執行猶予に關する諸問題，大阪刑事實務研究會編，量刑實務大系第4卷刑の選択・量刑手續，判例タイムズ社，2011年，頁9、11、15-16。

第2項規定：「無期徒刑減輕者，為二十年以下十五年以上有期徒刑。」法官只能為有期徒刑之量刑；但有法定應加重之情形，則有期徒刑無轉換成無期徒刑之依據，且不論怎麼加重，因有期徒刑有上限之限制，在特別預防論下，更突顯社會復歸判斷之重要性。

參、殺人罪量刑個別化之事由

　　民國95年修正刑法第57條規定時，明定應以「行為人之責任」為科刑之基礎，蓋責任原則不僅為刑事法律重要基本原則之一，且為當代法治國家引為科刑之基礎。舊法僅就科刑之標準予以規定，並未對科刑之基礎設有規範。為使法院於科刑時，嚴守責任原則，爰仿德國刑法第46條第1項、日本改正刑法草案第48條第1項之立法例修正之。既以「行為人」為刑罰裁量之基準，因各個行為人個別化之事由眾多且差異，茲分別論述如後。

一、類型及動機

　　以下僅就刑法第57條量刑事由中第1款犯罪之動機、目的及第7款犯罪行為人與被害人之關係，依此將殺人分成十五個類型說明之。[16]

（一）金錢利欲型

　　本類型是指為取得金錢上之利益而為殺人行為。即行為人為滿足自己之金錢欲望而殺害被害人，被害人除父母子女、還包括有密切往來關係者，例如覬覦被害人之保險金、或知悉被害人有一筆存款、珠寶等，由於行為人犯罪之動機具有較大之非難性，為了金錢將人命視為無物，甚至為達目的預設周延之計畫，此均屬量刑應考量之事由。

---

[16] 西田眞基、小倉哲浩、中川綾子，殺人罪，大阪刑事實務研究會編，量刑實務大系第5卷主要犯罪類型の量刑，判例タイムズ社，2013年，頁5以下。

(二) 無差別殺人型

本類型是指行為人主觀上並不在乎被害人是誰所為之殺人行為,即使被害人換成其他人,行為人還是會殺害之。由於被害人與行為人無任何關係,乃是因偶然地不幸遇到行為人而遭到殺害,據此,在量刑上對行為人相當不利;且由於此類型之行為人通常是因其本身生活態度所導引之當然結果,例如經濟生活上之不順遂、滿腔怨恨、欠缺反省自我警惕,將所有責任轉嫁給社會,而自認為自己之所以會陷入現在之困境乃是他人所造成,所做所為都是他人自行招致,甚至對自己現在之生活有強烈不安感,希望殺人後可以入監,基此決意而為殺人行為。通常此類型會被認為屬犯罪態樣惡質性、被害重大性及對社會影響重大,而量刑較他類型為重。宜注意的是,此類型之行為人有些宣稱神魔附身,與下列妄想影響型類似。

(三) 防止犯罪被發現或規避罪責型

本類型是指行為人為防止自己之犯罪被發現、脫免罪責而殺害被害人者。被害人除了原犯罪之被害人、不相干之他人外,還包括警察。例如被害人發現行為人犯罪時,呼救或報警,行為人在此場合,非儘速逃離現場,而是以殺害被害人制止或隱蔽犯行被發現,如此以自我為中心,欠缺規範意識,亦被視為非難性大。

(四) 暴力集團犯罪型

本類型是指行為人因加入暴力集團而為殺人之行為。通常行為人殺人之動機是基於暴力集團充斥反社會思想,在首腦激憤煽動之言語下,服從該集團首腦之命令;亦有為提升自己在集團內之地位而自願性率先為之者。由於暴力集團內部成員大都充滿反社會思想,對於實行反社會行為無感,輕視他人之生命,當然在量刑上較重。

(五) 動機不明型

本類型之行為人對於其所犯下之殺人罪緘默或否認,無法查明其犯罪

動機。被害人往往是行為人之親人或有親密關係、感情糾葛者。由於無法判斷犯罪動機為何，因此在量刑時須調查行為人與被害人之關係及平時相處情形，關此，究為加重或減輕在評價有難度。

(六) 怨恨報復型

此類型是指行為人怨恨被害人，非一定要殺害被害人，但在行為人計畫下最後殺了被害人。此類型之被害人除同（五）外，尚有經濟上原因，或長期事實上處於劣勢、身心受到壓迫者。通常行為人因憎恨被害人某些行為，例如夫長期對妻或子女家暴、不顧家庭或將外遇對象帶回家等。有鑒於殺人不是解決問題之手段，是以，應以有無解決問題之方法（離婚、投靠娘家）、行為人當時之情形及行為人有無遠離不利環境之機會，審慎評價行為人所採取之行為。又被害人之言語及行為常常是誘發行為人殺人動機之原因，宜納入考量；尤其是行為人長年處於被害人暴力下產生受虐症後群（創傷後壓力心理障礙症；post-traumatic stress disorder, PTSD），於犯罪行為當時，其症狀惡化使行為人陷於無自控能力或自控能力降低之狀態。

(七) 偶發激情型

此類型是指行為人與被害人在犯罪前即感情交惡，因偶發性情事激發行為人對被害人之憤懣而殺人者。例如被害人以刻薄、不堪言語怒罵行為人或擬對行為人施暴，激起行為人殺人之動機。亦常見於飲酒之場合，被害人不當言行舉止觸發行為人犯罪動機，由於突發性犯罪行為因係受到飲酒影響，往往抗辯與責任能力有關。由於是在衝動下所為之殺人行為，事後懊悔之情形不少，相對地較有利於量刑之判斷。

(八) 憤懣累積型

此類型是指在犯罪行為發生前，行為人對被害人基於某種理由已心存不滿、不信任、憎惡或不快感，積憤已久，於偶然因素下暴發犯罪行為。本類型與（七）相似，均非計畫型或有犯罪準備行為。當然被害人以親人

居多，但不乏日常生活中因工作（老闆、長官、同事）、就學（老師、同學）或居住（鄰居）長久累積之憤懣。相同地，亦與（七）相同，殺人行為都是被害人不當言行舉止所觸發，亦常見飲酒後之行為。因本類型非計畫性犯罪，在量刑上較有利，當然犯罪行為當時之背景、行為人與被害人間感情嫌惡之來龍去脈均是量刑應斟酌之事項。

(九) 痴情型

本類型專指男女關係破裂（變心、三角關係、嫉妒、情欲等）之殺人行為。被害人包括配偶、正交往中、外遇、不倫戀、性交易對象，行為人覺得被害人傷了他（她）的心、踐踏他（她）的感情。犯罪動機有的是因愛生恨，有的是被害人若即若離、曖昧的態度使行為人覺得真心換絕情，有的是獨占欲強，被害人除了屬於自己外，別人不能擁有，否則玉石俱焚。不管是哪一種動機，其共同點在於行為人對被害人用情極深，且認自己有優先地位，無視被害人的感情及感受，甚至將被害人認為是自己所有物，且隨身攜帶。雖感情難斷是非，但不能否認其非難性，不能評價為對量刑有利之事由。

(十) 虐待兒童型

本類型是指虐待自己、配偶、或同居人子女之殺人行為，包括作為及不作為在內。雖然行為人虐待之手段不容質疑，惟爭議點都在行為人究竟是否有殺人之未必故意，即行為人對於構成犯罪之事實，預見其發生而其發生並不違背其本意，始有殺人罪之適用；倘若行為人對於構成犯罪之事實，雖預見其能發生而確信其不發生者，僅是有認識之過失，在罪名及刑度之適用上，在進入量刑審酌前已然下降。原則上故意以虐待之手段殺害兒童者，通常是因受到兒童哭鬧惱怒，或者是覺得兒童為累贅，造成生活受影響、秩序大亂。亦有因家庭經濟環境之影響、無預期懷孕、產下子女不受歡迎，放棄養育或照護者。此亦屬非難性較高之類型。

(十一) 妄想影響型

此類型是指受到妄想等精神疾病之影響，在精神障礙下為殺人行為，甚至有決意在殺害被害人後自殺者。在此情形，行為人之犯罪行為因受到妄想、幻覺、厭世、焦燥感、衝動性、攻擊性亢進或高度自我障礙之影響，通常在相當程度範圍內會被評價為對其有利之事由。

(十二) 防衛型

本類型是指行為人為防衛被害人對其強暴脅迫之行為所為之殺人行為。按行為人之行為如果符合正當防衛之要件，自得阻卻違法，不罰，故本類型專指不符前開正當防衛要件之情形，例如過早防衛、過當防衛，或侵害已過去之防衛行為。在此情形下，通常被害人之行為是誘發行為人殺人之原因，行為人在急迫之下的決意，因非計畫性，應屬有利之情事。

(十三) 自殺殺人型

本類型乃是除（八）（九）（十一）（十五）以外，行為人決意殺害被害人後自殺者。在此情形，被害人是否為行為人犯罪之原因是影響量刑之因素，倘若行為人認識尚有其他解決之手段，仍不顧一切地決意殺人，自屬不利量刑之事由。惟某些場合，探究行為人決意殺人之背景及過程，大都有令人同情之處，例如眼看父母、配偶或子女病重，身心受折磨，又陷於經濟困境，在精神及肉體雙重壓力下悲觀地以為殺人自殺可解決問題，由於行為人犯罪動機惡性較弱，應屬對量刑有利之事由。

(十四) 忍耐反抗型

本類型是指行為人長年忍耐被害人之行為，例如不持家、浪費、動輒暴力相向等，期待被害人改過自新。從犯罪動機及犯罪經緯觀察，被害人長期以來是行為人之負擔、苦惱，如非發生超越行為人忍耐臨界點，例如被害人有危害他人生命安全之情形，致行為人生反抗心而殺害被害人，此類似前揭（八）憤懣累積型，在量刑上屬有利之事由。但應注意的是，倘

若行為人之態度是助長被害人行為之因素時，則應另為考量。

（十五）照護壓力型

本類型是指行為人因照護被害人，負擔壓力過大，而殺害被害人者。被害人通常都是行為人病重、癱瘓、精神疾病或心智退化（缺陷）之親人。由於長期之照護，行為人不論是精神上或肉體上都背負重擔，對照護被害人感到悲觀、絕望，犯罪之背景令人同情，欠缺非難性，此對其量刑為有利之事由。此外，亦見在照護過程中，行為人對被害人病症惡化感到不捨，不忍被害人身心折磨，因愛而殺人，此與因金錢欲望產生殺人動機相比，其惡性相對地低。

二、犯罪行為之態樣

（一）使用兇器之種類與量刑

依刑法第57條第3款「犯罪之手段」之規定，殺人罪犯罪行為之態樣中使用兇器之種類即屬一重要的量刑事由。蓋其可突顯行為人殺害手段方法之執拗性及殘虐性，在判決中為強調量刑加重，通常會指出行為人犯罪手段「殘虐」、「殘忍」、「冷酷」、「執拗」、「危險」、「淒慘」、「非人道」、「惡質」或「殺意堅定」等[17]。使用槍殺人者通常量刑較重，因在使用兇器殺人行為中，槍之殺傷力最高，且持槍行為本違反其他法律規定，特別是暴力集團使用槍械對社會影響甚鉅。使用刀殺人者，因刀種類不同，刺入一次不一定致命，故除審酌使用刀之殺傷力外，攻擊次數亦為重點。例如行為人使用體長且尖銳之刀，刺入被害人心臟部位，即使不再攻擊，被害人亦無活命可能，但行為人如仍為數次攻擊，必然可認定其手段「殘虐」、「惡質」。又例如行為人刺被害人一、二次後，因被害人抵抗而停止，與行為人因被害人抵抗反而再為多次攻擊行為相較，前者在量刑上自應減輕。使用鈍器，例如鎚子、榔頭、棒球棍等，由於涉及行為人主觀上是否有殺意，尚須綜合判斷其他事由；又使用該兇器無法

---

17 西田眞基、小倉哲浩、中川綾子，同註16，頁52。

判斷其犯罪手段之惡質，是以，鈍器之使用方法、犯罪行為之經過、計畫性、行為人事後反省之態度等，均會影響量刑。使用前開兇器以外之物件，亦有見危險性高者，例如以汽車衝撞被害人、澆汽油於被害人身上點火燃燒。尤其是後者，因其殘虐性及危險性較高，應屬凶殘之犯罪手段。至於不使用兇器殺人者，例如勒緊咽喉、以物品蒙住口鼻、將被害人浸入水中溺死、施加暴力毆打致死、從高處（或火車上）推落或不給與飲食等，由於不使用兇器較使用兇器致命力較低，通常行為人會做為量刑有利之抗辯事由，但非謂不使用兇器在刑罰裁量上一定會減輕，個案情狀各個因素尤應綜合評價。

(二) 殺人故意與量刑

殺人究係基於直接故意或未必故意，是否會影響量刑？前者因可明確確定行為人殺人之犯意，在量刑中即屬對行為人不利之因素。例如以殺人之直接故意開車衝撞被害人，或施暴毆打，與在客觀上同樣情形下，因出於未必故意，因對於構成犯罪事實之發生與否無確定之認識，無積極之希望或意欲決意其發生，任令事情進展，在行為人未使用兇器或犯罪工具危險性不高時，的確應納入量刑審酌。

(三) 計畫性與量刑

計畫性之犯罪手段乃是對行為人不利之量刑事由之一。例如行為人在被害人家中隨手拿取刀子殺人，與事先挑選適合殺人之刀子案例相較，後者計畫性之犯罪手段可突顯行為人堅定之殺人犯意，而前者是在偶發性因某原因下引起，犯罪手段是否「惡質」顯有差異。在下毒殺人之場合，因為毒物非隨手可得，且一般人不容易接觸，不論是毒物之挑選、取得、下毒方法之摹擬等，可知毒殺自屬計畫性，可顯現行為人殺人之執拗性。

三、行為結果

(一)被害人人數與量刑

　　因人的生命無法回復，前開「永山判決」中指出「被害人人數」為判決殺人罪死刑時應審酌之重要的量刑事由。因我國刑法第57條量刑事由乃普遍性針對各種犯罪所由設，致未明確將「被害人人數」列入，但其第9款「犯罪所生之危險或損害」似指此。但究竟「被害人人數」要多少，行為人才會被判死刑？關此，並無一定具體之基準，蓋「被害人人數」僅是審酌事由之一，法官在量刑時尚須就具體個案事實，及逐一檢視刑法第57條各款量刑事由，就行為人有利或不利之一切情事綜合考量。又人的生命無價值高低，不因被害人性別、年齡、身分地位等影響。不待言，「被害人人數」多當然是不利量刑之事由。

(二)殺人未遂罪之傷害程度與量刑

　　按刑法第271條第2項殺人未遂罪並未獨立為法定刑之設計，而是依同法第25條第2項後段規定，得按既遂犯之刑減輕之。既謂「得」，意指法官在量刑時可減輕，亦可不減輕，至於裁量減輕時，究竟要減多少，亦屬法官裁量範疇[18]。既然刑法第57條各款量刑事由是科刑輕重之標準，因此，對殺人未遂之行為人量刑時，是否減輕或減輕多少，仍應審酌前該各款一切情狀。參酌前開規定第9款「犯罪所生之危險或損害。」在殺人未遂罪之場合，檢討殺人行為實行後傷害之結果程度，不失為量刑之評價。當然，除了比較傷害之大小程度外，行為當時傷害之情狀、行為人侵害被害人生命危險性之程度、治療之可能性、治療（回復）之期間、癒後情形、後遺症等均應納入考量。除此之外，犯罪行為之過程、惡質性、執拗

---

18 刑法第26條（現為§25後段）前段僅為未遂犯之處罰得按既遂犯之刑減輕之原則規定，至於應否減輕，尚有待於審判上之衡情斟酌，並非必須減輕，縱予減輕，仍應依刑法第57條審酌一切情狀以為科刑輕重之標準，並應依刑事訴訟法第302條第2款（現為§310④）之規定，於判決理由內記明其審酌之情形，並非一經減輕即須處以最低度之刑（48年台上字第1348號判例）。

性及危險性，對傷害結果之影響，亦應斟酌之。應注意的是，有學者認為基於「禁止重複評價原則」，殺人罪被害人死亡之結果雖係對行為人量刑不利之事由，但殺人未遂被害人未死亡則非對行為人量刑有利之事由。因未遂犯之處罰已依法律明文規定，將被害人未發生死亡結果做為酌減其刑之適用，是以，量刑時如再將被害人未發生死亡結果納入量刑之考量，顯違反前開「禁止重複評價原則」[19]。

四、犯罪後影響量刑之因素

(一) 道歉賠償與量刑

向被害人或其家屬道歉或賠償是否會影響量刑？原則上行為人真摯地向被害人或其家屬表示後悔之意，並依其經濟狀況，竭盡全力賠償，例如將自己唯一不動產賣掉作為賠償金額，或者是被告家屬也願意配合被告賠償，均不失為有利被告量刑之事由。但非謂必須全額賠償，如出於真摯性，即使只有部分數額，均可作為有利之考量。亦非謂只要賠償，就一定減輕，而且按給付賠償數額比例減輕。聯合國人權事務委員會（Human Rights Committee, HRC，以下簡稱委員會）亦曾在對各國之結論性意見中，提出以受害者家屬獲經濟賠償「血錢」（blood money）為基礎，決定（死）刑與否，與公政公約有違[20]。

(二) 被害人或其家屬宥恕與量刑

剝奪生命之殺人罪一向被認為是情節最重大之犯罪，被害人或其家屬無不希望行為人殺人償命，應報之感情相當強烈。但在殺人態樣或結果非惡質性時，例如殺人未遂之場合，倘若被害人或其家屬宥恕行為人，考量被害感情降低，自較有利於行為人之量刑。尤其是在此情形，通常同時存在行為人真摯地向被害人或其家屬道歉或賠償，例如2012年5月，行為人因不滿女友提分手，趁女友下班時，持刀衝上前殺人，送醫回天乏術。最

---

[19] 西田眞基、小倉哲浩、中川綾子，同註16，頁63。

[20] Concluding Observations on Yemen (2005) UN doc CCPR/Co/YEM, § 15.

高法院認為死刑不是唯一選項，兇嫌非泯滅人性、有再教化可能，最高法院也因為兇嫌和死者家屬和解賠償100萬元，且獲得死者家屬原諒，因此判決無期徒刑定讞[21]。

(三) 犯罪後之態度與量刑

犯罪後之態度乃是基於特別預防觀點，審查行為人之責任，茲可區分為下列二種情形：

1. 減輕事由之「犯罪後態度」

前揭永山事件死刑適用基準所稱被告之矯正（更生）可能性或適應社會生活之可能性即是以「犯罪後之態度」作為可能性之基礎。又以東京地鐵沙林毒氣事件為例，判決中即指出考慮「被告真摯反省之態度」、「對查明犯罪事實之貢獻」及「防止將來犯罪之貢獻」，基於國民對法秩序之信賴，依積極一般預防之必要性減輕被告之量刑[22]。此外，於行為人中止未遂之情形，行為人有無採取救護措失，例如為被害人止血、打電話叫救護車、將被害人送醫急救等；或者是放火後為防止火勢或被害擴大，行為人協助救火或防止火勢延燒等，此即屬減輕事由之「犯罪後態度」。又自首雖依刑法第62條本文規定僅「得」減輕其刑（刑法以外其他自首或自白之特別規定則多屬必減免之規定），亦屬減輕事由之「犯罪後態度」，考量之事由包括自首動機、是否有真摯反省悔悟、自首之過程、自首後之供述狀況、依行為人之自首取出證物之情況[23]，甚至特別法上尚有「自動繳交全部所得財物」或「因而查獲其他正犯或共犯」，不論是「對查明犯罪事實之貢獻」，或特別預防之角度，對行為人之量刑均屬有利之事由。

2. 加重事由之「犯罪後態度」

例如犯罪後逃亡、在逮捕後押解過程中脫逃、逃亡期間為取得生活費更犯罪等。又如湮滅罪證，積極地妨礙真實發現，誤導刑事司法調查。

---

[21] http://www.ettoday.net/news/20140419/348004.htm，最後瀏覽日期：2015年11月24日。

[22] 城下裕二，犯行後の態度と量刑，前野育三、斉藤豊治、淺田和茂、前田忠弘編，量刑法の總合的檢討，松岡正章先生古稀祝賀，成文堂，2005年，頁136。

[23] 西田眞基、小倉哲浩、中川綾子，同註16，頁88。

此包括遺棄屍體、損壞屍體、放火滅證或教唆他人湮滅罪證、恐嚇脅迫證人、將有犯罪痕跡之兇器或衣物丟棄、擦拭指紋、刪除與其他共犯之往來通訊內容、假裝是第一位發現兇案者提供不實訊息等。與前開減輕事由之「犯罪後態度」相較，在此情形更突顯行為人之惡質性，從特別預防之角度，對量刑不利。

　　至於行為人在法庭上之態度是否對量刑有影響？常見行為人在法庭上全面否認殺人之犯行，或者是貶低被害人之人格，抗辯被害人自己找死或咎由自取，以諸多理由正當化自己之行為，將被害人死亡之結果歸責於被害人生前之言語或行為。如此不但無法窺見行為人反省之態度，反而以鞭打死者之方式加深被害人家屬之被害感情。此外，亦見行為人在法庭上表現出不遜之態度或辱罵法官，行為人欠缺反省悔悟之態度可見一斑，自對量刑不利。特別是行為人之人格往往受到其成長歷程影響，倘若人格矯正相當困難，行為人攻擊性又強，欠缺社會性，在生活中易顯現其異常現象，與前述加重事由之「犯罪後態度」數例相比，有提高量刑之餘地[24]。

五、其他事由

(一) 共犯與量刑

　　基於行為人責任，共犯（本文是指廣義之共犯，包括教唆犯及幫助犯）依其參與之程度量刑，毋庸置疑。尤其是刑法第30條第2項規定，幫助犯之處罰，得按正犯之刑減輕之；第31條第1項但書規定無特定關係得減輕其刑；如屬不純正身分犯，無特定關係之人，依第31條第2項規定，科以通常減輕之刑者，在量刑已有明文，法官須適用法定刑較輕之罪名，或裁量減輕刑度。在此情形下，適用刑法第57條量刑事由時，即應分別依各個共犯個別化情狀審酌。例如在數人成立共同正犯之場合，其中有居於主導地位者（擬定殺害方法、流程、實行場所等周延計畫），有被動配合實行者，有逾越預定計畫對被害人施加暴行者，或者分擔實行主要犯罪構成要件者，不但參與程度有落差，其手段殘虐與否亦不同，對結果危險性

---

[24] 城下裕二，同註22，頁144。

大小也因人而異（如對瀕死之被害人再追加暴行）。其中亦見自始即採取迴避自己責任之態度，泛稱只是被迫到場，並未下手，多所推諉，其惡質性尤勝他人。應注意的是，基於「罪刑均衡原則」，在審酌各個共犯個別化之事由時，亦應兼顧其彼此間刑度之均衡性[25]。

（二）犯罪對社會之影響與量刑

按發生重大社會矚目殺人案件當時，經過數日媒體報導，引發社會治安敗壞，人民恐慌心理，社會輿論紛紛未審先判，希望對行為人處以極刑，以儆效尤。犯罪對社會之影響是不利行為人之量刑事由嗎？經以關鍵字查詢近五年（99年1月1日至104年9月30日判決），援引「社會之影響」或「社會影響」做為量刑事由之一者不在少數，但案件性質不以殺人罪為限，且提及此事由之判決，將此事由與其他數個事由並列，並未獨自將其提出做為量刑不利之說明[26]，僅係在綜合法官裁量心證下之論述罷了，無舉足輕重之功能。反而是在非殺人案件中，單獨將「社會之影響」做為有利行為人之事由，例如「對社會之影響層面不大，所侵害之法益亦屬有限，與一般大量走私進口或長期販賣毒品之『大盤』、『中盤』相較，其惡性及犯罪情節均屬較輕」[27]；「被告所為對社會之影響，或有隨時間之推移而淡化」[28]。參考日本相關殺人案例，例如行為人以放火行為做為殺人之手段，除殺死被害人外，基於自殺及湮滅罪證之目的，放火燒燬建築物，因該建築物為地處住宅密集區之木造房屋，且使用燃燒性高之汽油，法官在判決書中指出綜合放火之結果、犯罪行為態樣，及因延燒危險性高所產生之火災損害，已造成附近居民恐怖及不安感，對社會之影響非謂不大；又例如行為人進入某小學無差別殺人事件中，死刑判決書上除指出行為人犯罪之惡質性、重大性外，尚以本事件對犯罪之影響遍及同校師

---

[25] 西田眞基、小倉哲浩、中川綾子，同註16，頁82。

[26] 例如最高法院101年度台上字第3672號、101年度台上字第4531號、102年度台上字第170號、台灣高雄地方法院102年度重訴字第17號等判決。

[27] 台灣高等法院100年度上訴字第2602號判決。

[28] 台灣台南地方法院104年度重訴字第7號判決。

生、其他同世代之孩子、孩子的父母親、及教育人員，幾乎社會全體都受到衝擊，在社會震驚之下，確保學校之安全及防止犯罪，如何使類似情形不再發生，顯然在量刑上將「犯罪對社會之影響」列入考量。此外，曾發生警察臨檢盤查車輛被射殺之事件，判決中指出前開事件經過媒體大幅報導，與前述小學殺人事件相同，引起社會震驚，對國民產生極大之衝擊，為了防止凶惡犯罪、同種犯罪行為繼續發生，出現「模仿犯」現象，治安惡化，將「犯罪對社會之影響」視為一般預防之觀點，做為量刑之審酌事由，再透過媒體傳達此一訊息，以建立犯罪防制[29]。

（三）被告之年齡與量刑

按青少年因人格尚未成熟，缺乏耐性，可塑性高，易受到交友關係及環境影響，倉促間受鼓舞而犯罪，但因轉換快，教育可能性較大。故在一般犯罪，有鑒於短期自由刑之弊，均處以緩刑予以改善之機會，並在緩刑中施以保護管束。此乃因其在人格成長之路上，因身心未成熟難抵抗誘惑，責任非難性低[30]。青少年為殺人行為者，刑法第18條第1、2項規定，未滿十四歲人之行為，不罰；十四歲以上未滿十八歲人之行為，得減輕其刑。依特別預防之觀點，年齡為有利量刑之因素。尤其是因其無前科紀錄，如基於社會復歸後有適當之監督者，可確保就業，可塑性強、更生可能性高，期待其往後有健全之社會生活，且被告有更生意欲等因素，實際上對其量刑有利[31]。惟應注意的是，有不少重刑犯、累犯均是在少年時即曾犯罪，且再犯之危險性高者，此乃涉及被告之性格、資質、家族友人之關係、犯罪之背景等[32]。

雖然被告年齡較長，對遵守相關規範之認識較為充足，且有常業犯、習慣犯之傾向，責任非難性高，但另一方面，為保護老人，基於特別

---

[29] 西田眞基、小倉哲浩、中川綾子，同註16，頁94-97。

[30] 名古屋高判平8年12月16日，判例時報1595號，頁38。

[31] 西田眞基、小倉哲浩、中川綾子，同註16，頁99-100。

[32] 米山正明，同註5，頁100。

預防之觀點，一般認為體力衰退之老人，不會在激情之下殺人，甚至可能因年齡增加判斷能力下降，減輕其罪責[33]。我國刑法第18條第3項規定，滿八十歲人之行為，得減輕其刑。似認八十歲以上之高齡被告始有裁量減輕刑罰之適用。事實上，考慮到伴隨著年齡增長，高齡化受刑人因疾病或健康衰退之現象會增加獄政管理之困擾，並不樂見高齡之殺人犯服刑期間過長。故被告高齡是有利量刑之因素。惟有認為高齡犯人社會復歸困難，蓋監獄內提供良好飲食及居住，保障其生活安定，長期監禁會讓高齡受刑人習慣監獄的生活，再社會化困難，且其出獄後就業及自立亦難[34]。

(四) 被告之前科與量刑

一般而言，前科之有無及其所犯罪名、犯罪情狀是影響量刑判斷之重大事由，特別是同種前科即屬再犯之情形，責任非難性強。殺人之被告有殺人之前科，突顯其對刑罰之感受力不佳，矯正教育未發生應有之功效，自對其量刑不利。尤其是再一次顯示行為人對他人生命之不尊重，未降低其暴力性、攻擊性，甚至會推論被告有反社會性、危險性及有犯罪之傾向，在一定程度上應反映在量刑上。至於殺人被告之前科僅是類似傷害行為之暴力犯罪者，與前開情形相較，影響性較低；無關聯性之犯罪，如竊盜、詐欺等，只能呈現被告欠缺守法意識而已。此外，再犯時間間隔長短、前科犯罪情節輕重與否也很重要。當然，被告無前科是量刑理由中對其最有利之事項。

(五) 被告之性別與量刑

按性別並不是刑度加重或減輕之事由，只不過受死刑諭知之婦女

---

[33] 日本分析其國內犯罪高齡化之原因在於人口結構之老化，高齡人口增加，由於子女對年邁雙親的扶養能力低下，或高齡者與家族、社會孤立，老年期之生活關係在經濟與心理不安定下壓力增加。申言之，可整理出下列八項理由：(1)經濟的不安；(2)健康不佳；(3)生活周遭充滿問題；(4)頑固、偏狹之態度；(5)疏離感，被孤立感；(6)自尊心；(7)耍賴；(8)想不開。

[34] 米山正明，同註5，頁102。

懷胎者，於其生產前，由司法行政最高機關命令停止執行（刑事訴訟法§465Ⅱ）。然而，有謂女性犯罪因一般犯罪情節較輕，因「騎士精神」（chivalry）或「溫情主義」（paternalism），男性法官會以父親保護之態度相對待，故量刑上較男性為輕[35]。女性被告殺人之案例以殺嬰居多，而且殺人均由於與家庭生活習習相關之情事、育兒或人際關係，殺人之動機多見嫉妒、怨恨、憎惡。殺人之被害人多為夫、情人、子女。女性犯罪多屬遲發型，在短時間內有反覆犯罪之現象，與其生理及心理有關（因生理上之不安定，欲求不滿）。與男性被告相比，初犯者居多；且在共犯型態中，比例上女性通常是依男性計畫實行或為幫助行為者占較為多數[36]。

（六）被告之職業、社會地位與量刑

有謂被告社會之地位或職業只是其人格之要素，與其個別行為責任無關，無納入刑罰裁量之必要；但有謂職業上應遵守之義務與被告行為之間有一定之關連性，得做為刑罰加重之考量。德國判例亦贊同前開意見，認為被告社會地位高或具有專業資格者，一般人期待其行為合乎法律之規範，故違反刑法之規定、侵害法益，不法性較高；又有一定資格地位者，較一般人有高度之智識，對具體現實上可能發生之危險或結果認識可能性高，迴避結果之能力亦高，因違反較一般人為重之義務，自肯定有加重刑罰之正當性。基此，與被告職業或社會地位有關之犯罪，因被告有職業上之高度義務，濫用其職業上之知識或地位，違法性、非難可能性高。如被告之犯罪與其職業無關連性者，其義務因與一般人相同，自不能加重其量刑[37]。

（七）被告勞動之習慣、意欲與量刑

勞動習慣不良，例如無正當職業、無維持生活之工作、寄人籬下食宿

[35] 中谷瑾子，女性犯罪，立花書房，1987年，頁98。
[36] 米山正明，同註5，頁106。
[37] 米山正明，同註5，頁111-113。

等，其再犯可能性高。雖尚不足以影響殺人之量刑，但在考慮被告之「社會復歸」時，因被告如無勞動能力、就業困難、缺乏勞動意願、無求職打算，或過著怠惰不安定之生活者（遊蕩、居無定所、淪落街頭生活）等，更生可能性較差。

（八）被告之家庭環境與量刑

家庭生活之狀態從預防觀點相當重要。家庭生活之健全性是提供被告再社會化理想之方法。一般而言，被告如尚有受扶養家屬存在，因對該家屬有責任感、因親情情感上之羈絆，有預防其再犯之效果。例如被告有同居一處之雙親或配偶、待養育之子女時，較能期待其受到監督或確保就業，因有人的資源及生活環境之支助，心理及生活較安定，再犯可能性較低，更生可能性高，在特別預防原則下，有利於被告「教化可能性」、「社會復歸」之認定。

（九）被告之性格（人格）與量刑

依刑法第57條規定，被告之性格（人格）並非量刑之事由，但由於性格是人對客觀現實的穩定態度和行為方式中經常表現出來的穩定傾向。它是個性中最重要和顯著的心理特徵，人們在現實生活中顯現出的某些一貫的態度傾向和行為方式，是一個人對現實之態度以及與之相適應的習慣化之行為。被告之性格可從其個人對待周圍世界之態度，由行為反映出。性格隨個體差異，但後天形成之社會性對其認知有重大影響。有鑒於性格是各個人特有形成之人格，一個人平常之素行、遺傳、習慣、智識程度、經歷、前科之有無、常習性等，均與其性格習習相關，故性格被認為是被告犯罪性強弱之指標。學者亦謂行為人之性格或人格與其責任有關，行為人自我人格主體地位形成可作為責任之基礎，主要是做為常習犯、累犯加重之理論根據。雖然儘管性格或人格之形成存有諸多外在環境或先天素質之影響與制約，然而，仍可透過後天之努力，包括生活態度之決斷，以抗拒

犯罪習性之形成[38]。最高法院102年度台上字第170號判決即以上述「人格形成責任論」做為死刑正當化之理由，指出處以死刑之必要條件及認定方法：「犯罪行為人何以顯無教化矯正之合理期待可能，而不得不施以極刑對待，必須考量犯罪行為人之人格形成及其他相關背景資訊，以實證調查方式進行評估。（略）」

肆、我國殺人罪量刑之情形

一、審判實務審慎為死刑判決

我國審判實務向來認為「量刑輕重係屬事實審法院得依職權自由裁量之事項，苟以斟酌刑法第57條各款所列情狀而未逾越法定刑度，不得遽指為違法。」（72年台上字第6696號判例）申言之，量刑為法官之裁量事項，除有逾越法定要件、未能符合法規範體系及目的、未遵守一般經驗及論理法則、顯然逾越裁量，或濫用裁量等違法情事外，第三審通常不認其量刑違法。然而，後來隨著人權保障議題，逐漸發展出「量刑裁量之內部界限」（80年台非字第473號判例）、「比例原則」、「平等原則」（86年度台上字第7655號判決）、「罪刑相當原則」（87年度台上字第3563號判決）、及「重複評價禁止原則」（98年度台上字第1775號判決）等[39]，由此可見，我國雖未正面承認「量刑不當」為上訴理由，但透過前開各項原則之運用，第三審法院實質上可以違反量刑裁量諸原則救濟量刑不當之個案。此在最高法院102年底宣布爾後二審判處死刑之案件以及法律上具重要意義之案件，第三審應進行言詞辯論可窺知。因大部分之殺人罪爭議之焦點不在事實之認定或法律之適用，第三審法院在審慎處理死刑判決

---

[38] 大谷實，刑事法叢書1，人格責任論の研究，慶應義塾大學出版會，1972年，頁233以下；團藤重光，刑法綱要總論，創文社，1990年，頁259以下。

[39] 蘇俊雄，量刑權之法律拘束性，月旦法學雜誌，第54期，1999年11月，頁167-172。

下，言詞辯論均集中在量刑之裁量究竟是否適當之問題。經幾次判決[40]，殺人罪死刑之量刑基準可歸納為下列數點：

(一) 法官必須在法律性拘束原則下為刑罰之裁量

即法官在刑罰裁量思維之過程，其刑種選擇與刑度運用，必須在受法律性拘束原則之裁量下而為決定，確保科刑裁量之明確性與客觀性，避免取決於法官之恣意或任性而浮動。

(二) 法官須具體指明量刑判斷之順序

即1.確定刑罰目的；2.確認科刑事由；3.科刑之權衡（以科刑事由之重要程度決定刑總與刑度）。前開刑罰目的之確定，乃拘束量刑之重要內在原則，特別是各種預防目的與公正應報目的之間產生衝突（此學者稱之為二律背反關係[41]）時要如何取捨，以及在何種條件下替代刑罰措施應優先於刑罰使用等。

(三) 刑罰裁量之基本原則與判斷方法

關此，法院係採綜合判斷法，即除應遵守憲法位階之平等原則，公約保障人權之原則，以及刑法所規定之責任原則，法理上所當然適用之重複評價禁止原則，以及各種有關實現刑罰目的與刑事政策之規範外，更必須依據犯罪行為人之個別具體犯罪情節、所犯之不法與責任之嚴重程度，以及行為人再社會化之預期情形等因素，在正義報應、預防犯罪與協助受刑人復歸社會等多元刑罰目的間尋求衡平，而為適當之裁量。

---

[40] 最高法院102年度台上字第170號、102台上字第446號、102台上字第531號、102台上字第2392號、102年度台上字第5251號等判決。這五件殺人案都是犯罪事實明確，僅涉及量刑事由之判斷與是否處死刑之爭議。

[41] 二律背反是康德的哲學概念。意指對同一個對象或問題所形成的兩種理論或學說雖然各自成立卻相互矛盾的現象。蘇俊雄，量刑法理與法制之比較研究，法官協會雜誌，第1卷第2期，1999年12月，頁47。

(四)處死刑之必要條件與認定方法

即應審酌有利與不利於犯罪行為人之科刑因素,尤其刑法第57條所例示之十款事由,應逐一檢視、審酌,以類似「盤點存貨」之謹密思維,具實詳予清點,使犯罪行為人係以一個「活生生的社會人」而非「孤立的犯罪人」面目呈現,藉以增強對其全人格形成因素之認識,期使刑罰裁量儘量能符合憲法要求限制人民基本權利所應遵守之「比例原則」。從而犯罪行為人何以顯無教化矯正之合理期待可能,而不得不施以極刑對待,必須考量犯罪行為人之人格形成及其他相關背景資訊,以實證調查方式進行評估(例如科刑前之調查報告),如科處死刑必也已達無從經由終身監禁之手段防禦其對社會之危險性,且依其犯罪行為及犯罪行為人之狀況,科處死刑並無過度或明顯不相稱各情,且均應於判決理由內負實質說明之義務,否則即難謂其運用審酌刑法第57條各款之情形符合所適用之法規之目的,而為悖乎實體法上之正當法律程序。此外,死刑應儘可能謙抑適用,必以在罪責原則之基礎上,綜合刑法第57條所列十款事項等有利與不利之情狀為評價後,已足認被告具體個別犯罪情節、所犯之不法及責任之嚴重程度,其罪責誠屬重大,無論自罪刑均衡之觀點抑或自一般預防之觀點,均認為處以極刑為不得已之情形者,始允許死刑之選擇。亦即,於此仍尚應考量有無足以迴避死刑適用之被告復歸社會之更生可能性。在以「教化可能性」作為死刑量刑重要之待證事實者,即應依法檢證,以確定最終是否選擇適用死刑,或至少得避免或緩和死刑過剩適用之問題。

二、殺人罪量刑事由之舉證

我國向來實務[42]及學說見解認為有關量刑事實屬自由證明之事項,在不影響犯罪事實之認定下,第三審雖為法律審,但仍可本於職權調查

---

[42] 77年8月9日第11次刑庭決議略謂:「刑事訴訟法第398條第1款所謂『不影響於事實之確定』,係指不影響於重要事實之確定而言,……至於量定刑罰之事實,裁判上刑罰加重、減免之原因事實,訴訟法上之事實,公眾週知之事實及事實於法院已顯著或為其職務上所已知者等等,此或無庸舉證,或為第三審得依職權調查,或屬各級法院所得自由裁量,解釋上應不包括在內。」

之[43]。基此,第三審本來就可以依職權調查量刑事實並認定之,即使不得調查原判決所無之新證據,第三審還是可根據原審法院之卷證資料而為刑法第57條量刑審酌事由之認定,不受原審針對量刑事實之評價與結論之拘束,自為判決,與有無召開言詞辯論無涉。此觀最高法院102年度台上字第531號判決中指出「……審酌警詢、檢察官偵查及歷審法院詢問上訴人、上訴人之母、妹之供述,及卷附之前案紀錄表、家庭報力訪視紀錄表、上訴人學籍表、獎懲紀錄、賴氏人格測驗、認輔紀錄表、個案晤談紀錄、免役資料、精神科門診病患心理鑑衡紀錄、精神鑑定報告書、社訴人懺悔書、上訴人之接見明細表、受刑人接見登記卡、受刑人送入物品登記卡、接見及匯款紀錄、保管金分戶卡、保管金接見收入明細表……等相關量刑資料。」可知最高法院不需要調查新證據,即可從事實審法院所附之卷證資料中做出有別於下級審法院所認定量刑事實及其評價。有問題的是,倘若卷證資料中缺乏前開相關紀錄者,原審法院是否量刑違背法令(理由不備)?最高法院究應認為具有撤銷之原因,予以發回?或自行依職權認定自為判決?日本學者有主張量刑事實不論是有利或不利之事項,一律由檢察官負舉證責任者(檢察官負擔說),亦有認為對被告不利之量刑事實由檢察官舉證,而對被告有利之量刑事實由被告自己負舉證責任(當事人分配說)。至於實務見解則認為因量刑判斷與犯罪事實之認定有一定之關連性,關此,於量刑審酌時,量刑事實存在於犯罪事實中,檢察官當然須就犯罪事實負舉證責任,其餘之量刑事實檢察官沒有舉證責任(證明責任不存在說)[44]。

三、精神障礙者得否處死刑之爭議

依刑法第19條第1、2項規定,雖然行為時因精神障礙或其他心智缺陷,致不能辨識其行為違法或欠缺依其辨識而行為之能力者,不罰;但倘

---

[43] 陳運財,刑事訴訟第三審構造之探討,月旦法學雜誌,第143期,2007年4月,頁47以下。

[44] 杉田宗久,量刑事實の證明と量刑審理,大阪刑事實務研究會編,量刑實務大系第4卷刑の選擇‧量刑手續,判例タイムズ社,2011年,頁162-164。

若行為人僅僅是辨識行為違法或依其辨識而行為之能力顯著減低者，仍成立犯罪，只得減輕其刑。是否減輕既屬法官裁量範疇，如精神障礙者犯殺人罪，仍有處死刑之可能。精神或智能障礙者是否為死刑對象限制，1984年5月25日聯合國經濟及社會理事會決議批准公布之「保障死刑犯人權保證條款」第3條，明確規範不得對精神障礙者執行死刑之規定[45]。聯合國經濟及社會理事會於1989年之第1989/64號決議，也明白建議各國排除對精神障礙者判處及執行死刑。並進一步於2010年提交第E/2010/10號定期報告，對於精神障礙者之死刑問題提出之具體說明與建議中，重申不得對精神障礙者施加死刑之觀點，無論是判處死刑或執行死刑，均不得為之，且不管行為人是「行為時」欠缺責任能力，或「審判時」出現精神障礙，甚至是「判處死刑後」始陷於精神障礙之情形，皆全面禁止對行為人施加死刑。委員會在1996年個人來文申訴案（R.S. v. Trinidad and Tobago）決定中，曾因被告被宣告執行死刑時罹有嚴重之精神疾病，而宣告該締約國簽署死刑執行令牴觸公約規定。也曾在1995年之美國國家人權報告書以及2008年之日本國家人權報告書中，指出國家應保護精神障礙者免於被科處死刑。委員會則於2005年做成2005/59號決議，呼籲締約國廢除死刑，並針對未廢除死刑之國家，強烈要求不要就患有精神疾病或智能不足者判處或執行死刑[46]。台灣為落實兩公約施行法第6條規定所要求之人權報告制度，曾在2013年2月間邀請國際獨立專家來台審查並做成國家人權報告，並在結論性意見57中明確指出，直到完全廢除死刑之前，台灣政府應嚴格遵守所有與判處死刑及執行死刑相關程序與實質保護措施，特別是心理或智能障礙者不得被判處死刑和／或執行死刑[47]。此對於某一長期罹患精神

---

[45] Economic and Social Council, resolution 1984/50 of 25 May 1984,Safeguards guaranteeing protection of the rights of those facing the death penalty §3：Persons below 18 years of age at the time of the commission of the crime shall not be sentenced to death, nor shall the death sentence be carried out on pregnant women, or on new mothers, or on persons who have become insane.

[46] 黃淑芳，精神障礙者，死刑行不行？廢除死刑推動聯盟，http://www.taedp.org.tw/story/2825，最後瀏覽日期：2015年8月5日。

[47] http://www.president.gov.tw/portals/0/images/PresidentOffice/AboutVicePresident/20130419/05.pdf，頁10，最後瀏覽日期：2015年8月5日。

分裂症被告在一、二審被判處死刑之案件，曾引發爭議，最高法院於2013年援引兩公約、聯合國相關委員會決議以及國家人權報告之結論性意見等作為法源依據，撤銷原審死刑判決[48]。

伍、結論

　　按刑法第57條雖有例示十款量刑事由供審酌，其中有屬於與行為事實相關之裁量事由者，亦有屬於犯罪行為人之人格與社會生活情形者，但此等情狀仍屬抽象，實務上欠缺標準及可預測性。有鑑於刑事訴訟法第310條第3、4款規定，有罪之判決書，應於理由內分別情形記載科刑時就刑法第57條規定事項所審酌之情形，及刑罰有加重或減輕者，其理由，法官在判決書中自應具體明列量刑時所依據之刑罰目的、基本原則及判斷方法；且判處被告死刑或迴避死刑，所審酌之不利或有利科刑因素亦應逐一調查評估。法官不是神，無法決定人之生死，但不得不在刑罰裁量思維下，在法律性拘束原則下認定是否有判處被告死刑之必要。我國在未廢除死刑前，自應謙抑適用死刑。量刑是一門精緻之技術，客觀化及基準化可避免過重或無用之刑罰，本文嘗試提出殺人罪被告個別化事由，期從各量刑事由角度探討對被告量刑有利或不利之判斷方法，雖尚未成熟，也不夠細緻，仍希望能提供殺人罪刑罰裁量之參考。

---

[48] 最高法院102年度台上字第4289號判決。可惜的是，更一審判決僅集中討論被告有無教化可能性，雖被告最終被判處無期徒刑，但判決中對於精神障礙者得否處以死刑部分未能說明。上訴最高法院後，亦未針對此議題再進一步闡明，駁回上訴而判決確定。

參考文獻

一、中文

1. 陳運財，刑事訴訟第三審構造之探討，月旦法學雜誌，第 143 期，2007 年 4 月。

2. 蘇俊雄，量刑權之法律拘束性，月旦法學雜誌，第 54 期，1999 年 11 月。

3. 蘇俊雄，量刑法理與法制之比較研究，法官協會雜誌，第 1 卷第 2 期，1999 年 12 月。

二、日文

1. 大谷實，刑事法叢書 1，人格責任論の研究，慶應義塾大學出版會，1972 年。

2. 大谷實編，判例講義刑 I 總論，2 版，悠悠社，2014 年。

3. 中谷璟子，女性犯罪，立花書房，1987 年。

4. 米山正明，被告人の屬性と量刑，大阪刑事實務研究會編，量刑實務大系第 3 卷一般情狀等に關する諸問題，判例タイムズ社，2011 年。

5. 西田真基、小倉哲浩、中川綾子，殺人罪，大阪刑事實務研究會編，量刑實務大系第 5 卷主要犯罪類型の量刑，判例タイムズ社，2013 年。

6. 団藤重光，刑法綱要總論，創文社，1990 年。

7. 杉田宗久，量刑事實の證明と量刑審理，大阪刑事實務研究會編，量刑實務大系第 4 卷刑の選擇‧量刑手續，判例タイムズ社，2011 年。

8. 城下裕二，犯行後の態度と量刑，前野育三、斉藤豐治、淺田和茂、前田忠弘編，量刑法の總合的檢討，松岡正章先生古稀祝賀，成文堂，2005 年。

9. 城下裕二，量刑理論現代的課題，成文堂，2007 年。

10.植野聰，刑種の選擇と執行猶予に關する諸問題，大阪刑事實務研究會編，量刑實務大系第 4 卷刑の選擇‧量刑手續，判例タイムズ社，2011 年。

11.鈴木義男，被告人および被害者の特性と量刑，ひろば，第 45 卷第 12 號，1992 年。

11

死刑存廢論的若干思考
——以刑罰機能的考察與國民感情的地位爲中心

謝庭晃[*]

[*] 私立輔仁大學法學博士、中國文化大學法律系專任副教授。

壹、前言

　　近年來台灣社會發生多次受到注目的刑事案件，先前有著食安風暴與環境污染事件，食安風暴造成食品業的衝擊，食品外銷金額大幅降低，消費者信心動搖，影響民生經濟及國際信譽。環境污染事件除了業者獲得短暫的利益之外，土地的污染也造成日後子孫的負擔。後期則有著捷運隨機殺人事件，北投國小女童殺人事件等，皆造成校園以及搭乘捷運時的不安。上述事件發生之後，在台灣的輿論上卻有著一個特殊的現象，也就是網路上很多言論會攻擊主張廢死的廢死聯盟，或是主張引進鞭刑，或是主張加重刑罰等。廢死聯盟主張廢死而受到攻擊，或是鞭刑以及加重刑罰的主張，背後的意義應該是部分人士認為上述行為罪大惡極、令人髮指，希望早日宣告及執行死刑，並認為死刑制度的存在對於社會秩序的維持有著不可取代的功能。或是，以殘酷的刑罰來遏止犯罪的惡化。雖然有人解讀上述言論非理性，但也不能直言支持死刑制度或是加重刑罰就是毫無根

據。

　歷次重大刑事案件發生時，輿論總是有著加重刑罰或是引進鞭刑的聲音，也具體有著加重刑罰的刑事立法，只是，這些立法是否真能達到防止犯罪發生，實在值得加以觀察。近年來整體犯罪狀況並未明顯好轉，而且上述受注目的犯罪，刑罰能否發揮預防的功能，也令人存疑。若刑罰無法有效矯治行為人，不能預防犯罪的發生，刑罰又是為如何的目的而存在，加重刑罰的意義又何在。「治亂世用重典」的想法，雖然法律人大多不能認同，但偏偏一般民眾認同「刑法萬能」的想法，於是刑罰被認為是止亂的好手段，甚至被認為是最主要的手段，立法者也樂於配合演出。我們應該好好檢視，在社會問題的解決上，刑罰應扮演如何的角色。而死刑是刑罰之一，知道了整體刑罰機能，也有助於瞭解死刑是否不具有替代性。

　死刑是刑罰的極致表現，侵害人權甚深，而憲法又有著濃厚保障人權的機能，若從憲法的角度來看，死刑制度是否有違憲之虞，值得關注。有關此議題，日本學說與實務有著豐富的討論，本文將針對死刑制度存在基礎與死刑的執行方法，分別介紹與分析其中的爭點，並分析違憲審查在死刑制度選擇上所代表的意義。

　死刑存廢的優劣點，已經有很多的討論，我國為何無法跟上世界潮流進而廢止，主要與國民普遍的價值觀走向有著關聯性。世界潮流的意義為何，國民的價值觀若與世界潮流不同，應該如何看待。國民的價值觀對於犯罪的認定或是刑罰的選擇，甚至在於憲法的解釋上扮演著如何的角色，本文也將進一步探究。最後，死刑存廢有著諸多面向可以討論，從特定觀點或許存置論較優，從別的觀點或許廢止論位居上風，總之，不是一篇文章，或是單一面向的解析，就可以得到充分討論。終局而言，本文認為廢死是個選擇的問題，台灣能否選擇廢死，選擇廢死又需要經過哪些過程，本文將從刑罰的機能、憲法的觀點與國民感情的走向等層面，提出個人的看法。

貳、解決機制中的應報與預防

一、預防理論的局限性

（一）一般預防的機能

　　刑罰具有應報主義與預防主義的色彩，二者均有其意義，可以說是現今的通說[1]。其中應報刑論與預防理論各有主張，預防理論又分為一般預防理論與特別預防理論。應報理論的爭點，下節再談。一般預防理論認為，刑罰主要的目的在預防犯罪。只是一般預防理論又可分為消極的一般預防理論（消極預防理論），以及積極的一般預防理論（積極預防理論）。消極的一般預防理論認為，刑罰就是以嚴刑恐嚇一般人民不敢犯罪[2]。而積極的一般預防理論則認為，刑罰是要維持與強化一般人對於法秩序的存在與執行力的忠誠性[3]。

　　上述二個理論，都是經由對社會的觀察為基礎，然後提出一套假設，消極預防理論認為，人民想要犯罪，但害怕刑罰的痛苦性，所以只好消極地打消犯罪念頭。但是積極預防理論卻認為，這樣的假設與現實世界差距太遠。所以，積極預防理論則提出自己的假設，其認為大多數的人並不想要犯罪，所以刑罰目的不在於預防一般人犯罪，而是在加強一般人的

---

[1]　「目前刑法中關於刑罰之規定，既非採純粹的應報刑，亦非僅著眼於一般預防或是特別預防，而是一種以罪責原則與應報刑思想為基礎，但兼顧刑罰預防作用的立法模式，也稱為刑罰的綜合理論或是統一思想。」王皇玉，刑法總則，新學林，2014年12月，頁23。「目前學說上一般認為應報主義與預防主義均有其意義，所以也產生綜合理論的說法。」黃榮堅，基礎刑罰學（上），元照，2012年3月4版，頁13。

[2]　「其運作方式是對社會大眾強調，凡有犯罪行為，必定會帶來刑罰痛苦的結果，並以此來阻止或壓抑潛在犯人的犯罪動機，或是使一般人在行為時，得知行為後果的嚴重性，進而放棄原本的行為趨力，不敢犯罪。」王皇玉，同前註1，頁15。

[3]　「對這些遵守法律的人而言，刑罰的存在與執行，最大的意義不在於威嚇潛在的犯罪人不敢犯罪，而在於以處罰犯罪人藉以維繫與強化社會大多數成員既有的遵法意識。」王皇玉，同註1，頁17。

遵法意識[4]。

對於上述理論所假設的社會事實，何者為正確，實在很難高下立
判。積極預防理論認為消極預防理論的假設離現實太遠，關於此點，本文
認為，刑罰殺雞儆猴的機能應該仍然存在。也就是賞善罰惡，看到善行被
獎勵，就多做善事，看到惡行被處罰，因而少做壞事，這仍然是大多數人
的想法，社會運作的主要邏輯，積極預防理論對於這樣的假設，直接論定
與現實差距太遠，不知道是依據如何的標準。或許少數人會無懼於重罰乃
至死刑仍繼續犯罪，但生活在台灣的抽象一般人，應該會持肯定見解，
不能因此而否定消極預防理論。當然，有部分文獻指出，死刑的威嚇力
不足[5]，並且是經實證所得的結果[6]，而威嚇力又是支撐消極預防理論的基
石，如此一來，消極預防理論是否就為實證所否定。死刑為刑罰的極致表
現，若死刑沒有威嚇力，其他自由刑或是財產刑，就更沒有威嚇力，消極
預防理論不就因此全面崩潰。本文認為，威嚇力無法全面性，例如，捷運
殺人事件的主角，根本不在乎有死刑，但不能否定在大部分國民身上仍能
發生作用，不需要因為實證報告而全面否定刑罰的威嚇力，消極預防理論
仍有可取之處。

再者，積極預防理論認為，刑罰的目的在於凝聚多數人的遵法意
思，只是，人民遵法意思的培養，主要是靠家庭、社會與學校教育來奠定
基礎。國家發動刑罰權，對人民施以刑罰，主要目的是在強化大多數人的
遵法意識，這樣的說法似乎有著違和感。刑罰的本質是惡害，容許國家侵
害特定人的利益，必然是很明確的可以找到更大的公共利益，這社會需有
大多數人具有遵法意識才能順利運作，所以，強化遵法意識也可說是公共
利益。只是，刑罰的執行可以達到部分強化遵法意識的效果，但遵法意識
的培養主要並非奠基於刑罰權的執行。

前段曾經提到，目前學界的一般說法都認為綜合理論為主流，綜合理

---

[4]　王皇玉，同註1，頁17。

[5]　團藤重光，刑法綱要總論，創文社，1992年11月25日3版，頁484。

[6]　死刑存廢之探討，行政院研究發展考核委員會編，行政院研究考核委員會出版，
1994年6月初版，頁150。

論似乎反映出，現實上各理論的假設都能符合部分社會實情。例如，社會上確實會有人因為看到刑罰，而不敢為犯罪行為。也會有人，因為看到刑罰，強化了自己的遵法意識。也就是消極預防理論與積極預防理論都有社會事實支撐，皆能說明某些社會狀況。二者相比較，本文認為，消極預防理論較能反應一般的現實狀況。

只是，在重大事件的解決上，刑罰又有著多少落實的空間。俗話說：「殺頭生意有人做，賠錢生意沒人做。」商人利之所趨，在夜黑風高的晚上，工廠仍會偷排放廢水，或是將暗管埋得更深一些，造成查緝上困難，因為多排放一次廢水，少掉處理的費用，就是增加收入的一種方法。為了達到這樣的目的，甚至行賄官員與民意代表，有時是上報，再也無法隱瞞，司法才有後續的追訴行動。再加上既使起訴，在實體犯罪認定上無法突破公司犯罪的困境，也無法為重刑宣告，甚至到最後無罪收場，威嚇力當然不足，也談不上預防的效果。

環境污染的議題，是各國都會面臨到的問題，防治污染要針對污染源與產業類別，提出不同的產業政策或是污染防治對策，從源頭開始，才能達到效果。若將防治污染的重責大任僅委由嚴刑峻罰，而忽略了其他更重要的作為，註定預防成效不彰。以行政機關來說，經濟部與環保署必須就自己的專業整體考量，制定出產業政策與環保政策，從源頭讓污染大幅減少。而不是產生了污染，完全寄望檢察官的追訴與法院的審判，畢竟刑罰只是解決問題的一環，再強的刑罰也非萬靈丹。在食安風暴發生時，輿論與主管機關第一時間都著重在有無法規規範，以及應該再加重刑罰，看問題的視野放在犯罪，解決方向徹底窄化在刑罰。近日，立法院通過刑法的修正案，修正了沒收的相關規定，增加了沒收的範圍，此舉又被視為打擊犯罪的利器[7]。不可否認，將刑罰增訂得更好，是防止犯罪發生的利多，只是不會是全部。在這樣的情形下，刑罰究竟能否改善下一次污染發生的環境，本文採悲觀的看法。而應該是配角的刑罰會成為解決機制的主角，

---

[7] https://tw.news.yahoo.com/刑法修正——企業賺黑心錢可沒收-215008946--finance. html，最後瀏覽日期：2015年12月27日。

多少與「治亂世用重典」以及「刑法萬能」的想法有關。

在捷運隨機殺人案與校園殺人案上，行為人都在案發後立刻或是隨即被逮捕，似乎行為人就在犯罪現場，也沒有逃亡的打算，逮捕後對於自己的行為也沒有任何悔意，甚至表示如果有機會還會再殺人。這些手段兇殘的犯罪，在我國有著較高的機率會處以無期徒刑或死刑，只是上述行為人對於死刑，似乎不感到畏懼，死刑制度存在與否根本不會動搖他的犯罪意念。當然，隨著死刑的執行，能達到消極預防的功能，滿足被害人以及一般人的正義感，死刑制度的存在，仍有積極的基礎。只是，這樣殘虐的犯罪是否會因此消滅或減少，本文認為，在整體環境因素，或是潛在犯罪人個人因素未消除之前，刑罰的效果並不明顯，因為這不只是犯罪問題而已。

(二)特別預防的不彰

如果一般預防理論是以一般人或是社會大多數人為對象，特別預防理論就是以受矯治的受刑人當成對象，以使受刑人不再犯罪為目標。依監獄行刑法的規定，監獄現實上有著矯治或是作業相關活動，目的都是讓受刑人能夠悔悟自己以前的行為，防止再犯，以及日後回到社會時能有一技之長。只是，具體的矯治成效如何，本文持懷疑的態度。

台灣監獄人滿為患，年度預算也極為有限，執政者皆未能提出創新的矯治政策，部分無心於此，只希望監獄不要暴動就好。就算有心想做，人力物力財力都缺乏的情形下，會有無力可回天的感慨。如此的前提事實，如果為一般人所能認同，並且符合實情，雖然未提具體的科學數據，則監獄的教化矯治功能應該不可能樂觀。矯治可能只是紙本上的目標，以及法條上的規定，與實際情形相差甚遠。或許可以不用談到矯治，單單監所管理人員的戒護工作，就已經是一大壓力[8]，戒護是矯治的前提，獄方勢必優先做好戒護，維持獄中秩序，如果戒護人力都吃緊，更不能奢望矯治人

---

[8] http://www.appledaily.com.tw/realtimenews/article/local/20151008/707181/applesearch/，
最後瀏覽日期：2015年10月9日。

力或是矯治工作能完善。再者，監獄的世界，與社會的生活形態完全不同，自有一套生存規則，在這情形下要矯治受刑人適應將來的社會生活，應該是困難的[9]。在日本監獄的作業成效，受到質疑[10]，矯治功能也不如預期[11]。也有學說從古典學派的犯罪成因出發，說明犯罪是因為人的自由意思所決定，監獄的作業無法達到讓受刑人反省自覺的效果。從近代學派的犯罪成因出發，說明犯罪是因為環境與性格使然，但監獄的作業無法改變環境，也無法改變人的犯罪性格[12]。凡此，似乎都在說明矯治的困難。另外，日本法務省於平成18年（2006年）依據認知行動療法，製定性犯罪處遇規程，似乎有改變處遇內容，朝向預防再犯的目標前進，只是效果似乎也不理想[13]。

　　或許偶有耳聞，受刑人在監表現良好，有改過遷善的跡象而獲假釋，或是在監期間考上名校等等，似乎可以間接證明監獄具有教化的功能。只是，本文仍持保留的態度，或許在少數個案達到教化的功能，或許個案的悔悟與監獄的教化無直接關係，縱未教化，仍可達到悔悟的結果。又或者監獄將多數的教化資源，放在極少數的個案，使個案達到教化的功能。總之，台灣監獄現階段教化不彰是事實。

　　如果監獄無法達到矯治的功能，監獄的存在是不是只剩將犯罪者隔

---

9 「監所的所有事都不一樣，那是受刑人一定時間居住的虛擬世界。監獄由國家所設立，與現實脫節，無經濟上的考量，也沒有自己的責任與義務，也沒有市民的生活形態，完全是虛假的世界。」大越義久，刑罰論序說，有斐閣，2008年5月30日，頁165。

10 「監獄的作業，對於監獄秩序的維持非常重要，同時也是監獄管理與維持費用的財源。如此一來，受刑者復歸社會的目標雖是理念，但與現實有落差。」大越義久，同前註9，頁164。

11 「人的本質必含有自由意識，人若失去自由，也就喪失人的本質。在執行中被處罰的受刑人，並不是真正的自由人，如此一來，能達到矯治的功能嗎？」大越義久，同註9，頁165。

12 大越義久，同註9，頁166。

13 「即使處罰犯罪者，只要在處遇上沒有朝向防止再犯的方向，犯罪防止效果是無法期待的。即使處遇朝向防止再犯，若未制定具體的方法，只是亂做一番，也不會有效果。」大越義久，同註9，頁170。

離在社會之外的意義。如此一來，監獄收容受刑人，也就成為另一種「放
逐刑」。死刑則是從社會永久的放逐，自由刑則是短暫的放逐。死刑有著
完全特別預防效果，自由刑在收容期間也有著相同效果。終身監禁也有著
永久放逐的效果，死刑似乎可以廢止，而以終身監禁刑取代。當然，終身
監禁本身是否殘暴，以及其他附屬問題[14]，勢必又是另一個議題。殘暴與
否，是屬於刑的執行方式。若將受刑人終身監禁於特定機構，在狹小的空
間生活，似乎是不人道。但如果將執行地點改在隔離於社會之外的小島，
並且給他相對自由的空間，但又能完全隔離於社會之外，在執行方法上改
進，或許不失為可以思考的方向。

　　當然，替代死刑的方式除了上述終身監禁外，將現有的無期徒刑以取
消特定犯罪假釋條件的方式，也可以是替代刑之一。如果離開解決死刑問
題的立場，回到刑罰體系的重整上，本文認為，死刑與無期徒刑都可以廢
除[15]，只要增加特定犯罪法定刑的高度，以及放寬數罪併罰的條件，有期
徒刑即可取代死刑與無期徒刑。畢竟人類有壽命上的限制，任何人若需關
在監獄三、四十年，人生早已變樣，說不定壽命長不過刑期，或是出獄時
已是垂垂老矣，如此跟判死刑與無期徒刑有何不同。

　　目前實務對於死刑以及無期徒刑的選擇上，常以行為人是否具有教
化可能性當成判斷基準，所以，教化可能與不可能就成為生與死的界線，
暫不論法官判斷的基準為何，即使被認定具有教化可能性的受刑人進入監
獄，以目前客觀上的矯治不彰來看，事先區分有無教化可能性有何實益。
更何況判決時，行為人尚未進入監獄施以教化，無法長期觀察其表現，更
無判斷數據。判決時似乎過於依賴教化可能性的判斷，若是如此，以矯治

---

[14]「行刑職員對於終身監禁者應該抱持著如何的理念處遇？……受刑者對於社會復歸
若感絕望，……將喪失改善更生的意念，難免變得自暴自棄。」土本武司，死刑存
置論と抑止論の接近，松尾浩也古稀祝賀論文集上卷，有斐閣，1998年6月30日，頁
129。

[15]附帶一提，罰金制度也可考慮廢除。罰金與罰鍰都是金錢罰，金錢罰都歸行政罰，
可讓刑事不法與行政不罰清楚分開，也可消彌附屬刑法動輒上億的罰金，與普通刑
法數萬元罰金間的離譜落差，專科罰金的犯罪也可除罪，讓珍貴的刑事司法資源對
應嚴重的犯罪。

的角度看死刑的存續，不如以應報的角度論死刑的存廢較為貼切，裁判時也以應報的角度出發較為適宜。

二、應報理論的正面意義

刑罰的目的在殺雞或是儆猴，似乎兼顧了應報與預防，只是部分學說在字裡行間，似乎對於應報思想採取否定的態度[16]，認為應報的好處就是在於洩憤後所帶來的心理愉悅[17]。若只是如此，應報刑的基礎似乎是受到質疑。只是，不管是被害人的洩憤或是一般人的洩憤，洩憤是否為完全負面的舉動，值得探討。不可諱言，在人類的經驗中，報復有時是有著強烈副作用，而且對於事情的解決無濟於事。只是報復心態是人性，被打一拳就是想還一拳，如此才符合原始的正義感，被打了右臉，還把左臉給別人打，這應該不是凡人會有的修為。近期法國受到恐攻，立刻的作為也是以空軍反擊，雖然大家都知道武力反擊對於事情的解決沒有幫助，但在人道思想的國家，立即的報復也是不可避免。如果硬是教導一般人不能有洩憤報復的心，反而會壓抑與扭曲人性。更何況人不只是會報仇，相對的，人也會報恩，俗話說：「受人點滴之恩，當湧泉以報。」凡此，都是人性的一部分。所以，不需要特別否定報復洩憤的合理性，接下來是如何報復與洩憤的問題。

如果任由當事人事後私下尋仇，報復手段必定千奇百怪，而且會引起社會的不安。現代刑罰就有由公權力代為報復的意味在其中，藉由刑罰權的發動，滿足被害人與一般人的報復心態與正義感，在一定的程序下解決事情，讓事件平穩落幕，同時也告訴一般人，做壞事會有報應，這應該是現代刑罰的意義[18]。如此一來，刑罰本身就是應報，應報不完全是洩憤，

---

[16] 「不過長時間以觀，我們大致上可以知道，報復的做法於事無補，反而有害。不止具體層面有害，對於全部人的心理層面更有害。」黃榮堅，同註1，頁15。

[17] 「一般所說的應報，它的好處在於洩憤後所帶來的心情上的愉快。我們不能否認，洩憤也可以給人帶來心情上的愉快，這也是一種好處。」黃榮堅，同註1，頁15。

[18] 相似見解，「應報與復仇不能混而為一，應報不應該是集體復仇，而是社會莊嚴地宣示對刑罰的譴責，並謀求給予罪犯合乎比例的責任。」黃源盛，簡明刑法總則，犁齋社，2014年9月修訂3版，頁447。

也能達到消極預防犯罪的功能。另一方面，依據法律執行以解決紛爭，可
以告訴被害人與一般民眾，司法制度仍是有效的運作著，這樣的事實會讓
被害人與一般人有著安心感，此安心感是社會秩序維持的重要要素。從心
理學的角度，一般人希望違反規定的人要被罰的想法，是維持社會運作的
基本條件[19]。

在環境以及食安事件上，要以刑法定罪基本上就有著困難，即使入
罪，也是輕判，以毒澱粉事件來看，刑期最重被論以二年十個月[20]。以日
月光排放廢水一案來看，起訴五人中，一人無罪四人緩刑[21]，大咖沒事，
小咖判刑[22]。要談應報，似乎是個軟弱無力的應報，在企業犯罪上無罪的
高層更無應報可言[23]。這是犯罪論的問題，也就是與法人犯罪、行為犯或
是集合犯、行為數的認定與罪數認定等有關。或是因為程序法論點的看法
分歧，或是法官個人解釋法條角度上的問題，終究可能得到無罪判決，例
如頂新食品案。面對上述的犯罪，國民感情直覺想要的就是惡有惡報的
正義，並且藉由重刑，讓理性的其他人也不敢做相同的犯罪。只是在現實
上，想要透過裁判以應報的角度，達到基本公平正義的維持，仍然是困難
重重。無法透過司法裁判滿足人民的正義感，無怪乎有人在不犯罪的情形
下，進行秒退商品的行動，滿足自己想要的正義，當然這樣的行動又惹起
正反見解的對立。此現象一方面可看出社會基本正義感在滿足上的重要
性，一方面可看出實際上裁判途徑實現刑罰機能的欲振乏力。試想，頂新
案若在上訴審或是終局性的得到無罪判決，一般人在基本正義感無法滿足
的情形下，是否會有更激烈的抵制行動，實在難以預料。既然透過審判程

---

[19] 大越義久，同註9，頁174。

[20] http://news.ltn.com.tw/news/life/paper/898476，最後瀏覽日期：2015年9月13日。

[21] https://tw.news.yahoo.com/環保署長籲修法提高刑度-215031120.html，最後瀏覽日期：
2015年9月14日。

[22] https://tw.news.yahoo.com/日月光排廢水-小咖判刑董座無罪躲過-060600325.html，最
後瀏覽日期：2015年9月14日。

[23] 「對於環境犯罪，刑罰的威嚇力極為輕微，再加上刑事追訴為事後的措置，有其極
限。所以，有關環境保護，事前措置的加入會更具效果。」大越義久，同註9，頁
156。

序得到的正義有如此多的變數，不如早些定位刑罰只是解決機制中的配角，而且還不一定是演得好的配角，分散風險，在刑罰以外的層面應該要有更多的著墨。

刑罰有著應報與一般預防的機能存在，固然是刑罰存在的基礎。但是，有著上述機能的刑罰，也不代表就是當代適當的刑罰。死刑有著上述的機能[24]，但也不能因此就認為死刑制度適合當代，還有其他更多的層面必須考量。以身體刑為例，身體刑也同樣有著上述的機能，而且愈殘暴的身體刑，愈有刑罰的威嚇力，但在人道的考量上，已經不適合目前的環境。更何況刑罰既然是解決機制的配角，死刑就不會是解決問題的萬靈丹，以解決問題的角度來說，死刑沒有那麼重要，以刑罰機能來說，死刑並沒有不可替代性。是否保留死刑制度，或許只是情感上要不要放手的問題。

參、死刑制度在日本國憲法上的考量

國家公權力當中，侵害人民利益最為嚴重的作為就是死刑，而憲法的任務是保障人權，所以，從憲法的角度來看，死刑制度究竟有著哪些憲法上的考量，值得關注。近年來，台灣文獻也開始由憲法觀點出發評價死刑制度。只是，本文想著重在日本文獻，期待能提供另一種思考路徑。

從憲法觀點出發，日本文獻大致有以下二點爭點，其一，死刑制度的存在是否合憲的問題，主要是在公共福祉效力的考量。再者，就是死刑的執行方法。台灣目前的死刑執行方法是槍殺，這種執行方法是否為殘酷的刑罰，是否為現行社會所接受，則是第二個問題。相對的，自由刑在台灣並沒有太大的爭議，似乎有著穩固的存在基礎。在日本，針對死刑制度是否違憲，以及死刑是為否殘酷的刑罰，以及自由刑是否殘酷，有著如下的

---

[24] 日本最高法院也肯定死刑具有一般預防以及特別預防的效果。參閱最大判昭和23年（1948年）3月12日，刑集2卷3號，頁191。

討論，值得參考。

一、死刑制度存在根據與公共福祉的關聯

日本實務界在昭和23年（1948年），有著死刑是否為殘酷刑罰的爭議。當事人殺了二人，被論以死刑[25]。被告以死刑違反憲法第36條為理由提起上訴[26]，但最高法院以一定的理由駁回上訴[27]。日本最高法院從一般預防效果以及特別預防效果，再加上群體人道優位的觀點，肯定了死刑的合理性。當時學說大多認為，不能從憲法第36條得出死刑違憲的結論，但也有學說認為，雖然日本憲法第31條規定著依法律程序可以剝奪生命的可

---

[25] 「被告一直被母親與妹妹視為麻煩者，某日，二人沒有留下任何晚餐給被告，也沒有為被告鋪床墊，又餓又氣的情形下，想到平常對他的冷淡，乃決意殺害二人，被告拿錘子殺害熟睡中的二人，並將二人的屍體丟入古井中。」大越義久，同註9，頁70。

[26] 日本國憲法第36條：「絕對禁止公務員拷問或是施以殘暴的刑罰。」

[27] 「生命是珍貴的，一個人的生命比全地球都重要。死刑是刑罰中最無情的也是最極端的。……死刑制度常常有著國家刑事政策面，與人道面上的批判與考量。……新憲法對於死刑究竟採取什麼態度……難道刑法死刑的規定違反憲法而無效。首先，憲法第13條規定，所有的國民都應該被尊重，關於國民在生命上的權利，在立法上以及國家政策上，應該要以最大的尊重為必要。但同時如果有違反公共福祉的基本原則，國民的生命權在立法上將會受剝奪……再者，依照憲法第31條的規定，對於尊貴的生命，依照法律制定的程序，可以加以剝奪，因此憲法是認同死刑的存在。死刑具有威嚇力，可以有著一般預防的效果，死刑的執行可以斷絕社會犯罪的根源，形成一道社會的防衛線。再者，全體人道觀應該優先於個人人道觀，所以為了公共福祉，有必要讓死刑制度存續。……死刑是終極且無情的刑罰，一般而言，無法從該條直接得出死刑的殘暴性。只是，死刑與其他刑罰相同，執行方法在當代及環境，若從人道的立場上認為具有殘暴性，則當然為殘暴的刑罰。若將來法律增訂火刑、釘刑、斬首示眾、煮刑，則該法律即違反憲法第36條。」島、藤田、岩松、河村等裁判官的補充意見：「憲法並未直接因殘暴性而禁止死刑，但是，憲法的制定是反映當時的國民感情，所以，死刑並不是永久被承認的。刑罰是否殘暴是由國民感情所決定，而國民感情又會隨著時代而變遷……國家文化的高度發展，實現了以正義與秩序為基礎的和平社會，若一般人認為，為了公共福祉，不再需要以死刑的威嚇力來防止犯罪，則死刑會是殘暴的刑罰並為國民感情所否定。在這樣的情形下，憲法第31條的解釋將會有所限制，死刑會因為殘暴違反憲法而遭到排除，但今日尚未達到這樣的局面。」參閱最大判昭和23年（1948年）3月12日，刑集2卷3號，頁191。

能性[28]，只是，日本憲法第36條的解釋，也可能隨時代的轉變而認定死刑具殘暴性[29]。其中，日本最高法院提到了人道觀與死刑殘酷性的問題，值得加以探討。

日本最高法院昭和23年（1948年）的判決對於死刑制度的態度，可以分為死刑制度的存在，與死刑執行方法二個層面。其中所提關鍵的人道觀究竟所指為何，日本學說有質疑的聲音[30]，也有肯定的聲音[31]。首先，最高法院所指的全體人道觀，與公共福祉沒有分別理解的必要。依據日本國憲法第13條[32]，違反公共福祉的情形下，可以在立法上剝奪國民生命之權。隨後也提到基於全體人道觀，在公共福祉需要的情形下，可以認為死刑制度的存續性。所以，全體人道觀與個人人道觀之爭，重點似乎不在於人道觀，而是在於全體利益大於個人利益的基本態度[33]。再者，違憲論學說對於憲法第13條公共福祉的解釋有著不同的意見[34]，當然，也有合憲論

---

[28] 日本國憲法第31條：「不依法律程序，不得為剝奪生命、自由或其他利益的刑罰。」

[29] 岩井宜子，死刑と憲法，刑法の爭点，有斐閣，1987年3月5日，頁162。

[30] 「日本最高法院以個體人道觀與全體人道觀來表現，並認為後者優於前者。只是，這代表什麼意思？一種人道觀有兩個側面，一面優於另外一面？還是人道觀並非重點，應該是全體大於個人？其中的優劣決定的理由與基準又是什麼？」大越義久，同註9，頁74。

[31] 日本學者植松正氏的見解，「一般而言，以國民感情當成立法基礎極為重要。即使是欠缺理論上意義的感情，在法律制度上也不能忽視。但是，有關死刑違反人道的議論，其人道論視野狹小，沒有很深的根據。其所主張的『不能以人的力量奪去人的生命』、『即使是犯人的生命也必須尊重』、『死刑是殘酷而噁心』，凡此，都是片面式的感情觀。……對一名兇惡的犯人處以死刑，若能防止多數相同犯罪的發生，死刑存置將是尊重善良國民生命的一種表現。與其保障犯人的生命，不如保障善良百姓的生命較重要，並且更為人道。」轉引自斉藤金作，死刑，刑法講座第1卷，有斐閣，1963年6月5日，頁140-141。

[32] 日本國憲法第13條：「所有的國民都應該被尊重，有關國民生命、自由與幸福追求的權利，在不違反公共福祉的情形下，在立法以及其他國家政策上，有必要給予最大的尊重。」

[33] 只是，本判決在一開始提到「一個人的生命重於全地球」，這句話與重視全體人道觀所要展現的意義是否矛盾，令人猜疑。

[34] 反對見解，「依照貝加利亞否定死刑的社會契約論，原本在國民主權國家，不只是

的見解[35]。所以，可否因爲公共福祉而犧牲個人的生命，就成爲最主要的
關鍵。

有關可否因公共福祉而犧牲個人生命，本文認爲，基於維護多數人的
利益，也就是公共福祉的考量下，可以限制少數人的利益，應該是日本憲
法第13條所要表達的意涵。我國憲法雖無完全相似的規定，但應該持相同
的價值[36]。只是，基於公共福祉，而限制自由或是財產利益較無爭議。基
於公共福祉可否犧牲生命利益，就必須要有更多的考量。這或許不是法學
上的必然答案，不同的時代環境，就會有不同的價值選擇，與國民感情相
同的價值選擇，就會活存於當代。就結論而言，我國及日本實務採肯定態
度，本文從之。

接著，日本學者木村龜二氏引用日本國憲法第9條[37]，認爲新憲法在
第9條已宣示放棄戰爭，意味著放棄超個人國家觀的想法，也就是不可爲
了國家，在國內以戰爭手段，犧牲個人的生命。如果刑罰因爲國家的需
要，而可以肯定剝奪個人生命的死刑，二者將產生矛盾[38]。但日本實務對
於此種看法，表達了不同的意見[39]。憲法第9條究竟有著如何的意義，應

對基本人權的限制，能否科以死刑，爲刑罰基本存在的問題。如果貫徹個人主義
國家觀，以公共福祉之名，是不能達到消滅個人的結論。」、「第13條規定，『生
命……有關對國民的權利，只要不違反公共福祉，在立法以及國政上應該給予最大
的尊重。』這裡所說的公共福祉，是指社會上所有的人，所有的國民都能享受的福
祉，因此，殺人犯的死並不符合公共福祉，所以不能以公共福祉當成根據，進而肯
定剝奪生命權的死刑。」岩井宜子，同註29，頁162。

[35] 小野清一郎氏認爲，「新憲法承認公共福祉的概念，所以國家人倫立場超越個人利
益，個人主義色彩強烈的新憲法，也借由公共福祉的概念，傳達這樣的訊息。在不
得已的情形下，執行死刑是國家人倫組織下不可避免的惡害，並且可以正義之名行
之。」轉引自齊藤金作，同註31，頁149。

[36] 從司法院釋字第194、263以及476號解釋見解來看，死刑制度並未違反我國憲法第23
條。

[37] 日本國憲法第9條第1項：「日本國民誠實的追求，以正義與秩序爲基調的國際和
平，永久的放棄，由國家發動戰爭，或以武力威嚇，或是行使武力，做爲國際紛爭
的解決手段。」

[38] 轉引自岩井宜子，同註29，頁163。

[39] 「由同條規定，導到死刑廢止的結論，並無法看出這樣理解的理由何在。」參閱最
大判昭和26年（1951年）4月18日，刑集5卷5號，頁923。

該如何正確解釋，因人而異，主要還是由國民價值觀決定，但在死刑制度存廢論上，憲法第9條似乎不是主要爭論所在，木村氏的見解也只是少數說。

　　最後，在本判決的後段，又提到一次人道觀。其中提到刑罰的執行方法，必須在當代的環境下以人道的觀點，判斷是否具有殘酷性。此處的人道所指為何，日本學說也有著批評[40]。本文認為，此處的人道立場是判斷死刑執行方法的基準，也就是以當代一般人的基準，判斷執行方式的殘酷性，若認定為殘酷，則違反日本憲法第36條，如此說來，刑罰是否殘酷，仍是由國民感情決定。

二、死刑執行方法在殘暴性上的判斷

　　前述提到，日本最高法院的判決，認為死刑制度是可以存在的，只是執行方法必須要有所考量，若執行方法以人道的觀點來看，過於殘暴則仍是違反憲法的精神。刑罰本身就是一種惡害，也就是剝奪人的利益，本質上就是要讓受刑人有著身體上或是精神上的痛苦，受刑人一定不好受，只是，痛苦並不等於殘暴，死刑有過於殘暴的爭議，無期徒刑與有期徒刑有無此議題，值得多方論述。

　　目前，日本執行死刑的方法是絞刑。而絞刑是否殘暴，日本在昭和30年（1955年）4月6日帝銀事件的判決中，認為絞首刑並不殘暴[41]。學說對

---

[40] 「日本最高法院認為，火刑、煮刑、釘刑與斬首示眾，皆為殘暴的刑罰。殘暴與否，執行者、被執行者以及觀看執行者，皆有各自的判斷。火刑與煮刑是以時間的殺人方式，釘刑與斬首示眾則為警示人的殺人方式。四者的共通點是否在於，從第三者是如何看待的觀點出發？若是如此，則無疑受到犯罪防止的功利思考所支配？人道的見解與功利主義的想法是一致的嗎？還是原本就應該是相反的？從人道的觀點出發，功利性再高，只要是違反人道都不被容許不是嗎？相反的，站在功利與人道相同的立場，從功利的觀點考慮殘暴性，則防止犯罪的必要性愈高，殘暴性也應該愈高不是嗎？但是，功利性高的火刑、煮刑、釘刑以及斬首示眾等刑罰，皆被最高法院否定。相信死刑具有一般預防功能的最高法院，為何擁護一般預防效果較弱的死刑執行方法，其理由何在？」大越義久，同註9，頁74-75。

[41] 「現在各國使用的死刑執行方法有絞殺、砍殺、槍殺、電刑、瓦斯刑等，比較考量上述方法，都各有優缺點，我國目前所採用的絞首，與其他方法比較起來，並非人道上所稱的殘暴。」參閱最大判昭和30年（1955年）4月6日，刑集9卷4號，頁633。

此有所批評[42]。無期徒刑是否殘暴，在昭和24年（1949年）12月21日強盜殺人未遂案中，認爲無期徒刑並非殘暴的刑罰[43]。學說對此判決也有所批評[44]。

上述帝銀事件的判決，認爲絞刑並不殘暴，只是以死刑不殘暴，無期徒刑也就不殘暴。這樣有結論沒推論的說明，並無法發揮說服的功能。另外在昭和24年（1949年）強盜殺人未遂案中，批評者認爲，不應該以刑的高低斷定殘暴與否，應該以是否破壞人性爲基準的說法，本文表示贊同。雖然愈高的刑愈有可能破壞受刑人的人性，但只以刑的輕重當成判斷標準並不精確，刑的執行方式也應一併考慮，尤其是刑的執行方式是否摧毀人

---

[42] 「美國一直在尋求減少痛苦的方法，最後採用電氣刑。1933年，德國執行死刑的方法有絞刑、斬首、槍決，其中絞刑被認爲是最重的執行方法。現今各國的死刑執行方法中，美國軍醫團塔納少尉認爲絞刑需要最久的時間才能致死，正木亮博士據此認爲，從主觀面或是客觀面來看，絞刑是最殘暴的刑罰。」岩井宜子，同註29，頁163。

[43] 「死刑並不是日本憲法第36條所講的殘暴的刑罰，最高法院判例已清楚說明（參照昭和23年3月12日大法庭判決）。如果現行制度的死刑是如此的話，同制度的無期徒刑也不是殘酷的刑罰乃是理所當然。……我國刑法和各國刑法一樣，以死刑爲最重的刑罰，無期徒刑次之。……科刑的目的除了受刑人爲對象的特別預防之外，也有防衛社會一般預防的一面，所以，刑罰的種類以及量是否適當，應該從這兩方面考量。犯罪與犯人的刑與質若不同，對應的刑罰之種類與量也要不同。在死刑失之過酷，有期自由刑又稍嫌不足的情形，承認無期自由刑。只有針對特殊受刑者的個人狀況，規定著給予必要精神與肉體痛苦的刑罰，並不能斷定違憲。」參閱最大判昭24年（1949年）12月21日，刑集3卷12號，頁2048。

[44] 「此判決有問題。第一，最高法院以死刑不殘暴，得出無期徒刑也不殘暴，完全出於以刑的輕重斷定殘暴程度的想法。也就是，A、刑罰本來就是殘暴的，B、無期徒刑與有期徒刑是出於同一脈絡。首先，A的想法與區分殘暴刑罰，與不殘暴刑罰的憲法第36條矛盾。B的說法若考慮貝加利亞所言，死刑犯與無期徒刑犯在憂鬱症上的差異，就不能如此斷言。去鼻去耳等肉刑，都是比死刑更輕的刑罰，但卻是殘暴刑罰的代表。無期徒刑是否殘暴，要以無期徒刑所施加的痛苦，是否破壞受刑者的人性而決定。第二，這是一種以『犯罪防止的必要性否定刑的殘暴性』所展開的說法。犯罪防止必要性是功利性的問題，殘暴性是人道的問題。原本不同的二樣東西，可以放在秤上衡量，並且認爲功利性的問題較重要嗎？況且還沒有把功利性較重要的理由說清楚。」大越義久，同註9，頁112。

性,當成人道的考量具有意義[45]。

上述日本學說的爭執,都是由死刑是否違憲的角度說明。死刑制度若違憲,當然死刑制度就無法存續。死刑制度若合憲,也只能說明死刑制度並未過度侵犯人權,符合憲法所設定的基本門檻。但符合憲法門檻的刑罰制度很多,死刑制度或許是其中之一,不代表我們一定要選擇死刑制度,例如,終身監禁應該是合憲的刑罰,但現階段台灣並未選擇此刑罰。所以,違憲與否的審查,只能排除非常誇張的刑罰制度,例如,五馬分屍等,但不能立即選擇出適合我們的刑罰。所以,死刑制度違憲與否的論爭,與是否應選擇死刑制度間,沒有絕對的關聯性[46]。

肆、國民感情的地位與死刑制度的選擇

一、國民感情與法律解釋態度的關聯

死刑的存在基礎與執行方式殘暴性的判斷,日本實務見解有著定論,只是學說有著不同意見。在存在基礎的爭論上,對於日本國憲法第13條中公共福祉的解釋有著不同,也就是可否基於公共福祉剝奪人的生命有著爭議。此涉及到個人國家觀與超個人國家觀的選擇,選擇不同的立場,就會解釋出不同的結果,選擇權在於人民,國民的價值觀至為重要。同樣的,在執行方法上,在藤田氏等補充意見上表示,憲法是反映當時人民的感情,死刑不是永久被承認,刑罰是否殘暴由國民感情決定,國民感情又隨著時代變遷云云。似乎也是認為,國民價值觀可以決定憲法的解釋態度,一旦態度轉變了,憲法的解釋與理論的選擇就會不同。日本國憲法第

---

[45] 媒體上常看到歐洲部分監獄設備之優,遠勝文化大學大倫館男生宿舍,若拘禁在其中,對文大生來說,或許人道的感覺應該勝過殘暴。所以,刑的執行方法,會是刑是否殘暴的重要判斷依據。

[46] 對於特定罪的違憲審查也有著相同問題,違憲審查只能刪除很誇張的犯罪,但未被篩除的犯罪也不代表一定是適合「上架」,例如,通姦罪並不違憲,但「下架」的聲浪此起彼落。

9條的解釋，似乎也有著相同的情形。近日，2015年9月間，日本對集體
自衛權的問題，正反意見彼此對立，隨後，日本國會通過新安保法，到最
後決定如何解釋第9條者，仍是大多數的國民，憲法學者與最高法院法官
皆無法代位決定，這似乎證明了，沒有法學上的標準答案，端視國民的選
擇。前述1948年的日本最高法院判決，歷久彌新，日後日本實務對死刑存
廢並無重大見解變動，原因在判決內容已經道出國民感情的核心因素，也
可以看出日本國民對於死刑制度的看法，在歷經半世紀多以來，並未實質
改變。

　　國家刑罰應該如何選擇，與國民的價值觀有著密切關聯性，雖然人
類會有共同的價值觀，但依照國別、民族、族群以及世代等又會有各自不
同的價值觀，不同的價值觀自然會有不同的選擇。死刑存廢論的選擇，就
是價值觀的選擇[47]。如果憲法或是刑罰會有不同的選擇，犯罪的違法理論
或是罪責理論的選擇，也會因為不同的價值觀而有不同的選擇。所以，不
論違法理論、罪責理論或是刑罰理論，在選擇上都應該與國民感情有著關
聯。在犯罪論上，目前台灣的通說與德國見解有著很高的一致性，這樣的
情形在台灣似乎很難改變，只是，在刑罰上卻有不同的面貌。

　　在歐盟，自從第二次世界大戰之後，廢死已經是共識。死刑存廢的議
題，應該是已有定論，不需要再多加討論，雖偶有反論，但仍難成氣候。
放眼世界，廢死也已經是潮流[48]。只是，這樣的定論在我國以及日本，卻
很難照單全收。但不可否認的，我國與日本對於死刑是往保守的方向發
展，例如，死刑的選擇在立法上趨於多樣[49]、死刑的選擇仍然嚴謹[50]，日

---

[47] 相似見解，「死刑的存置或廢止，是超越論理的價值觀對立。價值選擇若不相同，
二者永遠就是平行線。若選擇『國家不可剝奪人的生命』的價值觀，死刑就是絕對
的惡。……死刑的廢止成了唯一的選項。……但是另一方面，若選擇了『殺人償
命』的價值觀，死刑制度只能存續。」土本武司，同註14，頁124。

[48] 大越義久，同註9，頁49。

[49] 大越義久，同註9，頁55。

[50] 「死刑從實際運用的角度來看，是相當的受到壓抑。」「死刑判決確定後六個月
內，日本法務大臣必須發出執行命令，只是這樣的訓示命令在執行上常被克制，延
期的情形經常都有。確定後的平均存命期間爲七年六個月。帝銀事件的平澤氏即爲

本最高法院在昭和58年（1983年）甚至定出了選擇死刑的永山基準[51]，似乎將死刑限制在重大或侵害多數生命法益的犯罪[52]，我國也有類似的判決出現[53]。即使我國司法首長宣誓了終極廢死的態度[54]，日本以及我國仍是一直保有死刑，無法瀟灑的完全繼受歐洲的思想。其主要問題在於國民感情，符合國民感情的犯罪判斷與刑罰制度，才會為國民所支持，得到國民支持的刑罰制度才有足夠的基礎。所以，無法接受廢死，關鍵在於國民並不支持。關於此點，在日本也有類似的說法。在昭和49年（1974年）的刑法修正草案的討論上，因為昭和42年（1967年）6月日本總理府曾做民調，國民有70%希望保有死刑，因而死刑被保留下來，到平成元年（1989年）的總理府調查，主張死刑保留者仍有66%[55]。所以，在死刑是否廢止的討論上，常看到雙方的理由，例如，死刑不可回復性或是美日等仍採用

代表例。死刑事件在裁判上也是謹慎適用，有著抑制死刑適用的功能。」大越義久，同註9，頁57-58。

[51] 「在死刑制度存置的現行法制下，犯行的罪質、動機、態樣、殺害手段的殘虐性、結果的重大性、被殺害人數、被害遺族的感情、社會的影響、犯人的年齡前科，以及犯行後的情狀等，裁判時需加以合併觀察，其罪責重大，從罪刑均衡的角度以及一般預防的角度出發，認為在不得不處以極刑的情形下，可以容許選擇死刑。」參閱最高判昭58年（1983年）7月8日，刑集37卷6號，頁609。

[52] 相同見解，廖正豪，理性思考死刑制度的存廢——如何實現所有人的正義，刑事法雜誌，第51卷第3期，2007年6月，頁16。

[53] 「……死刑之存在，就現階段之刑事政策而言，與其說是一種應報主義之產物，毋寧說是對某種特別犯罪，實現理性正義的需求，並為維護社會秩序或增進公共利益所必要。由於死刑之諭知，為生命之剝奪，具有不可回復性，基於對生命價值生命權及人道之尊重，法官於諭知死刑之判決前，除應就個案整體觀察，審酌刑法第57條所列舉科刑輕重之事項外，亦應審酌其他一切情狀，避免有失衡平，以及是否確為罪無可逭，非執行死刑不能實現正義，並為維護社會秩序或增進公共利益所必要，並應於判決內說明其理由，始為適法。……」參閱最高法院95年度台上字第4566號刑事判決。

[54] http://www.chinatimes.com/newspapers/20150604001421-260102，最後瀏覽日期：2015年9月14日。

[55] 大越義久，同註9，頁54；大谷實，刑法講義總論，成文堂，1997年8月10日第4版，頁519。

死刑,但最後決定性因素仍在國民的接受度[56]。即使是冠上廢死是世界潮流的帽子,也沒有趕流行的必要,仍然不適合強行廢死。強行廢死的結果,或許會讓司法制度受到更大的傷害。

若將國民感情觀往前延伸,在犯罪論的選擇上也有相同的考量,行爲對法益的危險,一直是違法的基礎,犯罪成立與否的重要判斷要件。只是,行爲究竟有無對法益產生危險,刑法在著手理論上從主觀主義到客觀主義有著各種選擇,我國通說與德國通說相同,都是採主客觀混合說,似乎這就是極穩固的學說。但根本的問題在於,我國國民與德國人的價值觀是否相同,也就是說,行爲是否危險以及國民對於危險的接受度,是否相同或是相近,若是相近,則採用相同的理論判斷犯罪以成就刑罰權的發動,乃理所當然。若有著明顯差異,在理論的選擇上,就有不同的可能[57]。先前台北市文化局曾提出台北裸體行銷的概念,也就是找國際大師協助拍攝,在台北街景百人以上集體裸體,這樣的概念在巴黎或是倫敦等大都市都已經試過,行銷效果也不錯,但在台灣卻胎死腹中,主要還是在於國民感情無法接受。若是如此,有關刑法上猥褻概念,台灣勢必與英法的標準截然不同。

---

[56] 「刑罰正當化的理由在於達成過止犯罪,以及維持社會秩序,爲了社會秩序,滿足社會的應報感情,讓國民信賴法秩序是非常重要。所以,一般國民若認爲,對於惡行重大的人必須科以死刑,則不可忽略這個意見。」大谷實,同前註55,頁520。

[57] 某次筆者在印尼峇里島旅遊,看到西方臉孔的父母親帶著小孩搭小遊艇出海,六歲左右的小女孩就坐在船邊,一雙腳蕩在外面,父母也未制止,神態自若地往外海開。甚或是父母直接將未著救生衣的小孩丟下海,兄弟間互推入海等,都是習以爲常的互動。只是看在國人的眼中,這些行爲都好危險。台灣的長輩應該會要求小孩行船時要坐好坐滿,不能走動,下海要穿救生衣,不能互相推擠等,以確保安全。在相同條件之下,不論是東方小孩或是西方小孩,嘻鬧式的將其丟到近海中,客觀上都是一樣危險或是不危險。面對這樣的客觀事實,顯然西方長輩有可能認爲是不危險,這有可能是對於危險的容許範圍普遍比我國大,若是如此,在刑罰權的發動上,應該也會有著不同。若是刑罰權發動上不同,危險的判斷或是著手的認定就會有著不同。若強行希望我們的長輩變更自己對危險的容許度,並認爲這樣才符合世界潮流,似乎是強人所難。畢竟,很多價值觀的不同,與文化傳統有關,非一朝一夕可以改變,更不是可以以專業刑法學的角度要求改變的。

二、死刑制度的選擇要素與廢死流程

　　從上述刑罰的機能面來看，刑法上有死刑制度，執行死刑後，在應報面上，國民常有正義得到伸張的感覺，社會生活會得到穩定，在預防面上，一定程度上也預防了犯罪的發生。再者，在死刑的執行方法上，如能嚴守執行程序，符合人道上的要求，也能符合憲法的門檻，在法律正當性上也有著基礎。所以，執行死刑，有著法律上的根據，相當程度符合國民感情，整體社會也從中得到利益。另一方面，刑法有死刑制度，執行相當人數的死刑後，來自國際輿論的壓力，使國家整體形象受損，常使原本已經有限的國際空間，再次受到壓縮。或因裁判的程序，證據認定的不嚴謹，又或者誤殺了無辜，造成人人心中的遺憾與對司法的不信任，以及受執行者家屬的傷害等，不斷有著來自國內的質疑。所以，在執行死刑上，我們也會有損失。觀點必須全面，不能單就刑事被告權益的保障為唯一的指導原則[58]。死刑制度若有百害無一利，應該早被廢止了。享受利益，承擔損失，衡量利弊得失，接下來就是選擇的問題。

　　在保守社會中，通常安於面前的社會形態與做法，不敢有太大的改革動作，不敢嘗試的結果，國家也會停滯不前。在台灣的各個層面的政策，通常都是保守而不創新，稍想進行不同的嘗試，立即會被長輩制止，社會呈現的樣貌是沒有變化的，沒有生氣的。不願嘗試廢死只是其中的一小部分，只是這種社會氛圍下的一個產物，並非特例。選擇雖然有風險，選擇也不一定成功，但勇於選擇比起墨守成規要更有未來性。即使選擇錯誤，也會得到錯誤的經驗值，有助於下次選擇的成功，台灣人與台灣社會應該要有更多的實驗精神，尤其議論在呈現五五波拉距時，更應該勇於選擇創新。更何況，廢死並不代表不處罰行為人，只是換個替代的方式來罰，也不會因此喪失刑罰原本的應報與預防的機能，只在於替代方式能不能被接受。再者，台灣每年執行死刑的人數大致會控制在一定數字下，每年或有

---

[58] 相似見解，「如果國家的政策或是制度變成只會保障某一部分人的程序人權，那這樣的人權觀點就已經偏頗，而難能成為支持制度建立的基礎。」廖正豪，同註52，頁24-25。

不同。只是為了執行五位以下的人數，卻得到國家形象的受損以及國內的
爭論，其中所耗的成本，與應報與預防所得的利益相比，應該是不划算的
生意。所以，本文主張，即使死刑制度有著穩固的基礎與好處，但台灣應
該要確認朝廢死的方向進行的基本態度。

雖然本文主張要有朝廢死方向進行的態度，但制度畢竟是要用在國
民全體身上，所以，得到國民的支持是重要的。現實上廢死論並無法壓倒
勝，而國民感情上較贊同死刑存置論，所以，冒然修法廢除死刑也非本文
所樂見，畢竟如此將徒增國民對司法的不信任感。所以，一步到位的廢死
主張，也就是立刻刪除死刑制度的主張，在現階段並非妥適。沒有階段與
戰略的廢死，只是徒增民眾的對立。因而，現階段的重點在於一步一步的
往廢死靠，這一步最為重要，可以有更多層面的努力與考量。接著，靜靜
等待風信，若有一日，不執行死刑為一般國民感情及被害人可以容許，不
會引起輿論的譁然，才能考慮搬上檯面廢除死刑制度。最後，修法時再談
論以人道的終身監禁取代死刑，或是延長有期徒刑的上限等主張。循序漸
進，方成大事。

伍、結論

近年來，台灣不斷發生挑戰民眾觀感的社會事件，若將事件當成社會
問題，則刑罰只是解決機制的一部，若將事件當成犯罪問題，刑罰就會是
唯一的解決手段。法律人往往站在後者的立場，大家也以為重點在處罰，
刑罰就被賦予重責大任。刑罰能積極運作，本來就只是解決機制中的一部
而已，功能有限。更何況因為現實的種種因素，雷聲大雨點小，刑罰效果
更打折扣，對事件的解決幫助更小。在這樣的刑罰定位下，死刑雖有其存
在的效果，但也絕非解決對策中的萬靈丹，沒有不可取代性。在現階段，
監獄的意義就是將受刑人隔離於社會之外，以此角度，只要能將受刑人人
道的永遠或長時間的隔絕在社會之外，都可以是死刑的替代方式。

在日本國憲法的考察上，包含著憲法是否否定死刑制度，以及如何執

行死刑等議題。雖然在死刑制度本身，或是死刑的執行方式都不違憲。只是這樣的不違憲，仍是取決於國民的價值觀，也就是全體國民的選擇，這種選擇沒有標準答案。換言之，相同的法條，時代環境要是轉換，在不同的解釋態度，合憲也可能變成違憲。相同情形也會發生在台灣，國民感情才是決定死刑存廢的最大關鍵。

　　每個有死刑制度的國家，在面對死刑存廢時的壓力也有所不同，日本法律上保有死刑制度，不過實際上曾多年並未執行死刑，形成巧妙的形存實廢的狀態，或是執行少數的一位，在此狀態下因為執行死刑，國際上給的壓力會較小，國內廢死的聲音也會相對小，法律上廢死的壓力也就小。我國也同樣保有死刑制度，曾經未執行，但近年執行的人數約在五人左右，一超過這個數字，國際上以及國內的輿論壓力就會增加，國際形象受損等執行死刑的壞處就會更明顯。另一方面，執行死刑除了有著法律上的基礎外，能貫徹賞善罰惡的價值觀念，讓社會生活穩定，也有著好處。權衡得失，現階段的台灣應該勇於嘗試往廢死的方向進行，或許會有新的局面，帶來新的利益。

　　只是，廢死必須要在國民感情理解的前提下才能進行，所以，不適合一步到位的立即將死刑制度廢除，如此只是徒增國民對司法的不信任。國民對於不執行死刑處在可以理解，不會有輿論的反彈時，才能考慮進行死刑制度的廢除。等待國民價值觀的轉變或許需要時間，或許永遠不會轉變，但只能耐心等待其中的轉變，不能以法學上的世界潮流或是正確解答，強行進行法律上的改變，否則只會適得其反。

參考文獻

一、中文

1. 王皇玉，刑法總則，新學林，2014 年 12 月。

2. 黃源盛，簡明刑法總則，犁齋社，2014 年 9 月修訂 3 版。

3. 黃榮堅，基礎刑罰學（上），元照，2012 年 3 月第 4 版。

4. 廖正豪，理性思考死刑制度的存廢——如何實現所有人的正義，刑事法雜誌，第 51 卷第 3 期，2007 年 6 月。

二、日文

1. 土本武司，死刑存置論と廃止論の接近，松尾浩也古稀祝賀論文集上卷，有斐閣，1998 年 6 月 30 日。

2. 大谷實，刑法講義総論，成文堂，1997 年 8 月 10 日第 4 版。

3. 大越義久，刑罰論序説，有斐閣，2008 年 5 月 30 日。

4. 団藤重光，刑法綱要総論，創文社，1992 年 11 月 25 日 3 版。

5. 岩井宜子，死刑と憲法，刑法の争点，有斐閣，1987 年 3 月 5 日。

6. 斉藤金作，死刑，刑法講座第 1 卷，有斐閣，1963 年 6 月 5 日。

12

以鞭刑代替死刑之芻議

王榮聖[*]

[*] 輔仁大學法學博士、玄奘大學法律學系副教授兼系主任兼主任秘書。

壹、前言

　　關於死刑之本質，自古以來即備受探討與爭議。但年餘來，我國針對死刑的本質性、合理性及存廢性有了一段高水準的學術探討。首先是在中研院法學期刊第15期，由許家馨與謝煜偉二位學者分別以「應報即復仇？——當代應報理論及其對死刑之意涵初探」及「重新檢視死刑的應報意義」，從歐美應報理論出發探討死刑的合理性根據及其本質[1]。在第17期，則分別由李茂生、顏厥安及陳嘉銘等學者，分別以其專業從刑事法學、法理學及政治哲學等面向，提出評論，並由許、謝兩位學者再就前三位學者所為之評論，提出回應[2]。這樣的論述、評論與回應，無疑是令人

---

[1] 許家馨，應報即復仇？——當代應報理論及其對死刑之意涵初探，中研院法學期刊，第15期，2014年9月，頁207-282；謝煜偉，重新檢視死刑的應報意義，中研院法學期刊，第15期，2014年9月，頁139-206。

[2] 對許、謝論述之評論，包括李茂生，應報、死刑與嚴罰的心理，中研院法學期刊，第17期，2015年9月，頁295-311；陳嘉銘，人們尋求以惡還惡，若非如此即是奴隸，中研院法學期刊，第17期，2015年9月，頁313-333；顏厥安，不再修補殺人機器——評論許家馨與謝煜偉教授有關死刑之文章，中研院法學期刊，第17期，2015

驚艷的，有別於一般研討會上，僅能在有限時間內的倉促報告、評論與問答，透過論述的具體評論與回應，更能集中在議題的焦點上，是可喜的，若有不足，就是限於有限的篇幅。但我相信，這是個良性的起點，未來一定會有更深的談論，特別是在「廢死」的議題上[3]。

　　馬英九總統於2012年4月20日在總統府主持「人權・未來 —— 公民與政治權利國際公約與經濟社會文化權利國際公約」國家人權報告發表記者會，針對媒體提問廢死相關議題時表示，國內目前對於廢死議題的意見仍然分歧，尚未達到廢除死刑的階段，但目前已經採取三個方向減少死刑執行，包括廢除「絕對死刑」、減少相對死刑的法律，以及在最高法院三審定讞後，會在窮盡一切程序確定無可挽回時，才執行死刑。在該記者會中，媒體詢及我國從2006到2009年間並沒有執行過死刑的紀錄，但就在國際人權兩公約批准後，卻有十五人被判死刑定讞，九名被執行死刑。對此，在面對死刑議題時，究竟人權公約的精神和國內民意何者優先？馬英九總統則聲明，人權兩公約其實並沒有要求「不能存在死刑」，而是要求縮小執行死刑的範圍，必須是重大且無法饒恕的的罪刑，並且鼓勵各國朝向廢除死刑的目標前進。另外，馬總統亦以1950年簽署的「歐洲人權公約」為例，其在人權史上具有重大意義，但在簽署之初，也沒有立即廢除死刑，而是在之後不同期間簽署議定書以改變對死刑方面的規定，1982年的第6號議定書首度廢除死刑，但仍許可在戰爭時期保留死刑，直到2002年的第13號議定書，才達成完全廢除死刑的目標。從公約簽署以來到第13號議定書，總共花費五十二年的時間才達成廢除死刑的共識。而對於歐洲國家的廢死進程，馬總統也指出，英國總共花費三十餘年才達到廢死，德、法兩國更是花費逾百年時間才廢死，目前只有以廢除死刑做為加入歐

年9月，頁335-368。而相關回應包括，謝煜偉，寬容社會的曙光？—— 從市民刑法的例外、犯罪事後處理機能、社會責任於個人責任的反饋回應三篇評論文，中研院法學期刊，第17期，2015年9月，頁369-402；許家馨，應報、憐憫與死刑 —— 對三篇評論文的回應，中研院法學期刊，第17期，2015年9月，頁403-422。

3　就個人所見，這些論述的終極，其實都會在「廢死」的議題上集中。因此，從死刑的本質性及合理性的探討，最終還是會歸結於死刑存廢性上。

盟條件的東歐國家，才有辦法在短時間內廢除死刑[4]。

　　在這場記者會中，馬總統認為，國內目前對於廢死議題的意見仍然分歧，尚未達到廢除死刑的階段，是足以反應出目前國內推動廢死的處境，但實際上，對於廢死的議題，基本上並不會有太大的分歧，只是對於廢死後，究竟應以何種刑罰措施予以取代，較能維持與死刑相當的威嚇力，以阻止因死刑廢止後，導致犯罪加劇的疑慮，以及何種替代措施較能符合人民情感上的期待，特別是對於被害者及其家屬在因犯罪所受到的情感傷害與物質補償上，另外，對於行為人的重大犯行，如缺少了死刑的規制，又能科以何種刑罰，始能使其不再犯，甚至得以從良復歸呢？雖然已有前揭諸學者仔細探討死刑存在之合理性等爭議，但在台灣死刑畢竟是真實存在且被執行著，因此本文擬就先擱置這些爭議的探討，僅針對死刑執行之相關研究，探討死刑的威嚇效果，並從廢死的正反立場找出對立爭議，再以新加坡之施行鞭刑之實證經驗，藉以論證鞭刑是否得以成為替代死刑之措施，或許對於鞭刑之採行，也可以成為一種不得已的選項[5]。

貳、廢死正反意見概述

　　在刑罰理論上，向來即有應報刑論與教育刑論之對立，此項對立實係根源於絕對主義與相對主義之對立所致。詳言之，刑法古典學派之學者雖採絕對主義，而主張同害應報（Immanuel Kant）、等價應報（Friedrich Hegel）或法律應報（Karl Binding），但時至今日，持此觀念之學者，實屬絕無僅有，所呈現之傾向乃併合主義與分配主義之理念。所謂「併合主

---

[4]　蕃薯藤新聞，〈國家人權報告馬：減少死刑執行〉，新頭殼newtalk 2012.04.20 沈朋達／台北報導，http://n.yam.com/newtalk/politics/201204/20120420018630.html，最後瀏覽日期：2016年2月10日。

[5]　之所以稱之為「不得已之選項」，乃因鞭刑之採行仍然有侵害人性尊嚴與人權之疑慮，但兩害相權取其輕，在避免因執行死刑所導致之損害之不可回復性下，如果鞭刑的採行能夠符合社會民情或刑罰目的之期待，它也可能成為一種替代死刑的選項。

義乃將絕對主義與相對主義合併予以理解，而以正義及合目的性為刑罰之
根據。絕對主義之契機乃承認刑罰之應報機能。為犯罪之法效果之刑罰，
因有犯罪故，為與犯罪相對應，得對犯人科處刑罰，殊屬無法否認。因
此，侵害社會之犯罪與社會非難之刑罰間，須保持適當之均衡。在此意義
下，某種犯罪，以某種相值之刑罰予以適當地表明，實不外應報之觀念。
其次，相對主義之契機，乃將刑罰之目的多元地予以理解為刑罰目的之一
般預防與特別預防，兩者非處於擇一或排他之關係。一般預防，得對於潛
在之犯人，依刑罰之運用，而抑止其犯行；依適當刑罰之科處，而維持一
般人之規範意識。特別預防，得以特別犯人為對象，依實施適當之個別處
遇，而促醒其規範意識，防止其再犯與復歸於社會。兩者實具有相互補充
之作用」[6]。而「分配主義，則著眼於刑罰思想之發展，而承認有數種不
同的理念。關於處罰之國家機關，得分為立法者、裁判官及刑務官三者。
為與此對應，處罰之三個階段，亦得區分為刑之規定、刑之量定與刑之執
行三者。法定刑因刑之量定而實現；刑之量定，則因執行而具體化，具有
有機之關係。各個階段之刑罰指導理念，乃為應報、法之確認與目的刑，
並無貫穿各階段而具有一貫性之刑罰目的存在。刑法學派分別所主張之各
種理念，不應予以結合，而應予以分配」[7]。併合主義與分配主義對於刑
罰理念之思考，固然有所不同，但其消除學派極端對立之目的則屬相同。
事實上，由現代刑罰之歸趨來看，現代刑罰理論之基本立場，「除一方面
採取古典學派一般預防之觀點，並排除形而上學之應報思想外，特別重視
以行為人之教育、改善及社會復歸為內容之特別預防」[8]。而在所有的刑
罰中，關於死刑，應該是最具爭議性的議題。對於這個爭議，有一個形而
上的難題必須加以回答，即，誰有權力剝奪他人生命？對於這個問題，有
學者認為「的確，生命的價值如果至高無上，人就沒有權利去侵犯另一個
人的生命。國家剝奪犯罪人的生命，形同以暴制暴，國家又如何塑造一個

---

[6] 甘添貴，刑法總論講義，瑞興圖書股份有限公司，1992年9月再版，頁19-20。

[7] 甘添貴，同前註，頁20。

[8] 甘添貴，同前註。

祥和的生活環境？這些都是合理的質疑。不過，廢死刑之後，對受刑人基本價值的侵犯，我們同樣難以回答。對付重大犯罪人，如泯滅人性的殺人狂，死刑的替代措施必然是終身監禁或長達百年的自由刑。當受刑人知道毫無出獄希望，人的基本價值、人的尊嚴、將徹底崩落。重刑犯將如動物一般地被囚禁，毫無生命品質的苟活，以至於老死。人有什麼權力，對待受刑人如同對待動物？」[9]這是一個從加害人立場所為的反省，或許有些許的無奈，因為沒有人願意去回答這個問題，卻又將成之認為理所當然地去執行死刑，也難怪死刑的存廢爭議方興未艾！對此，本文擬先就死刑存廢的正反立場略為概述後，再就我國社會現狀提出說明。

一、贊成廢死之立場

廢死的主張已有其長久的歷史，從18世紀的Beccaria開始，即不斷地被提出。以下擬就Beccaria對廢死的論證、近代廢死的主張提出鳥瞰。

（一）Beccaria的廢死論證

早在1763年，Beccaria在其所發表的《論犯罪與刑罰》一書中，即提出反對死刑制度的主張，認為死刑是濫用刑罰權的極端反映。而從以下幾方面來論證廢除死刑的必要性[10]：

1. 死刑違背了社會契約。其認為，任何人都沒有放棄自己生命的權利，因為這是一項天賦的權利，任何人都不能透過契約把生命予奪的大權交給他的統治者，對於那些已經剝奪他人生命的人的生命，也同樣不能加以剝奪。生命是一種特殊的權利，因而死刑的存在，是對社會契約本質，即公共意志的違反，屬於權利的濫用。

2. 死刑並不是威懾犯罪人最靈驗的手段。對一個人而言，處以死刑，就意味著他不可能再具有自我反省、恢復人類精神的可能

9　林東茂，刑法綜覽，一品文化出版社，2007年9月修訂5版，頁1-24。

10　張萬洪等著，西方法學名著提要，昭明出版社，1999年12月第1版第1刷，頁206-209。

性，而預防犯罪又需要人們接受持續長久的道德感化。因此，死刑這一種在一瞬間內很快執行完畢的殘酷刑罰，並不是制止犯罪發生的最有效手段。

3. 死刑容易引起旁觀者對犯罪人的同情和憐憫。執行死刑的場面會激起人忿忿不平的同情和憐憫，這種感情會沖淡甚至取代法律所預期的對刑形象的恐懼感，這種效果，無疑是違背國家適用死刑的初衷。當憐憫感開始在觀眾心中超越了其他情感時，立法者似乎就應當對刑罰的強度作出限制。

4. 死刑的威嚇作用是多餘而不必要的。他認為，只有某種刑罰的嚴屬程度僅僅足以制止人們實施犯罪時，這種刑罰才是公正的，而刑罰制止人們的行為的效果，主要取決於兩個方面：一是刑罰的必然性或不可避免性；二是喪失因犯罪而獲得的利益，除此之外的一切刑罰制度都是殘暴和多餘的。死刑恰恰超越了制止人們實施犯罪的必要程度，具有殘酷和暴虐的性質。

5. 死刑敗壞社會道德。他認為，死刑是一種殘酷的暴力行為，會使一般人的道德情操受到震駭，其結果必然會削弱公眾的道德，造成不良的社會環境，教人以暴行。國家以法律的名義使用公開的暴力制止犯罪的暴力，結果引起更多的暴力犯罪。

6. 死刑一旦發生錯誤則無法挽回。其認為，人類歷史上曾經有過無數的錯誤，而在死刑問題上所犯的錯誤則是無法補救的，人被處死後，採取任何措施都無法挽回人的生命，不能使被處死的人重生。

(二) 死刑廢止論的主張

根據行政院研考會「死刑存廢之探討」研究報告指出，「由於死刑的本質為斷奪人類生命，無論執行方法如何朝向無痛苦、無殘忍方向改進，惟其違反人道之本質卻無法抹煞。加以認為死刑制度不具特殊刑罰威嚇效果，及對死刑存廢論所提出之理由持不同見解，乃形成刑事政策上，主張

廢止死刑之論說」[11]。其立論之理由如下[12]：

1. 從人道主義立場觀察

(1)違反「社會契約說」。

(2)違反人道精神。

(3)造成雙重報應。

(4)違反倫理性。

(5)死刑之殘酷性。

2. 從刑事政策立場觀察

(1)忽略犯罪原因。

(2)嚇阻作用之反駁。

(3)助長人類殘酷心理。

(4)具不可回復性。

(5)不具刑罰伸縮性。

(6)非唯一的社會隔離方法。

(7)無教育效果。

(8)易致犯人反抗情緒。

3. 從司法實務立場觀察

(1)錯殺無辜。

(2)錯殺無責任能力人。

4. 從被害人之立場觀察

對於加害人處以死刑，固可滿足被害人之報復心理，惟對於被害人之賠償並無實益。執行死刑之結果，不但加害人之家屬痛失親屬，亦可能失去扶養人而成遺族，其生活亦將陷於困頓。且被害人之損失亦無從求償，對被害人或其家屬今後之生活並無任何幫助，造成二個家庭破碎，其延伸出之社會問題更趨嚴重。

---

[11] 行政院研究發展考核委員會，死刑存廢之探討，1994年6月第1版，頁76。

[12] 行政院研究發展考核委員會，同前註，頁76以下。

(三)日本廢死之主張

日本學者團藤重光氏於其所著「死刑廢止論」一書中，乃是以誤判、正義的觀點、輿論、刑事政策、殘虐的刑罰、零死刑執行、恩赦制度之運用、最高法院對死刑制度之補充意見及國際廢死之現勢等觀點，提出其有關廢死之主張[13]。其他學者所提出理由也不外乎是以人道主義、被害賠償、誤判及死刑並無威嚇力等為理由，其間並無更新之論述進展[14]。

二、反對廢死之立場

反對死刑廢止者，一般乃是以其具有應報及威嚇效果，而主張保留死刑制度。事實上，對於保留死刑制度的主張，長久以來，雖然並未出現較系統化的論述，但卻仍難以動搖其較優勢之地位。

(一)死刑存置論之主張

根據行政院研考會前揭研究報告指出「主張死刑存置論者，雖亦認死刑並非最好之刑罰制度，然在目前仍有其存在之價值。其主張存置之理由，主要乃基於死刑具有應報作用，而且具有威嚇效果，因此，死刑乃成為抵抗凶惡之犯罪行為人所不可或缺的工具，亦即為一具有必要性的刑罰手段」[15]。其所列觀點如下[16]：

1. 從人道主義立場觀察

(1)判處死刑者均是罪大惡極之人。

(2)死刑固足增長殘忍之風，但已有救濟，不足為慮。

(3)死刑違反人道之說，僅為憑感情之慈善家之言。

---

[13] 團藤重光著，林辰彥譯，死刑廢止論，商鼎文化出版社，1997年6月10日第1版第1刷。

[14] 齋藤靜敬，新版死刑再考論，成文堂，1999年6月1日第2版第1刷，頁235-238。

[15] 行政院研究發展考核委員會，同前註11，頁73。

[16] 行政院研究發展考核委員會，同前註11，頁73以下。

2. 從刑事政策立場觀察

(1)刑罰之目的，固在促使犯罪者改過向上，使能適應社會生活，然此應指具有矯治可能之犯人而言，倘若行為人係窮凶惡極之徒，毫無矯治之可能，就特別預防主義之觀點而言，有將之與社會永久隔離之必要。

(2)滿足應報與正義之要求。

(3)一勞永逸確實除害。

(4)合乎經濟原則。

(5)具有嚇阻犯罪之作用。

(6)私自刑罰之避免。

3. 從司法實務立場觀察

(1)死刑執行之慎重。

(2)死刑非無伸縮性。

4. 從被害人立場之觀察

死刑之執行，對被害人及其家屬，具平忿滿足之功用；對犯罪行為人而言，完全符合倫理之要求，為實現正義所必要。

(二)日本保留死刑之主張

日本學者齋藤靜敬氏認為，有關死刑存置論主張之理由有四[17]：

1. 以民族的法律觀念為理由之存置論

殺人者，應剝奪其生命。此事乃國民應有之確信。在殺人罪，將死刑作為刑罰，乃是當然的要求，以現今時、地為條件，死刑應予保留，亦即，此種想法乃是以民族確信或民族的法律觀念為其根據。

2. 以威嚇力為理由之存置論

死刑存置論者認為，在法秩序的維持上，對於重大犯罪，如不處以剝奪其至為重要而珍貴的生命之死刑而予恐嚇，即無法達到法益保護之目的。亦即，以死刑之威嚇力所具有的抑止力乃為最大且最有力之根據。

---

[17] 齋藤靜敬，同前註14，頁229-234。

3. 以社會契約說為理由之存置論

人原本即有因利己而恣意而為的傾向，如不提出有效擔保遵守不侵害他人之約定的方法，即不能確保任何人之生命、自由及幸福之安全。故對於不尊重他人生命之凶惡殺人者，無論如何也應保留死刑之刑罰。

4. 以國民性與社會狀態為理由之存置論

以日本的國民性及社會情事來看，死刑應予保留。亦即，日本之國民性易受環境之影響，而對於尊重人格體現的生命、身體的觀念，日益淡薄，而在混亂的社會情事之中，實行凶惡犯罪須予審判之情形，死刑在此意義之中，即屬必要之刑罰。

三、我國社會現況

過去，有學者提出以國際人權法之精神為核心，而作為我國停止執行死刑之策略[18]，希望透過「公民及政治權利公約」與「經濟社會文化權利國際公約」之內國法化後，得以停止死刑之執行，惟立法院雖於2009年3月31日三讀通過兩公約之審議，總統馬英九並於2009年12月10日世界人權日公布施行，但於公布後，事實上並未停止死刑之執行，反而在批准公約後的2010年至2011年有九名死刑犯被處死，有十五人被判死刑定讞，是十年來最多，而大大重創國內推動廢死團體的信心，也讓馬政府推動廢死的決心及企圖備受質疑。

雖然如此，但是吾人所關心的，還是我國社會對於廢死的意向究係為何。據學者研究，「在民意方面，根據法務部於1993年的調查，約有71.7%的民眾贊成死刑存在。這個數字即使至今天（2005）仍沒有很大的改變，行政院研考會於2002年的調查顯示，77.1%的民眾贊成維持死刑。而同年謝邦昌教授的調查比例則略高（79.7%）。若加上『以不可假釋的終身監禁為死刑替代方案』這個條件時，上述研考會調查中贊成廢除死刑的民意會提高至47%，謝教授的調查結果是50.1%，贊成與反對死刑的民

---

[18] 吳志光、林永頌，我國停止執行死刑之策略——以現行法制及國際人權法之精神為核心，生活在一個沒有死刑的社會，輔仁大學出版社，2005年3月初版，頁9以下。

意呈分庭抗禮之態勢」[19]。而針對法律專業人員對廢除死刑之調查，法務部犯罪問題研究中心在1993年所進行「死刑存廢之研究」調查顯示，有88.3%的司法官贊成死刑制度[20]；另一項由蔡德輝教授等人所執行「死刑存廢意向之調查研究」，針對一般民眾、司法官、刑事司法學者所進行之問卷調查顯示，在「是否贊成廢除死刑」的議題上，贊成或非常贊成廢除死刑的比例分別為13.5%、17.6%及48.2%。而反對廢除死刑的比例，則分別為82.5%、81.3%及50.0%[21]。

四、小結

綜上所述，關於死刑存廢之爭議，在立場上實係各有堅持，但死刑存置論之立場顯然占有上風。而死刑存置論之主要論點乃在於死刑所具有的威嚇力。但在有關死刑執行嚇阻效應之長、短期效應的研究探討顯示[22]：

(一) 在死刑之長期效應分析上

1.絕對數模式

(1)被執行死刑人數之多寡並不會影響同一年之總犯罪率；

(2)殺人犯罪率並不受因殺人罪而被執行死刑人數之多寡所影響；

(3)因強制性交罪被執行死刑之人數與台灣地區之強制性交犯罪率之間並無統計上之顯著關係；

(4)因暴力性財產犯罪而被執行死刑人數而言，其與暴力性財產犯罪之發生數之間的關係為負向關係，亦即當前者高時，則暴力性財產犯罪率則低，似有若干嚇阻效果，但統計上未達顯著水準。因此這種嚇阻效果在統計上不能被承認。

---

[19] 李仰桓，台灣廢除死刑運動──非政僚組織的經驗，生活在一個沒有死刑的社會，輔仁大學出版社，2005年3月初版，頁328-329。

[20] 法務部犯罪問題研究中心，死刑存廢之研究，1994年。

[21] 蔡德輝、楊士隆、闕仲偉，死刑存廢意向之調查研究，甘添貴教授六秩祝壽論文集第4卷，頁149-180。

[22] 行政院研究發展考核委員會，同前註11，頁105以下。

(5)因擄人勒贖案而被執行死刑人數，均無法解釋台灣地區擄人勒贖案之犯罪發生數。

2. 在相對數模式下

因只有因殺人罪而被執行死刑之人數之變化此一變數可以在統計上解釋台灣地區殺人犯罪率之變化狀況外，其餘項目則均無法在統計上解釋台灣地區相關犯罪之變化。亦即，其意味著，當因殺人而被執行死刑之人數變化大時，台灣地區同年的殺人犯罪率變化也大。更具體地說，當台灣地區因殺人而被執行死刑人數增加快速時，同年的殺人犯罪率也增加快速。因此，這樣看來，前者對於後者並無嚇阻的效果。換言之，如欲以大幅增加對犯殺人罪者判處執行死刑，並無法減少同年的殺人犯罪率。

(二) 死刑短期效應之分析

1. 在總體的短期效應上，因均未達統計上的顯著水準，故對於被執行死刑總人數與各個犯罪之發生數之間，無法顯現其嚇阻效應。

2. 在個體之短期效應上：
   (1)因殺人罪及擄人勒贖罪而被執行死刑之人數對於殺人罪及擄人勒贖罪的發生件數並無嚇阻效果。
   (2)對搶奪罪而言，因未達統計上之顯著水準，因此只能說，因搶奪罪被執行死刑的人數對於搶奪案之發生件數有無嚇阻效果，仍待觀察。
   (3)對強劫案而言，因強劫案被執行死刑人數愈多時，則強劫案發生之件數將愈少，亦即對犯強劫罪者處以死刑似有嚇阻強劫罪發生之效果，但其效應並不顯著。

故，由上列分析結果，從政策面解釋之，對於因殺人犯罪者而執行死刑，事實上與殺人犯罪並無絕對必然關係。因此一般嚇阻理論並無法在台灣相關調查資料中獲得支持。

另外，從上述廢除死刑意向調查中發現，最有能力去論述廢除死刑的專業法律人員中，特別是司法官部分，竟都有高達八成支持死刑制度，此一結果適足以顯示司法官在接受養成教育中，對於犯罪學、犯罪心理學

及刑事政策上之研究不足,因此仍然陷入亂世用重典之迷思中,也使得有關廢除死刑的長路,依然漫漫。但可喜的一件事卻是,當加入適當選項之後,贊成廢除死刑的比例即遽降至五成,這也顯示出民眾對廢死有很高的期待,但又對廢死後能否有一個有效而得以替代死刑之刑罰措施則有很深的疑慮。亦即,如果有一個可被大家接受的、適當的死刑替代措施,則廢死之途,即可在望。而在眾多的選項當中,長期拘禁是一個既無效率、又不經濟,且又違背人性的刑罰,而使人的基本價值、人性尊嚴徹底崩落並將重刑犯如同動物一般地被囚禁,毫無生命品質的苟活,以至於老死。因此,退而求其次,鞭刑也應該是一個可能的選項。

參、鞭刑替代死刑之可行性

如要主張在國內採取鞭刑,事實上是會有一番爭議的。主要是因為在日本殖民時期,曾對台灣實施「罰金及笞刑處分例」,而以笞刑來作為其控制殖民社會之手段,故在身經日本殖民統治時期之人,絕大部分都會反對鞭刑之實施,而認為是國恥再現。

一、日治時期笞刑實施之爭議與成效

日本國內經歷《仮刑律》、《新律綱領》及《改定律例》等法律變遷後,在19世紀末即已不再實施笞刑,但透過1893年3月頒布法律第63號「關於應在台灣施行法令的法律」(稱為六三法),授予總督發布具法律效力之命令(律令)。因此在此種委任立法的基礎上,1904年1月12日,台灣總督兒玉源太郎發布律令第一號「罰金及笞刑處分例」,是為台灣實施笞刑之濫觴。依其立案理由書,該律令實施之關鍵乃在於,台灣人的生活文明不適合短期徒刑之懲處方式,監獄不但不能有效遏止社會犯罪問題,反而因為將許多犯罪者送入監獄處罰,造成國家經費的負擔,鑒於歐洲各國對其殖民地使用罰金及笞刑之成效,以及避免監獄經費過度開支,

方有笞刑處分例之實施[23]。但在推動笞刑之同時，即出現反對設立笞刑之主張，而主要反對者即為覆審法院檢察官長尾立維孝氏。其反對笞刑的主要原因在於批評笞刑鞭打身體的殘酷，尤其日本早已學習西方法治之理念，為何在殖民地台灣要走回笞刑的舊法傳統，尤其笞刑對象限定於台灣人，根本不把台灣人視為日本國民，喪失了法律公平之原則，更否定對殖民地台灣的綏撫態度。惟其反對仍無法阻止台灣總督府實施笞刑的決心[24]。

(一) 笞刑實施之爭議

負責對「罰金及笞刑處分例」之政策加以說明者，乃覆審法院長鈴木宗言氏。針對笞刑的責難，鈴木宗言氏歸納出十點主要的批評[25]：
1. 笞刑會污辱國家形象，暴露國民的野蠻卑劣；
2. 笞刑違背人道；
3. 笞刑與近代的文明進化不和；
4. 笞刑的執行殘忍苛酷；
5. 笞刑貶抑犯人的品格而增加其不可抹滅的恥辱；
6. 笞刑會使犯人的名譽掃地，而無法達到遷善改過的目的；
7. 笞杖刑就是將犯人視同禽獸或小人；
8. 笞刑有害犯人的健康；
9. 笞刑會使犯人喪失自尊心，以致犯人將更加冥頑不靈；
10. 笞刑如同國家法治退步的象徵。

但鈴木宗言氏認為上述的批評依據是薄弱的，畢竟笞刑作為刑罰的一種，是國家擬定刑罰政策的一種選擇，不應該有以上的批評，而全盤否定笞刑作為刑罰之價值。相對的，他也歸納了海外研究，而提出笞刑的十項

---

[23] 林崔瑤，異法地域之鞭：日治時期笞刑處分之研究（1904-1921年），國立台灣師範大學歷史研究所碩士論文，2005年，頁52。

[24] 林崔瑤，同前註23，頁58。

[25] 林崔瑤，同前註23，頁61。

優點[26]：

1. 笞刑可避免犯人因徒刑而失業，執行完畢即可重返工作岡位；
2. 笞刑對於尚未墮落的犯人來說，可避免其受累犯帶壞；
3. 笞刑不像徒刑，會造成犯人長期與家庭分離；
4. 笞刑不像徒刑與罰金，會損害犯人的家人或其家庭經濟；
5. 笞刑是感應最迅速的刑罰，尤其對於性情粗暴、殘忍、卑劣的犯人最適當；
6. 刑罰必須具備威嚇力，如果施與徒刑無法達到的刑罰，應可交給笞刑來處理；
7. 笞刑可依各犯人性質施與不同程度的懲罰；
8. 笞刑如同父母鞭撻兒子一般，只是一種懲治而已；
9. 笞刑是針對輕微犯罪而設的，執行時如能與現今的文明相調和，則將是取代短期徒刑的最佳代用法；
10. 就殖民地行政制度而言，最適合再度使用笞刑。

　　事實上，最大的爭議乃發生在鈴木宗言、小河滋次郎及花井卓藏三人有關笞刑應否實施之辯論上。小河乃日本監獄學草創者之一，又以倡導廢除死刑而聞名，故其乃以其研究監獄學之立場，反對笞刑之實施。花井是位律師，也擔任過眾議院議員。其乃主張六三法[27]違憲之代表人物之一，特別其認為六三法將立法事項委任台灣總督，在憲法上不適當，賦予總督重大之權力也不妥當，而長期質疑六三法在台灣運作的合理性。鈴木不但參與笞刑的起案與審議，又是笞刑政策的說明及釋疑者，無疑地其乃須擔負起台灣總督府推動笞刑的捍衛者角色。綜合其三人對笞刑之辯論，約有

---

[26] 林崔瑤，同前註23，頁62。

[27] 所謂「六三法」乃1896年（明治二十九年）3月31日大日本帝國國會公布法律第六十三號「應於台灣施行法令相關之法律」（台灣ニ施行スヘキ法令ニ關スル法律）的簡稱。該法律特別賦予台灣總督律令制定權，在其管轄區域內得發布具有法律效力之命令（律令），而且臨時緊急命令可不經中央主管機關呈請天皇裁決而立即發布。六三法原定期限是三年，但延期至1907年才經修訂爲〈三一法〉，但台灣總督仍保有「律令制定權」。參維基百科https://zh.wikipedia.org/wiki/六三法，最後瀏覽日期：2016年2月1日。

四項，即[28]：

1. 笞刑的定位問題，亦即，其究竟是野蠻刑或文明刑；

2. 在台灣是否適用笞刑；

3. 笞刑新刑罰引發日本與台灣刑制統一的問題；

4. 依國際刑罰發展觀之，笞刑究竟是進步刑抑或是退步刑。

事實上，關於笞刑之爭議，小河及花井的反對笞刑論，只能反應當時監獄行刑權與議會立法權抗議笞刑分奪勢力的情況，卻無法改變笞刑已成為合法律令的事實。由於其二人並未於台灣擔任官職，只是在日本各以其監獄學專家或律師兼議員的角色來衡量台灣有關笞刑之運作，故對鈴木而言，只要批評他們全然不瞭解台灣的風土、時勢、民情、慣習，亦未瞭解台灣的真正需要，所提議論實屬空洞，即可四兩撥千斤，也顯示鈴木面對日本國內反對笞刑之言論，完全置之不理的態度[29]。

(二) 笞刑實施之成效

笞刑施行後之成效，可從1.笞刑與防遏犯罪之關係與2.笞刑與監獄經費之節省，二方面加以說明[30]：

1. 笞刑與防遏犯罪之關係

笞刑在台灣實施後，的確能有效遏阻台灣犯罪者，其原因乃，台灣人對裸露臀部被鞭打感到羞辱，於是彼此相互告誡不要犯罪，以免遭侵笞刑鞭打。惟值得注意的是，觸法的犯人多半是下層民眾，所以笞刑有效遏阻台灣犯罪者之說，似乎較適合台灣上層社會，對於下層社會可能未必適切[31]。在實施笞刑前，相關論述強調笞刑比徒刑更具刑罰效力，真正實施後，透過犯罪統計，更加肯定笞刑發揮遏阻犯罪的功效。1918年擔任

---

[28] 林崔瑤，同前註23，頁66以下。

[29] 林崔瑤，同前註23，頁85。

[30] 林崔瑤，同前註23，頁142以下。

[31] 其原因乃，在台灣對徒刑、罰金刑、笞刑接受度的選擇，因受刑人的身分地位而有所差異，蓋對中上階層而言，毫無疑問地會以罰金替代徒刑及鞭刑，而下層人民因無資力支付罰金，又無法長期無工作或收入，故多半會選擇笞刑。

覆審法院法官並兼任法務部部長的長尾景德氏檢討監獄實況後，雖然不少人對笞刑制度有意見，但其仍肯定笞刑之效果，認為短期徒刑的效果極為薄弱，對輕微犯罪者科處笞刑，直接對犯人的行刑效果較大，比起徒刑，累犯者人數少了許多[32]。事實上，自笞刑實施以來，從各項統計、法務報告說明笞刑的成效，與其說在於防遏犯罪，不如說是對輕罪犯者以笞刑取代監獄徒刑。實際上，犯罪率並無因笞刑而明顯改善，但監獄受刑人數減少，的確必須歸功於笞刑的執行[33]。

2. 笞刑與監獄經費之節省

台灣當初「制定『罰金及笞刑處分例』的主要理由有三：第一，如何預防台灣人的累犯；第二，防止巨大監獄費膨脹的良策為何；第三，適合台灣人的刑罰該如何制定。易言之，其目的在於削減累犯漸次增加、緩和監獄費的膨脹以及使人民能夠接受罰金及笞刑處分」[34]。由於「司法程序上採行便利主義，對於輕罪犯，查核有明確的犯罪事實及認定有直接科刑之必要時，可不必經過起訴，以檢察官所認同的暫緩起訴為基礎，讓司法程序簡便。笞刑被視為適用輕微罪處分的刑罰，是較短期徒刑更為簡便且無弊害的好制度。總之，無論是節省司法行政開支，或是減少監獄費用開銷，笞刑都發揮了作用」[35]。

(三) 小結

雖然在日治時期，關於笞刑之實施曾引起廣泛的爭議與討論，但台灣總督府挾其在台灣執政之優勢及六三法之委任立法，使得這些爭議後來都無疾而終，但經過實際施行後，透過統計與法務報告顯示：

1. 笞刑之實施並無降低犯罪率。主要原因可能在於犯罪者多屬社會中下階層，故在賭博、竊盜及違反阿片（按，即鴉片）令等犯罪

---

[32] 林崔瑤，同前註23，頁151。

[33] 林崔瑤，同前註23，頁156。

[34] 尾立茂，罰金及笞刑處分例に就て，台法月報，第9卷第3號，1915年3月，頁67。轉引自林崔瑤，同前註23，頁158。

[35] 林崔瑤，同前註23，頁160。

上，始終居高不下。但相對的，對於中上階層的人民則具有一定的犯罪防遏效果。

2. 笞刑能降低累犯。在統計上，比較執行徒刑及笞刑後之累犯情形，可以發現笞刑有很顯著降低累犯的效果。原因可能在於，受過笞刑之人通常會引以為恥，且會親身告誡他人不要犯罪，以免遭笞打，同時，笞打對於身體所造成之痛苦，短暫而深刻，亦會產生抑制再犯之效果，故與當初所設定實施笞刑之目的頗為相合。

3. 笞刑能有效取代短期徒刑。短期徒刑之弊害，近年已為各國所共見，故在刑事政策上也傾向於避免短期自由刑之實施。而笞刑最主要的適用對象，乃為中下層人民，迫於經濟與生計，而在徒刑、罰金刑與笞刑的選擇上，僅能無奈地選擇笞刑。事實上，這樣的結果，只是刑罰效果的選擇，對於降低犯罪並無幫助。

4. 笞刑能降低監獄費用膨脹。現代獄政最大的困難，無非在於因收容人過多，而造成獄政費用的龐大開銷。而笞刑的實施，在訴訟程序上之簡便、在行刑上之即時，使得監禁的收容人減少，而能削減獄政支出，也相當符合推行笞刑之目的。

二、新加坡鞭刑實施之爭議與成效

新加坡目前是實施鞭刑最有成效的國家。事實上，在歷史上，鞭笞的刑罰常常淪為執政者作為社會控制的手段，因此常流於暴虐且違反人道之酷刑，而為人所垢病。但作為一個實施鞭刑的民主國家，其內國對於實施鞭刑之反應與成效，究係如何，洵有探討之必要。

（一）鞭刑實施之反應

新加坡國內，對於實施鞭刑的反應，可以分為以下三方面予以說明[36]：

---

[36] C. Farrell, World corporal punishment research–Judicial caning in Singapore, Malaysia and

1. 官方之立論

新加坡鞭刑執法嚴厲，常成為國際特赦組織或其他人權團體之注意焦點，甚至被其他文明國家認為是不人道的野蠻行為。但其司法系統的刑罰哲學與立法系統的立場仍完全一致。其執政者亦認為，鞭刑對於新加坡的治安而言，可以對個人安全提供一定程度的保障，雖然新加坡的鞭刑在鞭打的過程及經驗上，均足以使受刑人內心產生羞恥感，進而影響其實施犯罪之慾望與動機。教育刑論的思維，早已被一些資深司法官所揚棄，而不再相信「社會復歸」之論調[37]，但仍有法界人士認為該作法是「過時的」，除監禁與鞭笞外，仍需要有社區服務、緩刑或附條件緩刑等替代刑罰方案存在。雖然如此，但並未減少司法高層對於嚴重犯罪的鞭刑懲罰。

2. 民意之反應

新加坡人相信鞭刑可以有效控制犯罪，因此在民意調查上，仍有很高的支持率。鞭刑在新加坡亦是犯罪者最懼怕的刑罰，多數人對於被鞭打者並不同情，認為鞭打的目的在於造成痛苦，讓被鞭打者遭受劇烈疼痛，並在他們的臀部留下永久的記號，而提醒他們不要再犯罪。因此，一般而言，新加坡的鞭刑首重嚇阻，目的在儆戒社會而達到一般預防之功能及對犯罪者達到矯正與教育之特別預防。[38]

brunei（世界體刑研究——新加坡、馬來西亞和汶萊的司法鞭打），http://www. corpun.com/ singfeat.htm，最後瀏覽日期：2016年2月10日；陳昭文，新加坡鞭刑之探討，軍法專刊，第56卷第5期，2010年10月，頁183以下；陳昭文，我國實施鞭刑制度之可行性研究——以新加坡式鞭刑為中心，台北市立教育大學社會科教育研究所碩士論文，2009年7月，頁75以下。

[37] 如2006年被任命為新加坡新的首席大法官陳錫強（Chan Sek Keong）或前任首席大法官楊邦孝（Yong Pung How）均採如是立場。C. Farrell, World corporal punishment research–Judicial caning in Singapore, Malaysia and brunei（世界體刑研究——新加坡、馬來西亞和汶萊的司法鞭打），http://www.corpun.com/ singfeat.htm，最後瀏覽日期：2016年2月10日。

[38] 新加坡最權威的報紙海峽時報（Straits Times）在1994年5月29日作了一份民意調查顯示，幾乎九成以上的人民認為應維持鞭刑，例如贊成對強暴犯鞭刑高達99%，對擁有槍械92%，對猥褻罪88%，對搶劫82%，對塗鴉79%，另外認為生活在新加坡感覺很安全者高達99%，在郊區走路認為安全者高達96%，若問政府有無善盡治安之責，持肯定態度者高達98%，參陳新民，亂世用重典？——談新加坡的鞭刑制

3. 政黨之意見

　　新加坡曾經面臨過非常嚴重的黑社會問題，而身體刑的運用，即是該國政府用以控制犯罪浪潮的手段。新加坡目前是世界上擁有最低暴力犯罪率的國家之一，反對黨的新加坡民主聯盟與勞工黨均認為對於犯罪者而言，鞭刑具有威嚇的作用，是一種成功的遏止犯罪模式，同時也不反對對於任何程度的暴力進行體罰，因此即使政黨可能輪替，但鞭刑制度卻不會改變，亦即，新加坡鞭刑的運用，並非由單一的領導者或政黨所獨斷，而是同時亦為其他主要政黨所支持[39]。

(二)鞭刑實施之成效

　　儘管鞭刑在歷史曾居於教育與規訓之地位，但因欠缺嚴格規制，而淪為不人道之酷刑，因此常被認為有鞭笞刑具濫用、鞭笞數量無節制、行刑方式不人道及對身體刑罰之傷害性等弊病存在，但新加坡鞭刑在多年實施下，已發展成為一個符合人道精神、罪刑法定原則、刑罰之經濟性與公正性之制度，而對於刑具、行刑條件與方式均予以標準化以及預防犯罪技巧之提升，也是新加坡實施鞭刑，而能被人民普遍接受的原因[40]。

(三)小結

　　雖然新加坡所實施的鞭刑，常為國際特赦組織或其他人權團體所垢病，但仍無礙於其成為全世界最受喜愛居住的國家。其主要原因乃在於該

度，國家政策論壇，第1卷第5期，2001年7月，http://old.npf.org.tw/monthly/00105/theme-118.htm，最後瀏覽日期：2016年2月10日。

[39] 新加坡民主聯盟發言人Edmund Ng曾說「For criminals, caning serves as a deterrent [...] I would not change a winning formula. (The New Paper, 13 April 2006)」、勞工黨在國會中也表示「while hostile to very long terms of imprisonment and mandatory sentences, also does not oppose JCP（按，即司法鞭刑）, at any rate for crimes of violence.」均支持鞭刑成為新加坡刑罰。同前註。

[40] 關於新加坡實際執行鞭刑所應踐行的相關準備程序，請參C. Farrell, World corporal punishment research–Judicial caning in Singapore, Malaysia and brunei（世界體刑研究——新加坡、馬來西亞和汶萊的司法鞭打），http://www.corpun.com/ singfeat.htm，最後瀏覽日期：2016年2月10日。

國是全世界暴力犯最低的國家，而根本的原因無它，主要乃拜鞭刑所賜，
而能提供人民一個可以安居樂業的所在。廢除死刑的國家，不能一律讚之
為和平進步；保留死刑的國家也不能被稱為落伍與野蠻[41]。在死刑與鞭刑
的比較上，鞭刑仍遠較死刑人道、合乎人權、合乎教化，更能予犯罪者有
社會復歸之機會，若是如此，實施鞭刑的國家也不能即被稱為落伍與野
蠻，不採鞭刑的國家也不見得就是比較文明進步的國家，其間並無必然的
關係存在。畢竟，刑罰是一種刑事政策價值的取擇，如果全體住民有其共
同之認識與合意，為了增進全體住民之福祉，某些施予身體痛苦的刑罰，
在合乎比例原則的情況之下，仍然是可以被接受的！

三、鞭刑替代死刑之可行性

　　事實上，我國多年來一直有實施鞭刑之呼聲，但一直是處於討論的階
段。同樣地，在國內對於鞭刑也有各方面不同的反應與意見，而應該被認
知與討論。另外，依據新加坡對於鞭刑之實施過程，事實上早已擺脫過去
恣意、不人道的殘酷印象，取而代之的是藉由嚴謹的規範與配套措施，來
保障鞭刑實施時之合理性、安全性、公正性及正義性。故本節擬就國內對
採用鞭刑的看法與我國採用鞭刑替代死刑之可行性予以探討。

(一) 國內對鞭刑的看法

　　對於國內對鞭刑的看法，仍然可以分別就官方、民意及政黨等角
度，分別予以敘述[42]：

1. 官方之立論

　　台灣多年來一直有實施鞭刑之建議，法務部亦曾在研究之後表示，基
於人權思想與觀念，目前實施身體刑罰的國家甚少，而台灣宣示以人權立
國，是否實施鞭刑，社會上有許多不同意見，應從專家、民意及人權等多
方面來作考量。同時，法務部也認為，刑罰的目的是為了教化，鞭刑將在

---

[41] 林東茂，同前註9，頁1-23。

[42] 陳昭文，我國實施鞭刑制度之可行性研究——以新加坡式鞭刑為中心，台北市立教
　　育大學社會科教育研究所碩士論文，2009年7月，頁75以下。

受刑人身上留下永久的傷痕，等於是無形的無期徒刑，不一定可以達到教化效果。事實上，法務部在2009年6月24日即公開發表其官方意見，就我國是否有引進鞭刑必要，認為「就刑法學而言，以矯正刑取代應報刑，為現代刑罰趨勢，鞭刑為專制時期刑罰報復主義下的產物，實不宜存今日之刑法法典中。況我國以人權立國，尤其為落實人權保障之理念，政府已將於民國56年10月已簽署之聯合國『經濟社會與文化權利國際公約』及『公民權利及政治權利國際公約』（以下合稱『兩公約』）批准案及兩公約施行法送請立法院審議，立法院業於98年3月31日完成三讀程序，98年4月22日總統令公布兩公約施行法，使國際人權法典國內法化，而『公民權利及政治權利國際公約』第7條規定『任何人不得施以酷刑或予以殘忍、不人道或侮辱之處遇或懲罰。』如冒然引進鞭刑，不僅與上開公約之精神相扞格，更與我國以人權立國之政策有悖，應屬不宜」，顯然採否定立場[43]。

　　不過，如其所言，刑罰固以教化為其積極目的，惟若以法務部統計資料所顯示的犯罪率而言，事實上刑罰之教化功能實足堪慮[44]。再，鞭刑雖然會留下永久的傷痕，但受刑人不可能展示於人而自取其辱，更何況人民對痛苦的記憶是短暫的，時間也可以讓受刑人擺脫這些困擾，且其傷痕並非不可治癒，亦不影響其行動或生活，故其所謂「鞭刑等於是無形的無期徒刑」之結論，實屬臆斷。另，如果我們容許人道化的死刑存在，則以相同的角度來檢視鞭刑亦應無不妥，更何況，人權思想如何能將犯罪加害者的權利優先於被害者權利思考之上？「加害者犯下非人般的惡行之後，其『人權』與無辜的被害者人權如何能夠相提並論？簡單地說，人權思想的焦點不應該錯置於少數犯罪者的身上，而應該站在保護更多善良民眾的立場上為之。當犯罪手法日益殘暴與冷酷，犯罪行徑愈加囂張與野蠻，人們

---

[43] 參http://www.moj.gov.tw/ct.asp?xItem=74280&ctNode=11600&mp=001，最後瀏覽日期：2016年2月10日。

[44] 依法務部103年法務統計年報，2015年6月30日出版，頁48所揭示之103年新入監受刑人前科分析，「屬有前科者計2萬6,082人占75.9%。就各罪名有前科比率觀之，103年毒品罪有前科比率90.2%、竊盜罪80.6%、公共危險罪80.2%、詐欺罪49.5%、妨害性自主罪40.7%」，刑罰教化功能，效果實非如預期。

身處於愈來愈多的危險之中而完全束手無策,卻仍然思想僵化地談人權、說文明,不但完全不切實際,其盲目也終將陷自身於絕境」[45]。同時,吾人也不能無視於被害者家屬所受到永遠的創傷與悲痛,與其說「鞭刑等於是無形的無期徒刑」,倒不如說,犯罪加害者對被害者或其家庭所造成的傷害,才是真正永難治癒、無法解脫的煎熬與酷刑,更來得合於事實!

2. 民意之反應

對於法務部研議性侵犯鞭刑,民間司改會曾批判以鞭刑或去勢剝奪及阻斷重大性侵害犯的生理需求,可能會讓這些人採取更強烈的暴力手段對待被害人,所以倡導鞭刑或化學去勢,是野蠻社會的作法。婦女團體亦反對鞭刑或去勢,認為性犯罪者的加害動機,多數是心理不健康,鞭刑與去勢反而會強化其變態心理,受害婦女恐怕會不減反增[46]。

事實上,前述疑慮乃屬臆測,應不足以作為決策之考量,且事實上目前歐洲有愈來愈多國家考慮批准以化學方式為暴力性侵者去勢,如果該臆測屬實,則較文明先進之歐盟國家豈有考慮批准之理,故其所謂鞭刑或去勢乃是野蠻社會的作法,並不成立。另外,國內媒體TVBS民意調查中心於1997年7月針對「贊不贊成將鞭刑納入刑罰」之民調結果顯示,非常贊成者占36.3%,還算贊成者占26.3%,合計62.6%;不太贊成者為12.8%,非常不贊成者為5.5%,合計18.3%。不知道或無意見者占19%。而蘋果日報於2007年3月針對法務部研議對性侵害犯施加鞭刑所進行之民調顯示,贊成以鞭刑重懲性侵犯,以避免更多人受害者占91.57%,認為不人道且違反人權而反對者占3.59%;不知道或沒意見者占4.48%。可見,我國社會大眾對於鞭刑之實施大部分乃採支持立場,此結果或可以為法務部決策之參考。[47]

3. 政黨之意見

「捷運雙狼」擄人輪暴案發生後,再度引發以鞭刑嚇阻性侵害犯罪之

---

[45] 陳昭文,同前註42,頁222。

[46] 陳昭文,同前註42,頁78。

[47] 陳昭文,同前註42,頁78-79。

聲浪，亦引起立委對性犯罪防治之重視。部分國民黨立委認為，現行機制恐無法有效嚇阻病態性侵害犯罪；民進黨立委提出具有排除條款之鞭刑，亦即，只限定對於惡性重大的性侵犯、性侵累犯，由法官審酌依情理法決定是否判處鞭刑，可見在政黨的意見上，均有支持鞭刑入法之主張，惟應如何進一步利用相關機制，而在法律層面上予以落實，實尚待努力[48]。

(二)我國採用鞭刑替代死刑之可行性

綜合前述討論，究竟我國有否可能以鞭刑替代死刑之執行，本文擬就死刑之廢止與鞭刑之替代性二部分予以探討：

1. 死刑之可廢止性

(1)從死刑存置論的立場而言，死刑之存在的主要原因，乃是其所具有之犯罪嚇阻力。但經過實證與統計的分析，所存在的關連，實際上是微乎其微，而根本不具有統計上之說明意義。

(2)死刑之執行乃是違反人權，甚至是違憲，但絕大多數保留死刑的國家，對此議題卻避而不談，而是退而其次，試圖以「死刑人道化」來規避此問題之檢驗，但仍無法改變其違反人權之本質。

(3)時至今日，刑罰之目的已不在應報，而應力求教化，使受刑人將來有復歸社會之可能，惟死刑之執行具有不可回復性，有悖刑罰教化原理。

(4)從民意調查上來看，雖然反對廢死者的支持率一直居高不下，但實際上卻是可能出於對死刑犯罪嚇阻力之誤判或過度期待，在同時有替代死刑方案的選項上，對於死刑之支持度即下降至與廢死之支持度不相上下，可見人民在理性上已達到可廢死的共識，但所憂慮的是，一旦廢死後，可行的替代措施為何，能否達到與死刑有相同之嚇阻力，則是抹不去的疑慮[49]。

---

[48] 陳昭文，同前註42，頁80。

[49] 根據TVBS民調中心最新的調查顯示，超過八成（82%）民眾不贊成廢除死刑，僅11%贊成，另有8%沒意見。與99年的調查結果相較，不贊成廢除死刑的比例略為下降3個百分點（85%：82%），贊成廢除死刑的比例則仍維持在一成左右。顯示五年

(5)從人權的本質而言，廢死所著重的是加害者之人權，反對廢死則重在被害者權利之維護上。但兩者並非沒有妥協的空間，而最大折衝的迷思乃在於，加害者之人權何能凌駕於被害者之人權之上？難道逝者真是不可追嗎？則遺留在其家屬心中之痛，究係為何？如無法真實感受被害者家屬之心境，廢死永不可能達成。

故，實際而言，死刑應廢，也是國際趨勢，但客觀環境並不能取代被害者家屬主觀感受上之痛苦，重點可能在於我們必須重新思考「人權」的均衡意義，才能使廢死成為可能。

2. 鞭刑之替代性

(1)從實證意義而言，鞭刑比死刑更具有犯罪之威嚇力。蓋，人們對死刑之恐懼，乃來自想像，經歷死刑之人，永遠無法告訴你死刑真正的恐懼到底是什麼，但從身歷鞭刑之人的口中，人們可以感受到切膚之痛，而產生對鞭刑之畏懼，進而產生相當之犯罪嚇阻效果。

(2)鞭刑比死刑更符合人道。如果可以接受「死刑人道化」之存在，就更無理由拒絕鞭刑之採行。

(3)鞭刑之執行雖係對人之身體產生痛苦，但為未剝奪人之生命，故不具生命之不可回復性，且鞭刑執行之效果，更具刑罰之教化性，而使犯罪者復歸社會成為可能。

(4)終身監禁實與死刑無異，都是對人權之嚴重斲傷。尤有甚者，更是同時剝奪兩個家庭之生存，既無法對被害者予以賠償，同時又傷害加害者之家屬，形成更嚴重的社會問題。但鞭刑之採行，卻使對被害者的賠償成為可能，同時又可以保全另一個家庭的無辜，實際上更符合公平與正義。

(5)現代鞭刑由於刑具、行刑條件與方式之標準化，其實施已較過去更具人道主義，更符合法定主義及刑罰經濟及注重刑罰公平性，

來民眾態度沒有明顯改變，多數仍反對廢除死刑。參TVBS新聞，死刑爭議！TVBS民調：8成2民眾不贊成廢死，2015/06/09 17:24，http://news.tvbs.com.tw/local/news-602428/，最後瀏覽日期：2016年2月10日。

對於犯罪預防效果更形提升。

(6)在國內對鞭刑之接受度相當高，如能嚴格限定於僅對於死刑之替代，而有相關配套之配合，必能與廢死議題搭配，而使廢死取得更高之認同。

故鞭刑之實施，實際上均遠優於死刑制度，更可避免死刑制度之弊害，雖然對於鞭刑制度本身，亦有許多疑慮，不過在目前以廢死為前提，而以長期自由刑予以替代的思考，事實上已陷入另一種泥淖[50]，而採用鞭刑仍不失為可行之方法或途徑[51]。

肆、基本立場——代結論

廢死之議題已高喊數年，雖經改朝換代仍不可得，縱係馬政府強調重視人權，而將兩公約內國化，亦不能免除死刑之實施，使得馬政府只能退而求其次地要求減少死刑之實施，但其實只是痴人說夢的講法。蓋，只要有死刑規定在，就會有死刑的判決，只要有死刑的確定判決，就一定會有

---

[50] 若以「終身監禁、不准假釋」的刑罰代替死刑，有33%的民眾表示贊成，58%不贊成，10%沒有表示意見。即使有「終身監禁、不准假釋」的刑罰，多數民眾仍不贊成廢除死刑。此外，也有人認為，死刑犯如果悔改可改判無期徒刑。調查顯示，68%不同意這種說法，比例明顯高於同意的24%，9%沒意見。與99年的調查結果相較，同意死刑犯悔改可以改判無期徒刑的比例下降6個百分點，同時不同意的比例也增加了6個百分點。整體而言，不論替代方案為何，多數民眾仍認為死刑有存在必要。參TVBS新聞，死刑爭議！TVBS民調：8成2民眾不贊成廢死，2015/06/09 17:24，http://news.tvbs.com.tw/local/news-602428/，最後瀏覽日期：2016年2月10日。

[51] 對於鞭刑，或認其乃針對輕微犯罪之處罰，而不適用於重大犯罪，事實上，這也可能是一種迷思。自古以來，任由人類社會再文明進步，也無法避免刑罰之威嚇，對於輕微犯罪施以鞭刑，乃可能產生輕重法益衡量上之不平衡，而將鞭刑淪為社會控制的手段，這是本文期期以為不可之結果，這也是新加坡鞭刑氾濫，為人垢病之處。對此，本文僅贊成將鞭刑與自由刑併用，而成為替代死刑之唯一方式，而不得將鞭刑適用範圍再予擴大，於此方得免於台灣又陷入日據時代笞刑鞭打之恐懼，而與笞刑成為日本控制殖民地之刑罰，有所深刻分別。因此，如將鞭刑與死刑相較，當更足以見其合理性。

死刑的執行，這根本就是一件不可避免的宿命。

　　死刑制度的確有其不可避免的弊害，但其事實上並無犯罪嚇阻之實際功能，卻又對人造成不可回復及彌補的損害，實際而言，就如一把兩刃的刀，既傷自己又傷別人。終身監禁之弊害也不亞於死刑，實際上均無法解脫目前的困境。因此，本文從死刑廢除的正反立場入手，對此議題再為鳥瞰，並對日治時期實施於台灣的笞刑作一檢討，及與新加坡之鞭刑而為比較，而認為，為了解脫目前廢死議題的困境，我國實際上已有採行鞭刑之客觀可能的環境存在，但**鞭刑不能像新加坡或日據時期的台灣一樣，成為社會控制的一般性工具或手段，而僅能將之與自由刑配合，成為僅可替代死刑執行之措施。**亦即，在避免長期監禁所帶來老病之困境下，以不超過二十年的監禁期間，搭配60至120下鞭刑之宣告，以每次執行12下鞭刑的分年實施，至刑滿方得出獄。使死刑犯罪者得以感受其為犯罪所應付出之代價，同時也能體會被害人面臨死亡威脅時所產生之恐懼，並不亞於其面對鞭刑時之處境，或能感同身受，亦使其在被釋放後，依然能深刻牢記該刑罰之痛苦與所帶來之恐懼，切身體認生命之可貴與無價，而能深切反省，不願再犯。至於採行鞭刑後，應如何修法，亦是重要議題，因限於篇幅，無法竟言。但基本上，本文認為同時檢討死刑和無期徒刑相關制度，甚或予以廢除，乃有其必要，並制定鞭刑執行條例，就鞭刑僅得替代之死刑或無期徒刑之情狀予以明文規定限制之，以防鞭刑被擴大適用，斲傷人權，損害人性尊嚴。同時，針對施行鞭刑所應注意事項，亦得採擷新加坡之實證經驗，參酌本國國情而為明訂。

　　本文見解尚屬粗淺，或不成熟，或未能詳盡析明，惟仍願拋磚引玉，就教大方，以為後續深入思考與檢討之憑藉。

參考文獻

一、中文

1. 甘添貴，刑法總論講義，瑞興圖書股份有限公司，1992 年 9 月再版。

2. 行政院研究發展考核委員會，死刑存廢之探討，1994 年 6 月第 1 版。

3. 吳志光、林永頌，我國停止執行死刑之策略——以現行法制及國際人權法之精神為核心，生活在一個沒有死刑的社會，輔仁大學出版社，2005 年 3 月初版。

4. 李仰桓，台灣廢除死刑運動——非政僚組織的經驗，生活在一個沒有死刑的社會，輔仁大學出版社，2005 年 3 月初版。

5. 李茂生，應報、死刑與嚴罰的心理，中研院法學期刊，第 17 期，2015 年 9 月。

6. 法務部 103 年法務統計年報，2015 年 6 月 30 日出版。

7. 法務部犯罪問題研究中心，死刑存廢之研究，1994 年。

8. 張萬洪等著，西方法學名著提要，昭明出版社，1999 年 12 月第 1 版第 1 刷。

9. 許家馨，應報、憐憫與死刑——對三篇評論文的回應，中研院法學期刊，第 17 期，2015 年 9 月。

10. 許家馨，應報即復仇？——當代應報理論及其對死刑之意涵初探，中研院法學期刊，第 15 期，2014 年 9 月。

11. 陳昭文，新加坡鞭刑之探討，軍法專刊，第 56 卷第 5 期，2010 年 10 月。

12. 陳嘉銘，人們尋求以惡還惡，若非如此即是奴隸，中研院法學期刊，第 17 期，2015 年 9 月。

13. 蔡德輝、楊士隆、闕仲偉，死刑存廢意向之調查研究，甘添貴教授六秩祝壽論文集第 4 卷。

14. 謝煜偉，重新檢視死刑的應報意義，中研院法學期刊，第 15 期，2014 年 9 月。

15. 謝煜偉，寬容社會的曙光？——從市民刑法的例外、犯罪事後處理機能、

社會責任於個人責任的反饋回應三篇評論文章，中研院法學期刊，第 17 期，2015 年 9 月。

16. 顏厥安，不再修補殺人機器——評論許家馨與謝煜偉教授有關死刑之文章，中研院法學期刊，第 17 期，2015 年 9 月。

17. 林崔瑤，異法地域之鞭：日治時期笞刑處分之研究（1904-1921 年），國立臺灣師範大學歷史研究所碩士論文，2005 年。

18. 陳昭文，我國實施鞭刑制度之可行性研究——以新加坡式鞭刑為中心，台北市立教育大學社會科教育研究所碩士論文，2009 年 7 月。

二、日文

1. 斎藤靜敬，新版死刑再考論，成文堂，1999 年 6 月 1 日第 2 版第 1 刷。

2. 団藤重光著，林辰彥譯，死刑廢止論，商鼎文化出版社，1997 年 6 月 10 日第 1 版第 1 刷。

三、網路資料

1. 陳新民，亂世用重典？——談新加坡的鞭刑制度，國家政策論壇，第 1 卷第 5 期，民國 90 年 7 月，http://old.npf.org.tw/monthly /00105/theme-118.htm，最後瀏覽日期：2016 年 2 月 10 日。

2. C. Farrell, World corporal punishment research–Judicial caning in Singapore, Malaysia and brunei（世界體刑研究——新加坡、馬來西亞和汶萊的司法鞭打），http://www.corpun.com/ singfeat.htm，最後瀏覽日期：2016 年 2 月 10 日。

3. TVBS 新聞，死刑爭議！TVBS 民調：8 成 2 民眾不贊成廢死，2015/06/09 17:24，http://news.tvbs.com.tw/local/news-602428/，最後瀏覽日期：2016 年 2 月 10 日。

4. 蕃薯藤新聞，國家人權報告 馬：減少死刑執行，新頭殼 newtalk 2012.04.20 沈朋達 / 台北報導，http://n.yam.com/newtalk/politics/201204/2012042001 8630.html，最後瀏覽日期：2016 年 2 月 10 日。

13

瀆職貪污罪的刑法規範

林東茂[*]

[*] 東吳大學法律系教授。

壹、前言

　　刑法分則第四章，章名為瀆職罪（第120至134條），內容則有貪污罪的規定。瀆職與貪污在概念上有別，瀆職是公務員違背職務的行為，但沒有對價關係，沒有受賄。貪污罪則不同，貪污犯可能違背或不違背職務，但卻受賄。

　　瀆職罪的相關犯罪類型是：委棄守地罪、枉法裁判或仲裁罪、濫用追訴處罰職權罪、凌虐人犯罪、違法執行或不執行刑罰罪、越權受理訴訟罪、違法徵收稅款罪、抑留或剋扣款物罪、廢弛職務釀成災害罪、洩漏國防以外秘密罪、郵政人員妨害郵電秘密罪、不純正瀆職罪。

　　貪污罪的相關犯罪類型是：不違背職務受賄罪、違背職務受賄罪、受

賄而違背職務罪、違背職務的行賄罪、準受賄罪、公務員圖利罪。

　　從內容看，瀆職罪明顯更多，所以章名稱為「瀆職罪」似無不可，但是，叫做「瀆職貪污罪」或許更周延。實務上，貪污罪的發生比起瀆職罪更多，所以更值得注意。有些瀆職罪聊備一格，例如：委棄守地罪。這個罪在實務上未曾適用，早有學者建議刪除[1]。

　　不純正瀆職罪（§134）並非獨立的犯罪類型，這是公務員假借職務之便，違犯本章以外的罪，有辱公務員的身分，處罰因此加重。例如：交通警察執行職務時，動怒毆打違規人。警察成立的是傷害罪，但由於假借職務之便，所以加重處罰二分之一。傷害罪不需要有公務員的身分，只因為公務員假借了職務而傷害，所以處罰被加重。

　　瀆職罪在實務上相對不重要。必須注意的是，貪污罪另有特別規定：「貪污治罪條例」，這個特別刑法在實務上相當重要。一切瀆職、貪污罪，都不屬於告訴乃論之罪。基本上，這類犯罪都沒有具體被害人。

　　瀆職罪不限於本章所規定，公務員縱放人犯或便利脫逃罪、公務員為不實登載文書罪、公務侵占罪，也都屬於瀆職。

　　關於瀆職罪，有明顯以司法領域的公務員為規範對象，且稱為「司法上的瀆職罪」；有些則以行政領域的公務員為規範對象，且稱為「行政上的瀆職罪」。以下瀆職罪的說明即依照這個次序。

貳、司法上的瀆職罪

　　刑法以司法上的公務員為規範對象，包括下列五種：枉法裁判或仲裁罪、濫用追訴處罰職權罪、凌虐人犯罪、違法執行或不執行刑罰罪、越權受理訴訟罪。前三個罪的法定刑較重，都是一年以上七年以下有期徒刑。「違法執行或不執行刑罰罪」處罰稍輕，五年以下有期徒刑。「越權受理訴訟罪」處罰更輕，三年以下有期徒刑。

---

[1] 林山田，刑法各罪論下冊，5版，2005年，頁75。

一、枉法裁判或仲裁罪

本罪（§124）的成立要件是：「有審判職務的公務員或仲裁人，為枉法的裁判或仲裁。」所謂審判，是指起訴之後的訴訟行為。審判的職責屬於法官，所以本罪的公務員不包括檢察官。法官包括各級法院的法官、行政法院法官、軍法官。公務員懲戒委員會的委員，也屬於憲法上的法官；懲戒權屬於憲法第77條的司法權之一。行政處分與訴願機關的訴願事件都不是審判，所以從事行政處分與訴願決定的公務員，都不是本罪的主體。

所謂**仲裁人**，是指依照法令，有權裁決判斷當事人爭議之人。例如：依照「鄉鎮市調解條例」從事調解糾紛的調解委員。其他如依勞資爭議處理法、商務仲裁條例所規定的仲裁人。

所謂枉法，是指曲解法律或不依照法律[2]（包括實體法與程序法）。例如：民事依法應為原告勝訴的判決，故意為敗訴的判決；刑事依法應為無罪的判決，卻故意判決有罪；關於行政訴訟，依法原告之訴為無理由，應以判決駁回，卻故意為撤銷原處分的判決；公務員應該予以懲戒，卻故意不付懲戒[3]。枉法既然是指不依法律，在刑事訴訟上，法官對於被告聲請調查的證據故意不調查，也屬於枉法裁判。

枉法是指故意不依法，如果是誤判，則不屬於枉法裁判。

枉法裁判罪是一般規定，屬於概括條款。行為人如果收受賄賂而枉法裁判，成立「對於違背職務之行為受賄罪」或「因而為違背職務之行為受賄罪」。這是刑法第122條第1或2項的規定。違背職務受賄罪的特別法，是貪污治罪條例的第4條第5款。

枉法裁判的行為人，如果明知為「無罪之人而故意為有罪判決」，或「有罪之人故為無罪判決」，則該當更為具體的第125條第1項第3款。這屬於法條競合，枉法裁判罪成為次要的規範，必須適用第125條第1項第3

---

[2] 林山田，前揭書，頁100。實務判決的意見相同，如最高法院29年上字第1474號判例。

[3] 褚劍鴻，刑法分則釋論上冊，2007年，頁117-118。

款。

二、濫權追訴處罰罪

這個罪（§125）的規範對象是：「有追訴或處罰犯罪職務的公務員」。禁止的行為則是：

一、濫用職權為逮捕或羈押；

二、意圖取供而施強暴脅迫；

三、明知為無罪之人，而使其受追訴處罰；明知為有罪之人，而無故不使其受追訴處罰。

從事這些行為可能導致死亡或重傷，所以有加重結果犯的規定。

所謂「有追訴或處罰犯罪職務的公務員」，分成兩個部分：追訴犯罪的公務員、處罰犯罪的公務員。

追訴犯罪的公務員，是指檢察官與軍事檢察官。檢察官針對偵查結果決定如何結案：「起訴、不起訴或緩起訴」。縣市長、警政署長、警察局長、刑事警察局長、調查局局長，雖然有逕行偵查犯罪的權限，但是對於偵查結果，只能移送檢察官處理，並無提起公訴的權力，所以不是「追訴犯罪的公務員」。以此之故，警察局長明知為無罪之人而移送地檢署，不成立本罪。

處罰犯罪的公務員，是指法院法官與軍事審判機關的法官。警察首長或其他行政人員都沒有這種權限。

以下簡略說明禁止的行為。

(一) 濫權逮捕或羈押

依法可以逮捕的人，主要是現行犯與通緝犯。情況急迫時，可以緊急拘提（刑事訴訟法§88-1）。檢察官明知不是現行犯、通緝犯或不具有拘提要件的人，而加以逮捕羈押，成立本罪。警察如果濫權逮捕，因為不具本罪的資格，所以僅能成立妨害自由罪（刑法§302Ⅰ），並依照第134條加重處罰二分之一（不純正的瀆職罪）。

法官對於患病而必須保外就醫，聲請具保停止羈押的被告，如果明知

非停止羈押難以痊癒，而仍裁定駁回，成立濫權羈押罪[4]。

(二)意圖取供而施強暴脅迫

取供的目的就是為了獲得自白。這個供述證據可能出自被告，也可能出自證人或告訴人。檢察官為了取供，而對於被告等使用物理上的力量（強暴）或心理上的壓力（脅迫），成立本罪。物理力量，例如：疲勞訊問、強力燈光照射。心理壓力，例如：告以不自白將求處重刑。檢察官以強暴脅迫取供的可能性很小，反而是職司犯罪調查的警察較有可能。不過，訊問被告必須全程連續錄音；必要時，全程連續錄影（刑事訴訟法§100-1 I），所以犯本罪的機率已經甚為罕見。

(三)明知為無罪之人，而使其受追訴處罰或相反

明知，是指直接故意，確定的知道。明知無罪而使其受追訴處罰，是故入人罪。明知有罪而不使其受追訴處罰，則是權限上的怠惰與貪腐。無論是故入人罪或放縱不追訴處罰，都可能與違背職務的受賄罪有關（刑法§122 I 或 II）。違背職務受賄罪的特別法，是貪污治罪條例的第4條第5款。法定刑很重。

三、凌虐人犯罪

本罪（§126）的主體是「有管收、解送或拘禁人犯職務的公務員」，行為則是凌虐。凌虐人犯可能導致死亡或重傷害的結果，所以有加重結果犯的規定（§126 II）。

管收，是依照強制執行法與管收條例，拘束債務人或擔保人自由的強制處分。通常於看所守附設的管收所執行。

解送，有不同的情況。警察將拘提或通緝逮捕的被告，或將逮捕的現行犯，送交檢察官，屬於解送。法院或檢察署的法警，提解羈押中的被告或監獄裡的受刑人出庭，也是解送。監獄或看守所的管理員，對於人犯在

---

[4] 褚劍鴻，前揭書，頁122。

各監獄或看守所之間的移送，也屬於解送。警察移送受判決人至監獄執行徒刑，也是解送。

拘禁，包括羈押、少年犯的收容、監獄裡自由刑的執行、社會秩序維護法的拘留。

人犯，泛指一切依法管收、解送或拘禁的人。

警察依照行政執行法第37條，對於酒醉鬧事或企圖自殺的人加以「管束」，是一種保護處分，受管束者並非人犯。如果警察有凌虐行為，只能依照傷害罪處罰，再依照第134條加重處罰二分之一（不純正的瀆職罪）。

凌虐，是指殘酷不人道的對待，而非單純的傷害。凌虐的手段，可能是積極的侵害，也可能是消極的不協助。積極侵害，例如：強迫長期勞動不予以休息、濫行拷打、惡劣折磨[5]。消極不協助，例如：人犯重病不送醫治療、長期使人犯受凍挨餓。

四、違法行刑罪

本罪（§127）的違法行刑，包括違法「執行」與「不執行」刑罰。犯罪主體是：「有執行刑罰職務的公務員」。

刑罰，是指主刑與從刑。主刑有：死刑、無期徒刑、有期徒刑、拘役、罰金。從刑則有：沒收、褫奪公權、追徵、追繳、抵償。法條所指的「執行刑罰」，是否包括保安處分？刑法所指的刑罰，雖然只有主刑與從刑，不及於保安處分，但保安處分是剝奪或限制自由的處分，與刑罰的意義並無差異。所以解釋上，**刑罰應該包括保安處分**[6]。

---

[5] 水滸傳，第八回，寫到八十萬禁軍總教頭林沖被陷害，刺配滄州道的途中，由董超與薛霸押解。兩人受賄，要在解送途中予以加害。一行人投宿在客店，董薛將林沖灌醉，薛霸去燒一鍋百沸滾湯，傾在腳盆內，將林沖的腳按在滾湯裡，一聲慘叫，泡得腳面紅腫。一早，催促動身，林沖腳上滿面都是燙傷水泡，董薛兩人給一雙麻編的新草鞋，林沖穿上，走不到二三里，腳上泡被新草鞋磨破了，鮮血淋漓。這就是典型的凌虐人犯。行至野豬林，要殺害林沖時，被魯智深救了。

[6] 林山田，前揭書，頁113；褚劍鴻，前揭書，頁133。德國刑法第345條（對於無罪者的行刑）規定得更仔細，是包括保安處分。依照該條第1項：「公務員參與執行自由

應該執行而不執行，不應執行而執行，都屬於違法。以死刑為例。死刑判決確定後，檢察官應速將該案卷宗送交法務部（刑事訴訟法§460）。死刑，應經法務部令准，於令到三日內執行之（刑事訴訟法§461）。所以，檢察官故意不執行已經令准的死刑，成立「違法不執行刑罰罪」。再以自由刑或保安處分的執行為例，監所長官或管理員違法放任受刑人（或受處分人）在機構外生活，成立本罪[7]。

所謂「有執行刑罰職務的公務員」，應當包括指揮刑罰執行的公務員，以及實際執行刑罰的公務員。刑罰的判決，由檢察官指揮執行。但其性質應由法院或審判長、受命法官、受託法官指揮，或有特別規定者，不在此限（刑事訴訟法§457 I）。依照這項規定，刑罰的執行，原則上是檢察官的職務，例外則是法官，或其他公務員。

實際執行刑罰的公務員，則是監所首長及有關的主管、管理員。也包括保安處分執行處所的長官、其他主管與管理員。

本罪處罰過失。

五、越權受理訴訟罪

訴訟，是指民刑訴訟、行政訴訟與軍事審判。有權受理訴訟的公務員，唯法官而已。

本罪（§128）的成立要件是：「對於訴訟事件，明知不應受理而受理。」如果是應該受理卻不受理，就不成立本罪。對於起訴的案件應該審理而不審理，與本罪無關，只是承擔行政上的考績責任而已。

所謂「不應受理而受理」，有兩種情況：（一）無權而受理；

刑、剝奪自由之保安處分或矯治處分或行政人員之監督管束，對依法不應執行之刑罰或處分，故意執行者，處一年以上十年以下自由刑。」

[7] 這種情況在目前的法治社會很難想像，舊時代可能發生，小說裡的情節則不少見。水滸傳，第二十八回，描述武松被發配安平寨（相當於現今的強制工作處所），所長（安平寨的主管），企圖利用武松去消滅強敵蔣門神，在所裡好肉好酒招待，還叫管理員服侍武松，這已經是不依法執行保安處分。所長還放任武松去外面快活，再求武松打死惡霸蔣門神。不要談教唆殺人的事，讓武松出外居住這一件，更是不依法執行保安處分。

（二）超越範圍而受理。

　　無權受理，例如：行政首長而受理訴訟。超越範圍受理，例如：軍事法院法官受理一般的司法案件。或如：地方法院法官受理管轄第一審的內亂外患罪。關於無權受理，很難想像存在於現代社會。比較可能發生的是「超越範圍而受理訴訟」。民刑訴訟或軍事審判都要經過起訴，法官在起訴的範圍內審理，如果明知道案件不在起訴範圍內而加以審理，即可能成立本罪。但是，這種情況極為少見。總之，本罪的實務意義非常低微。

參、行政上的瀆職罪

　　行政上的瀆職罪與司法領域不相干，這些瀆職罪有四種：違法徵收與抑留剋扣罪；廢弛職務釀成災害罪；洩漏國防以外秘密罪；妨害郵電秘密罪。以下分別說明。至於廢弛職務釀成災害罪，因為內容較多，留待下文討論。

一、違法徵收與抑留剋扣罪

　　本罪（§129）分成兩種，其一，違法徵收（Ⅰ）；其二，抑留剋扣（Ⅱ）。這兩個罪的未遂犯都有處罰規定（Ⅲ）。犯罪主體是，從事相關職務的公務員。這兩罪的法律效果都是：「一年以上七年以下有期徒刑，得併科七千元以下罰金。」

（一）違法徵收罪

　　這是對於租稅或其他入款，明知不應徵收而徵收。「租稅」，泛指一切中央或地方依據法令所徵收的稅捐。「其他入款」，泛指一切中央或地方機關依據法令所徵收的費用，如證書費、公證費、裁判費、執照費、執行費，等等。

　　不應徵收，是指依法「不應徵收而徵收」，巧立名目而徵收，即屬於不應徵收而徵收。「超越規定而超收」，也是不應徵收而徵收。巧立名目

徵收的目的，即使是為公，而非入己，仍然成立違法徵收罪[8]。

如果應該徵收而不徵收，即是對於主管或監督的事務圖利他人，成立圖利罪（§131）。處一年以上七年以下有期徒刑，得併科七萬元以下罰金。但是，圖利罪有特別規定，依照貪污治罪條例第6條第1項第4款，「處五年以上有期徒刑，併科新台幣三千萬元以下罰金。」

(二) 抑留剋扣罪

這是對於職務上應該發給的款項或物品，明知應該發給，卻抑留不給或剋扣。款項或物品，都必須與「公務員在職務上有發給的義務」為前提。例如：政府徵收土地應發給人民地價，卻不給或剋扣；應發給公務員的薪水而不發給或剋扣。抑留，是遲延不發。剋扣，是不足額發給。如果抑留或剋扣的款項物品，與公務上的職務無關，則不成立本罪。例如：政府機關向商家購物（如文具）而遲遲不給錢，這個款項與公務無關，不成立本罪。

某國立大學在發給教師的鐘點費或其他費用上（如演講費或車馬費），抑留的情形極其普遍。專兼任教師的鐘點費，在每個學期結束後才一次發給。兼任教師如果以此為生，必然挨餓。演講費也是如此，必須經過數個月，才看到入帳。筆者自己曾經參加的研討會則不給車馬費，遠來的講者必須自行承擔。讀書人羞於談錢，就這樣認了，如同感情受到欺騙的人。公立大學的行政人員，尤其是核發薪資的人事與會計人員，負有「法定職務權限」，仍屬於刑法上的公務員，應該按月給鐘點費卻拖到學期結束後才給，可能成立抑留不發罪。已經提出領據，申請車資費用卻故意不發給，應該成立抑留不發罪。

二、洩漏國防以外秘密罪

(一) 公務員與非公務員，都可能是本罪（§132）的主體

公務員洩漏「國防以外應該遵守的秘密」，而交出文書、圖畫、消息

---

[8] 最高法院100年度台上字第5625號判決。

或物品，成立第1項的罪。非公務員，因職務或業務，知悉或持有第1項文書、圖畫、消息或物品而洩漏或交付，成立第3項的罪。公務員的洩密罪處罰比非公務員要重，前者是三年以下有期徒刑，後者是一年以下有期徒刑、拘役或罰金。

（二）本罪處罰過失（§132 II）

公務員包括身分公務員、授權公務員與受託公務員。洩漏秘密的人未必是身分公務員，「授權或受託公務員」也都可能成立。公私立大學教授，獲邀擔任法務部的假釋評審委員，對於委員會的討論內容或結果應該保守秘密，卻向外透露，成立第1項的罪。律師獲邀擔任法務部的檢察官評鑑委員會的委員，對於評議的內容或結果應該守密，如果向外透露，成立本罪。大學教授獲邀擔任國家考試的命題委員或閱卷委員，對於考試內容向外透露，成立本罪。前述的教授與律師，都是「授權公務員」。這些人本無公務員身分，因為獲邀從事政府部門的相關工作，並承擔某種法定職務權限，所以在所從事的工作上便具有公務員身分。

條文所指「國防以外應該遵守的秘密」，範圍很廣。外交、內政、人事、財政、經濟、金融、司法、法務、稅務、考試、環保、藥政、監察、交通，等等都是。茲以法務為例。檢察官偵查犯罪不應公開，搜索自然也不應公開，如果將搜索行動向媒體透露，應該也屬於洩漏國防以外的秘密。各級政府與各部門的公務員，都有各自的公務上守密義務，違反義務，透露了秘密，成立第1項之罪（處三年以下有期徒刑）。

公務員洩密罪，是指沒有對價關係的洩密，如果因受賄而洩密，則成立「違背職務受賄罪」（§122 I），處三年以上十年以下有期徒刑，得併科七千元以下罰金。這個罪有特別規定，那是貪污治罪條例第4條第5款，處無期徒刑或十年以上有期徒刑，得併科新台幣一億元以下罰金。這是非常巨大的差異。

非公務員成立洩密罪，必須是因為「職務或業務」而持有秘密。如果是由於聽聞秘密而轉述，就不成立犯罪。

非公務員，是指不具公務員身分的人，包括「曾任公務員之人」。

三、妨害郵電秘密罪

本罪（§133）的主體限於「郵務或電報」機關的公務員。電報是舊時傳遞緊急事件的通訊工具。筆者兒少時的記憶，收受電報者通常陷入至深的悲痛，因為發電報往往是報喪。電話與網路如此普及，已經很難想像電報的存在。以是因緣，電報機關公務員的洩密問題就不值一提了。

有實務意義的本罪主體，只剩下「郵務機關的公務員」。處罰的行為是「開拆或隱匿」投寄的郵件或電報。「郵務機關的公務員」，除了身分公務員之外，也包括約聘僱人員，以及郵務代辦所的人。民間郵務代辦所，受郵政機關的委託，處理郵政的公共事務，概念上屬於受託公務員。如果受理郵件而擅自開拆或隱匿，成立本罪。

郵政機關的約聘僱人員，擅自開拆或隱匿投寄的郵件，成立本罪。近期曾發生花蓮當地的郵政人員，將投寄的大批信件擲入蘇花公路上的斷堐。懸堐峭壁本來無人攀爬，是因為熱心人士清除險堐上的垃圾而意外發現，所以事發。丟棄，也是隱匿的行為。

本罪的行為方式，不包括「告知他人郵政秘密」，例如：郵政人員知悉郵件裡的內容而告知他人。告知他人郵政秘密，成立的是「洩漏國防以外的秘密罪」，而非本罪。

肆、廢弛職務釀成災害罪

刑法第130條規定：「公務員廢弛職務釀成災害者，處三年以上十年以下有期徒刑。」構成要件很簡略，解釋上的疑慮不少。本罪的適用，大

約是發生了「衛爾康餐廳大火事件[9]」與「八掌溪悲劇[10]」之後，才更受重視。

一、本罪的結構

本罪的結構，「類似」加重結果犯。基礎行為是「廢弛職務」，結果是「災害發生」。一般所指的加重結果犯，基礎行為有罪（如傷害或私行拘禁），而本罪的基礎行為（廢弛職務）卻是無罪的。公務員刻意不執行職務，假定沒有任何災害發生，刑法不能過問，至多只能有相應的行政上的處罰。例如：山裡發生火警，消防單位接獲通報，遲遲不救火，但火勢卻因大雨而澆熄，這個廢弛職務的行為，刑法不干涉。

廢弛職務屬於不作為，不盡其職責。例如：公立醫院發現傳染病的跡象，但行政主管卻不向政府部門通報，也未盡監控職責，以致於傳染病蔓延。所謂不盡責，當然包括敷衍了事，並未從事有效的防災措施。例如：多日超大豪雨，河水勢將溢出河道，河岸社區極可能遭到吞沒，但負責勸離的公務員只口頭告誡，沒有強力的疏導，以致於社區民眾多人溺斃。所謂的不作為，不是身體動作的有無，而是「不從事有效的救援」。

本罪屬於不作為犯，但與「純正不作為犯」又有不同。一般所指的純正不作為犯，沒有任何「結果[11]」，沒有客觀世界的變動，亦即：沒有死

[9] 1995年2月15日，台中市衛爾康西餐廳，發生火災，死亡64人，是台灣歷年來死亡最為慘重的單一火災。該餐廳違法擴大營業面積，消防設施不合規定，火災的發生疑與公務員廢弛職務有關。相關判決：台中地院84年度訴字第1045號、台中高分院84年度上訴字第3453號、86年度更（一）字第149號、88年度重上更（二）字第66號、最高法院86年度台上字第2151號、88年度台上字第5059號、90年度台上字第7868號、91年度重上更（三）字第16號等。

[10] 2000年7月22日嘉義縣番路鄉八掌溪進行河床固體工程，因溪水突然暴漲，8名工人受困水中，其中4人走避不及，緊緊抱在一起，站在溪中等待救援。由於各救難機關溝通不良，器材不足，4名工人在媒體的即時轉播中被溪水沖走喪命。相關判決：嘉義地院89年度訴字第412號、高等法院台南分院91年度上訴字第1460號、最高法院94年度台上字第5351號、97年度台上字第2255號等。

[11] 林山田，刑法通論下冊，10版，2008年，頁233；Roxin, Strafrecht AT, Band II, 2003, §31, Rn. 16.

亡、傷害、財產損失、自由侵害、名譽或私密的破壞，等等。本罪的基礎雖然是不作為，但必須有災害發生，構成要件才會該當。公務員單純的不作為，不能成立本罪。所以，本罪並非一般的純正不作為犯。

本罪的災害，並非學說上所指的「客觀處罰條件」。所謂客觀處罰條件，是指不法構成要件與罪責以外，足以影響可罰性成立的要件。這個要件，現實上存在即可；行為人縱然對於客觀處罰條件毫無所悉，照樣成罪。所以，客觀處罰條件與行為人的故意或過失，都沒有關係。

舉個例子說明：侵害商標的行為，依照商標法第81條，可處三年以下有期徒刑……。侵害外國的商標，亦然。商標法曾有一個「互惠原則」的規定，侵害外國商標的行為，於外國法律有保護台灣商標的規定時，方受處罰。依這個互惠原則，如果台灣人仿冒LV商標，還未必受處罰；必須法國的法律保護台灣商標，仿冒行為才被處罰。這個「互惠原則」是一種外交上的手段，期使外國政府要同樣保護台灣的商標。侵害商標的行為，已是商標法的構成要件該當、違法而且有責，但「客觀處罰條件」如果不存在，依然不受處罰。如果法國有保護台灣商標的規定，仿冒LV的人無論知道或不知道（互惠原則），依然被處罰。仿冒者不能如此主張：「我不知道互惠原則，由於欠缺構成要件的認識，只成立過失。」客觀處罰條件是不需要認識的，因為這個條件並不屬於構成要件。這個互惠原則於1993年刪除了[12]。舉這個例子是為了說明的方便。互惠原則是客觀處罰條件最好的例子。

災害的發生，不屬於客觀處罰條件，而是構成要件的一部分。所以，行為人必須能夠認識災害的發生，才能成罪。例如：豪雨沖刷橋墩，大橋岌岌可危，行經的車輛很可能因橋斷而墜河，負責封橋的公務員對於這種後果有認識，竟然不封橋，導致車輛跌落河裡，乘客滅頂。如果雨勢

---

[12] 互惠原則本來規定在商標法第62條之1。第1項：「意圖欺騙他人，於同一商品或同類商品使用相同或近似於未經註冊之外國著名商標者，處三年以下有期徒刑、拘役或科或併科三萬元以下罰金。」第2項：「前項處罰，以該商標所屬之國家，依其法律或與中華民國定有條約或協定，對在中華民國註冊之商標予以相同之保護者為限。」第2項的規定，就是筆者所指的互惠原則。

雖大，公務員沒有封橋，橋面斷裂純因為偷工減料或其他施工問題所造成，則不成罪（這種情況也很能在廢弛職務這一點上，即加以排除了）。如果公務員不但預見災害的發生，而且也刻意放任人命的傷亡，這已非廢弛職務釀成災害，而是不作為的殺人了。

廢弛職務必須是故意。亦即，公務員對於職務內容有認識，而且決意不執行。如果是過失，即非構成要件該當。例如：警察接獲勤務指揮中心通報，指某公寓有人開瓦斯企圖自殺，應立即前往處理；警察誤聽地址，來回奔走，延誤救援時機，自殺者引爆瓦斯，傷亡甚多。前往處裡的警察因為沒有故意，不能成立廢弛職務致釀災害罪，但可能成立不作為的業務過失致死罪（§276、§15）。如果警察飛快趕往現場，但爆炸已經發生；或警察到了現場，勸阻無效，又不能破門而入，爆炸發生，警察並沒有廢弛職務。如果警察刻意放慢前往處理的速度，即非過失，而是故意不從事有效的救援行動，是廢弛職務。

二、本罪所指的公務員

瀆職罪的規範對象是公務員，沒有公務員的身分，就不能成立本罪。立法上雖有公務員的定義，包括身分公務員、授權公務員與受託公務員，但具體個案上的公務員意義，還要依各犯罪類型的規範目的去理解。

身分上的公務員，如警察、消防隊員、工務局或建設局或衛生局的官員、林務局的官員，都可能是廢弛職務致釀災害罪的主體。例如：農委會林務局的官員，知道上游山坡地遭到濫墾，卻刻意放任不管，結果豪雨引發土石流，沖刷淘空下游河岸，屋毀人亡，這應該可以成立本罪[13]。又例如：衛生局官員知道某食品製造業者違法添加有害人體的物質（如三聚氰胺），卻刻意不取締，結果發生食物中毒事件，多人死傷，這也應該成立廢弛職務致釀災害罪。本罪的適用對象，不僅是負責興修水利的公務員，而適用於「依法應阻止災害發生的公務員」。公務員依法行政，如果職掌

---

[13] 2008年9月16日，南投廬山溫泉區發生空前浩劫，許多河岸邊的飯店遭到土石流沖毀，元兇可能是濫墾，但實際的災害發生原因甚為複雜。

是相關災害的防止，這個公務員即可能成為本罪的主體。

　　醫師沒有公務員的身分，但公立醫院的醫師或行政主管（如院長或科主任），依照相關的法規受政府部門委託，負責監控傳染病的疫情，院長等人因此就成為受託公務員。當他們從事醫療行為時，與國家任務毫無關係，如果發生嚴重的醫療事故，只可能成立業務過失傷害罪或業務過失致死罪。但是，當他們執掌疫情監控時，已非單純的醫療事務，不是私經濟行為，而是攸關社會大眾的生命與身體安危，是國家任務的執行。當發現院內有病患疑似感染傳染病，卻刻意不做相應的處理，以致於病患把傳染病帶出醫院，疫情因此擴大，就成立廢弛職務致釀災害罪[14]。

三、廢弛職務

　　公務員必須廢弛職務，才可能成立本罪。問題是，廢弛什麼職務？實務判決多以「法定職務」的廢弛當作基準[15]。如果公務員的職掌，很清楚就是「災害防止有關的事務」，那麼刻意不防止，無疑是廢弛職務。消防單位職司餐廳消防設備的檢查，明知餐廳的安檢不合格，卻不作相應的處理，當然是廢弛職務（但並非廢弛職務即成立犯罪）。

　　依照這個理路，下班的警察身穿制服，在途中遇到可能引發災害的事故（如哭哭啼啼的婦人帶著三個小孩準備跳河自盡），卻仍袖手旁觀，也沒有廢弛職務。就算這個警察不理會民眾的請求，也不是廢弛職務。理由很簡單，職務除了有事務上的分配之外，也有時間的限制。既然是「法定職務」，下班的警察在時間上就沒有職務要去執行。警察或任何公務員，都不能被期許提供不定時不定量的勤務[16]。

---

[14] 實務判決有不同的意見，認為台北市立醫院的醫師，從事醫療事務的私經濟行為，並非本於國家公權力的作用而行使與公權力有關的公共事務，公立醫院的院長並非刑法所稱的公務員，所以不成立廢弛職務致釀災害罪。參照高等法院94年度矚上訴字第4號判決。

[15] 參閱最高法院的兩個判決：91年度台上字第6219號、93年度台上字第2648號。

[16] 相同的意見可以參閱：陳新民，行政法學總論，2005年，頁232-233。這裡提到：「公務員必須全力投注於勤務之中，……，並非謂公務員對國家負有無定量的勤務也。」

如果基於事務管轄的分配，災害的防止不屬於某公務員，則該公務員也沒有廢弛職務。假定台北市警局交通大隊某警員駕駛警車於高速公路上，發現有超速並且危險蛇行的車輛，既不制止，也不通報高速公路警察單位，以致於發生連環車禍，多人死傷，這名台北市的交通警員是否廢弛職務？答案應該沒有。

公務員有責任區域，非責任區域的公務員，對於災害的防止並不站在管控的位置，就沒有相應的職務。所以，袖手旁觀可能發生的災難，就不是廢弛職務。即使這名台北市的交通警察，受到高速公路上的駕駛人催促請求，依然相應不理，也沒有廢弛職務。民眾的請求並不是法規命令，不能自動的轉變成公務員的職責，成為應盡的職務。公務員必須在「違反依法行政」的具體情況下，才是廢弛職務。

高速公路上往往有掉落物，廢土、鋼條、桌椅、大輪胎、單車、棉被等等，德國高速公路上還曾有「遊艇」掉落。台灣高速公路上曾有駕駛人碾過棉被打滑，或閃避貨車掉落的廢土，而發生連環追撞的重大死亡車禍，也有賓士汽車的駕駛人被貨車掉落的鋼片削斷頭顱，掉落物隱藏可怕的危機。如果高速公路警察發現貨車綑綁不牢，貨物搖搖欲墜，卻懶於理會，這是廢弛職務，並無疑問。

依照權責劃分，排除或撿拾高速公路上的掉落物，屬於工務單位的職責，但大多數的情況是由公路警察代勞，這幾乎已經成了慣例。假定民眾發現大型的掉落物，急切電告工務單位，官員相應不理，這無疑是廢弛職務。熱心的駕駛人更可能直接電告公路警察，請求排除掉落物；如果接受通報的警察相應不理，既不轉知工務單位，也不通知線上的巡邏車前去排除或警戒，是否廢弛職務？

警察受理報案，對於不屬於自己職責的事務，應該轉知有責的單位[17]。這一方面是舉手之勞，另一方面是局外人根本不知道正確的權責單位。更重要的理由，行政慣例上，排除掉落物已是交通警察的協助職責。

---

[17] 不過，這主要是針對刑事案件的相互通報。可以參閱：警察機關受理刑事案件報案單一窗口實施要點（1997年12月31日發布）。其中第五點提到實施原則：「民眾報案，不分本轄或他轄刑事案件，均應立即受理，妥適處理，不得拒絕、推諉。」

所以，受理通知的警察不作任何反應，是廢弛職務。從這點看，法定職務其實還包括行政慣例上的工作內容。

如果巡邏的公路警察發現危險的掉落物，不現場警戒（如打開警示燈並鳴笛），也不撿拾，而是視若無睹，是否廢弛職務？答案應該是。理由有二。第一，公路警察對於執行勤務時目擊的「公路上任何危險情狀」，已經站在監控的位置；第二，工作慣例上，撿拾與排除掉落物既然多由警察代勞，意味著警察已經習於如此認知，那是公路警察緊密的附隨業務。這與台北市警交通隊員在高速公路上不制止危險駕駛人的情況，不能相提並論。取締或制止高速公路上的違規行為，並非台北市交通隊員的附隨業務。

以八掌溪事件為例，談有關單位是否廢弛職務。消防單位的主要職責之一，是溺水的救援。消防單位的勤務中心接獲通報，有四名工人受困在河道中央，將要被洪流吞沒，立即派出隊員出勤，同時聯絡有關單位派遣直昇機協助救難，就沒有廢弛職務可言。至於消防單位請求警政署空警隊派出直昇機，空警隊推託不支援，是否廢弛職務？如果情況危急，即使消防單位的請求不合行政程序，但以救人為第一優先的勤務目的，空警隊並無婉拒的理由。這情況，正如前文所述的高速公路警察發現掉落物，不可袖手旁觀。所以，空警隊是廢弛職務[18]。消防單位在遭到空警隊拒絕之後，繼而向軍方海鷗部隊求助，海鷗部隊以不合乎勤務規範為由而拒絕，是否廢弛職務？如果軍方的救援直昇機在使用上確實有嚴格規定（如只許救援2500公尺以上的危難事故），軍人以服從為天職，那麼軍方的固守規矩，拒絕救援，就不能認為是廢弛職務。

四、本罪所指的災害

單純的廢弛職務，只是行政上的懲處行為，不是本罪的構成要件該當。除了廢弛職務之外，還必須有災害發生，才可能該當本罪的構成要件。本罪所指的災害是什麼？個人生命的喪失、個人身體或健康的傷害、

---

[18] 嘉義地院89年度訴字第412號判決，認為無罪，理由也是欠缺相當因果關係。

個人財物的損失，恐怕都不能理解為災害。多數人「自由的喪失」或名譽的侵害也不能認為是災害。災害應該有其「驚駭性」，與人的生死存亡有關，而且不是一人的生死存亡。重大財產的滅失，也關係到人的生死存亡，例如：安身的房子遭火吞噬，或被水吞滅。筆者的看法，所謂的災害，必然有其公眾性，不是一人一戶的生命與財產損失，而是多數的。例如：化學工廠排放廢氣，導致附近住戶許多人健康受損，學校必須因此停課，這是災害。又例如：豪雨沖斷橋墩，橋未封閉，行經的車輛一一跌落河底，多人死傷，這也是災害[19]。實務判決所認為的災害，也是多眾的死傷與財產損失[20]。

　　本罪的創設旨意，在預防水患。水患所波及，常常不是一人一戶。所以，認為本罪的災害有其公眾性，合乎立法意旨。水患的發生，涉及生命、身體與財產的劫難，自由、名譽或其他人格權，也自然與水患無關。因此，將本罪的災害理解為「涉及公眾生命、身體或財產的損害」，應該是合理的。

　　災害的概念必須嚴格解釋。如果沒有本罪，廢弛職務而釀成災害的公務員，只能依照不純正不作為犯處罰，是過失的不純正不作為。舉一個例子說明：連續豪雨，山坡已經土石鬆動，勢將演變成土石流，淹沒山下社區。工務局人員接到通報，不採取任何防災的措施，果然社區遭土石流淹吞，多人死傷。災害的解釋要顧及公眾性。唯有涉及多數人生命、身體或財產的損害，才能以重刑對付失職的公務員。

　　接下來的問題，多數是什麼？筆者認為，多數即複數，指「二以上」。唯有如此判斷，疑慮才能消解。否則，三人死傷是否災害？四人死傷是否災害？以此類推，都將衍生無窮盡的爭辯。

---

[19] 2008年9月14日，強烈颱風辛克樂在中台灣降下超大豪雨，大甲溪溪水迅速暴漲。曾被公路總局列為危橋的后豐大橋，於晚間7點先封閉往豐原的路段，但是往后里的路段並未封閉。有3輛車駛往后里，因橋墩突然傾斜而掉入湍急的溪中，2人死亡，4人失蹤。

[20] 例如：宜蘭地院88年度自字第29號、高雄地院88年度自字第242號、94年度囑訴字第7號、高雄高分院95年度囑上訴字第5號、96年度囑上更（一）字第3號、最高法院89年度上訴字第1872號等判決。

　　廢弛職務的行為是否成罪，成立什麼罪，與災害是否發生、發生的慘烈程度如何，都有關係。以公務員不封閉斷橋為例，做一小結。（一）公務員刻意不封閉斷橋，駕駛人自己警覺，無人落河，無罪。（二）公務員樂觀以為不會發生意外，所以不封斷橋，但有一名駕駛人落河死亡，成立業務過失致死罪。（三）公務員不封橋，兩名以上駕駛人墜河死亡，成立廢弛職務致釀災害罪。

五、因果關係

　　廢弛職務與災害的發生，必須有因果關係。最基本的前提是，經驗上的關係。經驗上的因果，依照「條件說」而作判斷。

　　本罪屬於不作為犯，因此，這裡所指的因果，並非實存的因果，而是「假想的因果」，或「虛擬的因果」。亦即：假如有救援行動，災害就極可能不發生。反過來說，如果即使有救援行動，災害也依然會發生，那麼不救援與災害的發生，即不具有虛擬的因果關係。茲以前述警察刻意放慢處理自殺的案件來說明。警察故意放慢行動，是廢弛職務；但是，縱然警察毫不遲疑，以最快的速度抵達現場，自殺者也早已引爆而發生災情。那麼警察的不作為，即與災害的發生欠缺「假想的因果關係」。

　　因果關係的判斷，條件說只是前提，是必要條件，但並非「充分條件」。充分條件是什麼？那是對於結果的發生具有重要意義的條件，對於結果而言有重要關連性的條件。這個條件，依照生活經驗，在一般的情況下，很容易導致某種結果的發生。學說與實務，都稱這種條件為具有「相當因果關係」的條件。例如：車胎已無溝紋，煞車極易打滑而肇事，出租這種飽含危機的汽車，對於車禍的發生即具有重要意義。

　　因果關係的判斷，不能只依經驗的因果，而必須具備「相當因果關係」。並非廢弛職務，而且也發生了災害，廢弛職務的公務員必然可依第130條處罰。再以前述警察推延處理自殺案件的例子說明。警察縱然飛抵現場，如自殺者深門固拒，也無法破門而入，爆炸的發生根本無從阻止；那麼警察的遲抵現場，也不是結果發生的相當條件。這警察只是單純的廢弛職務，結果的發生不可歸咎警察，警察只能依照行政法規懲處。

何種條件是結果發生的重要性條件，屬於價值判斷。正如訴訟上證明力的評價。具體個案上，有時候不易判斷，哪個條件與結果的發生有相當因果關係。例如：餐廳大火，發生重大的死亡災害，其條件可能有幾個，包括消防安檢不積極、餐廳走道太擁擠、建材易燃、排煙不良（煙比起火更容易引起死亡）、瓦斯外洩、電線走火、營業未經許可等等。任何一種條件都是致命因素，那麼是否任何一個相應的公務部門沒有積極告發，沒有阻止餐廳營業，都成立廢弛職務致釀災害罪？或是只有幾個公務部門的放任，才是火災發生的關鍵因素？

姑且認為餐廳沒有營業執照而開業，是公務員的包庇放任，但這與火災之間，只有經驗上的因果，而不具相當因果關係。公務員放任餐廳違規營業，並非災害的關鍵因素。即使餐廳合法營業，但是發生重大的瓦斯外洩事件，火勢同樣會難以控制。消防安檢不合格比起違規營業，對於大火的一發不可收拾，更具直接關連性，更具重要意義。如果餐廳的消防設備合乎規定，雖然不能保證一定可以撲滅瓦斯外洩所引起的火災，但只要正確使用滅火設施，至少撲滅的機率更大，死傷更小。否則，要求公共設施必須通過消防檢查的意義何在？所以，消防安檢不合格，公務員並未採取積極有效的改善措施，才是災害發生或擴大的重要條件。

豪雨可能引起土石流，進而引發重大災害。發生土石流災情，除了豪雨之外，原因可能有好幾個。上游林務局官員沒有取締盜林、中下游農業局官員沒有查報濫墾、建商沒有做好水土保持等等，可能都與災情有關。何種條件是災害發生的關鍵因素？理論上，凡是災害發生的「直接而且重要的條件」，都是災害的關鍵因素，都與災害有相當因果關係。至於何種條件是災害的直接而且重要的條件，只能依靠勘災報告。如果報告指出，前述種種條件都扮演同等重要的角色，那麼林務局人員放任盜林，農業局人員放任濫墾，這兩者的廢弛職務都與災害有相當因果關係。

伍、貪污罪

刑法裡有關貪污罪的規定，有四個條文，包括五種罪名：一、不違背職務受賄罪（§121）；二、違背職務受賄罪與行賄罪（§122）；三、準受賄罪（§123）；四、圖利罪（§131）。

貪污罪的法定刑很重。不違背職務的受賄罪，處七年以下有期徒刑，另科罰金。違背職務的受賄罪，處三年以上十年以下有期徒刑，另科罰金；受賄因而違背職務，處無期徒刑或五年以上有期徒刑，另科罰金。圖利罪，處一年以上七年以下有期徒刑。

貪污罪有特別法：「貪污治罪條例」。不違背職務受賄罪的特別法，是貪污治罪條例的第5條第1項第3款，處七年以上有期徒刑，得併科新台幣6千萬元以下罰金。違背職務受賄罪的特別法，是貪污治罪條例的第4條第1項第5款，處無期徒刑或十年以上有期徒刑，得併科新台幣1億元以下罰金。圖利罪的特別法，是貪污治罪條例的第6條第1項第4款，處五年以上有期徒刑，得併科新台幣3千萬元以下罰金。

貪污處罰如此之重，令人心驚。公務員一旦禁不起利誘，下場很淒涼，長期的自由刑之後，「便歸來，平生萬事，那堪回首[21]」。

對照德國刑法，更能清楚知道我們對於貪污犯的嚴峻。不違背職務受賄罪，德國刑法規定於第331條第1項，處三年以下自由刑。違背職務受賄罪，規定於第332條第1項，處六月以上五年以下自由刑或罰金，情節輕微者，處三年以下自由刑或罰金。不違背職務受賄，德國刑法稱為「受賄」（Vorteilsannahme）。違背職務受賄，則稱為「貪污」

---

[21] 清初康熙年間，顧貞觀的好友吳兆騫蒙冤流放邊荒多年。為了營救，顧貞觀透過關係認識了納蘭容若（太傅明珠的兒子），請求幫忙救援。顧貞觀出示寫給吳兆騫的詞（金縷曲），納蘭容若讀完，聲淚俱下，說他會當成自己的事來處理。金縷曲的第一句話就是：「季子平安否？便歸來，平生萬事，那堪回首。行路悠悠誰慰藉，母老家貧子幼。」季子是吳兆騫的別號。二十年前，筆者讀這段故事無感；二十年後重讀，對於這種人間至情，心神動盪，久久不能自己。這大概是因為自己到了生命的冬天，品嚐到人間至情的稀有。

（Bestechlichkeit）。德國的吏治很受肯定，受賄與貪污的情況相當有限。社會秩序的建立，顯然不是依賴重刑。

一、不違背職務受賄罪

本罪（§121）的構成要件是：「公務員或仲裁人對於職務上的行為，要求、期約或收受賄賂或其他不正利益。」

公務員與仲裁人的概念已經敘述於前，不再贅述。公務員必須是對於職務上的行為收受賄賂，才成立本罪。如果不是職務上的行為，則不成立本罪。例如：法院法警向當事人聲稱，可以向法官說項，得到有利的判決。法警的職務與審判無關，如果因此收受財物，不成立本罪，而可能成立詐欺罪，並且可以加重處罰二分之一（不純正的瀆職罪）。

(一) 職務上的行為

對於職務上的行為受賄，例如：核發證照的公務員受賄而快速發照；負責拆除違建的公務員受賄而暫緩拆除；調解委員或仲裁人收受當事人的賄賂；長官受部屬的賄賂而調整職務；長官受賄而給予部屬優良的考績。如果公務員收取的財物或其他利益，完全與職務無關，就不是受賄，例如：證券公司致贈警察派出所年節加菜金。

所謂「職務上的行為」，究竟是什麼行為？是「法定職務權限」的行為，還是具有「實質影響力」的行為？如果採取「法定職務權限」的說法，公務員只有針對特定的職務權限受賄才可能成罪。這對於公務員是比較有利的說法。舉例說，警察局長對於警局內部的人事調動或懲處，有其法定職務權限；如果收取賄賂，成立職務上的收受賄賂。局長對於警察局的採購業務（如購買巡邏車）並無法定職務權限，如果接受廠商的賄賂，則不成立職務上的受賄罪。

局長雖無採購上的法定職務權限，但仍然可能影響警局裝備的採購。局長可以透過暗示、行政指導、公文重複發回等方式，影響採購作業的決定。因此，如果採取實質影響力的說法，局長成立職務上的受賄罪。

實務判決採取實質影響力的意見。重要的判決意見，例如最高法院99

年台上7078判決：「總統就國家重大政策或重要人事，一旦親身參與或干
預，對於該特定結果，即具有實質上之影響力，自不得藉此職務上所得為
之行為，收受對價。[22]」

採取實質影響力的意見，自然放大了公務員成罪的範圍，並因此可能
牴觸罪刑法定原則，學界傾向於不支持實質影響力這個意見[23]。

筆者認為，**實質影響力的意見應該可採**。公務員的職位愈高，可以運
用的資源愈多，實質影響力也愈大。位階很高的官員升遷，賀客盈門，戶
限為穿，攀緣者企求什麼？自然是一種盡在不言中的方便。樂於與高官酬
作的人，不就是為了從高官的實質影響力得到一些什麼。一旦高官調離不
重要的職位，甚至退休，繁華隨即消散，酬作不再，寂寞無人問。高官退
位時要黯然神傷，甚至悲泣不已，原因不難理解。實質影響力是確實存在
的，觸之不得，但卻恍惚中有物，如同電磁波一樣的真實。

採取實質影響力的意見，可能遭致違反罪刑法定原則的批評。但
是，許多刑法問題的解釋，也都面對罪刑法定原則的質疑。保證人地位的
來源、過失犯罪的判斷等等，都可能牴觸罪刑法定原則的核心：「構成要
件的明確性」。儘管如此，依然不影響過失犯罪與保證人地位的判斷。公
務員的概念規定在刑法第10條，雖然將「法定職務權限」寫在該條的第
2項裡，但是公務員概念的真義，仍要依照各個犯罪類型的規範目的去理
解，這已經是刑法學界的共識共認。因此，依照貪污犯罪的規範目的，對
於「職務上的行為」做實質影響力的理解，並未違反罪刑法定原則。愈是
位高權重，實質影響力愈是明顯；即使沒有法定職務權限，高官的影響力
也有如鬼魅或電磁波的存在。

---

[22] 相同意見：最高法院101年度台上字第6482號判決。

[23] 例如：蕭宏宜，賄賂罪的職務上行為概念——兼評最高法院99年度台上字第7078號
判決，東吳法律學報，第24卷第1期，2012年7月，頁183以下。不過，也有支持實質
影響力的意見者，例如：李錫棟，日本法上賄賂罪職務行為之研究，法學叢刊，第
56卷第3期，2011年7月，頁56以下。

(二) 受賄內容

受賄內容包括：賄賂、不正利益。

賄賂是指金錢，或其他財物，如回扣[24]、高價繪畫、古董、汽車、美酒、有價證券、外幣等等。必須注意的是，公務員經辦建築或公用工程或購辦公用器材而收取回扣，另有特別的處罰規定。依照貪污治罪條例第4條第1項第3款，處無期徒刑或十年以上有期徒刑。收取回扣，無論是否違背職務，都依照前述規定處罰。

不正利益是指，一切可以滿足他人慾望的有形或無形利益，如性招待、美食招待、入乾股、債務的免除、無息或超低利率的借貸等等。

(三) 行為方式

受賄的行為方式包括：要求、期約、收受。

要求是指，提出意思表示，索取賄賂或不正利益。只要提出意思表示即為構成要件該當，無須雙方的意思表示合致。要求的方法可能是明示或暗示，可能以文字、圖畫、言詞、舉動或其他方法表達。

期約是指，雙方做成賄賂的約定，意思表示已經一致。

收受是指，現實上已經收取賄賂或不正利益。

公務員一旦要求、期約或收受賄賂，即已構成要件該當，所以本罪並無未遂犯的處罰規定。行為的著手，即被視為既遂。這在概念上屬於德國學說所稱的「著手犯」（Unternehmensdelikt）。

(四) 特別法

不違背職務受賄罪的特別法，是貪污治罪條例的第5條第1項第3款，處七年以上有期徒刑，得併科新台幣6千萬元以下罰金。

---

[24] 柯耀程，職務行為行賄罪的法律適用檢討，月旦法學雜誌，第217期，2013年6月，頁6。實務判決向來認為，賄賂與回扣是兩個不同的概念，例如：最高法院100年度台上字第3924號判決。

二、違背職務受賄罪與行賄罪

(一)違背職務受賄罪

「違背職務受賄罪」的主體、受賄內容與行為方式，都與前述的「不違背職務受賄罪」相同。唯一的差別是，違背職務受賄罪是針對「違背職務上的行為」而有受賄行為。所謂違背職務，主要是應該執行而不執行，例如：負責消防安全檢查的公務員，知道建築物有安全上的問題，卻收受賄賂而予以通過審查。

違背職務受賄罪分成兩種情況，第一，受賄但尚未真正的違背職務（§122Ⅰ）；第二，受賄而且已經違背職務（§122Ⅱ）。

警察對於轄內的賭場或地下情色場所，以不取締為由，要求、期約或收受賄賂，成立違背職務受賄罪（§122Ⅰ）。受賄之後，果真不予取締，成立第二類受賄罪，處無期徒刑或五年以上有期徒刑（§122Ⅱ）。

本罪的特別法是貪污治罪條例的第4條第5款，處無期徒刑或十年以上有期徒刑。

公務員收受賄賂，卻不違背職務，情況比較少見。通常的情況是，受賄而違背職務。

(二)行賄罪

關於行賄罪，規定在第122條第3項，行賄的標的是「關於違背職務的行為」。如果是不違背職務的行賄，普通刑法並無處罰規定。

但是，依照貪污治罪條例第11條，無論對於違背職務或不違背職務的行為而行賄，都有處罰規定。對於違背職務的行為而行賄（行求、期約或交付賄賂或其他不正利益），處一年以上七年以下有期徒刑，得併科新台幣3百萬元以下罰金（貪污治罪條例§11Ⅰ）。對於不違背職務的行為而行賄，處三年以下有期徒刑、拘役或併科新台幣50萬元以下罰金（貪污治罪條例§11Ⅱ）。

三、準受賄罪

本罪（§123）與一般的受賄罪不同。行為人尚未擔任公務員或仲裁人，事先要求、期約、收受賄賂或其他不正利益，並且於正式成為公務員或仲裁人之後，履行先前的約定。

如果履行的約定是給予方便，但不違背職務，則準用不違背職務受賄罪處罰（刑法§121 I）。如果履行約定，並違背職務，則準用違背職務受賄罪處罰（刑法§122 II）。

準受賄罪的真實情況比較難以想像。即使確定將要成為公務員，並於此時受賄，但正式成為公務員之後，未必可以擔任預期的職務，因而不能履行約定。這種事先受賄的行為，刑法不能干涉。

如果確定將要成為公務員，企圖欺人，預以職務上的行為而受賄，正式成為公務員之後，並未履行約定，則只能依照詐欺罪處罰。舉例說，接獲法院的錄取通知，知道即將出任法官助理，並不確定擔任刑事庭法官的助理，卻向刑事被告聲稱可以幫忙，收取賄賂，後來在民事庭任職，所以無法履行約定，應該成立詐欺罪。

如果先前受賄的法官助理在刑事庭任職，並於此時另外受賄，進而幫助原來的被告（例如刻意凸顯被告有利的事證，影響法官的心證，做出有利被告的判決），則成立不違背職務受賄罪，而不是準受賄罪。法官助理並無審判權限，針對審判，不可能有違背職務的情況。

貪污治罪條例並無準受賄罪的規定。所以，準受賄罪僅能依照刑法處罰。

四、圖利罪

本罪（§131）的主體僅限於公務員，不包括仲裁人。本罪是一般規定，如果公務員的圖利行為符合其他特別構成要件的描述，即應依照特別規定處罰[25]。這屬於法條競合的特別關係。換言之，公務員如果受賄，成立第121條（不違背職務受賄）或第122條（違背職務受賄）的罪。這

---

[25] 實務案例意見相同，如最高法院101年度台上字第555號判決。

兩罪的特別法，分別是：貪污治罪條例第5條第1項第3款（不違背職務受賄）；貪污治罪條例的第4條第5款（違背職務受賄）。

　　本罪處罰的重點是，公務員利用主管或監督職務之便，圖得自己或他人的不法利益，並確實得到利益。本罪不處罰未遂，公務員如果利用職務上的機會而圖謀利益，卻事跡敗露而不能獲得任何利益，則不構成本罪。

　　本罪的構成要件是「公務員對於主管或監督的事務，明知違背法令，直接或間接圖利自己或其他私人不法利益，因而獲得利益。」法律效果是：「一年以上七年以下有期徒刑，得併科七萬元以下罰金。」

　　本罪另有**特別法**。依照**貪污治罪條例第6條第1項第4款**，圖利罪的構成要件完全一樣，所以必須優先適用。依照貪污治罪條例的前述條款，法律效果是：「五年以上有期徒刑，併科新台幣三千萬元以下罰金。」

　　公務員對於主管或監督的事務直接圖利（自己），例如：對於自己經手的採購事務，浮報款項，並取得不法利益[26]。對於主管或監督的事務間接圖利（他人），例如：公務員委由親友出面，經營與其主管事務有關的商業，間接獲取不法利益[27]。

　　公務員必須是對於自己主管或監督的事務上下其手，並獲得不法利益，方可能成立本罪。如果公務員利用其他機會而獲取不法利益，即非本罪所能掌握。例如：公務員出差，浮報差旅費，並獲得不法利益[28]。這個例子的公務員成立的是詐欺罪，而非圖利罪。

---

[26] 這個例子的公務員，可能成立更重的貪污罪。依照貪污治罪條例第4條第1項第3款，「經辦公用工程或購辦公用器材、物品，浮報價額、數量」，處無期徒刑或十年以上有期徒刑，得併科新台幣一億元以下罰金。

[27] 林山田，刑法各罪論下冊，5版，2005年，頁124。

[28] 這個例子純粹為了說明而設，實際狀況恐怕不易發生。公務員出差的費用有一定的額度，很難浮報。

陸、結論

　　本文對於刑法的瀆職貪污罪，作了簡要的分析。瀆職罪當中，對於廢弛職務致釀災害罪著墨最多。其他瀆職罪的規範問題，僅作浮光掠影的敘述，但都是至為重要的爭點。將瀆職罪概略區分為「司法上的瀆職罪」與「行政上的瀆職罪」，應該是本文的首創。廢弛職務釀成災害罪，應該屬於行政上的瀆職罪。

　　關於貪污罪的敘述，篇幅較少。本文的特點，首先指出貪污罪的處罰太重，即使是普通刑法的貪污罪處罰已經夠重，遑論貪污治罪條例？這必須與德國刑法比較，才能見到我國刑法的嚴厲。當然不是因為與德國刑法比較而見其嚴厲，即使依照單純的理性，也可以得知我國刑法對於公務員的嚴厲。

　　關於貪污罪所指的「職務上行為」，本文採取不利於公務員的意見，亦即採取「實質影響力」的觀點。這是本文的特點之二。筆者在文內指出，何以採取實質影響力的意見。公務員的職位愈高，可以運用的資源愈多，實質影響力也愈大。位階很高的官員升遷，賀客盈門，戶限為穿，攀緣者企求什麼？自然是一種盡在不言中的方便。樂於與高官酬作的人，不就是為了從高官的實質影響力得到一些什麼。一旦高官調離不重要的職位，甚至退休，繁華隨即消散，酬作不再，寂寞無人問。高官退位時要黯然神傷，甚至悲泣不已，原因不難理解。實質影響力是確實存在的，觸之不得，但卻恍惚中有物，如同電磁波或輻射線一樣的真實。

參考文獻

一、中文

1. 林山田，刑法各罪論下冊，5 版，2005 年。

2. 柯耀程，職務行賄罪的法律適用檢討，月旦法學雜誌，第 217 期，2013 年
   6 月。

3. 李錫棟，日本法上賄賂罪職務行為之研究，法學叢刊，第 56 卷第 3 期，
   2011 年 7 月。

4. 陳新民，行政法學總論，2005 年。

5. 褚劍鴻，刑法分則釋論上冊，2007 年。

6. 蕭宏宜，賄賂罪的職務上行為概念——兼評最高法院 99 年度台上字第
   7078 號判決，東吳法律學報，第 24 卷第 1 期，2012 年 7 月。

二、德文

1. Roxin, Strafrecht AT, Band II, 2003.

14

從「聯合國反貪腐公約」角度
論我國刑事實體法制之增修
——以公務員貪污犯罪為中心

吳耀宗[*]

---
[*] 中央警察大學法律系教授。

目　次

壹、前言——舊議題、新課題

　　所謂「反貪」、「肅貪」，對於我國而言，早已不算是什麼新鮮議題，因為我國於1938年即定有「懲治貪污暫行條例」，而後幾經修訂，

現今我國反貪肅貪之主要刑事實體法乃貪污治罪條例（下稱「貪污條
例」）。「貪污條例」之刑度動輒「五年以上有期徒刑，得併科三千萬元
以下罰金」（§4），有些貪污犯罪之刑度甚至嚴格許多[1]，因此從刑事法
制面來看，有關反貪議題，我國不可謂不重視。尤其在2006年施明德先生
發起「紅衫軍運動」（又稱「百萬人民反貪倒扁運動」）時，更是將整個
社會的反貪腐氛圍推移至最高潮[2]。

持平而論，我國近幾年在打擊貪污犯罪之策進上已有不少作為[3]，惟
其成效始終還不太理想[4]，重大貪污案件時有所聞，社會大眾對於政府公
務員的清廉度也信心不足[5]。我國反貪成效之所以不盡理想，原因相當複
雜多元，其中就整體法制面以觀，便尚存有相當的改進空間。

為了展現反貪之決心，健全預防及打擊貪腐體系，加強反貪腐之國際

---

[1] 「貪污條例」在1992年6月30日以前，最重可判處至死刑，參見http://
lis.ly.gov.tw/lgcgi/lglaw?@162:1804289383:f:NO%3DE04551*%20OR%20
NO%3DB04551$$10$$$NO-PD，最後瀏覽日期：2015年7月21日。

[2] 2006年起，陳水扁總統領導的民進黨政府爆發許多貪污事證，並且導致台灣社會上
的議論與抗爭。施明德要群眾，一個人捐獻新台幣100元的承諾金及身分證字號，承
諾願支持反貪倒扁的運動；原本預計一個月的工作天來匯集100萬人的承諾金支持，
結果十天內匯集了約130萬人的匯款。參見https://zh.wikipedia.org/wiki/百萬人民倒扁
運動，最後瀏覽日期：2015年7月21日。

[3] 如在政府組織方面，2008年成立中央廉政委員會統籌規劃國家廉政決策，2011年成
立廉政署專責打擊貪腐犯罪等；在法制方面，1993年制定公職人員財產申報法，
2000年制定公職人員利益衝突迴避法，2008年頒布實施廉政倫理規範，而「貪污條
例」分別於2003年增訂行賄外國公務員、2009年增訂財產來源不明罪、2011年增訂
不違背職務行賄罪等。

[4] 根據國際透明組織（Transparency International, TI）「2014年貪腐印象指數」
（Corruption Perception Index 2014），我國排名第35名，分數為61分，算是勉強及
格。其他國家，如世界排名第1名是瑞典，分數為92分，而亞洲國家清廉度最高者為
新加坡，排名第7名，分數為84分。參見http://www.transparency.org/cpi2014/results，
最後瀏覽日期：2015年7月25日。

[5] 根據法務部廉政署「103年廉政民意調查報告書」顯示，有63.2%的民眾不滿意政府
在打擊貪污上的工作成效。參見http://www.ysvh.gov.tw/savh/code_upload/NewsInfo/
file2_762_3141214.pdf，最後瀏覽日期：2015年7月25日。

合作,並與現行全球反貪腐趨勢及國際法制有效接軌[6],儘管我國非屬聯合國之會員國,仍於2015年5月仿效「公民與政治權利國際公約」及「經濟社會文化權利國際公約」(下稱「兩公約」)之特殊的國內法化的立法模式(制定「公民與政治權利國際公約與經濟社會文化權利國際公約施行法」,下稱「兩公約施行法」)[7],針對「聯合國反貪腐公約」(United Nations Convention against Corruption, UNCAC,下稱「反貪公約」)而制定了「聯合國反貪腐公約施行法」(下稱「反貪公約施行法」)。

　　「反貪公約」目前簽署國(Signatories)有140個,締約國(含區域組織)則已達176個[8]。該公約共八章七十一條,涵蓋面向非常廣泛,主要可分六大項反貪腐機制:1.預防機制,包括設立預防性反貪腐機構、建立公職人員執行公務之行為守則、建構透明、競爭及以客觀標準為決定基礎的政府採購制度等。2.刑事定罪與執法機制,該公約共列舉了十餘種應入罪化之貪腐行為類型(詳見本文參),並規定犯罪所得之凍結、扣押和沒收以及設立對於證人、檢舉人等之保護措施。3.國際合作機制,包括引渡、受刑人移交、司法互助等。4.追繳資產機制,各締約國應對於外流貪腐資產加以追繳,提供合作與協助,包括預防與監測犯罪所得的移轉、透過國際合作追繳資產等。5.技術援助與訊息,各締約國應彼此提供技術援助交流機制,發展與分享貪腐資料等。6.實施監督機制,該公約規定應設立締約國會議,促進與監督該公約之實施情形[9]。

---

[6]　「反貪公約施行法」草案總說明,立法院第八屆第6會期第1次會議議案關係文書。參見http://lis.ly.gov.tw/lgcgi/lgmeetimage?cfc7cfc9cfcec8ccc5cbcaced2cbcacb,最後瀏覽日期:2015年7月25日。

[7]　關於此等特殊的國際條約國內法化之立法模式的評論,見廖福特,批准聯合國兩個人權公約及制訂施行法之評論,月旦法學雜誌,第174期,2009年11月,頁223以下。

[8]　參見https://www.unodc.org/unodc/en/treaties/CAC/signatories.html,最後瀏覽日期:2015年7月25日。附帶一提的是,我國刑法規定與刑法理論之主要繼受國家德國與日本,這兩個國家於2003年即已簽署了「反貪公約」,然而德國一直到2014年始批准此公約,而日本迄今仍尚未批准,此一現象頗叫人好奇。

[9]　參考劉賢明,憲法與公約視角下中國反腐敗立法研究,2013年,頁64以下。

在「反貪公約施行法」制定公布之後，依該法第2條第1項規定，「反貪公約」現已具有國內法律之效力，而且第7條規定：「各級政府機關應依公約規定之內容，檢討所主管之法令及行政措施，有不符公約規定者，應於本法施行後三年內，完成法令之制（訂）定、修正或廢止及行政措施之改進。」是以，全面檢視我國相關法令並研究如何使其與「反貪公約」得以順利接軌運行，乃當前刻不容緩之新課題，其中也包括刑事實體法。

貳、「反貪公約施行法」之制定對我國刑事實體法之意義與影響

「反貪公約」對於我國而言，是否本來即具有國內法之效力？（法院是否當然可以直接適用？無須經過立法程序？）其與其他法律之位階關係如何？（如發生法律衝突，應如何解決？）等，類此問題在我國批准「兩公約」與制定「兩公約施行法」後，國內文獻之探討相當熱絡[10]，惟意見並不一致。有關第一個問題，從最積極地主張，「兩公約」具有強行國際法或習慣國際法的地位，在我國內國法律體系可直接適用，無待正式批准或制定施行法[11]，到採取比較謹慎保留的態度而認為，我國「兩公約」之批准書遭聯合國祕書處退回而未完成有效的存放行為，仍無法對我國產生國際條約與國內法之效力，因此，必須藉由「兩公約施行法」之制

---

[10] 如廖福特，法院應否及如何適用公民與政治權利國際公約，台灣法學雜誌，第163期，2010年11月，頁45以下；張文貞，國際人權法與內國憲法的匯流：台灣施行兩大人權公約之後，收錄於台灣法學會主編，台灣法學新課題（八），2009年，頁3以下；陳怡凱，國際人權公約之內國效力——以公民與政治權利公約暨經濟社會文化公約施行法爲例，收錄於台灣法學會主編，同前揭書，頁29以下；李建良，論國際條約的國內法效力：國際條約與憲法解釋之關係的基礎課題，收於：廖福特主編，憲法解釋之理論與實務（第八輯上冊），2014年，頁175以下；徐輝彥，「公民與政治權利國際公約」與「經濟、社會與文化權利國際公約」在我國最高法院與最高行政法院適用之研究，台大法學論叢，第43卷特刊，2014年11月，頁840以下。

[11] 張文貞，同註10，頁15。

定以解決我國國際地位與處境之難題，使得「兩公約」轉化為具有國內法之效力[12]。由此可知，不論何種見解，均肯認「兩公約」現已具有國內法之效力，且實務上已有不少判決直接適用之[13]。至於第二個問題，文獻看法更為歧異，有認為「兩公約」之法位階等同憲法，另有主張介於憲法與法律之間，亦有認為「兩公約」等同於法律（如發生衝突時，以後法優於前法、特別法優於普通法原則加以處理或主張人權標準優先適用），惟大多數認為，「兩公約」之規定內容相較於其他法律之位階而言，具有優越性[14]。

　　惟「反貪公約」是否可採取如「兩公約」相同的理解？對此，本文採取否定立場，按「反貪公約」與「兩公約」雖同屬國際公約，但其性質地位以及對於當事人的影響並不相同，我們不能以「反貪公約施行法」與「兩公約施行法」之立法模式相同為由，進而主張刑事法院亦得直接適用「反貪公約」以及該公約具有較高法律位階，並以「反貪公約」作為論罪科刑之依據。

　　本文如是主張的理由有二。首先，就國際條約之性質地位而言，國際人權法學者與國內部分學者主張，「兩公約」乃是國際人權法上唯二可以冠上「盟約」（covenant）名稱者，而且「兩公約」的前身即為世界人權宣言，現今該宣言之人權保障幾乎為戰後所有國家憲法所接受，而且國際法院、區域法院或各國法院經常直接或間接引用該宣言之人權保障規定，而「兩公約」之內容，除財產權外，其內容與世界人權宣言幾無二致，因此，其具有習慣國際法，甚至強行國際法之法律地位[15]。此外，國際人權

---

[12] 陳怡凱，同註10，頁65以下。

[13] 如最高法院98年台上字第5283號、99年台上字第1893號、100年台上字第3447號、101年台上字第3468號、102年台上字第170號、103年台上字第807號等判決。更多相關的實務判決之整理分析，見徐揮彥，同註10，頁878以下。

[14] 對於這兩個問題相關文獻之詳細整理，可參考徐揮彥，同註10，頁844以下；邱柏峻，刑事再審審查程序之適用與革新——以公民與政治權利國際公約第十四條為中心，台北大學法研所碩士論文，頁57以下。

[15] 張文貞，同註10，頁8、11以下。關於強行國際法（絕對法）與習慣國際法之概念與形成，見姜皇池，國際公法導論，2013年，頁97以下、127以下。

公約與其他國際公約在性質上有顯著差異。大多數國際公約並未要求締約
國在公約生效後，應使公約於國內法中成為個人訴訟之請求權基礎。但國
際人權公約之義務性質與一般國際公約有所不同，其並非以國家間互惠合
作為特徵，國際人權公約之締約國除了同意對個人權利予以無條件保障
外，亦被期待具有可司法性，因此，許多國際人權公約均要求締約國應就
公約所保障之權利受侵害時提供法律救濟管道，「兩公約」第2條即屬此
類條款[16]。相對的，「反貪公約」與一般國際公約並無本質上的差異，其
欠缺「兩公約」之特殊性質與地位。質言之，在我國現今國際地位的特殊
情況下，「反貪公約施行法」之制定對於我國有意與全球反貪腐趨勢及國
際法接軌之決心，格外有其意義：我國雖無法成為「反貪腐公約」之締約
國，但仍然具有認真履行該公約之決心。

其次，就刑事司法實務與當事人之影響而言，「兩公約」之目的乃
在保障個人權利，故如果法院予以直接適用，對於當事人來說係有利的，
而「反貪公約」主要目的之一則是在打擊懲罰貪腐行為，法院如加以適
用，通常對於當事人是不利的，因此兩者對於當事人之影響顯然不同。甚
且「反貪公約」雖規定了各種貪腐犯罪之類型，但其卻僅有各種貪腐行
為之情狀，而欠缺法定刑之規定，因此，「反貪公約」無法直接作為各種
貪污犯行論罪科刑之依據，否則，將有違罪刑法定原則。是故，儘管「反
貪公約施行法」已經制定公布，倘若我們確實想要在刑事司法上與「反貪
公約」接軌，唯一的作法是必須修改我國相關的刑事實體法（最主要者為
「貪污條例」）以為因應。

參、「反貪公約」與「貪污條例」之初步比較 ——以公務員貪污犯罪類型爲中心

我們要討論「貪污條例」應如何修改以便與「反貪公約」接軌而順利
運行，第一步驟須先將「反貪公約」之定罪類型與「貪污條例」進行對照

---

[16] 徐揮彥，同註10，頁843。

比較，分析兩者之異同，瞭解在「反貪公約」所指引的框架下，「貪污條例」有何衝突矛盾或不足之處，然後始能進一步探討應如何修改之問題。惟「反貪公約」揭示的各種貪腐行為之定罪（入罪化Criminalization）類型[17]，頗為眾多，包括第15條賄賂國家公職人員、第16條賄賂外國公職人員或國際組織官員、第17條公職人員侵占、竊取或挪用財物、第18條影響力交易、第19條濫用職權、第20條不法致富（資產非法增加或財產來源不明）、第21條私部門之賄賂、第22條私部門財產之竊取侵占、第23條犯罪所得之洗錢行為、第24條藏匿犯罪所得財產等。由於時間與篇幅之限制，本文不可能畢其功於一役，全部予以探討，故將範圍限縮在國家公職人員（公務員）貪污犯罪類型[18]。同樣的，有關「貪污條例」各種犯罪態樣之討論，亦須作對應的限縮。

　　此外，在開始對於「反貪公約」與「貪污條例」有關公務員貪污犯罪類型進行觀察比較之前，應注意的是：「反貪公約」所揭示之定罪類型，依「聯合國反腐敗公約實施立法指南」（Legislative Guide for the Implementation of the United Nations Convention against Corruption，下稱「立法指南」）[19]，可區分兩大類，其中一類係締約國必須定為刑事犯

---

[17] 本文所提到的「反貪公約」各種定罪類型，係以法務部廉政署之正體中文版為準。參見http://www.aac.moj.gov.tw/lp.asp?ctNode=37059&CtUnit=15012&BaseDSD=7&mp=289，最後瀏覽日期：2015年7月27日。

[18] 在此有兩點應予說明，一是有關公職人員與公務員之用語，按「反貪公約」所稱之公職人員與我國「貪污條例」所指之公務員，其規範意旨與範圍約略相當，故本文在不同敘述脈絡下，有時會稱公職人員，有時會稱公務員，另外本文有時也會提到中國刑法所規定的「國家工作人員」，同樣也是為了配合敘述之脈絡，凡此皆請讀者務必注意。二是本文所稱公務員貪污犯罪之指涉範疇，係以公務員本身直接涉及貪污犯行為限，因此，其他如洗錢犯罪、財產來源不明罪等，不在討論之列。

[19] 該指南之目的是，向尋求批准並實施該公約的國家提供幫助，確定立法要求、發現這些要求所產生的問題及可供各國在擬定和起草必要的立法時使用的各種辦法，見「立法指南」，2012年6月第2修訂版，頁iii。全文參見https://www.unodc.org/documents/treaties/UNCAC/Publications/LegislativeGuide/UNCAC_Legislative_Guide_C.pdf，最後瀏覽日期：2015年7月25日。又這裡要特別說明的是，該「立法指南」共有英文、法文、俄文、西班牙文、阿拉伯文、中文六種版本。其中中文版本係簡體中文版，該版本有關「反貪公約」之中文用語以及相關說明，與我國公布的正體

罪的罪行，只要條文中規定：「應採取必要之立法和其他措施」（shall
adopt such legislative and other measures），均屬之，如第15條、第16條
第1項等；另一類則屬要求締約國考慮設立之罪名，但並非絕對必須，其
條文規定為「應考慮採取必要之立法和其他必要措施」（shall consider
adopting such legislative and other measures），如第16條第2項、第18條
等[20]。換言之，前者為強制性規定，後者則屬應予認真考慮立法之規定
（即所謂任擇性要求，但並非任擇性規定）。

按「反貪公約」涉及公務員貪污犯行的定罪態樣，計有第15條(b)
款、第17條、第18條(b)款、第19條；至於「貪污條例」相關者，則是第4
條（重度或一級貪污罪）、第5條（中度或二級貪污罪）、第6條（輕度或
三級貪污罪）為限[21]。茲以「反貪公約」為經、「貪污條例」為緯，互為
對照比較，初步探討如次。

一、公職人員受賄之犯行（強制性規定）

「反貪公約」第15條(b)款：「公職人員為其本人、其他人員或實體
直接或間接行求或收受不正當利益，以作為該公職人員於執行公務時作
為或不作為之條件。」依「立法指南」之說明，本款罪行乃是同條(a)款
之罪行（即行賄罪）之被動形式[22]，此等受賄罪乃公職人員索取或收受不

中文版有若干出入，本文在介紹該「立法指南」時，同時也參酌我國正體中文版之
用語而略作調整，請讀者諒察。

[20] 「立法指南」，第177、179段。

[21] 本文所稱一級貪污或重度貪污罪、二級貪污罪或中度貪污罪、三級貪污罪或輕度
貪污罪之用語區分，純粹係依「貪污條例」第4、5、6條法定刑之輕重為標準，與犯
罪之不法內涵高低並無必然關聯。同樣採此等區分方式者，亦可見管高岳，貪污犯
罪之成因及防制之道，收錄於刑事法學之理想與探索（四），2002年3月，頁216；
李茂生，新修公務員圖利罪芻議，月旦法學雜誌，第91期，2002年12月，頁162；
高金桂，貪污治罪條例各罪之適用與競合，月旦法學雜誌，第94期，2003年3月，
頁40；張麗卿，台灣貪污犯罪實況與法律適用之疑難，法學新論，第28期，2011年2
月，頁9以下。

[22] 「立法指南」，第200段。德國刑法界也有不少人將受賄罪稱為「被動的賄賂罪」
（passive Bestechung），而將行賄罪稱為「主動的賄賂罪」（aktive Bestechung），

正當利益，以在與公務上有關的事務上作為或不作為[23]。其中「公職人員」，依該公約第2條(a)款之定義，包括「(i)在締約國擔任立法、行政、行政管理或司法職務之任何人員，無論是經任命或選舉、長期或臨時，有給職或無給職、該人資歷」、「(ii)依締約國法律之定義及該締約國相關法律領域之適用，執行公務或提供公共服務之任何其他人員，包括為公營機構或公營事業執行公務」、「(iii)依締約國法律定義為公職人員之任何其他人員。但就本公約第二章所定之一些具體措施而言，公職人員得指依締約國法律之定義與該締約國相關法律領域之適用，執行公務或提供公共服務之任何人員」，而且「立法指南」特別指出：「各締約國均應當確定哪些人是第2條(a)款(i)所述類別的成員，以及這些類別各自是如何適用。」[24]而「不正當利益」可以是有形或無形的，金錢上的或非金錢上的。不正當利益之行求（索取）或收受，不以公職人員立即或直接收受為限，包括透過中間人（如親戚或政治組織），亦可。此外，所謂「執行公務」，係指不正當利益或賄賂必須與該公職人員的職責有關聯，亦即必須與對公務行為的影響聯繫起來。主觀要素則是意圖要求或收受不正當利益，以此為條件而改變公務中的行為[25]。

相對的，「貪污條例」有關公務員受賄犯行之規定則區分為「普通受賄罪」（§5I③）與「加重受賄罪（違背義務受賄罪）」（§4I⑤）[26]。這兩種受賄罪之區別僅在於後者以「違背職務」為前

見Krey/Hellmann/Heinrich, BT/1, 15. Aufl. 2012, Rn.899, 905; Rengier, BT/2, 14. Aufl. 2013, §60 Rn.2。

[23] 「立法指南」，第183段。

[24] 「立法指南」，第195段。

[25] 「立法指南」，第196段以下。

[26] 我國刑法界有不少人將「貪污條例」第5條第1項第3款（或刑法§121）稱爲「不違背職務受賄罪」，用來與同條例第4條第1項第5款「違背職務受賄罪」（或刑法§122）相區隔，並進而認爲「兩者之要件迥不相同」（如最高法院97年台上字第1817號、99年台上字第7078號等判決）。本文認爲，此等見解不僅有欠允當，而且導致法律漏洞之產生，實不足採，詳細說明見吳耀宗，賄賂罪「對價關係要件」之鬆動？——評「前交通部長郭○琪台北車站商場標租收賄案」歷審判決（上），月旦裁判時報，第37期，2015年7月，頁49以下。

提，前者則無此限定。除此之外，兩者之其他要件完全相同，亦即主體
須為「公務員」，行為是「要求、期約或收受」，客體為「賄賂或不法
利益」，行為特殊情狀係「對於職務行為」，另外還要求「賄賂或不法
利益」與「職務行為」間須具「對價關係」[27]。「貪污條例」本身並無公
務員概念之定義[28]，故其所稱「公務員」之指涉範圍應以刑法第10條第2
項：「依法令服務於國家、地方自治團體所屬機關而具有法定職務權限，
以及其他依法令從事於公共事務，而具有法定職務權限者。」「受國家、
地方自治團體所屬機關依法委託，從事與委託機關權限有關之公共事務
者。」之立法定義作為解釋適用的出發點[29]。「要求、期約或收受」則均
屬意思表示，「要求」是指單方的意思表示，「期約」與「收受」則為雙
方意思表示之合致，不論是何種意思表示，明示或默示均可[30]。所謂「賄
賂或不法利益」，前者係指金錢或可以金錢計算之財物，包括假借各種名
義的變相給付；後者則是指賄賂以外足以供人需要或滿足人欲望一切有
形或無形之利益，包括物質上的利益與非物質上的利益[31]。至於「對價關
係」，多數的說法是「是否具有相當對價關係，應就職務行為之內容、交
付者與收受者之關係、賄賂之種類、價額、贈與之時間等客觀情形加以審
酌，不可僅以交付之財物名義為贈與或政治獻金，即謂與職務無關而無對

---

[27] 林山田，刑法各罪論（下），2006年，頁76；甘添貴，刑法各論（下），2014年，
頁382；陳煥生、劉秉鈞，刑法分則實用，2013年，頁33。最高法院70年台上字第
1186號判例、84年台上字第1號判例、94年度台上字第4595號判決、101年度台上字
第2044號判決。

[28] 在2006年5月5日以前，「貪污條例」第2條原規定為：「依據法令從事公務之人員，
犯本條例之罪者，依本條例處斷；其受公務機關委託承辦公務之人，犯本條例之罪
者，亦同。」

[29] 刑法第11條：「本法總則於其他法律有刑罰或保安處分之規定者，亦適用之。但其
他法律有特別規定者，不在此限。」

[30] 參考林山田，同註27，頁79以下；甘添貴，同註27，頁383以下；陳子平，刑法各論
（下），2014年，頁542；許恆達，賄賂罪之對價關係與證明難題，軍法專刊，第60
卷第2期，2014年4月，頁74。

[31] 最高法院21年上字第369號判例、97年度台上字第4793號判決。

價關係」[32]。

　　不可諱言的是，我國受賄罪在具體適用與個案認定上，某些要素極具爭議，如「公務員」、「職務行為」、「對價關係」等。惟這些爭議其實大部分係出自於解釋適用的問題而非立法本身的問題。少數與立法有關者，則是公職人員與公務員之定義問題。「反貪公約」之公職人員定義與我國刑法之公務員定義，從這兩者之文字表面的描述來看，似乎頗有差距，然而究其實質內涵，兩者之基本出發點仍未脫離「組織意義的公務員概念」與「功能意義的公務員概念」這兩種思考角度[33]，而且是兩者兼採之。換句話說，「反貪公約」第2條(a)款(i)係偏向「組織意義的公務員概念」，此從其涵括「擔任行政管理之人員」一詞即可看出，因為此等人員應係指從事於國家機關組織內部運作事務之人員，如任職於機關內秘書單位、人事單位、總務單位等之人員，而且其任用方式、長期或臨時等，均在所不問；而同條款(ii)(iii)則是偏向於「功能意義的公務員概念」，並且不以從事「公權力行為」為限，此由其提及「提供公共服務之人員」一語便知分曉，因為所謂公共服務，自是包含公權力行為以外之各式各樣的公

---

[32] 此等說法源自於最高法院84年台上字第1號判例，且有文獻更指出，經檢索查詢發現，各級法院援用或採納該判例之見解者，最高法院有22件，台灣高等法院及其分院共114件，各級地方法院共117件。見周冠宇，政治獻金、賄賂與對價關係，台北大學法研所碩士論文，2013年6月，頁26。

[33] 關於「組織意義的公務員概念」與「功能意義的公務員概念」之說明，參見吳耀宗，評析刑法新修正之公務員概念，警大法學論集，第11期，2006年3月，頁211以下；許玉秀，公務員概念的立法定義——第十六次修正刑法檢討（第十條第二項），收錄於司法院編，新修正刑法論文集，2006年12月，頁93以下；林雍昇，新刑法公務員概念與範圍的再商榷，台灣法學雜誌，第102期，2008年1月，頁202以下；黃榮堅，刑法上個別化公務員概念，台大法學論叢，第38卷第4期，2009年12月，頁288以下。至於現今在我國實務上似乎已被廣為採納的「身分公務員」、「授權公務員」、「委託公務員」之用語（如最高法院96年度台上字第5853號、97年度台上字第1429號、98年度台上字第6231號、99年度台上字第6219號、100年度台上字第229號、101年度台上字第489號、102年度台上字第1448號等判決），其可謂源自於甘添貴教授之創設，見氏著，刑法新修正之公務員概念，收錄於台灣刑事法學會主編，刑法總則修正重點之理論與實務，2005年9月，頁138以下。惟本文認為，「身分公務員」、「授權公務員」、「委託公務員」此等用語分類，其在用語概念間之區別以及個別概念所指涉內涵之對應，並不理想，實宜避免。

共服務事項。至於我國刑法公務員之規定,同樣也可與這兩個概念相連結[34]。由於國內近來已有蠻多文獻著墨於此議題,故本文不再贅述,以免篇幅過於龐大[35]。

質言之,「反貪公約」所稱「公職人員」與「貪污條例」所指「公務員」,其立法用意完全相同,皆係在劃定公務員貪污犯罪之主體適格的範疇,因為不可能也不應該讓任何人均成為此類犯罪之主體(即所謂身分犯或特別犯),至於思考的主軸始終應環繞著:在一個國家社會當中,從事於特定事務工作之人,究竟哪些人應該將其納入貪污犯罪之主體範圍,且此等思考無法脫離貪污犯罪之保護法益而進行。甚且,除非我們係採取逐一列舉各類人員之立法模式,否則,縱使釐清了規範方向,然而想要明確清楚地界定此類行為主體之範圍,依舊非常困難,因為這當中的真正難處並非在於立法,而是在於具體個案之解釋適用(至於「施行法」之制定公布,是否會影響到我國刑事司法實務上對於公務員貪污犯罪之公務員概念範疇的界定與具體適用,此猶待觀察)。

另外應注意的是,「貪污條例」第4條第1項第3款規定:「建築或經辦公用工程或購辦公用器材、物品,……收取回扣……」,此所謂「收取回扣」係指在應付他人之費用中,扣除一定比率之數額,收為己用[36],此正是典型的收賄行為[37]。我們在進行「反貪公約」與「貪污條例」之公務

---

[34] 刑法第10條第1項前段規定可歸屬於「組織意義的公務員概念」,而同條第1項後段與第2項則可歸屬於「功能意義的公務員概念」。

[35] 惟本文於此不免還是要贅語一下:對照於「反貪公約」公職人員之立法定義,我國刑法公務員定義過度強調「法定職務權限」此一要素,很可能是多餘且不當的。相關檢討,見吳耀宗,同註33,頁255以下;許玉秀,同註33,頁110以下。

[36] 最高法院71年度台上字第7804號判決。其他相同意旨者,如73年度台上字第4707號、88年度台上字第1862號、91年度台上字第1048號、99年度台上字第2313號等判決。

[37] 儘管實務上向來認為「回扣與賄賂係屬不同的行為態樣及內容,不應等同視之」(最高法院94年度台上字第439號、99年度台上字第13號等判決),然此等見解頗值商榷,相關檢討見林山田,同註27,頁77以下;陳子平,同註30,頁527以下;邢泰釗,就我國實務運作觀點,評析現行貪污治罪條例,月旦法學雜誌,第94期,2003年3月,頁9。

員貪污犯行的觀察比較時，此一條款亦不能忽略。

　　總言之，就公務員受賄之犯行而論，「貪污條例」之立法精神與規定內容基本上與「反貪公約」是相一致的，甚至「貪污條例」之部分規範，其細緻度更超越「反貪公約」，殊值肯定。

二、公職人員侵占、竊取或挪用財物之犯行（強制性規定）

　　「反貪公約」第17條公職人員侵占、竊取或挪用財物是指：「公職人員為其本人或其他人員或實體之利益，侵占、竊取或挪用其因職務而受託之任何財物、政府或私有資金、有價證券或其他任何有價物品。」有關本條之中文翻譯，由於聯合國毒品和犯罪問題辦事處（UNODC）所公布的簡體中文版與我國正體中文版在用語上頗有出入[38]，而且「立法指南」中文版也是以該簡體中文版為基準，為了行文方便，以下關於本罪行之論述即以該簡體中文版為主要參考，合先敘明。

　　依「立法指南」之說明，本罪行所需具備的要素有：公務人員貪污、挪用或以其他方式侵犯其因職務而受託的貴重財物。本罪行須包含的情節是，此等行為係為了該公職人員本人或其他人員或實體的利益。所謂貴重財物包括任何財產、公共或私人資金、公共或私人證券或其他任何貴重物。本條沒有要求對極其輕微的犯罪提起訴訟[39]。

　　有中國學者指出，本條並未明確規定何種行為屬於貪污、何種行為屬於挪用，其他方式包括哪些，由此可見，本條規定需要各締約國國內法進一步予以細化[40]。在此特藉由中國刑法之相關規定與中國刑法學者之解釋[41]，俾使有助於「反貪公約」第17條之掌握。

---

[38] 本條之簡體中文版為：「公職人員為其本人的利益或者其他人員或實體的利益，貪污、挪用或者以其他類似方式侵犯其因職務而受托的任何財產、公共資金、私人資金、公共證券、私人證券或者其他任何貴重物品。」參見https://www.unodc.org/documents/treaties/UNCAC/Publications/Convention/08-50025_C.pdf，最後瀏覽日期：2015年7月27日。

[39] 「立法指南」，第216段以下。

[40] 甄貞等，《聯合國反腐敗公約》與國內法協調機制研究，2007年，頁46。

[41] 本文之所以介紹中國刑法的相關規定與中國刑法學者的解釋，理由有二：一是中國

按中國刑法之貪污罪，係指該法第382條第1項：「國家工作人員利
用職務上的便利，侵吞、竊取、騙取、或者以其他手段非法占有公共財物
的，是貪污罪。」依此，貪污的行為態樣包括「侵吞」、「竊取」、「騙
取」、「以其他手段非法占有」；而所謂挪用主要是指該刑法第384條第
1項挪用公款罪：「國家工作人員利用職務上的便利，挪用公款歸個人使
用，進行非法活動的，或者挪用公款數額較大的，超過三個月未還的，是
挪用公款罪，處五年以下有期徒刑或者拘役；情節嚴重的，處五年以上
有期徒刑。挪用公款數額巨大不退還的，處十年以上有期徒刑或者無期徒
刑。」[42]關於挪用之意義，是指未經合法批准，或者違反財經紀律，擅自
使公款脫離單位的行為，亦即暫時非法占用公款[43]。多數意見認為，即使
是挪而未用，只要使單位公款擅自移轉至自己實際控制下，同樣也侵害了
本罪之保護法益[44]。準此，挪用公款罪與貪污罪之主要區別關鍵在於，前
者是暫時地占有公款，準備將來歸還，後者則是以非法占有公共財物（含

作為崛起中的世界強國，其積極參與各項國際事務，包括「反貪公約」以及「立法
指南」之草擬，尤其在「立法指南」當中，還可看到中國外交部條約法律司代表官
員之署名；二是中國在2003年即簽署該公約，2005年10月27日正式批准。從2005年
迄今，其後幾次刑法修正均有部分條文與「反貪公約」有關（如2006年6月29日刑法
修正案〔六〕為因應國際潮流與社會需要而修訂第163條非國家工作人員受賄罪與第
164條第1款對非國家工作人員行賄罪，為適應「反貪公約」第14條、第23條之要求
而修訂刑法第191條洗錢罪，為適應「反貪公約」第24條之要求而修訂刑法第312條
掩飾、隱匿犯罪所得、犯罪收益罪；2009年2月28日刑法修正案〔七〕為與「反貪公
約」相接軌而增訂第388條之1利用影響力交易罪；2011年2月25日刑法修正案〔八〕
為符合「反貪公約」之規定而增訂第164條第2款對外國公職人員、國際公共組織官
員行賄罪等，以上參見周其華，刑法修正案及配套解釋，2012年，頁241以下、327
以下、391以下），同時相關的文獻資料相當繁多，具水準以上的論著亦不在少數。
故整體言之，中國對於「反貪公約」之研究與實踐，遙遙領先我國。眼見「強國」
法制整建與法學研究之進展如此神速，再看看我國，真叫人感慨萬千，唏噓不已！

[42] 附帶說明一下，中國刑法涉及「挪用」此一用語之犯罪，除第384條挪用公款罪外，
尚有第185條挪用資金罪、第273條挪用特定款物罪。

[43] 張明楷，刑法學，2014年，頁1050；周光權，刑法各論，2014年，頁411；曲新久主
編，刑法學，2007年，頁562；高銘暄、馬克昌主編，刑法學，2007年，頁710。

[44] 陳洪兵，貪污賄賂瀆職罪解釋論與判例研究，2015年，頁156；阮齊林，刑法學，
2011年，頁690；張明楷，同註43，頁1052。

公款）為目的，即為了永久歸為己有而占有公款，不準備歸還[45]。

　　基前所述，如果依據我國正體中文版有關「反貪公約」第17條之用語，則「貪污條例」與其相對應者，首先讓人聯想到的，乃是第4條第1項第1款：「竊取或侵占公用或公有器材、財物」、第6條第1項第3款：「竊取或侵占職務上持有之非公用私有器材、財物」。姑且不論這幾種犯行在文字用語上的若干不當與冗贅[46]，其中就竊取或侵占而言，其客體有公用器材或財物、公有器材或財物、非公用私有的器材或財物。所謂公用乃指該財物為公家機關所使用，不問所有權歸屬如何，包括公有及私有[47]；而所謂公有則是指該財物所有權歸屬公家機關。至於所謂非公用私有財物，當然係指屬於私人所有且非作為公家機關所使用，同時須以公務員職務上持有為限[48]。

　　至於所謂挪用，參考「反貪公約」簡體中文版以及中國刑法學者之解釋，與未經同意擅自使用以及將職務上持有的財產非法移作他用等情形極為接近，在此等理解下，「貪污條例」第4條第1項第4款：「以公用運輸工具裝運違禁物品或漏稅物品者」、第5條第1項第1款：「意圖得利，擅提或截留公款……」、第6條第1項第1款：「意圖得利，抑留不發職務上應發之財物者」似乎可與其相呼應。其中，公務員以公用運輸工具裝運違禁物品或漏稅物品者，必然係指非法擅自使用之情形；而擅提公款係指未經許可擅自提取公款；所謂截留公款乃指以非法方法截取留用應行繳交之公家款項[49]，倘若行為人已具有不法所有意圖，即應構成前述之侵占公有

---

[45] 李文峰，貪污賄賂犯罪認定實務與案例解析，2011年，頁259；高銘暄、馬克昌主編，同註43，頁710；張明楷，同註43，頁1054；周光權，同註43，頁412。

[46] 相關批評，見陳志祥，貪污治罪條例在內容上的評估與檢討，月旦法學雜誌，第94期，2003年3月，頁21以下。

[47] 最高法院86年度台上字第4088號判決。

[48] 基此，文獻上便有批評，自己持有之物，僅得侵占而無從竊取，是以，本款竊取之規定，無異贅語，見陳志祥，同註46，頁30。

[49] 陳志祥，同註46，頁21。

財物罪,而非此處之截留公款罪[50];又所謂意圖得利,抑留不發職務上應
發之財物,則指公務員之業務職掌本係以發放財物為內容,無故抑留遲不
發給而言[51]。

另外,倘若依照「反貪公約」簡體中文版之用語,則本條所指涉之
犯行,除了竊取、侵占、挪用外,尚包含詐欺。換言之,「貪污條例」
相對應之公務員貪污犯罪,除上述規定外,其他還可包括第4條第1項第3
款:「建築或經辦公用工程或購辦公用器材、物品,浮報價額、數量……
者」、第5條第1項第2款:「利用職務上之機會,以詐術使人將本人之物
或第三人之物交付者」。前者所稱浮報價額數量,係指虛列或增報其價
格或數量,亦即虛報或以少報多[52]。又浮報云云,本質已有詐欺取財之成
分,其詐欺取財罪應為浮報行為所吸收,不另論以詐欺取財罪[53]。後者本
質上亦具有詐欺罪的性質,自不待言,惟須以公務員利用職務上機會為
限。

綜前所述,有關公務員竊取或侵占職務上持有(受託)的財產之罪
行,「貪污條例」基本上也是與「反貪公約」第17條之規範意旨相符合,
而且又針對客體之屬性為「公用或公有」或「非公用私有」分別科處不同
刑度,規範密度似乎高於「反貪公約」第17條。至於公務員利用職務上的
機會而詐取財產,依中國刑法學者之見解,也可與本條之罪行相對應,準
此,「公務員建築或經辦公用工程或購辦公用器材、物品而浮報價額、數
量」亦同。惟就公務員挪用職務上持有(受託)的財產之罪行而言,我國
「貪污條例」與「反貪公約」存有相當落差,儘管有第4條第1項第4款、
第5條第1項第1款前段、第6條第1項第1款可勉強與之相對應,但是由於部
分條款根本不切實際,以致於在實務上完全找不到相關實例,因而備受批

---

[50] 最高法院76年度台上字第7035號、95年度台上字第4471號、98年度台上字第2451號
等判決。

[51] 最高法院94年度台上字第1124號、96年度台上字第4164號等判決。

[52] 最高法院75年度台上字第5136號判決。其他相同意旨者,如最高法院86年度台上字
第2186號、93年度台上字第2293號、95年度台上字第646號判決等。

[53] 最高法院70年台上字第2794號判例、90年度台上字第4573號判決。

評，例如「以公用運輸工具裝運違禁物品或漏稅物品者」，便有不少人主張應予刪除[54]。

三、公職人員影響力交易之犯行

「反貪公約」第18條：「各締約國均應考慮採取必要之立法和其他措施，將故意觸犯之下列行為定為犯罪：……(b)公職人員或其他任何人員為其本人或他人直接或間接要求或收受任何不正當利益，以作為該公職人員或其他人員濫用其本人實際或被認為具有之影響力，從締約國之行政部門或政府機關獲得任何不正當利益之條件。」[55]

或許由於本條之犯行非屬必須設立的罪名，因此「立法指南」對於本條之說明極為有限，較重要者僅有「第15條和第18條之間有一個主要差別。第15條所規定的犯罪涉及公職人員在執行公務過程中的作為或不作為。相比之下，第18條規定，罪行涉及使用實際影響力或被認為的影響力，為第三人從國家行政部門或者公共機關獲得不正當利益。」[56]由此可知，想要從國家行政部門或者公共機關獲得不正當利益之人係指行為人以外之第三人，而並非行為人本人。不過「立法指南」對於所謂影響力之概念說明，卻付之闕如。是以，本條之「濫用本人實際影響力或被認為具有之影響力」與我國賄賂罪有關「職務行為」在解釋適用上所提到的「實質影響力」之概念能否謂為相當，猶待討論。

在此仍參考中國刑法之相關規定加以說明。按中國刑法第388條：「國家工作人員利用本人職權或者地位形成的便利條件，通過其他國家工作人員職務上的行為，為請託人謀取不正當的利益，索取請託人財物或收

張麗卿，同註21，頁17；邢泰釗，同註37，頁10；陳志祥，同註46，頁26。

[55] 本條(a)款為「向公職人員或其他人員直接或間接行求、期約或交付任何不正當利益，使其濫用本人之實際影響力或被認為具有之影響力，以為該行為之人或其他任何人從締約國之行政部門或政府機關，獲得不正當利益」。「立法指南」將此款稱為「主動的影響力交易」，而(b)款則稱為「被動的影響力交易」。

[56] 「立法指南」，第281段。

受請託人財物的,以受賄論處。」學理上將此稱為斡旋受賄罪[57]。而且文
獻上有不少人認為,該條規定大致與「反貪公約」第18條(b)款之「影響
力交易罪」相當或相類似[58]。

惟上述所稱「利用本人職權或者地位形成的便利條件」之意義為
何?其與中國刑法第385條受賄罪所規定「利用職務上的便利」究竟有何
區別?此在刑法學界原本頗有爭議[59],不過經中國2003年最高人民法院
《全國法院審理經濟犯罪案件工作座談會紀要》第2條第3項指出:「刑
法第388條規定的『利用本人職權或者地位形成的便利條件』,是指行為
人與被其利用的國家工作人員之間在職務上雖然沒有隸屬、制約關係,但
是行為人利用了本人職權或者地位產生的影響,如單位內不同部門的國
家工作人員之間、上下級單位沒有職務上隸屬、制約關係的國家工作人
員之間、有工作聯繫的不同單位的工作人員之間等。」[60]自此之後,這樣
的見解幾乎已成共識。相對的,刑法第385條受賄罪之「利用職務上的便
利」,通說認為,如果國家工作人員利用本人職務上主管、負責、承辦某
項公共事務的職權,或者利用職務上有隸屬、制約關係的其他國家工作人
員的職權,均屬之。此外,擔任單位領導職務的國家工作人員通過不屬自
己主管的下級部門的國家工作人員的職務為他人謀取利益的,亦應直接適
用該條[61]。質言之,如果公務員(國家工作人員)係藉由對於其他公務員

---

[57] 張明楷,同註43,頁1073;高銘暄、馬克昌,同註43,頁712;李文峰,同註45,頁
356。

[58] 趙秉志,關於我國刑事法治與《聯合國反腐敗公約》協調的幾點初步探討,法學雜
誌,2005年第1期,頁16;姜偉、杜學毅,我國刑法與《聯合國反腐敗公約》銜接問
題初探,人民檢察,2006年12月,頁22;于陽、朱健偉,《刑法修正案(七)(草
案)》與《聯合國反腐敗公約》的立法協調與完善,法律適用,2008年第12期,頁
30;陳憲澤主編,《聯合國反腐敗公約》與中國刑事法制的完善,2010年,頁67。
然而另有不同意見認爲,影響力交易與斡旋受賄雖有相似之處,但實際上與之的關
係是包含與被包含的關係,其內容與範圍遠比受賄要廣,甄貞等,頁48。

[59] 各種不同意見之整理,見李文峰,同註45,頁358以下。

[60] 引自李文峰,同註45,頁359。

[61] 張明楷,同註43,頁1073;阮齊林,同註44,頁696。

的職務行為之影響而受賄,則依其影響力之形成產生是否具有職務上的隸屬、制約關係,而分別適用刑法第385條與第388條。

如此看來,「貪污條例」受賄罪有關「職務行為」之解釋,縱使採納「職務實質影響力所及之行為」(或職務密切關聯性行為)之見解[62],本文認為,顯然與「反貪公約」第18條所揭的公職人員影響力交易之罪行還是有所出入,因為從本條之文字用語「濫用本人實際影響力或被認為具有之影響力」來看,其並非以有實際影響力為限,尚包括「被認為具有之影響力」(下稱「表象影響力」),甚至即便單單就「實際影響力」以觀,我國刑法界所認定受賄罪之「職務實質影響力所及之行為」似乎僅侷限在中國刑法界所提到的具有隸屬制約關係之情形,而不及於欠缺隸屬制約關係、但具有職務影響力之範疇。換言之,即使是採取所謂「實質影響力說」,「貪污條例」受賄罪仍無法與本條罪行相對應。

另不容忽略的是,「貪污條例」第6條第1項第5款:「對於非主管或監督之事務,明知違背法律、法律授權之法規命令、職權命令、自治條例、自治規則、委辦規則或其他多數不特定人民就一般事項所作對外發生法律效果之規定,利用職權機會或身分圖自己或其他私人不法利益,因而獲得利益者」,其中所稱「利用職權機會或身分圖自己或其他私人不法利益」,實務向來認為「對於非主管或監督事務,利用職權機會或身分圖利罪,其所謂『利用職權機會圖利』,係指假借或利用其職權上一切可資憑藉之機會而據以圖利者而言。其所假藉或利用者,並不以其職務上具有決定權者為限,即使由職務上所衍生之機會,亦包括在內。另所謂『利用身分圖利』者,則指行為人之身分對於該事務具有某種程度之影響力,而利用此身分據以圖利者而言。上述所謂對於該事務有無可資憑藉之機會或影響力,並非指行為人對於該事務有無主持、執行或監督之權限,苟從客觀上加以觀察,因行為人之職權或其身分上之機會有所作為,致使承辦該事務之公務員於執行職務時心理受其拘束而有所影響,行為人並因而圖得自

---

[62] 關於賄賂罪之職務行為,國內刑法界近來有所謂「法定職務權限說」與「實質影響力說」之爭,詳細探討,見吳耀宗,賄賂罪「職務行為」之研究,警察法學,第14期,2015年7月,頁250以下。

己或他人不法利益，即足當之。」[63]依照此等說法，該條款顯然與「反貪公約」公職人員影響力交易之罪行具有一定程度的對應關係。

　　申言之，本條之罪行與「反貪公約」第15條公職人員受賄並不相同，前者不具職務上隸屬制約關係，後者則具備之；而且前者所稱的影響力另包括「表象影響力」，涵蓋範圍更為廣泛。相對的，「貪污條例」之受賄罪，實務上認定具有「實質影響力」者，皆屬於具有職務上隸屬制約關係之情形[64]，故其與本條之罪行根本無關。至於「貪污條例」第6條第1項第5款非主管監督事務圖利罪，雖與本條之罪行有一定對應關係，但事實上並非完全一致，而是處於一種交錯狀態。換言之，圖利者可能圖利自己，也可能圖利第三人[65]，同時也不排除既圖利自己又圖利第三人之情形；此外，被圖利之第三人可能知情，也可能不知情[66]。在這幾種情形中，唯有圖利知情之第三人且行為人自己亦從中圖利，始可能與本條之罪行相當。又「反貪公約」公職人員影響力交易之罪行不以違背職務執行的相關法令為必要，但「貪污條例」公務員對於非主管監督事務圖利罪卻係以違背職務執行的相關法令為限[67]。

四、公職人員濫用職權之犯行

　　「反貪公約」第19條：「各締約國均應考慮採取必要之立法和其他措施，將故意觸犯之下列行為定為犯罪：濫用職權或地位，即公職人員在執行職務時違反法律而作為或不作為，以為其本人、其他人員或實體獲得不正當利益。」

---

[63] 最高法院102年度台上字第2619號判決，其他相同意旨者，如73年台上字第1594號判例、100年度台上字第5807號、100年度台上字第7001號等判決。

[64] 如最高法院99年度台上字第7078號、100年度台上字第7001號、101年度台上字第2049號、101年度台上字第6482號、102年度台上字第2967號等判決。

[65] 最高法院69年度台上字第2074號、75年度台上字第3334號、81年度台上字第285號等判決。

[66] 最高法院81年度台上字第2825號、86年度台上字第77號等判決。

[67] 最高法院97年度台上字第3415號、98年度台上字第5208號、103年度台上字第3361號等判決；不同意見者，如102年台上字第3346號判決。

　　與前述公職人員影響交易相比較，「立法指南」對於本條之說明更為簡略，僅三段而已，稍值注意者為「該犯罪可包含各類行為，例如公職人員泄露機密或特許不泄露的信息。」[68]故對於本條之理解，仍須適度參酌中國刑法學者之說明。

　　有中國刑法學者指出：「為應對腐敗犯罪，《反腐敗公約》通過『行為截堵』與『結果截堵』兩種方式來規定腐敗犯罪，以嚴密法網。行為截堵是從腐敗行為的特質（權力的濫用）出發來監督主體的職權或地位便利是否被濫用；結果截堵是從結果上反向考察權力行使主體的職務廉潔性。」[69]至於中國刑法與「反貪公約」第19條公職人員濫用職權罪行之對應情形如何？看法並不一致，有認為，公約規定的濫用職權犯罪與中國刑法第九章瀆職罪基本上是對應的[70]，因此，公約的濫用職權行為完全可以被中國刑法的受賄罪與濫用職權罪所覆蓋，沒有進一步修改濫用職權罪之必要[71]；但另有主張，中國刑法與「反貪公約」第19條相對應的乃第397條濫用職權罪、玩忽職守罪：「國家機關工作人員濫用職權或玩忽職守，致使公共財產、國家和人民利益遭受重大損失的，處三年以下有期徒刑或者拘役；情節特別嚴重者，處三年以上七年以下有期徒刑。本法另有規定的，依照規定。」並表示：「我國刑法因為對於濫用職權罪的客觀方面沒

---

68 「立法指南」，第292段。

69 陳澤憲，同註58，頁70。

70 中國刑法第九章瀆職罪，包括第397條（濫用職權罪）（玩忽職守罪）、第398條（故意泄露國家秘密罪、過失泄露國家秘密罪）、第399條（徇私枉法罪）（民事、行政枉法裁判罪）（執行判決、裁定失職罪）（執行判決、裁定濫用職權罪）、第399條之1（枉法仲裁罪）、第400條（私放在押人員罪）（失職致使在押人員脫逃罪）、第401條（徇私舞弊減刑、假釋、暫予監外執行罪）、第402條（徇私舞弊不移交刑事案件罪）、第403條（濫用管理公司、證券職權罪）、第404條（徇私舞弊不徵、少徵稅款罪）、第405條（徇私舞弊發售發票、抵扣稅款、出口退稅罪）（違法提供出口退稅憑證罪）、第406條（國家機關工作人員簽訂、履行合同失職罪）、第407條（違法發放林木採伐許可證罪）、第408條（環境監管失職罪）、第408條之1（食品監管瀆職罪）等，一直到第419條（失職造成珍貴文物毀損、流失罪），共23條，罪名種類繁多細瑣，令人目不暇給。

71 陳澤憲，同註58，頁71。

有具體規定，致使我國在濫用職權的認定上存在很大爭議」、「故應依據
《公約》的規定，明確濫用職權罪之客觀方面，寫明濫用職權罪是指公職
人員濫用職權或地位，在履行職務踰越職權、不正當行使職權或不履行職
權時，以為其本人或者其他人員或實體獲得不正當好處。」[72]

在此首要強調的是，本條之罪行並非僅是單純的公職人員濫用職權或
地位之行為而已，而是行為人主觀上必須是「為了」其本人、其他人員或
實體獲得不正當利益（即圖謀不正利益），故依本文之見，較精確的罪名
應是「公職人員濫用職權圖利罪」。

其次，誠如前面中國刑法學者所言，本條性質上屬「截堵條款」，
亦即唯有在公務員之貪污犯行無法歸屬於「反貪公約」前述各條之罪行
時，始有本條之適用。職是，如果「貪污條例」所列之各類公務員貪污犯
罪已能夠與前述各條罪行相對應者，即無需於此重覆討論。因此，「貪
污條例」其他可能與本條罪行相對應者，本文認為，有第5條第1項第1款
後段：「意圖得利，……違背法令收募稅捐或公債者」、第6條第1項第2
款：「募集款項或徵用土地、財物，從中舞弊者」、同條項第4款「對於
主管或監督之事務，明知違背法律、法律授權之法規命令、職權命令、自
治條例、自治規則、委辦規則或其他多數不特定人民就一般事項所作對外
發生法律效果之規定，直接或間接圖自己或其他私人不法利益，因而獲得
利益者」。

在上述幾種犯罪之中，公務員意圖得利而違背法令收募稅捐或公債者
約略相當於刑法第129條第1項違法徵收罪；而主管監督事務圖利罪之要件
則與刑法第131條圖利罪幾近完全相同。這兩種公務員貪污犯罪在刑法上
同時亦屬於瀆職罪章之犯罪[73]，同時參酌中國刑法學者之見解，應可認為
與「反貪公約」公職人員濫用職權之罪行存有某種程度的對應關聯性。至
於「募集款項或徵用土地、財物，從中舞弊者」，由於所謂「從中舞弊」

---

[72] 甄貞，同註40，頁49、51以下。

[73] 貪污罪與瀆職罪並不能畫上等號，兩者之間存在著一種交錯關係，詳細說明，見吳
耀宗，立法委員替他人「喬」契約而收錢，該當何罪？——評台北地院101年度金訴
字第47號刑事判決，月旦裁判時報，第25期，2014年2月，頁99以下。

係屬極度概括、模糊不清的用語[74]，故其當然也可涵括本條所稱之「濫用職務權限或地位而圖利」。

　　這裡須再討論的是主管監督事務圖利罪之問題。按在2001年10月25日以前，「貪污條例」之主管監督事務圖利罪原規定：「對於主管或監督之事務，明知違背法令，直接或間接圖私人不法之利益者」，依此，有關該罪之理解是指「祇須公務員對於主管或監督之事務，有直接或間接圖利之意思而表現於行為，即已構成，不以實際得利為限。」[75]、「對於主管或監督之事務，直接或間接圖利罪，乃公務員職務上圖利之概括規定，必其圖利行為不合於同條例第四條至第六條各款之特別規定者，始有其適用。」[76]是以，上述有關主管監督事務圖利罪之規定與理解實與「反貪公約」公職人員濫用職權之罪行有高度的對應關係，因為兩者皆不以實際得利為必要，而且兩者性質上都是在攔截其他條款所無法規範之公務員貪污犯行，具有補充的功能。然而在2001年10月25日以後，「貪污條例」之主管監督事務圖利罪修改為：「對於主管或監督之事務，明知違背法令，直接或間接圖自己或其他私人之不法利益，因而獲得利益者」，亦即將其修改為結果犯。如此一來，主管監督事務圖利罪因而產生本質上的轉變，其變成以行為人自己或第三人實際獲利為必要，而且對於公務員之貪污犯行也不再具有攔截、補充的規範作用。一言以蔽之，主管監督事務圖利罪與本條之罪行原本存在的高度對應關係現已不復存在了[77]。

---

[74] 相關批評，見張麗卿，同註21，頁16；陳志祥，同註46，頁25。

[75] 最高法院69年度台上字第2074號判決。

[76] 最高法院74年度台上字第63號判決。

[77] 至於主管監督事務圖罪之現行條文（2009年4月22日修正）與2001年10月25日修正之條文，並無實質的變動差異，如最高法院99年度台上字第4108號判決即謂：「上訴人等行為後貪污治罪條例第六條第一項第四款圖利罪關於『明知違背法令』之『法令』，固於九十八年四月二十二日修正公布為明知違背『法律、法律授權之法規命令、職權命令、自治條例、自治規則、委辦規則或其他對多數不特定人民就一般事項所作對外發生法律效果之規定』，並於同年月二十四日生效施行，然此乃實務見解之明文化，其新舊法之構成要件及處罰輕重相同，要無比較適用之問題，原審因而未為新、舊法之比較適用，並無不合。」

五、「貪污條例」難以與「反貪公約」對應之公務員貪污犯罪

「貪污條例」第4條第1項第2款：「藉勢或藉端勒索、勒徵、強占或強募財物者」，其中所謂「藉勢」係指憑藉權勢、權力，而所謂「藉端」則是以某種事由爲藉口[78]，故而藉勢或藉端勒索財物乃指係指行爲人利用權勢權力或假藉端由，以強迫或恫嚇之方法，向人逼勒財物，致使被害人畏怖生懼而交付財物，始克相當[79]。準此，刑法界多認爲，所謂勒索、勒徵即相當於刑法恐嚇取財罪[80]。而且依實務見解，公務員所藉權勢事由，並不以在其職務範圍內或其職務有直接關係爲必要[81]。

至於藉勢或藉端強占或強募財物罪，有認爲近似刑法搶奪或強盜罪（以及不純正瀆職罪）[82]，但也有認爲相當於恐嚇取財罪（以及不純正瀆職罪）[83]，惟此部分，實務上未見有任何相關判決。

由於「反貪公約」前揭之各類公職人員貪污罪行以及「立法指南」之相關說明均無相同或類似的行爲情狀之描述，是以，本文認爲，「貪污條例」之藉勢藉端勒索勒徵或強占強募罪與「反貪公約」似乎並無可對應之罪行。

肆、「貪污條例」之修法建議——以公務員貪污犯罪爲中心

依「維也納條約法公約」（Vienna Convention on the Law of Treaties 1969, VCLT）第26條：「凡有效之條約對其各當事國有拘束力，必須由各

---

[78] 最高法院92年度台上字第1096號、92年度台上字第4011號等判決。

[79] 最高法院92年度台上字第6035號、92年度台上字第5599號等判決。

[80] 高金桂，同註21，頁38；陳志祥，同註46，頁23；張麗卿，同註21，頁19。

[81] 參考院解字第3672號；最高法院92年度台上字第1296號、101年度台上字第1905號、101年度台上字第2838號、103年度台上字第2705號等判決。

[82] 陳志祥，同註46，頁24；張麗卿，同註21，頁20。

[83] 高金桂，同註21，頁38。

該國善意履行。」第27條：「條約當事國不得援引其國內法規定為理由而不履行條約。」又「反貪公約」第65條第1項：「各締約國均應依其國家法律之基本原則採取必要之措施。」據此，「反貪公約」之締約國當然必須善意且切實地履行本公約。

　　同樣的，儘管我國無法成為「反貪公約」之締約國，但既然已制定通過「反貪公約施行法」，且明白表示「決心與現行全球反貪腐趨勢及國際法制接軌」、「促進公約所揭示反貪腐法制和政策之實現」，故而在「反貪公約施行法」制定後，我國亦應善意認真履行之。

　　基於上述認知以及前面對於「反貪公約」與「貪污治罪條例」有關公務員貪污犯罪所作之初步比較，本文以下乃是在「反貪公約」所劃定的框架內，而且在字數篇幅與時間之限制下，僅就「貪污條例」公務員貪污犯罪之中較為重大的修改方向提出建議[84]。至於究竟應該針對「貪污條例」本身加以增修抑或應將其廢止而轉向對刑法進行增修，此問題不在本文討論之列。

　　在提出修法建議之前，我們應注意的是，「立法指南」多次強調，「反貪公約」之強制性規定僅是各國必須遵守的最低限度標準[85]，而且「反貪公約」第65條第2項：「為預防與打擊貪腐，各締約國均得採取比本公約規定更為嚴格或嚴厲之措施。」質言之，「反貪公約」各類貪污犯行之定罪標準僅是最低標而已，其歡迎各締約國採取更嚴厲之刑事立法。

一、應一致性地擴大貪污犯罪之客體範圍

　　「貪污條例」有關公務員貪污犯罪之客體範圍，有稱為「器材、財物」（§4I①、§6I③）、有稱為「財物」（§4I②、§6I①）、有稱為「物品」（§4I④）、有稱為「物」（§5I②）、有稱為「賄賂或不正利益」（§4I⑤、§5I③）、有稱為「利益」（§6I④、⑤）等，不一而足。

---

[84] 國內對於「貪污條例」的檢討與立法建議已有不少文獻，惟其皆係在國內刑事法體系範圍內進行探討，與本文之探討重點是有所差異的。

[85] 「立法指南」，第21段、第179段。

在上述混亂的用語當中，雖然我們大致還是可將其分成財物（包括器材、物品、物、賄賂）與利益這兩大類（前者是指具經濟價值的有體物，後者則是指財物以外之一切利益，包括物質利益與非物質利益），然而由於某些公務員貪污犯罪之客體範圍的規定不當，不僅導致不合理的結論，而且亦有違「反貪公約」所揭示的規範精神。

例如公務員藉勢向他人勒索一筆債權，由於債權非屬財物，而是利益，因此，無法依「貪污條例」藉勢藉端勒索財物罪論處，而只能論以刑法恐嚇得利罪[86]，惟刑法恐嚇得利罪之刑度僅「六月以上五年以下有期徒刑，得併科一千元以下」，其與「貪污條例」藉勢藉端勒索財物罪之刑度「無期徒刑或十年以上有期徒刑」實有天壤之別，不公失當之處，至為灼然！

又「反貪公約」有關公職人員貪污之客體範圍，除第17條外，均規定為「利益」，而且所稱利益，其範圍包括有形的與無形的、金錢的與非金錢的，已如前述。至於「反貪公約」第17條，如依照簡體中文版，該條為「公職人員為其本人的利益或者其他人員或實體的利益，貪污、挪用或者以其他類似方式侵犯因職務而受託的任何財產、公共資金、私人資金、公共證券、私人證券或者其他任何貴重物品。」其中所稱財產，「立法指南」更特別指出，依「反貪公約」第2條(d)款，財產係指各種資產，不論是物質或非物質、動產或不動產、有形或無形，以及證明對此種資產的產權或利益的法律文件或文書[87]。由此可知，「反貪公約」各類公職人員貪污之客體，皆未狹隘地限於具經濟價值的有體物。

基前所述，「貪污條例」在各種不同公務員貪污犯罪類型中分別以不同客體加以規範，絕大部分毫無實質合理之依據，同時在「反貪公約」規定之對照下，更顯得落伍。是故，本文認為，有關公務員貪污犯罪之客體應一律修改為「財產」或者「利益」。

---

[86] 實務類似案例，見台北地方法院101年度金訴字第47號判決。

[87] 「立法指南」，第218段。

二、圖利罪應再度修正爲「行爲犯」

　　「貪污條例」之圖利罪（包括主管監督事物圖利與非主管監督事務圖利）於2001年10月25日從原來的行為犯（舉動犯）修改為現今的結果犯，已如前述，雖然修法理由謂：「第一項第四款、第五款圖利罪修正為結果犯。俾公務員易於瞭解遵循，避免對『便民』與『圖利他人』發生混淆，而影響行政效率。爰將本條圖利罪修正以實際圖得利益為構成要件。」[88]然而這樣的修法理由根本是牛頭不對馬嘴，因為公務員之所以會對於「便民」與「圖利」發生混淆，最有可能的原因是其對於法令之不熟悉或者誤解。本文無法想像，圖利罪在立法上應設計為行為犯或結果犯，此究竟與「便民」／「圖利」之區隔有何關聯。而且我們可以確定的是，此等修法的後果提高了圖利罪成立之門檻，無異是變相鼓勵公務員違法圖利，顯屬不當！

　　以下藉由受賄罪之對照說明，能讓我們更為明瞭。按受賄罪之行為態樣包含要求、期約、收受，已如前述，而且受賄罪本質上也是圖利罪之一種，它是特殊的圖利類型。此等理解正可說明為何過往實務上會認為「對於主管或監督之事務，直接或間接圖利罪，乃公務員職務上圖利之概括規定，必其圖利行為不合於同條例第四條至第六條各款之特別規定者，始有其適用。又公務員就其主管或監督之事務收受賄賂者，仍不失為就職務上之行為收受賄賂而視其情節，應分別依同條例第四條第六款或第五條第三款之特別規定論擬。」[89]據此，受賄罪作為圖利罪之特殊類型，其既然不以收受賄賂或不正利益之行為為限，則作為概括規定之圖利罪更無理由以實際圖得利益為要件。是以，圖利罪就其本質而言，客觀上應該只要有圖利行為即可。

　　「反貪公約」正是基於相同的立法思維，因此，其與「貪污條利」

---

[88] 參見http://lis.ly.gov.tw/lgcgi/lglaw?@25:1804289383:f:NO%3DE04551*%20OR%20NO%3DB04551$$10$$$NO-PD，最後瀏覽日期：2015年7月29日。

[89] 最高法院74年度台上字第63號判決。其他相同意旨者，如最高法院75年度台上字第6472號、78年度台上字第1959號、83年度台上字第2990號、87年度台上字第4395號等判決。

主管監督事務圖利罪可得對應之公職人員濫用職權罪行，同樣也不以其本
人、其他人員或實體實際得利為要件，而是只要為了使其本人、其他人員
或實體獲得利益而濫用職權或地位便足矣，亦即前所提到的具有「行為截
堵」之特性。職是之故，倘若我們確實要與「反貪公約」接軌，則不論主
管監督事務圖利罪抑或是非主管監督事務圖利罪，皆應再次修正為行為
犯。

三、增訂「利用職務上之機會挪用他人財產罪」

如前所述，「反貪公約」第17條所規定的公職人員挪用其因職務受
託的財產等之犯行，倘若依照中國刑法學者之解釋，所謂挪用乃非法擅自
使用，依此，即約略相當於我國刑法界所稱未經同意之使用（或稱使用竊
盜）。

未經同意而擅自使用他人之財產，我國刑法界通說向來認為不會成立
竊盜罪，主要理由係認為行為人主觀上欠缺不法所有意圖[90]。準此而論，
即便公務員係未經同意而使用國家財產，除「以公用運輸工具裝運違禁物
品或漏稅物品者」外，也從來無人主張得依「貪污條例」論處。

惟所謂未經同意使用他人財產不成立竊盜罪之此等結論，事實上並非
絕對，換言之，其必須主觀上僅具短暫排斥原物所有人或持有人持有支配
地位之意圖，而且必須未使該物發生質變或減損其經濟價值，另尚須具有
交還意圖。準此而論，實務上有不少未經同意使用他財產之情形（如擅自
將他人腳踏車騎走後，使用完即隨意丟棄路旁），其實仍可成立竊盜罪。
同樣的道理，公務員未經同意而使用公用或公有財產或非公用私有財產，
我們無法一律將其排除於「貪污條例」之外，而是應該視具體情況為判

---

[90] 林山田，刑法各罪論（上），2006年，頁330；林東茂，刑法綜覽，2014年，頁
2-124；陳子平，刑法各論（上），2014年，頁383；蔡聖偉，竊盜罪之主觀構成要
件（下），月旦法學教室，第80期，2009年6月，頁41。最高法院75年度台上字第8
號、100年度台上字第3232號等判決。另有主張應成立竊盜罪者，如甘添貴，刑法各
論（上），2014年，頁223。

斷。至於公務員未經同意而挪用職務上持有的財產，亦復如此[91]。

不過我們必須承認，即便屬於典型的未經同意使用他人財產之情形（如擅取他人小說，觀看數日返還[92]），事實上對於他人之財產還是有所侵害（至少已妨害到他人對於其財產使用支配的權利），只是由於此類典型案例造成的侵害通常極為輕微，基於刑法最後手段性之考量，通說才會以欠缺不法所有意圖為理由而否定其犯罪之成立。本文認為，法益侵害之輕微性才是其背後真正的思想基礎。

至於公務員挪用其職務上持有的他人財產或者利用職務上的機會非法擅自使用他人財產（包括國家財產與私人財產），即便其挪用或使用並非長期，而且並未造成質變或減損經濟價值，同時該公務員確實亦具有交還意思，例如保管機關零用金之公務員，將該零用金部分投入股市短線操作，其打算等到該機關需要使用該筆零用金時，再向他人調度歸還。在此等情況下，該公務員之行為是否也不應予以入罪化？

關於上述情形，中國刑法學者認為，此等挪用公款之行為是侵害到公款之使用、收益權以及公務行為之廉潔性[93]，中國刑法第384條挪用公款罪即針對此等行為而科處刑罰，已如前述。基此，我們可以合理推論，「反貪公約」第17條公職人員挪用其因職務受託的財產等之規定也是出於相同的法益觀與刑罰觀。

其實公務員挪用其職務上持有的他人財產或者利用職務上的機會非法擅自使用他人財產之情形在實務上並不罕見，只是可能由於多數係屬情節輕微者，以致於我們不會想要動用刑罰予以制裁，然而我們不能因此而將所有的公務員利用職務上機會挪用或非法擅自使用他人財產之情形一律排除於刑罰制裁之外，因為現實上確實可能存在情節嚴重之情形。尤其公務員利用職務上機會挪用他人財產，其侵害的法益絕非僅是財產法益而已。

---

[91] 實務上便曾發生警察將其查扣之疑似遭棄的贓車擅自開回家使用之案件，高等法院因認定行為人具有不法所有意圖，故依「貪污條例」第6條第1項第3款侵占職務上持有之非公用私有財物罪論處（見台灣高等法院92年度上訴字第677號判決）。

[92] 引自林東茂，同註90，頁2-123。

[93] 張明楷，同註43，頁1049；周光權，同註43，頁409。

故「反貪公約」第17條將公職人員挪用其因職務受託的財產確實有其道
理。

雖然「貪污條例」有部分條款與「反貪公約」第17條似乎具有一定對
應關係，但是過於零散片段，而且有些條款與現實脫節，以致於實務上未
見相關案例，應全部予以刪除，而重新制定一個足以涵括各類態樣的公務
員挪用財產之犯行。

職是，我國既然要善意且切實地履行「反貪公約」，則應慎重考慮將
上述公務員利用職務上的機會而非法挪用或擅自使用他人財產之行為予以
入罪化。不過同時也應考量到我國刑法界通說之見解，即竊盜罪與侵占罪
之區別係在行為人對於行為客體持有支配關係之有無，因此在文字表達上
應有所差別，換言之，「反貪公約」第17條有關挪用行為之文字表述應略
作調整。本文認為，似可增訂如次的條文：「公務員利用職務上機會挪用
他人財產者」，抑或「公務員挪用職務上持有之他人財產或利用職務上機
會非法擅自使用他人財產者」，並且應限定在情節嚴重之情形[94]。

四、增訂「利用影響力受賄罪」或「幹旋賄賂罪」

本文前面已經提過，「貪污條例」第6條第1項第5款非主管監督事務
圖利罪與「反貪公約」第18條(b)款利用影響力交易之罪行具有一定程度
的對應重合，但仍未完全一致。例如公務員甲接受A之金錢請託，向平常
與其有業務往來關係之公務員乙說項，請求乙對於其所承辦A之申請案件
予以迅速處理。在此情況下，甲如無違背其職務執行的相關法令，則依照
「貪污條例」之現行規定，毫無可規範之餘地。然而此等公務員欠缺職務
上隸屬制約關係之受賄情形，正屬於「反貪公約」之利用影響力交易罪所
要規範的貪污行為類型之一。

因此，倘若我國決心與「反貪公約」完全接軌，仍應參考「反貪公
約」第18條而增設所謂公務員利用影響力受賄罪，或者至少參考中國或

---

[94] 其實依照「立法指南」第217段之說明，「反貪公約」並無意處罰極其輕微的貪污行
為，這是我們在實踐該公約時，應特別注意的。而此處所稱情節嚴重者，可參考中
國刑法第388條之規定，見本文，參、二。

日本刑法或者英國2010年反賄賂法而制定所謂斡旋受賄罪[95]。其實，類似的修法建議，國內文獻上已有人提議過[96]，不過主管機關似乎未有任何動靜，本文認為，在「反貪公約施行法」制定公布後，對於此類公務員受賄之行為，應可產生更強大的修法動力。

伍、結論——全面徹底檢討「貪污條例」之絕佳時機

　　有關「貪污條例」之檢討與修廢問題，近幾年來國內刑法界迭有討論，而且行政主管機關與立法機關確實也針對該條例進行多次修法，惟可惜的是，大多僅是零星片段式的修法，始終欠缺整體宏觀的思維，以致於總讓人有「頭痛醫頭、腳痛醫腳」的印象。

　　雖然本文所探討的議題範圍僅限於從「反貪公約」的角度去檢視「貪污條例」各類公務員貪污犯罪相關規定，並經初步比較後而提出粗略的修法建議，不過本文深深以為，「貪污條例」有待深入檢討修正之處，何其眾多，而且絕非透過幾篇論文即可解決。職此之故，行政主管機關與立法機關實應密切合作，結合國內刑法學界與實務界之知識、智慧與經驗，進行全面徹底檢討，以期重新建構一部既符合「反貪公約」要求且合理有效的抗制貪污犯罪之刑事法制。質言之，此次「反貪公約施行法」之制定公布可說提供了一個絕佳的修法時機，我們應好好把握，否則，機會可能稍縱即逝！

---

[95] 日本刑法第197條之4：「公務員受請託利用其地位斡旋其他公務員為違背職務或不為一定之職務行為，要求、期約或收受賄賂者」（引自曾淑瑜，賄賂與職務之關聯性，月旦法學雜誌，第151期，2007年12月，頁238）；英國2010年反賄賂法第2條第5項與所謂斡旋收賄罪相關（但不完全是），由於條文直譯並不容易理解，故而意譯如次：「行為人意圖要求、期約、收受經濟上或其他性質的利益，要求、同意或默許他人不正執行職務」、「行為人要求、期約、收受經濟上或其他性質的利益，而後要求、同意或默許他人不正執行職務」（參考王君祥編譯，英國反賄賂法，2013年，頁28；許恆達，從英國2010年新賄賂法談我國反貪污法制修正方向，輔仁法學，第44期，2012年12月，頁72以下）。

[96] 曾淑瑜，同註95，頁239；許恆達，同註95，頁85以下。

15

我國管制私菸進口刑事
規定之研究

周成瑜[*]

[*] 德國慕尼黑大學法學博士、國立台灣海洋大學海洋法律研究所兼任副教授。

目　次

壹、前言

　　我國為維護國人消費菸品安全與公共利益，一向嚴加打擊走私菸品進口的不法行為。懲治走私條例與行政院公告曾將之列為管制進口物品之一，不僅明定逾一定數額之刑事處罰標準，更處罰入境後之後續運送、銷售或藏匿走私菸品等犯罪行為，未遂犯亦在處罰之列，其法定刑與走私毒品、槍枝等同，應判處七年以下有期徒刑，體例完整，亦彰顯走私菸品危害性。

　　惟因應參加世界貿易組織，政府開放菸品產製，回歸稅制，自民國91年1月1日起，刪除懲治走私條例中該類管制項目，改由新公布之菸酒管理法加強行政管理措施，弱化走私菸品之刑事罰，僅列輸入犯罪行為（該法§45 II規定），其法定刑減輕為三年以下之罪，並對輸入後之境內運送、

販賣或藏匿（貯放）等不法行為予以除罪化，改為行政制裁。同時希冀藉由提高稅捐，維持高菸價，以降低吸菸的需求，然而正如台灣菸酒公司董事長所擔心的[1]，若漲菸捐幅度過高，消費者會轉向購買低價菸或「白牌菸」[2]，將會讓走私更為猖獗。

是以，目前有關菸價之提高，一方面配合世界衛生組織「菸品控制框架公約」之要求，另方面也需瞭解其後公布之「消除菸草製品非法貿易議定書[3]」中列舉之各類犯罪類型，不限於輸入罪，擴及運輸、銷售等犯行（§14規定），以有效遏止走私犯罪行為。依近年違法菸類數量統計（如附表），自從菸品開放自由貿易以來，被查獲由海上走私菸品的，每案數量均極為龐大，卻因現行規範僅認定輸入行為危害性較高，超過少量自用額度外，一律科處刑罰。此種立法一方面失之過嚴，他方面對同屬走私行為的後續行為，改為行政罰，又失之過寬。私菸若未能在國境線上及時查獲，一旦入境後之搬運、藏匿、銷售等後續行為，進入國內市場，對國人健康及經濟秩序之影響，產生危害更為直接，卻僅移由各地方政府科處行政罰，實未能收嚇阻作用。

因此，本文擬先探討輸入私菸罪構成要件有何不合理之處，並分析運輸、販賣、藏匿私菸入罪化必要性，列舉案例說明其適用問題，再提出修法建議。

---

[1] 漲菸捐用於社福，衛福部挨批，中國時報，104.11.10 A3版。

[2] 白牌菸係指行為人以少量合法自國外進口自創品牌菸品，另非法走私同一品牌菸品，而其菸品包裝及標示皆相同，每包菸以低於菸品稅捐新台幣36.7元之價格販售。

[3] 「消除菸草製品非法貿易議定書」是世界衛生組織「菸品控制框架公約」第一份議定書，於2012年11月12日在韓國首爾召開的第五屆締約方大會上通過，並自2013年1月10日至2014年1月9日在聯合國總部開放供框架公約的締約方批准簽署，目前已有53個國家和歐盟簽署；請參世界衛生組織菸品控制框架公約官方網站（http://www.who.int/fctc/protocol/zh/）。

表15-1 91-104年違法菸類查獲數量表

年度	地方政府(A)		通商口岸(B)				合計 (C＝A＋B) 萬包
			關務署(a)	會同相關 單位(b)	小計(c) (c＝a＋b)	比重	
	萬包	比重	萬包	萬包			
91	351.29	13.26	2,298.88		2,298.88	89.74	2,650.17
92	201.11	7.66	2,424.50		2,424.50	92.34	2,625.61
93	763.60	34.67	1,439.01		1,439.01	65.33	2,202.61
94	403.88	32.36	844.23		844.23	67.64	1,248.11
95	366.03	55.37	295.01		295.01	44.63	661.04
96	676.52	62.07	413.34		413.34	37.93	1,089.86
97	322.51	72.31	123.47		123.47	27.69	445.98
98	579.2	56.35	448.61		448.61	43.65	1,027.81
99	763.94	49.58	776.87		776.87	50.42	1,540.82
100	772.28	69.66	336.37		336.37	30.34	1,108.65
101	963.81	71.73	379.89		379.89	28.27	1,343.69
102	1,569.07	73.68	560.46		560.46	26.32	2,129.53
103	838.90	49.63	10.58	840.87	851.44	50.37	1,690.35
104年12月	784.02	74.30	20.54	250.61	271.15	25.70	1,055.17
總計	9,356.17	44.94	10,371.75	1,091.48	11,463.22	55.06	20,819.39
103年12月	838.90	46.63	10.58	840.87	851.44	50.37	1,690.35
與去年同期 比較	-54.88				-580.30		-635.18
％	-6.54				-68.15		-37.58

說明：表列「通商口岸——會同相關單位」係指海關會同地方政府。檢警調等查緝單位查獲數。

資料來源：財政部國庫署私劣菸查緝成果（91-104%E5%B9%B412%E6%9C%88%E5%9C%B0%E6%96%B9%E6%94% BF %E5%B A%9C%E5%8F%8A%E9%97%9C%E5%8B%99%E7%BD%B2%E9%81%95%E6%B3%95%E8%8F%B8%E9%85%92%E8%A1%A8.pdf，瀏覽日期：2016年1月14日）。

貳、菸酒管理法輸入私菸罪之要件分析

與懲治走私條例走私罪立法體系不同，菸酒管理法罰則將行政罰與

刑事罰同列一條中，該法第45條第2項規定：「輸入私菸、私酒者，處三年以下有期徒刑，得併科新臺幣二十萬元以上一千萬元以下罰金。」而其除外規定則規定於第3項：「產製或輸入私菸、私酒未逾一定數量且供自用，或入境旅客隨身攜帶菸酒，不適用前二項之規定。」其要件分述如下：

一、客體：本罪須所載運之物為未經許可輸入之菸，亦即未經主管機關核准完稅進口之菸品。私菸之定義，依同法第6條第1項明定，有下列情形之一者即屬之：1.無製造業許可執照產製之菸；2.無進口許可執照輸入之菸；3.於許可執照所載工廠所在地以外場所產製之菸；4.雖取得許可執照而輸入未向海關申報，或匿報、短報達一定數量之菸；5.我國漁船載運非屬自用或超過一定數量之菸。

有關一定數量之私菸，上開第4、5款中規定依財政部國庫署101年11月26日公布為：一般漁船船員限攜帶捲煙5條（1千支）、雪茄125支、菸絲5磅；依行政院農委會漁業署公布規定，魷釣兼營秋刀魚棒受網漁船，每船自用為捲菸9千包（18萬支）；又依入境旅客攜帶行李物品報驗稅放辦法第2條第1項、第4條第2項規定為：入境旅客攜帶自用之農畜水產品、菸酒、大陸地區物品、自用藥物及環境藥物應予限量，其中有關菸品為：5條（1千支）。可知，若漁船船員或入境旅客攜帶菸品超過上開數量即非自用，而屬私菸。

此項空白條款規定已將輸入私菸罪之標準涵蓋行政罰與刑事罰範圍，由該法第45條第3項限縮不罰之規定可知，只有在行為人輸入私菸未逾一定數量且供自用，或入境旅客隨身攜帶菸類不屬私菸，不在處罰之列。反面而言，要排除輸入私菸罪之適用，須具備「未逾一定數量」且「供自用」二項要件。若數量超過，縱使供自用，除非有主管機關許可輸入之證明文件，否則仍屬本罪處罰客體。相較懲治走私條例中之數額犯，門檻極低，輸入私菸6條即構成犯罪，未免嚴苛。

二、行為方式：須有輸入行為。所謂輸入，係指自國外將私菸運輸進入我國領土或領海者而言。而領海，依中華民國領海及鄰接區法第3條規定，則為自基線起至其外測12浬間之海域（最高法院93年度台非字第24號

判決要旨）。因而，如自我國領海基線起至其外側12浬（領海）以外之海域將私運之菸類輸入我國領海內（自包括內水、港邊），即構成輸入私菸罪。若接駁及被查獲之地點均在我國領海內，即非共犯輸入私菸罪（最高法院92年度台非字第376號刑事判決參照），該罪不罰未遂犯，也不罰輸入後境內之運輸、銷售、藏匿走私菸品行為，限於在國境線發生的走私行為。

三、行為主體：限於自然人，包括本國人民、外國人，大陸人民、凡是達到刑事責任年齡且具有刑事責任能力的自然人均可構成本罪。

四、主觀要件：行為人須具備故意，大多數走私行為人屬於直接故意，也包括間接故意。

於海上輸入私菸行為而言，行為人利用船舶與他船在海上接駁自境外運載之私菸，在進入國境，始能完成輸入私菸行為，兩船船長間對私運計劃均應事前縝密約定，菸品數量、接駁時間、海域及報酬等細節後，我國漁船始報關出海，完成整個載運行程。依實務見解，查獲自公海上接駁私菸者，可依此邏輯據以認定彼此間有私運進口之犯意聯絡及行為分擔，成立本罪之共同正犯。

因而不論行為人係為自己或為他人私運，亦不問行為人之動機或目的是否在對外出售以牟取暴利，行為人只須於行為之初，就其所私運進入我國境內者，為未經許可輸入私菸之情節，在主觀上有所認識，仍決意並進而著手為施行輸入之行為，即成立本罪。

至於領海內之接駁私菸行為，早期依實務見解，若無法查明事先與所接駁之船舶有何聯絡事證，雖有自他船之人接駁私菸之事實，亦無從認定行為人具有主觀輸入私菸之共同正犯情事（台灣高雄地方法院92年度易更字第13號刑事判決參照）。惟近期實務上有擴大適用海上接駁私菸案件情形，認為不論查獲地點在港區、領海內或領海外均可認定兩船長間有事先謀議，始能至約定海域接駁，再私運入境。例如：查獲輸入私菸數量龐大，未稅私菸約950箱，總計47萬3,772包，價值高達新台幣3千多萬元，則認定船長絕非偶然巧遇臨時起意搬運，理由為：1.夜間海上相遇困難性高，2.海上危難性高，海盜行為，時有傳聞，船隻不會輕易併靠，3.扣押

物包裝完整，船長必知內容物為何，才會同意運送。且因數量極多，自非一人可獨立完成整個搬運過程，因此不僅與他船船長間有輸入犯意聯絡、本船船長與船員間亦應存有輸入私菸之（直接或間接）犯意聯絡，而成立共同正犯（台灣台南地方法院102年度易字第262號、台灣高雄地方法院104年度易字第628號等刑事判決參照）。

參、走私罪概念分析

　　走私罪的定義，一般係指違反海關法規，逃避海關監管、運輸、攜帶，郵寄國家明定禁止或限制進出國境的物品，或雖是國家許可進口物品而逃避應繳稅款，破壞國家海關監管制度及國家對外貿易制度，情節嚴重的行為[4]。換言之，走私罪須涵蓋下列三個概念：1.不限於國家禁止或限制進出口的物品，國家許可進出口的物品也包含在內；2.並非所有的走私行為都以逃避稅款為目的，有的走私罪是為了逃避監管；3.依情節是否嚴重作為走私罪是否成立的標準，否則僅能科處行政罰，以符合比例原則。

　　走私行為的猖獗，對國家經濟、社會治安，國民健康造成嚴重危害，我國一向明文禁止並區分走私行為情節輕重，分別於懲治走私條例、毒品危害防制條例、槍炮彈藥刀械管制條例、或菸酒管理法等法律中規範，分述如下：

　　一、懲治走私條例中規定私運管制物品進口、出口者，處七年以下有期徒刑，得併科新台幣3百萬元以下罰金（§2 I規定）。前項之未遂犯罰之（§2 II規定），而行政院於民國101年7月26日公布之管制物品管制品項及管制方式分為二類，第一類為管制進出口物品：1.槍械、子彈、事業用爆炸物。2.偽造或變造之各類幣券、有價證券。3.毒品危害防制條例所列毒品及其製劑、罌粟種子、古柯種子及大麻種子。第二類為管制進口物

---

[4] 周成瑜，海上走私犯罪類型與執法之研究，收錄於海事刑法論，學林出版有限公司，2003年9月，頁29-31；梁爭，走私罪研究，法律出版社，2013年3月，頁6。

品：一次私運原產地為大陸地區而未經主管機關准許輸入之海關進口稅則第一章至第八章所列之物品，稻米、稻米粉、花生、茶葉或種子（球），其完稅價額超過新台幣10萬元者或重量超過1千公斤者。第一類管制標的為國家對進出口物品實行禁止的制度，不論數額多寡，均成立犯罪；而第二類為國家對進口的非貿易性物品實行限進、限量的制度，管制客體作不同構成犯罪標準，以作區別。

　　二、毒品危害防制條例第4條規定禁止運輸毒品，又依情節嚴重性分別處罰：運輸第一級毒品者，處死刑或無期徒刑；處無期徒刑者，得併科新台幣2千萬元以下罰金（Ⅰ）。運輸第二級毒品者，處無期徒刑或七年以上有期徒刑，得併科新台幣1千萬元以下罰金（Ⅱ）。運輸第三級毒品者，處五年以上有期徒刑，得併科新台幣7百萬元以下罰金（Ⅲ）。運輸第四級毒品者，處三年以上十年以下有期徒刑，得併科新台幣3百萬元以下罰金（Ⅳ）。運輸專供製造或施用毒品之器者，處一年以上七年以下有期徒刑，得併科新台幣1百萬元以下罰金（Ⅴ）。由此可知，運輸毒品屬情節較重行為，故明定各類等級毒品均在國家禁止之列。

　　三、槍砲彈藥刀械管制條例中亦禁止運輸重型槍砲（§7）、輕型槍砲（§8）、子彈（§12）、槍砲，彈藥組成零件（§13）等行為，分別科以輕重不等刑罰，亦因情節較重，為管制禁止運輸之物品。

　　四、菸酒管理法中管制私菸及劣菸非法進口，本質上雖不如毒品、槍枝嚴重，卻與走私、運輸毒品、槍枝同，均在禁止之列，又分輸入私菸、劣菸等罪，後者處罰又重於前者。輸入私菸罪，因菸品情節較輕，僅科處三年以下有期徒刑，得併科20萬元以上1千萬元以下罰金（§45Ⅱ規定），但未逾一定數量且供自用者，不罰（§45Ⅲ規定）。輸入劣菸罪，若於所輸入之菸內，查獲含有對人體健康有重大危害之物質者，則處五年以下有期徒刑，得併科新台幣30萬元以上6千萬元以下罰金（§47Ⅱ規定），法人之代表人等相關人員，對於行為人輸入有害健康之劣菸犯行，若與執行業務相關，亦應處以該條之罰金（§49規定），採兩罰制。雖處罰均輕，惟其輸入之態樣應與懲治走私條例、毒品危害防制條例等作相同解釋，然而成立犯罪之標準卻與毒品、槍枝管制相同，不論數額多寡，均

可成罪。輸入劣菸罪與國民健康有關，情節較重，不以數量多寡論罪，尚符合管制目的，至於輸入私菸罪而言，行為人既以破壞國家允許進口的物品須徵收關稅制度，達到少繳或不繳稅的目的，卻除少量自用外，一律處以刑罰，實不符合一般走私罪概念，該項規定，值得商榷。

肆、輸入私菸罪既遂性質分析——行為犯或結果犯？

一、刑法定義之行為犯與結果犯之區別

在刑法意義上，犯罪之成立除了行為之舉動外，必須以引起結果之發生為要件，因而有行為犯（又稱為舉動犯）與結果犯之區別[5]。一般而言，行為犯不以行為在外界產生一定變動或影響為必要，只要行為人實行符合不法構成要件所描述之狹義行為，即完成該不法構成要件。例如：醉態駕駛罪（刑法§185-3，該不法構成要件未以因而發生任何交通事故為必要）、普通侮辱罪（刑法§309Ⅰ）。結果犯係指在法定構成要件中，以基於行為而發生一定的外界變動為成立要件，亦即，不但必須發生結果，而且行為與結果間須具有因果關係，犯罪始既遂，否則最多成立未遂。例如：殺人罪、傷害罪、竊盜罪。

二、走私罪定義之行為犯與結果犯之區別

就走私犯罪而言，因屬特殊的犯罪類型，其犯行完整實行，本質上有其連貫性，而在時序上可細分為採買、裝船、載運並進而進出我國國境等前後階段，凡是符合懲治走私條例規定的走私罪構成要件的行為，即屬既遂。依行政院公告之管制物品管制品項及管制方式分析，走私罪既遂類型

---

[5] 林鈺雄，新刑法總論，元照出版有限公司，2006年9月，頁85、86。蘇俊雄，刑法總論Ⅰ，國立台灣大學法學院圖書部，1998年3月，頁132。

可分為行為犯與結果犯[6]，分述如下：

（一）行為犯：係指行為人實行私運政府管制刑事法律所規定的某項危害海關監管的行為，即構成既遂。依行政院管制公告第一類管制品項屬之，例如：走私毒品、槍砲構成的走私罪，行為人逃避海關監管，未經向海關申報而運輸貨物進入國境的行為。該項規定，不以實際妨害海關監管結果的發生為必要，只須完成該不法構成要件之行為即成立犯罪既遂。

（二）結果犯：係指行為人實行私運政府管制物品的行為，必須發生該項犯罪刑事法律規定的特定危害結果，始成立犯罪既遂。行政院公告管制物品第二類管制品項規定，私運該類物品入境，對海關監管制度造成實際損害，此種危害結果應屬懲治走私條例特有的規定。例如：走私農漁產品入境罪，其構成要件以「完稅價格逾新台幣10萬元」或「重量1千公斤」作為結果要件，一方面凸顯行為人破壞海關監管秩序產生的實際損害，他方面亦顯示出此種損害達到何種嚴重程度。若未達到此等標準之走私行為，不成立該罪既遂，只能構成行政不法。

雖然走私農漁產品進口罪以一定數量作為刑事罰之構成要件之一，一般作為區別行政罰與刑事罰之界限，惟在走私犯罪既遂類型上，除行為人犯有私運管制物品進入國境行為外，仍須審核查獲之物品是否超過行政院公告之一定數量，始可符合該項特定危害結果已否發生之依據，可知，達到該項描述一定數額內容，才與毒品危害相當（毒品或槍砲屬違禁品根本不存在完稅價格的問題），始有社會危害結果產生的可能，並非走私行為都應受刑事處罰，只有達到一定數量才可視為特定危害結果之不法構成要件，應歸類為結果犯。

6　周成瑜，同前註，頁41-45；李河主編，妨害海關監管犯罪的定罪與量刑，人民法院出版社，2001年5月，頁167-169。中國大陸刑法有關走私罪既遂類型另有：情節加重犯，情節減輕犯及結果加重犯，均以「情節輕重」、「一定數額」之特定危害結果為量刑的依據；2011年2月25日大陸刑法修正案（八），刪除一定數額入罪標準，變更為犯罪情節嚴重程度為入罪量刑標準，最重可處十年以上有期徒刑或無期徒刑，併處偷逃應繳稅額一倍以上五倍以下罰金。

三、菸酒管理法輸入罪之性質分析

有疑問者，菸酒管理法輸入私菸罪僅處罰既遂犯，其性質究應屬何者較為妥當？依行為犯說，行為人實行構成要件所描述之活動行為，自境外運輸私菸入境除非少量自用以外，不論私運數額達到何項基準，危害是否達到嚴重結果程度，均應受刑罰，此種立法並非妥適，蓋因不論走私農漁產品罪或菸品罪實質上都是一種逃避繳納稅收行為，只不過前者逃避的是關稅和海關代繳的進口稅，後者逃避的是國內健康稅及菸稅，但二者都是對稅收管理制度侵犯的行為。是以輸入菸品罪亦應以達到一定數量結果作為刑罰成立與否的標準。現行規範卻不論輸入非自用菸品數量多寡，僅以走私行為論罪，實有違罪責相當原則。舉例說明如下：

（一）行為人輸入微量菸品案，危害輕微，卻科處刑罰

該案係我國人民單獨非法攜帶「中南海」牌私菸16條入境，遭查獲後移送法辦。法官審理後，認為「數量非鉅、危害非重、輸入目的係供自用」，然因輸入菸品超過自用之限量5條，仍判處有期徒刑二月，得易科罰金（台灣澎湖地方法院102年度簡字第18號刑事判決參照）。

（二）母子船公海上接駁輸入私菸案，情節較重，查獲私菸數量龐大，刑罰未見加重

我國籍船長及船員共同駕駛漁船出海，航行至菲律賓港，裝載未經我國核准輸入之私菸2,263箱（共計113萬1,500包香菸），於公海上與另艘我國籍貨輪接駁，將其中752箱私菸搬至該貨輪貨櫃內藏放後，再報關進港停泊時，為警查獲；查緝人員再自外海將上開漁船押返送辦。此類自海上走私菸品入境數量龐大且情節重大之共犯行為，承審法官雖認定「倘若順利流入市面，因而毋庸負擔菸稅及健康稅，而得以低價傾銷，如此不僅對於依法而行之菸品進口業者構成不公平之競爭，且因私菸來源不明，對於購買吸食之消費者，保護也有所欠缺，俱屬不該，……」以及「……系爭子船私菸輸入我國領域共計752箱係屬菸酒管理法第6條第1項第2款之依法

查獲之私菸，應依菸酒管理法第57條第1項規定沒收，而未進入我國領域之1,511箱之系爭母船私菸，雖未實質將系爭母船私菸輸入我國領域，系爭母船……在系爭接駁海域有併靠卸載系爭子船之行為，參照系爭母船私菸之有效期限，被告顯然無法於短期間內自行將1,511箱吸食完畢，……堪認如此龐大數量之香菸，顯非屬自用無訛，……亦應依菸酒管理法第57條第1項規定沒收」云云，卻僅對被告等分別判處有期徒刑四月、二月不等，得易科罰金之輕刑（台灣高等法院高雄分院104年度上易字第260號刑事判決）。兩案對比，凸顯立法者單以輸入行為論定犯罪的罪責不合理情形，應考慮採用走私農漁產品罪「一定數量」之要件的認定標準，明確劃分出輸入私菸科處刑罰的具體界限。

伍、運輸、販賣、藏匿私菸行為處罰問題──行政罰或刑事罰？

依財政部國庫署公布統計資料，財政部民國104年截至8月底止，共查獲私菸有678.51萬包，僅民國104年8月份查獲菸品即有76萬3,473包之多。其中二件為大宗販賣或走私白牌菸計70萬8,940包；查獲情形，一為台南市政府會同海巡署台南第一機動查緝隊，於台南市安南區一處倉庫內查獲走私白牌菸25萬9,940包；一為關務署高雄關及高雄市政府查緝人員在高雄港70號碼頭，查獲轉口櫃輸入的白牌菸44萬9,000包[7]。近年走私白牌菸成為輸入私菸罪之新興態樣，行為人以「少量進口，大量走私」方式矇混通關，即以少量菸品報關，取得完稅證明後，再另外夾帶大量私菸入境，藉以逃避菸稅、健康稅等稅捐，再以自有品牌在國內低價銷售[8]。可知，此類走私菸品案件數雖不多，但每次查獲的數量卻十分可觀。兩案同屬走

---

[7] 財政部國庫署，財政部104年截至8月底止查獲涉嫌違反菸酒管理法查緝成果，http://www.nta.gov.tw//，瀏覽日期，2016年1月10日。

[8] 范國勇，海峽兩岸查緝菸品走私體制與法規之探討，收錄於趙守博教授七秩華誕祝賀論文集，元照出版有限公司，2011年4月，頁106。

私菸品，後續處置方式，依菸酒管理法規定，卻截然不同。

一、藏匿私菸行為處罰問題

輸入私菸罪之要件及處罰已如前述，走私白牌菸屬菸酒管理法第6條第4款之私菸，一有輸入行為且非屬自用，行為人即構成犯罪，須負刑責。輸入後藏匿倉庫內，再伺機運送至目的地，被查獲時，因犯行未發生在國境線上或航行中之船舶內，而係國境內某倉庫中，屬藏匿走私菸品行為，依菸酒管理法第46條第1項規定，僅得處以新台幣3萬元以上50萬元以下罰鍰，若查貨物查獲現值超過50萬元者，則予加重，依查獲時現值處一倍以上五倍以下罰鍰，最高不得超過600萬元。因此，不涉刑責的結果，查獲後僅由地方政府依查獲現值作為行政裁罰標準。從走私行為看來，同屬部分階段行為，卻從輕處罰，忽視藏匿走私菸品與菸品輸入行為關係密切的問題。

二、販賣私菸行為處罰問題

在查獲販賣私菸案為例，民國101年3月14日，雲林縣警察局會同海巡署雲林查緝隊以及雲林縣政府查緝小組等人員，查獲某甲經營2間商店販賣私菸共計2400包，經送請進口業者檢驗結果，該批菸品因屬專供日本或台灣免稅商店銷售之未稅真品，不得在一般商店販售，依實務見解，屬於菸酒管理法第6條所稱之未經許可輸入之私菸，行為人只有販賣行為，為行政不法，依菸酒管理法第47條前段、第58條等規定，科處罰鍰新台幣45萬2,750元，並沒入菸品（高雄高等行政法院101年訴字第465號行政判決參照）。目前此類將機場或離島免稅菸品於市場販售成為新興走私態樣之一[9]，行為人利用海關對菸品免稅政策實施的走私行為，主觀犯意也是在逃避稅捐，再在境內低價販賣獲取不法利益，查獲時，超過一定數量，亦應視為刑事犯，才屬合理。此項立法可參考大陸刑法第154條第2款規

---

[9] 謝志東，私劣菸品查緝心得分享報告，刊於第8屆台灣菸品走私問題及市場現況研討會，2014年9月4、5日，頁93。其他違法態樣尚有：白牌菸、外銷回流菸、幽靈菸、逾期變造菸及仿冒菸等不法走私行為。

定，未經海關許可並且未補繳應繳稅額，擅自將特定減稅、免稅進口的貨
物、物品，在境內銷售牟利者，視為走私罪，依同法第153條有關走私普
通物品罪科處刑責。

三、運輸私菸行為處罰問題

比較特殊的是運輸行為，例如：民國101年7月18日凌晨一時許，基
隆市政府會同海巡署查緝人員、基隆港務警察局及基隆市警察局等單位人
員，於某日治時期遺留之廢棄坑道旁，查獲正在搬運私菸之行為人數名，
並在坑道內取出338箱（169,000包）未稅私菸，另於距上開廢棄坑道七公
里外之道路旁，攔查接應小貨車，並於該車上查獲搬自該廢棄坑道之私
菸162箱（81,000包），遂認定行為人等共同運輸未經許可輸入之未稅私
菸共計500箱（即25萬包），違反菸酒管理法第47條規定，科處行為人等
二人各新台幣562萬5千元罰鍰（台北高等行政法院103年度訴字第1451號
行政判決參照）。類似的案件，如：民國101年5月20日，查緝人員於停
靠在宜蘭縣蘇澳南方澳漁港內之（久未使用）漁船上查獲未稅私菸共計
288,500包，及準備上工搬運之行為人等三人，遂認定行為人輸入私菸藏
放漁船內，最終目的欲運輸他處販賣圖利，犯行仍屬運輸行為，依菸酒
管理法第47條及第58條等規定，科處罰鍰新台幣1,298萬2,500元（台北高
等行政法院101年度訴字第2042號判決）。行為人運輸他人走私入境之私
菸，數量均十分龐大，卻只科處行政罰，凸顯走私階段行為割裂立法之不
妥。

由上開各例可知，不論販賣、藏匿或運輸私菸行為，雖不屬直接進出
國境進行走私菸品活動，卻與走私行為有密切關聯，對走私犯罪同樣具有
社會危害性，因該等行為對輸入之私菸犯行有幫助作用[10]，處以行政罰實
不足以嚇阻該類走私行為。

---

[10] 梁爭，走私罪研究，法律出版社，2013年3月，頁77。

四、懲治走私相關處罰規定與借鏡

　　回歸作為基本規定之懲治走私條例第3條第1項規定作對比，行為人若有運送、銷售或藏匿走私物品等行為，應處五年以下有期徒刑、拘役或科或併科新台幣150萬元以下罰金，菸酒管理法中，上述三類不法行為亦應視為走私行為特別加重刑責規定，較為合理。其中，運送走私物品罪，實務見解從寬解釋，並不以運送他人所有或持有之走私物品為限，即為自己運送者，亦包括在內（最高法院84年台上字第2525號判例要旨參照）。至於運輸行為，依實務見解，係指行為人基於運送之意思，將犯罪構成要件所定之物品，從甲地移至乙地而言，自運送過程觀之，雖行為人對於該物具有實力支配關係，但所重者，係二地間之距離與運輸之作用、目的，而由於運輸之作用，伴有擴散物品之現象、結果，立法者有時特別加重刑責，以之與製造、販賣並列之情形（最高法院100年度台上字第5121號刑事判決要旨參照）。更認為「運輸」應較「走私」意義更廣，係指轉運輸送而言，不以國外輸入國內或國內輸出國外者為限，其在「國內運送」者，亦屬之。至於運輸之動機、目的是否意在為己或為他人，運輸之方式為海運、空運、陸運或兼而有之，均非所問（最高法院94年度台上字第2845號刑事判決參照）。如前述例子可知，若依懲治走私條例第3條第2項規定，私梟利用三年未出港之漁船作為運輸私貨之中繼站，輾轉接駁私貨，再伺機將私貨運往他處，等同參與運輸過程之一部分，應科以刑罰。再者，菸酒管理法與毒品危害防制條例對於運輸私菸私酒、劣菸劣酒與毒品均在禁止之列，菸酒管理法之運輸態樣應與毒品危害防制條例做相同解釋，情節嚴重者，處以刑罰。販賣、藏匿私菸同屬走私後續的一環節，販賣或藏匿走私菸品之人，雖非輸入走私菸品行為人，不法行為卻是境內買入或藏匿走私菸品再販售，屬前階段輸入行為的一種延續，若不處以刑罰，則忽略該行為屬幫助走私行為之作用。換言之，若無運輸、銷售、藏匿等行為之介入，走私之菸品將無法迅速銷售和擴散，走私行為人也無法經由此類行為方式而獲得非法利益。

　　因而，應將此三類行為入罪化，如此才能阻斷走私菸品在境內運

輸、販賣或藏匿的管道，達到禁止走私菸品在境內非法流通之目的。至於入罪之標準，仍應考慮「一定數量」之結果要件，菸酒管理法第46條但書既規定：「……查獲物查獲現值超過50萬元者，處查獲時現值一倍以上五倍以下罰鍰，……」可知，立法者似認定查獲私菸現值超過新台幣50萬元，屬重罰起算的標準，同樣地，亦可評價為達到刑事犯的標準。由於後續的運輸、銷售或藏匿私菸行為，同樣具有社會危害性，查獲現值超過新台幣50萬元，不僅對國內稅捐制度造成實際損害結果且屬嚴重程度，因此，以走私菸品本身的價格計算作為入罪的標準，併應將犯罪類型依序列為優先排列，第45條規定輸入逾一定數額私菸、私酒罪，第46條規定販賣、運輸、藏匿前條之私菸、私酒罪，第47條規定輸入重大有害人體健康劣菸、劣酒罪，再規定其他行政不法類型，立法體例上方屬合理、合邏輯。

陸、結論

　　菸酒管理法之輸入私菸罪，所侵犯的既是國家的對外貿易管制制度，又是國家稅捐徵收的制度，其與懲治走私條例之走私逾一定數量之農漁產品進口罪所侵犯的法益相同，所不同者，後者屬限制、限量進口，且涉及的是國家關稅徵收的制度，法定刑也較重，可處七年以下有期徒刑。前者雖然屬有期徒刑三年以下之輕罪，其構成要件卻採行為犯之立法模式，認為行為人未經許可攜帶菸品入境，除少量自用外，不論數量多寡、情節是否嚴重，是否具有社會危害性，一律均須科以刑罰，與保護國家稅捐目的實毫不相關。

　　輸入私菸罪之走私行為，事實上屬涉稅走私罪行為，也屬走私犯罪最常見的類型，行為人利用跨境走私，逃避海關檢查及稅捐的情況也愈來愈普遍。因此該罪之入罪標準，也應考量行為人走私菸品的價值大小、逃漏稅額多少和其他情節，作為劃分刑事犯與行政犯之界限，不應將所有的輸入私菸的行為都認為應受刑事處罰，更不能與走私毒品、槍砲罪罪質相提

並論，沒有數量存在的問題，此應為立法缺失。就同樣罪質屬逃稅之走私農漁產品罪而言，依懲治走私條例及行政院公告規定，以走私物品完稅價格作為走私罪行為界定標準，走私農漁產品完稅價額超過新台幣10萬元者或重量超過1千公斤者，始成立犯罪，未超過該項數額者，則由海關緝私條例處罰。輸入菸品罪之入罪標準，亦應準用達到一定數量之社會危害結果作為依據，畢竟菸品屬國家許可進口的物品，該罪門檻可較寬鬆，可依查獲現值超過新台幣50萬元（參照菸酒管理法§46但書規定，行政不法重罰起算數量，已達社會危害嚴重程度，移作刑罰標準，以與走私農漁產品罪之標準作區別）成立犯罪。未超過者，另增訂輸入未逾此數額之行政處罰規定，不適用海關緝私條例。

再者，走私行為實行走私罪的行為方式各不相同，所實施的途徑亦多樣性，一般可分為通關走私行為、繞關走私行為、後續走私行為及準走私行為[11]。懲治走私條例立法體系完整，包含各類犯罪行為。反觀菸酒管理法中，僅將輸入私菸、私酒罪、產製、輸入有重大危害健康之劣菸、劣酒罪列入處罰，卻將屬於後續走私行為的運輸、販賣、藏匿私菸行為，認屬情節輕微的走私行為，不論數量多寡，均科處行政罰，只有加重處罰之規定而已。該項立法忽略後續階段行為之社會危害性，亦有缺失之處。

走私犯罪行為必定結合數階段行為，才能完成。試從海上接駁作法觀察，其犯行完整實行，本質上有其連貫性，而在時序上可分為採買，裝船、載運並進而進出我國國境等前後階段；待入境後，再分為藏匿、運輸、販賣等階段行為，作為走私後續的一環節，如此才能將走私物品迅速銷售和擴散，並獲取不法利益。因此該類後續行為，依實務見解認定，具有幫助走私犯罪之性質，也是常見走私類型之一。由目前境內查獲常見走私菸品態樣可知：白牌菸屬於大宗，其次如外銷回流菸、幽靈菸、逾期變造菸、免稅菸品轉售，仿冒菸為數也不少，這些菸品若未在國境線上查獲，一旦成功入境後，仍須經由後續途徑延續走私行為，以達到逃稅目

---

[11] 周成瑜，兩岸走私及偷渡犯罪之研究，學林文化事業有限公司，2004年10月，頁50。

的。由於該類行為與走私行為聯繫十分密切，危害性非輕，立法上不應處以行政罰，而應視價值多寡（現值若超過新台幣50萬元），加重刑罰，始能阻斷走私菸品在境內銷售的管道，並達到禁止走私菸品在境內市場上非法流通之目的。

最後，在立法體系方面，菸酒管理法將行政罰與刑事罰混雜在同一條文或先行政罰後刑罰之規定，迥異一般附屬刑法立法模式——「先刑事、後行政」之編排方式。此類立法較少見諸其他法規，似有不合邏輯之處，亦應全面調整排序。個人建議，於該法罰則第45條規定為輸入逾一定數量私菸、私酒罪；第46條規定販賣、運輸、藏匿（或陳列）前條之私菸、私酒罪；第47條規定產製、輸入重大有害人體健康之劣菸、劣酒罪，再依序規定其他相關行政不法類型及處罰。須作大規模增訂刑事犯類型並提高法定刑，以與同為走私罪之懲治走私條例規定相同，亦能配合世界衛生組織「消除菸草製品非法貿易議定書」對打擊走私菸草製品非法貿易之要求。

參考文獻

1. 李河主編，妨害海關監管犯罪的定罪與量刑，人民法院出版社，2001 年 5 月。

2. 林鈺雄，新刑法總論，元照出版有限公司，2006 年 9 月。

3. 周成瑜，兩岸走私及偷渡犯罪之研究，學林文化事業有限公司，2004 年 10 月。

4. 周成瑜，海上走私犯罪類型與執法之研究，收錄於海事刑法論，學林出版有限公司，2003 年 9 月。

5. 范國勇，海峽兩岸查緝菸品走私體制與法規之探討，收錄於趙守博教授七秩華誕祝賀論文集，元照出版有限公司，2011 年 4 月。

6. 梁爭，走私罪研究，法律出版社，2013 年 3 月。

7. 謝志東，私劣菸品查緝心得分享報告，刊於第 8 屆台灣菸品走私問題及市場現況研討會，2014 年 9 月 4、5 日。

8. 蘇俊雄，刑法總論 I，國立台灣大學法學院圖書部，1998 年 3 月。

16

大陸勞動教養廢止後輕微案件
處遇措施之研究

廖尉均[*]

祝壽文

自幼時略識之無，便知道我有一對不平凡的父母，深受他人敬重。及長，因追隨家父腳步，研習刑事法學入門，從大學的刑法總則開始，到研究所的刑事訴訟法專題研究、刑事政策專題研究，生我育我的父親，也成為傳道授業解惑的恩師。在我碩士班時期，家父辭卸公職，成立向陽公益基金會、海峽兩岸法學交流協會，也接下前輩師長的擔子，擔任刑事法雜誌社基金會董事長，家父仍秉持積極任事，回饋社會的本心，公益事業、法學專業與兩岸工作備受肯定，愈做愈多，包括兩岸交流史上最盛大的活動──2002年陝西西安法門寺釋迦牟尼佛指舍利來台巡禮、兩岸第一次部長級高峰論壇──2006年第一屆海峽兩岸法學論壇、倡議推動2008年共同打擊犯罪與司法互助協議、大陸司法考試對台開放、2009年開始與大陸最高人民法院共同合辦海峽兩岸司法實務研討會、2010年起受大陸官方委託，負責大陸司法考試報名及考務工作、同年舉辦法門寺地宮文物大展、2011年大陸刑事訴訟法修正前，與中國政法大學合辦

[*] 海峽兩岸法學交流協會秘書長、中國文化大學法律系兼任講師、北京大學法學博士班肄業、台北大學法學博士班肄業、台北大學法學碩士。

「當代刑事訴訟法之展望」研討會、協助大陸司法改革……等，家父均是以一己之力主辦，號召眾人參與，每一項工作都締造歷史，創造實質結論與影響力。然而，民間資源畢竟不若政府首長的待遇配屬，家母經常心疼家父辛勞，作為唯一沒有負笈國外求學、始終賴在身邊的女兒，便義無反顧的肩負起小秘書的職責。我在家父身邊學習十餘年，跟隨他無役不與，與其說是在分擔他的辛勞，毋寧說是在他身邊耳濡目染，見證他慈悲圓融的人格，嚴謹周到的處事，高瞻遠矚的見地。同時身為女兒、學生、下屬，經常覺得，我應該是前世修行有道、行善無數，今生才能有如此非凡的幸運。

家父最為人熟知的政績，便是在法務部長任內，雷厲風行的治平專案掃黑，將黑道大哥以直升機送到綠島羈押。然而，他並不是嘩眾取寵的人，除了掃黑光環以外，他更是眼光長遠，有許多為生民立命的重要建樹，包括引入兩極化刑事政策、修復式正義、所有人的正義等外國先進理念，檢討並改進台灣的刑事政策，以其深厚的刑事法學專業，為台灣的刑事法一體化，奠定此二十年來刑事政策、刑法與刑事訴訟法的基礎。還有改革獄政、立法保護被害人、推動人民期待的司法改革等。這些大刀闊斧的法治建設，在在顯示他的前瞻與魄力，其遠見與能力，幾可說無人能出其右。近年來台灣治安敗壞，各種犯罪型態層出不窮，愈演愈烈，每一次都對社會造成嚴重的創傷。至今仍有許多前輩先進，對於當年他倡議並主導設立國家級犯罪研究院，最終受到行政院阻撓，而至人去政息，深感遺憾。

家父從二十歲，台灣大學法律系二年級開始，連續三年通過司法官高考、留學日本考試、律師高考，此一記錄，至今無人能破，被他的同學稱為每考必中的「廖高考」；在我們這些法界後輩學子的口中，成了難以望其項背的「天才兒童」；只要上過他的課，學生都知道他是「活六法」、「移動圖書館」。台灣民眾對家父最深刻的形象，便是正氣凜然的「掃黑英雄」、「廖青天」，也是民調始終

居冠，深受愛戴的「第一名部長」；亦曾有人形容他是台灣的「福澤諭吉」，開創了法治的新時代。與他共事過的同僚部屬，都知道他總是有讓人流淚歡送的魔力。除了前述大家的印象，做為女兒，我更目睹感受他重情至性的一面。家父對先祖父母向來事親至孝，每日晨昏定省；與台灣大學法律系同班同學的家母深情相守，彼此依賴甚深，至今仍會牽手散步，在雨中撐傘相擁。去年家母身體違和，家父雖然保持樂觀積極的態度，鼓舞家母，但自己也暴瘦數公斤，身形憔悴。雖不言表，其擔憂亦形於色，親友看到都於心不忍。

家父的人格、行事、學識與眼界，是我一輩子仰之彌高的境界，難以達其一二。有別於許多人係因職位受到禮遇，家父則是以他的人格得到敬重，所以離開公職已近二十年，所到之處，仍是民眾熱烈歡迎，永遠的「廖部長」。人生至今七十年，不論在朝在野，家父將自己奉獻給國家社會與人民，總是在思考如何為台灣的未來與後代子孫籌謀奠基，以求百世昌平，如今仍在思考規劃具有公信力的國家級公平正義整合機構，推動「所有人的正義」，退休生活益發忙碌。今逢家父古稀大壽，感謝祝壽論文集總召集人蔡德輝校長、刑法、刑事訴訟法、犯罪學與刑事政策三卷的召集人及各位作者，對家父七十大壽的誠摯祝福，邀稿過程中，各位老師的熱情響應與支持，實令我銘感五內；祝壽論文研討會當天，特別撥冗出席，向家父致賀的謝文定院長、顏大和總長、洪德旋委員等貴賓，都使家父的七十大壽更加光彩喜悅。看到他一整天面帶笑容，度過了祝福滿載的壽辰，對各界長官前輩友人的愛護，無任感荷。

嘗聽人云，為人子女有兩種，一種是來討債，一種是來報恩。在家父七十大壽之年，願我們五個女兒與三個孫子女，承接父母的無限恩德，今生都是來報恩的子孫。謹以祝壽論文集之出版與拙文，敬祝我最愛的父母親健康長壽，平安如意，恩愛永恆！

目　次

壹、前言

　　2013年11月12日，中國共產黨十八屆三中全會通過的《中共中央關於全面深化改革若干重大問題的決定》明確提出，廢止勞動教養制度，完善對違法犯罪行為的懲治和矯正法律，健全社區矯正制度。2013年12月28日，大陸第十二屆全國人大常委會第6次會議通過了《關於廢止有關勞動教養法律規定的決定》（以下簡稱《廢止決定》）。被廢止的兩部法令，為1957年8月全國人大常委會批准的《國務院關於勞動教養問題的決定》、1979年全國人大常委會批准的《國務院關於勞動教養的補充規定》，即勞動教養制度的基本依據。

　　中國大陸刑法總則第13條但書規定：「一切危害國家主權、領土完

整和安全，分裂國家、顛覆人民民主專政的政權和推翻社會主義制度，破壞社會秩序和經濟秩序，侵犯國有財產或者勞動群眾集體所有的財產，侵犯公民私人所有的財產，侵犯公民的人身權利、民主權利和其他權利，以及其他危害社會的行為，依照法律應當受刑罰處罰的，都是犯罪，但是情節顯著輕微危害不大的，不認為是犯罪。」再者，同法分則各種犯罪之規定，大多數均有「數額較大」、「情節嚴重」等形式要件。易言之，即使行為該當於構成要件，因為數額或情節未達刑法分則之罪量要素標準，或因「情節顯著輕微危害不大」，根本不構成犯罪。有鑒於此，刑法學界普遍認為中國大陸刑法的輕罪範圍，已被前述規定限縮或架空。有關輕微不法行為之處遇，曩昔係透過治安管理處罰法與勞動教養之規定銜接補充，如今勞動教養被廢止，輕微不法行為之處遇，便值得探討。

　　勞動教養案件，於勞教廢止後，應按該行為之社會危害性與法益侵害性，區分其類型。如為具有刑事不法性之輕罪行為，宜納入刑法，建立輕罪體系處罰；如具有行政不法性，則應以行政法規制；甚或因欠缺不法性，或基於刑事政策、刑罰目的等考慮，以不進入司法體系為宜，而採用轉向處分，處遇方式不一而同。非難或矯治措施之執行，對於行為人人身自由、教化機能、社會復歸均有重大影響，因此，本文擬對原勞動教養規範之輕微不法行為，研擬其適當之處遇方式。

貳、勞動教養制度簡介

　　中共中央在 1955年8月25日發布了《關於徹底肅清暗藏的反革命分子的指示》（以下簡稱《指示》），在機關、企事業單位內部開始了清理反革命分子的運動。對清理出來的「反革命分子」和其他「壞分子」，《指示》第六點作出了如何處理的規定：「對這次運動中清查出來的反革命分子和其他壞分子，除判處死刑的和因為罪狀較輕、坦白徹底或因為立功而繼續留用的以外，分兩種辦法處理。一種辦法，是判刑後勞動改造。另一種辦法，是不能判刑而政治上又不適於繼續留用，放到社會上又會增加失

業的，則進行勞動教養，就是不判刑，雖不完全失去自由，但亦應集中起來，替國家做工，由國家發給一定的工資。」某種程度上，這是勞動教養制度的最初依據，即不判刑，但卻將被勞教人員集中起來進行勞動並發給一定的報酬，從而達到改造的目的[1]。據瞭解，勞動教養制度所依據的該《指示》，是依照1954年憲法第100條的規定為基礎設立[2]。該條的內容是：「中華人民共和國公民必須遵守憲法和法律，遵守勞動紀律，遵守公共秩序，尊重社會公德。」

　　1956年1月10日，中共中央又發布了《關於在各省、市應立即籌辦勞動教養機構的指示》。勞動教養制度在法律規範上的真正依據則是經第一屆全國人大常委會第78次會議批准，1957年8月3日由國務院正式頒布的《關於勞動教養問題的決定》（以下簡稱《決定》）。至此，勞動教養制度的依據也由黨的政策上升為具有法律效力的國務院的行政法規——《決定》。從《決定》的內容來看，其目的是為了把遊手好閒、違反法紀、不務正業的有勞動力的人，改造成為自食其力的新人。同時，《決定》對勞動教養的性質作出了明確規定：勞動教養是對被勞動教養的人實行強制性教育改造的一種措施，也是對他們安置就業的一種辦法。由此可見，當時的勞動教養制度主要是作為一種維持社會穩定的政治手段，而不是如今現實中已畸形化的「准刑罰」制度。

　　文革以後，經第五屆全國人大常委會第12次會議批准，1979年12月5日國務院公布了《關於勞動教養的補充規定》（以下簡稱《補充規定》），並將1957年頒布的《決定》重新發布實施，勞動教養制度便得以重建。1980年國務院公布了《關於將強制勞動與收容審查兩項措施統一於勞動教養的通知》，將強制勞動與收容審查一併歸入勞動教養，「對有

1　參見趙秉志、楊誠主編：《中國勞動教養制度的檢討與改革》，中國人民公安大學出版社2008年版，頁2-3；姜金方：「勞動教養制度的法制歷程及現實問題」，載儲槐植、陳興良、張紹彥主編：《理性與秩序——中國勞動教養制度研究》，法律出版社，2002年版，頁33。

2　參照朱征夫等七位廣東省政協委員聯名提出之《關於在廣東省率先廢除勞動教養制度的提案》，2003年。

輕微違法犯罪行為、尚不夠刑事處罰需要進行強制勞動的人,一律送勞動
教養」、「對於有輕微違法犯罪行為又不講真實姓名、住址、來歷不明的
人,或者有輕微違法犯罪行為又有流竄作案、多次作案、結夥作案嫌疑需
收容查清罪行的人,送勞動教養場所專門編隊進行審查」。勞動教養在一
定程度上包含了其他的羈壓性措施。1982年國務院轉發了公安部《勞動
教養試行辦法》(以下簡稱《試行辦法》),共有十一章六十九個條文。
這是政府頒布的關於勞動教養最為詳盡具體的規範性文檔,標誌著勞動教
養的基本定型。之後公安、司法機關也作出一些規章性檔或司法解釋,如
1984年3月公安部、司法部聯合發布的《關於勞動教養和註銷勞教人員城
市戶口問題的通知》;1987年最高人民檢察院制定的《人民檢察院勞教
檢察工作辦法(試行)》等等。此時的勞動教養已經演變成了一種輕於刑
罰的處罰措施,而不再僅僅是一種基於政治改造而可以提供工資的集中勞
動、教育和改造的手段[3]。

參、理論基礎

　　行為之處罰,以責任為基礎,即所謂「無責任即無犯罪」,「無責
任即無刑罰」。同時,為求刑罰能適當反應責任高低,所以要求罪刑均衡
相適應。為發揮懲罰非難或教化矯治之作用,以達到減少犯罪之目的,在
不違以上原則之範圍內,刑法採取嚴格化或輕緩化,偏重於一般預防與特
別預防,經常隨著社會變遷而流動。對於輕微不法行為處遇模式之理論基
礎,除了古典學派乃至近代學派的刑法及犯罪學基礎理論發展,晚近更有
一些理論與實務經驗的支持。茲說明如次。

---

[3] 林峰、王書成,中國勞動教養之流變、困境與出路——與《公民權利與政治權利
　　國際公約》的銜接,刊載於《香港社會科學學報》,第38卷,2010年第1期(春/
　　夏)。

一、新社會防衛論

　　「社會防衛」一詞最先由刑事實證學派於19世紀末期提出，就其本義而言，係指保護社會免受犯罪之害。19世紀以前的刑事古典學派的刑罰理論，產生於否定封建刑罰制度的基礎，並因此在為近代刑罰尋求合理性的根據，包括報應主義和功利主義刑罰理論。社會防衛思想在客觀主義強調應報主義及一般預防理論之思潮下，亦以嚴屬打擊犯罪的刑法制度基礎為主要內容，直至19世紀末期，修正客觀主義的主觀主義興起，義大利實證主義學派對於當時刻刑法體制採取猛烈抨擊，認為舊刑法制度不能有效地承擔起「社會防衛」的職責。此時期的德國刑法學者李斯特（Franz Ritter von Liszt）在刑罰的目的上反對「報應刑論」，竭力宣導「社會防衛論」，強調以預防再犯罪和保護社會為目的。李斯特認為，刑罰雖然是與犯罪作鬥爭的重要手段，但不是唯一的手段；主張廣泛地適用保安處分或預防性措施，主張執行刑罰要適應不同人的所謂個別化原則。反對短期監禁，提倡緩刑、不定期刑、罰金和假釋等制度。

　　就在前述背景下，馬克‧安塞爾（Marc Ancel）於1950年第12次國際刑法及刑務會議上，作為法國代表，發表《人道的社會防衛》的報告，提倡「新社會防衛論」。新社會防衛思想是刑事古典學派與刑事實證學派論爭的產物，調和了刑事古典學派和刑事實證學派的矛盾。新社會防衛論並不否定刑法，也不主張社會防衛法取代刑法[4]，只是通過對傳統的刑法修正，將社會防衛內容包括在刑法之中，使其變成「非刑化」體系。新社會防衛運動的努力方向應是「擺脫監獄」。為此，安塞爾提出以下監禁刑替代方法：1.在保留傳統的監禁制度前提下改變絕對的關押方法。如建立「開放監獄」、實行週末監禁等。2.擴大緩刑和假釋的適用。3.推廣前蘇聯的「不剝奪自由的勞動改造制」和英國的「公益勞動制」。4.適當運用

---

[4] 日本學者認為，只有在法治國家才能理解新社會防衛論。因為在法治國家採取罪刑法定主義，「無法律則無犯罪」。所以新社會防衛論維持近代罪刑法定主義原則，並不是「使刑法非法律化」。參見八木國之編，《刑事政策原論》，日本酒井書店版，頁14。轉引自康樹華，新社會防衛論評析，刊載於當代法學，1991年第4期，頁68。

罰金刑替代短期監禁刑，可採用「日額罰金制」等方法對罰金刑進行改造。

　　在機構及非機構處遇方面，從近代學派的主觀主義發展出來，後為新社會防衛論發揚之行刑社會化理論主張，監禁刑是一種剝奪罪犯自由，將罪犯置於監獄進行隔離、改造的刑罰。刑罰執行的目的是懲治犯罪、實現社會正義，同時兼顧矯正犯罪人，促進犯罪人再社會化的需要，亦即同時反映了報應性本質與教育性本質。兩相比較，矯正罪犯、促其復歸社會的教育性本質更具有終極意義和價值。然而，傳統監禁刑的再社會化手段，是透過強制教化的過程，罪犯被置於與正常社會環境相去甚遠，完全封閉、高度警戒、管理森嚴的機構中，按照一套特別的規則慣例，對其進行改造，罪犯因此斷絕了與社會的接觸聯繫，喪失了社會化的基本條件和環境，因此，犯人的「監獄化」現象就不可避免，這種結果，將與「使犯罪人再社會化」的目標相違背。1980年聯合國第六屆關於犯罪預防和罪犯待遇大會（the Prevention of Crime and the Treatment of Offenders）的工作報告也指出：監獄的特性與使犯罪人康復的功能具有內在矛盾性，監獄違反了人類的本性，監獄使囚犯的人格感削弱。監獄不可能使犯罪人過一種守法的生活，也不能減少犯罪率，應當尋求「獄外」或「不用監獄」來改造罪犯[5]。因此，應使犯罪人不脫離社會，實行刑罰執行的社會化，達成矯正的最大可能。與傳統的單一化的監獄改造相比，非監禁刑彰顯了行刑社會化及司法文明化、人道化，是對傳統的監獄行刑方式的重大變革[6]。

　　新社會防衛思想努力突破傳統的刑法領域，在刑法領域之外尋求更廣泛、更有效的法律補救辦法，建立一個綜合又完善的刑事政策體系，主張將傳統刑罰與保安處分融合成一個統一的處罰制度。對所有犯罪人應儘量避免千篇一律地適用監獄刑，重在預防措施。在此基礎上，安塞爾提出了非刑事化思想。非刑事化思想在新社會防衛論中占據重要地位，內容概括起來主要為：1.非犯罪化，將某些無刑罰意義之罪名從刑法中廢除，以

---

[5] 轉引自謝望原，歐陸刑罰制度與刑罰價值原理，中國檢察出版社，2004年，頁8。

[6] 錢葉六、鄧文莉，非監禁刑的理論根基與中國擴大非監禁刑適用的必要性，刊載於貴州民族學院學報（哲學社會科學版），2007年第5期，2007年10月28日，頁72。

便集中力量對付其他新型犯罪。2.非刑罰化，在不取消罪名的情況下，改變刑罰的適用，即使成立犯罪，亦不受到刑罰。如免予刑事處分等。3.受害人化，即對刑事案件首先站在被害人立場，對於損失做出評估，責令侵害人或社會專門組織（如受害人賠償委員會）對受害人進行賠償。4.社會化，預防犯罪問題不應侷限在刑法學和刑事政策學範圍內，應統一適用於整個刑法哲學和社會政策學，用全社會的力量來保衛社會及罪犯人權。

新社會防衛思想在國際刑事政策領域居於主導地位，聯合國及其下屬機構所制定和發布的一系列關於刑事司法和罪犯控制的國際性檔中，新社會防衛思想得以充分體現。第二十一屆聯合國大會於1966年12月16日通過的《公民權利和政治權利國際公約》，確立了刑事司法領域基本的人權標準，如嚴格限制死刑適用、禁止酷刑和其他殘忍、不人道或侮辱性的待遇或刑罰、無罪推定、不受任意逮捕或拘禁等。法國、日本、英國、美國、俄羅斯等國的刑事立法也深受安塞爾新社會防衛思想的衝擊和影響[7]，是近代刑法非犯罪化、非刑罰化的重要依據。

二、兩極化刑事政策（寬嚴相濟刑事政策）

在新社會防衛思想理論支持下，西方國家開展刑罰輕緩化、人道化、個別化的教育矯正刑。然而，多年的行刑實踐證明，教育矯正刑並未發揮預想的功能，監獄頻頻發生暴動以及假釋出獄的人不斷犯下更嚴重的罪行，法學家意識到一味輕緩的刑事政策並不能達到預防犯罪的目的，需要通過嚴格的刑事政策來遏制這些嚴重的犯罪[8]。兩極化刑事政策遂應運而生。

所謂「兩極化刑事政策」，中國大陸學者多稱為「輕輕重重」，即為嚴格的刑事政策與緩和的刑事政策兩者並行。而所謂嚴格的刑事政策，指

---

[7] 杜雪晶，論安塞爾新社會防衛思想的理論內核，刊載於河北法學，2009年第8期，頁170。

[8] 邢裴裴，兩極化刑事政策的背景，刊載於法制與經濟（中旬），2014年第1期，2014年1月，頁108。

的是對於危害社會的重大犯罪[9]或是高危險性的犯罪人,採取重罪重罰的嚴格刑事政策,使其罪當其罰,罰當其罪,以有效壓制犯罪,目的在於防衛社會,有效維持社會秩序。而所謂緩和的刑事政策,指的是對於輕微犯罪或是法益侵害性微小之犯罪[10],以及具有改善可能性之犯罪行為人,採取非刑罰化的緩和手段,以抑制刑罰權之發動為出發點,透過不同階段之「轉向」(diversion),採取各項緩和之處遇措施,以代替傳統刑罰,而達成促使犯罪人回歸社會,並儘可能發揮防止再犯之功效的積極目的[11]。

　　兩極化刑事政策並非僅嚴格的刑事政策以及緩和的刑事政策,所謂的「兩極」,指的是兩極化刑事政策在面對兇惡犯罪或是輕微犯罪時,所採取的兩種趨向嚴格以及輕緩的策略,而對於並非輕微犯罪,亦不屬於兇惡犯罪的中間形態的犯罪類型,則以中間刑事政策來處遇犯罪人,這個部分可以被稱為「中間刑事政策」。森下忠教授在闡述兩極化的刑事政策時,僅以簡單的定義以及範圍,來說明何謂嚴格的刑事政策與緩和的刑事政策,並未特別提出在兩極的刑事政策的中間,被稱為「中間刑事政策」的部分。所謂的「中間刑事政策」,指的是適用一般的、通常的程序以及刑罰來處罰一般的犯罪行為人。二次世界大戰之後,就犯罪行為人或是受刑

9　日本學者森下忠教授所指的「兇惡犯罪」,又稱為「重大犯罪」。森下教授依據日本刑法所定之罪名,說明其內容為殺人罪、殺害直系血親尊親屬罪、殺嬰罪、預備殺人罪、教唆自殺或是幫助自殺罪以及強盜、強盜罪的結合犯、準強盜罪、強姦罪、強姦罪的結合犯、放火罪等。亦即,兇惡犯罪之種類,係以暴力犯罪為核心,而涉及之保護法益,則包括與侵害國民生命、身體、自由、財產等核心基本權相關的各種犯罪,係屬於重大犯罪之範圍,而此類重大犯罪之犯罪人,即成為嚴格的刑事政策之處遇對象。詳參,森下忠,刑事政策の論點Ⅱ,成文堂發行,初刷第1版,1994年9月1日,頁3-4。

10　森下忠教授所指的輕微犯罪或是輕微案件,係指侵占遺失物、輕傷罪、未致傷的暴力犯罪、輕微的交通事故、風俗犯罪、侵害財產法益輕微的案件為主。詳參,前揭註3,頁4-5。前法務部長廖正豪即認為,輕微犯罪可概括包括輕刑犯、過失與初犯等,情節輕微或有改善可能之犯罪,不宜予以機構內處遇者為主。詳參廖正豪,我國檢肅貪瀆法制之檢討與策進──並從兩極化刑事政策看「財產來源不明罪」,刊載於刑事法雜誌,第53卷第4期,2009年8月,頁22。

11　法務部檢討暨改進當前刑事政策研究小組研究資料彙編,法務部檢察司編輯,法務部發行,1999年8月,頁213。

人處罰以及矯正之處遇來看，對於犯罪行為人或是受刑人人權之尊重，以及處遇條件之改善，可以說是中間刑事政策最明顯的特徵。亦即，在世界人權思潮蓬勃發展之當代社會中，中間的刑事政策與嚴格的刑事政策、緩和的刑事政策的界線，可以說是流動的、相對的。因此，兩極化刑事政策是一種完整、高效率的刑事政策，以圖示[12]為：

兩極化刑事政策示意圖		
兇惡犯罪與高危害性犯罪人的處理對策	一般犯罪與犯罪人的處理對策	輕微案件以及低侵害性犯罪人的處理對策
↓	↓	↓
嚴格的刑事政策→	←中間的刑事政策→	←緩和的刑事政策

　　兩極化刑事政策的輕重兩極，並非二律背反，在兩極化刑事政策之整體理解上，重大犯罪或是高危險性之犯罪行為人，應該立於防衛社會，維持社會秩序與整體國民安全公益之立場，對其採取嚴格的處遇方式來防止或是矯正其罪行；而對於侵害法益微小，輕度的過失犯罪，或是危險性小，足以復歸社會，社會觀感上也能接受之輕刑行為人，則儘量利用緩和或是轉向之措施，使其早日復歸社會，回復社會正常生活：在輕重兩端之間的一般犯罪行為人，則依據一般處遇方式，重視其人權，採取正當法律程序，以確定國家刑罰權以及其處罰方式。此三種模式的彈性組合與運用，才是兩極化刑事政策面對社會上各種不同的犯罪以及其型態，可以發揮所長，調和刑事司法資源的真髓所在[13]。

　　兩極化刑事政策在中國具有深厚的歷史淵源和現實基礎。《左傳》中就有「寬以濟猛，猛以濟寬，政是以和」的治國策略之記載，兩極化刑事

[12] 引自廖正豪，我國檢肅貪瀆法制之檢討與策進——並從兩極化刑事政策看「財產來源不明罪」，刊載於刑事法雜誌，第53卷第4期，2009年8月，頁23。

[13] 廖正豪，刑法之修正與刑事政策之變遷，刊載於刑事法雜誌，第50卷第4期，2006年9月，頁12-13。

政策在中國大陸被稱為「寬嚴相濟的刑事政策」[14]。究其內涵，一言以蔽之，即「輕者恆輕，重者恆重」，兩極化刑事政策的基礎概念其實非常明確，主要係在處理犯罪防止以及犯罪人之處遇這兩方面的問題，而較不涉及其他的問題。在「重者恆重」方面，針對重大犯罪、累犯、連續犯，等慢性習慣犯，應長期與社會隔離；在「輕者恆輕」方面，對於輕刑犯、初犯、過失犯，一方面應避免短期自由刑之科處，他方面則應儘量以非機構之處遇方法，例如義務勞務、支付金額、電子監禁、假日服刑等等替代機構內處遇之方式，以期一方面達成處罰之目的（在使犯罪人知錯能改），他方面避免其在機構內沾染惡習，另方面則使其不脫離生活之環境，不致發生社會復歸之困難[15]。

三、恢復性司法

恢復性司法（Restorative Justice），又稱修復式正義，其思想可上溯至中國古代宗法、家族之協調處理所發展出的制度化運作。恢復性司法的起源，概念上來自於紐西蘭原住民族毛利人之統治系統，與加拿大原住民族愛斯基摩社會處理紛爭的回復原狀方法。而加拿大在1970年代的少年事件當中，對於與犯罪被害者和解方案的發展為最初雛形，最著名的就屬1974年在安大略省Kitchener市實驗性的「被害者與加害者和解」（victim offender reconciliation program, VORP）制度，滿足了加害者與被害者的需求，強化了被害者的參加，而非如傳統司法制度，將被害者排除於外。進而更引發紐西蘭領先全球在1989年的少年司法制度法制化（Children, Young Persons and Their Families Act 1989），以及澳洲、加拿大、英國等國家在恢復性司法運動的活絡，並延伸到成人以及重大犯罪的適用。傳統歐陸法系國家，例如德國亦受到此波運動的影響，在1980年代已針對少年事件有所回應，到了1990年的青少年法院法修正，加入了加害者與被害

[14] 梁根林：《歐美「輕輕重重」的刑事政策新走向》，載趙秉志主編：《和諧社會的刑事法治（上卷：刑事政策與刑罰改革研究）》，中國人民公安大學出版社，2006年版，頁554。

[15] 廖正豪，同前註，頁24。

者和解的程序（Täter-Opfer-Ausgleich, TOA）1994年導入成人之普通刑法當中。整個恢復性司法之發展到了1990年代後期，北美至少存有300種，歐洲超過500種被害者與加害者和解方案存在，並有許多關於南半球實施方案的報告。1980年代對於企業犯罪的規制，亦有顯著的恢復性司法改革[16]。

恢復性司法思潮與被害者運動之抬頭，有直接的關係，另一方面，對於處遇模式的反動也是因素之一。例如：美國於1970年代社會復歸思想在刑罰理論上趨於弱勢，並轉而長年實行嚴罰政策之後，其結果是監禁人數顯著增加、短期自由刑增多、三振法案通過嚴懲累犯、死刑復活等等；到了1990年代又開始有些反動，首要的問題就是刑事司法的負擔過重，不論是法院、監獄負荷都急遽上升，並且高再犯率以及收容費用居高不下等問題，證實了此種嚴罰方式的失敗，因而有了早於監獄之前介入的方案、代替收容的社區內處遇政策、維持社會復歸思想的呼聲等等[17]。也是恢復性司法在被害者運動之外的重要影響因素，簡言之，過於嚴罰的思想，其所造成的不是正義的實現，而是刑事司法制度的崩壞，無實益的拘禁，造成再犯率的提升，惡性循環之下，逼迫著政府必須提出另一套制裁制度，以求有效的矯治。

恢復性司法的思維，也在國際社會上受到正式的承認與關注，聯合國1999年對於被害者運動中恢復性司法有所述及，更重要的在2002年經

---

[16] 以上發展歷史，參考：菊田幸一，「少年の修復的正義」，收於所一彦（ほか）編，犯罪の被害とその修復：西村春夫先生古稀祝賀，敬文堂，2002年12月，頁245。高橋則夫，修復的司法の探求，成文堂，初版第2刷，2003年8月，頁74-75。ジョン ブレイスウェイト著：細井洋子、染田惠、前原宏一、鴨志田康弘共譯，修復的司法の世界，成文堂，2008年7月，頁3。柯爾納、鄭昆山、盧映潔，「德國如何在刑事程序中改善被害人的地位──以『行為人與被害人調解制度』為討論重點」，軍法專刊，第49卷第4期，2003年4月，頁23。

[17] 鮎田實，「アメリカ合衆国における修復的司法の現状と問題点」，收於藤本哲也編著，諸外国の修復的司法，第365-367頁，中央大学出版部，2004年12月。藤本哲也，「修復的司法の批判的考察」，收於藤本哲也編著，諸外国の修復的司法，中央大学出版部，2004年12月，頁400-401。

濟與社會理事會《運用恢復性司法方案於犯罪問題的基本原則》[18]宣言草
案的注釋，「恢復性司法方案」是指運用恢復性過程或者目的實現恢復性
結果的任何方案。所謂恢復性程序是指通過犯罪人與被害人之間的協商，
並經過以專業人員或社區志願者充當的中立協力廠商的調解，促進當事方
的溝通與交流，並確定犯罪發生後的解決方案。恢復性結果是指通過道
歉、賠償、社區服務、生活說明等補償被害人因犯罪所造成的物質精神損
失，使被害人的受犯罪影響的生活恢復常態，同時，也使犯罪人通過積極
的負責任的行為重新取得被害人及其家庭和社區成員的諒解，從而重新融
入社區。基於該《基本原則》，刑事案件中使用恢復性司法的準則如下：
1.所謂恢復性司法的方案，指利用修復的程序或是以實現修復的成果作為
目的的方案。2.所謂修復程序，指任何有關於受害者、加害者以及任何適
合的、受到犯罪影響的個人或社區成員積極的一同參與解決犯罪所生的
問題，公正的受到促進者的援助，修復程序可能包含和解、調解、會議以
及量刑圈。3.所謂修復的成果，指因修復程序而達成合意，修復成果包含
回應、補償或賠償方案、社區服務，針對參與者之個別或集體的需求，達
成加害者與被害者的重新整合。4.所謂參與者，指參與在修復程序中，受
犯罪影響的受害者、加害者以及其他集體或社區成員。5.所謂促進者，指
以公平公正的方式促進為主要工作，參與在修復程序中的成員[19]。上述定
義，已成為國際間對於恢復性司法的基本理解，發展上也不離此範疇。

　　恢復性司法犯對刑罰，嘗試以各種替代刑罰的方式[20]，修補被害人的
損失，強調犯罪人對其造成的損害後果承擔責任，關注被害人所遭受的損
失，旨在構建一個使犯罪人和受害人乃至所有受到犯罪行為影響的社區成

[18] 《聯合國關於在刑事事項中採用恢復性司法方案的基本原則》，刊載於《恢復性司
法專家組會議報告》，聯合國預防犯罪和刑事司法委員會第十一屆會議，2002年4月
16-25，維也納。轉引自於改之、崔龍虢，恢復性司法理論及其引入與借鑒，刊載於
政治與法律，2007年第4期，註2。

[19] 聯合國預防犯罪與刑事司法委員會網站資料：http://www.unodc.org/pdf/criminal
justice/Basic Principles on the use of Restorative Justice Programs in Criminal Matters.pdf，
最後瀏覽日期：2013年7月5日。

[20] 劉東根，恢復性司法及其借鑒意義，環球法律評論，2006年第2期，頁237。

員進行對話的平臺，並通過一系列制度設計，將犯罪人和受害人組織起來，直接溝通和協商的一種犯罪反應方式。基於此種理念，犯罪人的行為處遇朝向非機構監禁的機構外矯正措施，或其他轉向的替代措施，以助被害人得到補償，亦有利於犯罪人之矯正以及復歸社會。

恢復性司法強調犯罪者在承擔責任時要彌補其造成的損害，給受害者、犯罪者和社區提供面對面交流的機會，確定並解決受害者的需要，尋求一種合理的方式來進行修復、賠償以及幫助犯罪者重返社會，並預防將來可能發生的損害。社區會議提供了一個平臺以修復犯罪造成的損害，促使雙方的原諒、理解和寬容，避免社區矛盾日益嚴重，使社區中的各方都得到滿意的處理結果，同時也對犯罪人產生教育和感化作用，防止潛在再犯之危險。

論者認為，所謂恢復性司法的概念，截然不同於傳統二元的犯罪制裁體系，是所謂刑罰、保安處分以外的第三種針對犯罪行為的法律效果，也有稱為「第二軌道」[21]，然而，審視刑事刑罰，基本上就是剝奪法益為手段的制裁，而所謂保安處分，是基於社會保安的必要，以強制手段的司法處分，兩者的共通點，就是對於國家對於人民基本權利的壓抑，不論其名稱為何，從法律效果來觀察，基於基本權保障的原則，在法治國架構底下，只要是對於基本權的侵害，都被推定違憲，國家勢必要取得合憲事由，才得以實施，而最基本的形式阻卻違憲事由就是法律保留，因此我們可以看到刑法必須臚列所有的制裁方法，也就是罪刑法定原則。因此，即使認為恢復性司法不是一個傳統的紛爭解決機制、社會控制手段，仍然必須面對其協議結果侵害基本權的本質，而不是透過名詞解釋，閃避合憲事由的監督，職是之故，即使恢復性司法有各種方案，並取得加害者與被害者雙方的同意，仍須重視協定程序與內容的法制化，否則難逃法治國下對基本權保障的疑慮。

恢復性司法的另一項問題是對於無罪推定的違反，雖有論者主張因為有自願性作為前提，被告在刑事程序中的防禦權沒有受到剝奪，但學者認

---

[21] 柯爾納、鄭昆山、盧映潔，前揭註16，頁23。

為恢復性司法是透過轉介，不在刑事訴訟程序中進行，所謂的防禦權根本沒有作用[22]，並且加害者來自於法庭參與者的壓力下，讓訴訟程序充滿風險，其中以一旦拒絕修復建議的負面印象作用最為嚴重。惟，無罪推定原則並非當事人所得以處分的目標[23]，為減少恢復性司法對於無罪推定的衝擊，將轉介程序設置在明確認定犯罪，心證超越合理懷疑之後，是較為合理的安排，偵查程序如前所述，亦應如是。再者，對於在轉介修復程序之中已經展現出真摯努力，最後沒有達成修復協議，而被轉回一般程序的加害者，應該採取較為開放的態度，就其真摯努力也應該作為酌減刑期的參考，畢竟在此情況下，加害者的個別預防需求很可能已經降低，只是仍有其他因素而破局，對於預防需求的評價不應有所不同。如此也可以減少被告對於破局的壓力，反而未能真摯的達成修復的協定[24]。

　　恢復性司法的推展，雖然讓嚴罰化的現象獲得緩和，但是卻遭受到另一種質疑，即擴大了刑事制裁的範圍，也就是第二波的嚴罰化，主要的原因學者認為有：1.修復式司法採取更形式的當事人主義，減弱加害者在正當法律程序上的保護，因此可能產生更嚴格的刑罰內容。2.以更嚴格刑罰來壓制加害者參與修復方案，尤其出現在以強制手段實現修復的一些國家。3.恢復性司法方案，擴大了潛在的社會控制網路，尤其社區的影響力增加，將適用對象擴及輕微犯罪與再犯危險性低者，受到更嚴密的公眾監督，諸如電子監控等等。4.將監視加害者作為恢復性司法方案制裁的一種，使得加害者被附加原本刑罰以外的負擔。5.由更嚴密的監控下，使得這些被監控的加害者，經常被抓到違反協議，因此而被送入監獄。6.若與社會再整合的政策或是方案的開發失敗，只好再進一步增加刑罰的適用範

---

[22] 盧映潔，犯罪被害人保護在德國法中的發展——以犯罪被害人在刑事訴訟程序中的地位以及「犯罪人與被害人均衡協商暨再復原」制度為探討中心，國立臺灣大學法學論叢，第34卷第3期，2005年5月，頁251-252。

[23] 黃榮堅，「讎敵社會裡的修復式司法？——刑事法體系中的損害賠償概念問題」，月旦法學雜誌，第146期，2007年7月，頁114-115。

[24] 廖正豪，修復式正義於刑事司法之展望——以台灣推動「修復式司法試行方案」為中心，2013年7月20日於「2013年海峽兩岸司法實務研討會」主旨演講，地點：漳州賓館。收錄於「2013年海峽兩岸司法實務熱點問題研究」，2014年7月1日出版。

圍[25]。

　　配合兩極化刑事政策理論與實務經驗考察，恢復性司法普遍運用的被害者與加害者和解方案（Victim Offender mediation Program, VOM），其適用之對象，主要並非緩和刑事政策一端。蓋緩和刑事政策物件之輕刑犯、過失犯與初犯，大可以其他緩和處遇措施或轉向處遇（如：猶豫制度）處理，使加害者無庸進入司法程序或機構監禁，並無適用恢復性司法之加以調解之必要[26]。累犯、習慣犯、重刑犯等嚴格刑事政策的對象，與適用中間刑事政策之一般犯罪，其加害人與被害人間，如有修復和解之意願，才是恢復性司法VOM實施的主要範圍。如此一來，便可消除擴大輕緩犯罪圈之疑慮。況且，恢復性司法之發展，相當程度奠基於處遇模式的反動思潮，所以探討恢復司法之廣義內涵，並不僅止於調解和解會談方案等，對於緩和刑事政策的輕罪行為人，採取司法監禁前的社區教化或轉向處遇，以避免嚴罰化，也符合恢復性司法之理念。

肆、替代勞動教養之處遇

一、輕罪刑罰

　　現今中國大陸刑事立法雖然並未明確規定輕罪與重罪的劃分界限，但是並非沒有依據犯罪輕重進行區別對待的任何體現。例如，在實體方面，刑法在屬人管轄權上規定：中國公民在中國領域外犯罪，而按刑法規定最高刑為三年以下有期徒刑的，可以不予追究。在保護管轄權上規定：外國人在中國領域外對中國國家或者公民犯罪，而按刑法規定法定最低刑為三年以上有期徒刑的，可以適用刑法。在緩刑上規定：對於被判處拘役、三

---

25 藤本哲也，前揭註17，頁407-411。

26 黃蘭媖主持，法務部2010年委託研究案——「修復式正義理念運用於刑事司法制度之探討」成果報告書，頁333：「我們發現有些人來談只是想透過這樣的機會得到檢察官的緩起訴或是不起訴之類的，或是他想藉由會議得到他……其他想要的東西，那我們對這樣的狀況也會做一個保留。（南區焦點座談楊巧鈴社工督導）」

年以下有期徒刑的犯罪分子，符合法定條件的可以宣告緩刑。在程序方面，刑事訴訟法在自訴案件的範圍上規定：告訴才處理的案件和被害人有證據證明的輕微刑事案件屬於自訴案件。所謂被害人有證據證明的輕微刑事案件，依據《關於刑事訴訟法實施中若干問題的規定》，是指故意傷害案（輕傷）；重婚案；遺棄案；妨害通信自由案；非法侵入他人住宅案；生產、銷售偽劣商品案（嚴重危害社會秩序和國家利益的除外）；侵犯智慧財產權案件（嚴重危害社會秩序和國家利益的除外）；屬於刑法分則第四章、第五章規定的、對被告人可以判處三年有期徒刑以下刑罰的其他輕微刑事案件。從上述刑事法律的規定可以看出，現行立法者較為傾向於以三年有期徒刑作為罪行輕重的分界。但學者統計《刑法修正案（八）》之後，在刑法451個罪名中，有246個罪名之法定刑為最高三年以下有期徒刑，占所有罪名的54.5%[27]，並評論以最高本刑三年有期徒刑為標準，輕罪範圍太過狹窄，應該再另擇較高度法定刑為輕罪標準，以增加輕罪範圍。本文以為，中國大陸的刑法修正方向，已朝向輕罪化發展，目前法定刑為最高三年以下有期徒刑，占所有罪名的54.5%，可預見未來將更形增加，加以實務上向來重罪案件普遍少於輕罪案件[28]，本文以為，以最高本刑三年有期徒刑為輕罪之標準，允屬適當。

　　本文界定輕罪為最重本刑三年以下有期徒刑之罪，輕罪之處罰，自然不應高於三年有期徒刑，易言之，主要即為短期自由刑與財產刑。

　　短期自由刑係將眾多受刑人共同拘束於高度控制、失去自由的封閉式環境，以接受對其犯罪行為之譴責非難。被判決短期自由刑，原則上均為

---

[27] 鄭麗萍，輕罪重罪之法定界分，中國法學，2013年第2期，頁138。

[28] 中國大陸最高人民法院權威發布2015年全國法院審判執行情況：「刑事案件穩中略升。新收刑事一審案件1,126,748件，上升8.29%；審結1,099,205件，上升7.45%。判決生效被告人1,232,695人，上升4.06%。其中，判處五年以上有期徒刑至死刑的罪犯115,464人，占生效人數的9.37%；判處五年以下有期徒刑541,913人，占43.96%；判處緩刑、拘役、管制及單處附加刑556,259人，占45.12%；判處免予刑事處罰18,020人，占1.46%；宣告無罪1,039人，占0.08%。」雖按其分類方法，無法判斷最高法定刑三年以下有期徒刑案件之比例，但可觀察出審判實務上重罪與輕罪之比例，仍有差距。網址：http://www.court.gov.cn/fabu-xiangqing-18362.html，最後瀏覽日期：2016年5月13日。

輕微刑事不法之行為人，因此被剝奪人身自由，短暫脫離社會生活，與各種不同的犯罪人關押在一起生活，除非有足夠的必要性，否則目前短期自由刑已被廣泛認定為弊害大於益處。一般定義的短期自由刑，主要係指一年以下有期徒刑和拘役。德國刑法學家李斯特對短期自由刑進行了深刻批判，認為其完全不符合刑罰制度的目標，既不能改善也不能威嚇犯罪人，只會造成對其自尊心的摧殘而已。義大利刑法學家胡列塔（A deForesta）認為，短期自由刑過短的執行期限不僅不能有效矯正犯罪人，還造成其利用監禁機會學習和積累犯罪經驗。刑法學者昆賽爾（Quensel）進一步指出，短期自由刑存在如下危險：1.對於家庭與社會支持背景脆弱的罪犯，短期自由刑的執行是不可逆轉的打擊；2.增加復歸職業及社會生活之困難，致增加重大之財政上及精神上之負擔；3.對於人格尚未完善或者異常者，短期自由刑的執行，會增加其精神障礙之危險。短期自由刑的弊害表現為如下方面：第一，刑期短暫，無法完成罪犯矯正與改善，以至於因嚴厲性弱而威嚇效果不足，難以實現刑罰的特殊預防功能，導致罪犯服刑期滿後的再犯率高。第二，監獄文化的存在導致罪犯發生交叉感染，學好不足，學壞有餘，增加其再犯可能性、犯罪型態複雜性和人身危險性。第三，短期自由刑給受刑人帶來物質上和精神上的雙重災難，受刑人被貼上烙印標籤，刑期屆滿後也很難回歸社會。第四，過度關押造成監獄人滿為患，增加行刑成本[29]。

　　針對短期自由刑因監禁處遇所造成的種種弊端，長期以來國際社會努力探索改革與完善途徑，提出了一系列改革與完善方案。這些方案主要可以歸類為兩種：一種是替代型改革方式，旨在徹底拋棄監禁刑之適用，代之以訓誡、罰金刑或資格刑等措施；另一種是完善型改革方式，旨在極力促進減少短期自由刑的適用[30]，具體即為猶豫制度。從程序上而言，採取猶豫制度，包括警察微罪不舉之立案猶豫、檢察官起訴猶豫、法官判決執

---

[29] 張德軍，短期自由刑執行機制改革研究——以社區矯正制度的完善為視角，刊載於法學論壇，2014年第4期。頁124。楊宏，論短期自由刑易科非監禁刑化，湖北警官學院學報，2014年第6期，2014年6月，頁92-93。

[30] 張德軍，同前註。

行猶豫（緩刑）等方式，均可提供輕微犯罪被告一個警惕同時尋求自新的機會，並且避免被告進入監獄機構之流弊，是可行的辦法。實體上針對不同的犯罪行為與威嚇目的，選擇財產刑、資格刑等其他他刑罰種類取代短期自由刑，只要能夠使犯罪人記取教訓，達到懲罰及威嚇之效用，亦為是途，法院於裁判時，可以逕行判決罰金刑或資格刑，以取代短期自由刑，亦可宣告短期自由刑得易科罰金，視情況給予被告不同的威嚇程度。惟除非行為之不法性確實過於輕微，否則單純訓誡而不配合其他措施，恐怕有失刑罰之莊嚴性，無法滿足刑罰之目的，甚至可能戕傷刑法的威信及一般預防效果。

本文主張的輕罪為最重本刑三年以下有期徒刑之罪，所以除了一年以下有期徒刑與拘役，亦有可能判處一年以上，三年以下之有期徒刑。短期自由刑有其價值所在，並非完全不可採用，只是必須嚴格審查其必要性與適當性，尤應考量短期自由刑可能造成的弊害，審慎衡酌。

二、社區矯正（轉向措施）

除了以罰金刑、資格刑取代短期自由刑，論者也多主張以非機構處遇，如社區矯正（Community Corrections）等轉向措施，使被告無庸進入監獄，又能接受矯正，以收教化之功。社區矯正係針對受刑人提供替代監禁之一種刑罰，此一刑罰措施常將受刑人之原住居所與職業處所納入處遇計畫之中，並以兼顧當地居民安全與受刑人處遇需要為最高考量。旨在改變傳統和隔離監禁處遇方式，而促成矯正之環境與一般社會情況符合一致，並運用社區資源予以協助，增進其良好的社會關係，使其達到再教育及再社會化之目的。犯罪矯正由機構處遇（Institutional Treatment）轉化為社區處遇（Community-based Treatment），乃是刑罰思想演變之結果，亦是現代刑事政策重點之一，已漸為各國所實行之有效的犯罪處遇方式。所謂社區矯正是指將符合刑法規定條件的犯罪人置於社區內，由專門的國家機關在相關社會團體和民間組織及社會志願者的協助下，在判決裁定或決定確定的期限內，矯正其犯罪心理和行為惡習，使其順利回歸社會的非監禁刑罰執行活動。社區矯正不僅是刑罰執行活動，更是一種對非監禁罪

犯予以矯正、培訓和安置幫教的活動，具備矯正性和社會福利性、社會保障性。《刑法修正案（八）》將大陸刑法第76條修改為：「對宣告緩刑的犯罪分子，在緩刑考驗期限內，依法實行社區矯正，……。」將同法第85條修改為：「對假釋的犯罪分子，在假釋考驗期限內，依法實行社區矯正，……。」確立社區矯正作為一種刑罰非監禁刑手段，為社區矯正替代機構處遇刑罰監禁，奠定了法律依據。

　　社區矯正之嚴格定義係指在兼顧當地居民安全以及符合犯罪人需求之目標下，針對本應入監服刑之犯罪人，施以替代刑罰之謂，其中包括在犯罪人工作或生活處所之矯正處遇計畫。按照嚴格定義，社區矯正作為刑罰之轉向措施，其適用之前提，必然是被判決有罪，應受到刑罰執行之被告，只是因為個別化考慮，認為對該被告以不進入機構監禁為宜，遂採取機構外處遇方式。因此，社區矯正具有一定的強制性，只是不使犯罪人脫離社會環境，以免復歸社會之困難。準此，社區矯正的具體實施方法，包括週末監禁、半監禁、業餘監禁、家內服刑與電子監控等手段，不應對不受刑罰執行之物件，如：緩刑考驗期、假釋考驗期之人實施。然而，現在所認為的社區處遇，係針對刑事案犯施予各類型的非機構矯正計畫（Non-institutional Correctional Programs），依據美國學者哈恩（Hahn）於1975年的定義：「所謂社區處遇，係指任何能夠降低使用機構處遇以減少機構監禁時間，或可藉以縮短犯罪人與正常社會距離之措施，包括觀護制度（probation）、假釋（parole）、轉向計畫（diversion）、監外教育（education release）、監外作業（work release）、返家探視（prison furloughs）等處遇計畫。」申言之，社區處遇旨在改變傳統和隔離監禁處遇方式，而促成矯正之環境與一般社會情況符合一致，並運用社區資源予以協助，增進其良好的社會關係，使其達到再教育及再社會化之目的[31]。按照此種定義，社區處遇增加許多不同之方式或型態，諸如中途之家

---

[31] 此種形態應屬「以社區為基礎的矯正措施」（community-based corrections）。參照鄧煌發，社區處遇之探討，登載於財團法人向陽公益基金會網站，http://www.tosun.org.tw/about_07detail.asp?main_id=00003，2007年1月16日。最後瀏覽日期：2016年3月20日。

（halfway house）、寄養之家（foster home）、觀護處遇（probation）、
假釋（parole）、更生保護（after-care）等均屬之[32]。刑法第八修正案關於
社區矯正內容之修改，顯然採取後者廣義概念。

　　美國在1980年代末期，新創出所謂「中間制裁（懲處）措施
（Intermediate Punishments; intermediate Sanction）」。以社區為主的中間
制裁措施，其發展目的在於控制犯罪，以及將犯罪對社會的影響減到最
低，且可隨時視情況將案主交付監禁系統或一般保護管束系統。因此這類
折衷刑罰可取代傳統觀護和監禁之間的真空地帶，比監禁多一些自主權，
而比傳統觀護多一些控制。亦即針對以往的社區處遇，加上刑罰要素，而
出現新型態的社區處遇，表現出「從社區內處遇轉移至社區內刑罰」的特
徵[33]。中間制裁措施使得社區矯正在監禁刑與觀護之間適時調整，更能發
揮教化之功效。

三、保安處分

　　保安處分之發展背景為18世紀末葉，古典時期的客觀主義盛極一
時，近代學派之主觀主義逐漸開始反思，當時德國刑法學者克萊茵（E. F.
Klein）在著作《保安處分的理論》中把刑罰和保安處分加以區別，認為
刑罰和犯罪分量呼應，具有確定的內容，「刑罰具有按現實的犯罪程度而
定的確切內容，而保安處分則具有以行為者的犯罪危險性為基準而科處的
不定期內容，但均應由法官宣告，在受刑人執行刑罰後，如認為尚有改善
或隔離的必要，還可予以保安處分。」保安處分制度有系統的納入刑法
草案，始於1983年瑞士的刑法預備草案，起草人是瑞士刑法學者司托斯
（Carl Stos），一般稱司托斯草案。這項草案被譽為是現代保安處分制度
化法律化的先河。此後為大陸法系國家普遍採納，原則上於各國刑法典均
有所規定，包括1935年中華民國刑法典。

---

[32] 蔡德輝、楊士隆，犯罪矯正新趨勢：社區處遇制度之可行性研究法學叢刊，第45卷
第3期，2000年7月，頁45以下。

[33] 許福生，當前犯罪控制對策之研究：兩極化刑事政策之觀點，中央警察大學出版
社，1998年，頁233。

　　日本學者中山研一認為，所謂保安處分，是指著眼於行為人的危險性，與此相適應，意圖保全社會，並以本人的改善、治療等為目的之國家處分[34]。保安處分之特徵如下：1.保安處分的目的重在特殊預防而非一般預防，係對具體的違法犯罪人——而不是社會一般人——實施的非監禁刑罰措施，其適用物件是刑罰不能改善者，所以它的目的或功能是特殊預防。2.保安處分的適用基礎是行為人的人身危險性。保安處分針對的不是犯罪行為，而是行為人，以行為人實施違法行為的可能性與行為人主觀上的精神品德狀態作為其適用基物件。3.保安處分重在教育矯正而非懲罰。刑罰的性質從古至今都具有懲罰色彩，但保安處分設立之初就以教育、改善、回歸社會為宗旨。

　　保安處分與刑罰的立法模式，可分一元主義（刑罰與保安處分一元論）與二元主義（刑罰與保安處分二元論）。一元主義本社會防衛的理論，認為保安處分的任務和刑罰的最終目的都在於防衛社會，二者沒有本質的區別，立法上保留其一即可；二元主義從刑法同時兼具的鎮壓與預防性質論述，刑罰與保安處分有差別，在刑罰之外還應建立保安處分制度，使無法適應刑罰制裁的犯人，尚能依保安處分予以適當的處置，並完滿達到防衛社會的目的[35]。在二元論的立法體系中，刑罰與保安處分存在著有機的互補性，刑法應兼採刑罰與保安處分二元論立法。現今刑法主流思潮與立法實務，以二元論為主要的表現方式。

　　保安處分與刑罰為二元雙軌制度，尤其保安處分之基礎與刑罰不同，前者以矯治行為人偏差或病態的心理為主要任務，後者在懲罰行為人客觀的犯罪行為，理論上兩者的認定標準未必一致，惟各國家在實踐上，大抵均會對犯罪人同時進行刑罰與保安處分之考核，因此保安處分與刑罰

---

[34] 中山研一，《刑法學論》，東京，成文堂，1989年，頁590。轉引自張志泉、蔡連莉、邱會東，保安處分理論視角下我國違法行為矯治立法的架構——以廢止勞教制度後我國的立法空白和社會需求為分析背景，刊載於山東大學學報（哲學社會科學版），2014年第6期，頁59。

[35] 喻偉，保安處分刑事立法化——我國刑法改革上的重大議題，刊載於法學評論，1996年第5期，頁14。

之關係，遂產生補充性與替代性兩種見解。補充性認為保安處分係位補充刑罰較無法彰顯的特別預防功效，因此於刑罰執行先後，如認為犯罪人有矯正之必要性，可以對其實施保安處分。替代性則認為，保安處分與刑罰具有互相可以替代之功能，一旦保安處分或刑罰執行完畢，即代表行為人之主觀惡性已經消除，或客觀行為已受到懲罰，另外一種處遇方式即無庸再進行。替代性理論又可分成替換主義和擇一主義，前者是指當刑罰與保安處分競合時，如果評估沒有繼續處置之必要，可免於執行另一；後者是於執行前擇定其一，擇定後即不可改變，亦不需對另一種處遇方式執行[36]。

保安處分以矯正行為人為目的，所以其內容包括保護管束、禁戒治療、強制勞動……等，包括人身自由之拘束處分。所以對於相關法律原則，包括法律保留原則、法官保留原則、法律明確性、比例原則等，均應遵守。

四、行政罰

非違反人類基本倫理道德之不法行為，稱之為法定犯。法定犯本質上未必具有先驗的不法性，而係由國家考量政府政策與社會價值而定出之不法行為。對於法定犯之限制及處罰，即以行政法規範之。

行政罰法之不法行為，通常由行政機關自為認定並做出決定，不經過司法機關審理，是以，其做出之裁罰，應限於行政行為之實施，尤其不應對人身自由執行剝奪。蓋行政機關如有任何限制個人人身自由之行為，均應經法院以中立角色，依法加以審查，此即法官保留原則。

行政罰通常係配合社會發展，國家整體經濟與社會秩序之需要，而創設的法定行為標準，因此，行政罰法必然具有不完整性、多元化及變動性等特質，儘管行政罰之效果較刑罰輕微，也不若刑罰之標籤效應強烈，然而，行政罰之實施，除法官保留原則外，仍應遵循其他法律基本原則，包括處罰法定原則、從新從輕原則、禁止溯及既往原則、法律明確性原則、

---

[36] 同前註。

比例原則、責任原則等。

　　違警行為屬於違反社會秩序之輕微不法行為，性質上為法定犯而非自然犯，應以行政取締手段或金錢裁罰為主要制裁方式，如果牽涉到拘留等人身自由侵害之決定，應聲請法院審理執行，以保障人民基本權利。

伍、境外法制借鑒

一、德國

　　德國刑法原採行為三分，後將所有違警行為自刑法中分離出來，另訂《秩序違反法》（Gesetz über Ordnungswidrigkeiten），作為聯邦中央與各邦行政機關統一處罰違反行政秩序行為之程序法，並嚴格與刑法區隔。德國違反秩序法規定，違反秩序行為由行政機關裁罰，而非由司法機關審判執行。同時，政裁罰之內容僅有5歐元至1000歐元的財產罰[37]，除了對限制人身自由的拘留付之闕如，甚至並未訂有其他行政處罰，但授權各邦針對不同的行政管理事件立法執行。整部秩序違反法中，可能涉及人身自由的強制措施，僅於受裁罰人不遵期繳納罰鍰時，由法院依執行機關之聲請命令強制管收，或由法院有執行義務時，依職權進行強制管收[38]。面對因受裁罰人不繳納罰鍰而生的強制管收處分，德國秩序違反法仍然恪遵法官保留原則，由法院審查進行。秩序違反法的性質可以明確認定為行政罰法，當行為人之行為同時符合秩序違反法與德國刑法規定時，僅適用刑法執行，其他法律規定之附隨效果得宣示之[39]。

　　鑒於秩序違反法性質為單純的行政罰法，於違警行為中，警察僅有輕微案件與現場取締之處理權，德國關於輕微犯罪行為之處罰規定，仍保留在刑法中，以為銜接，依據現行德國刑法第12條規定：重罪是指最低以一

---

[37] 德國違反秩序法第17條第1項規定參照。

[38] 德國違反秩序法第96條規定參照。

[39] 德國違反秩序法第21條參照。

年或者一年以上的自由刑相威嚇的違法行為；輕罪是指最低以更輕微的自由刑或者以罰金刑相威嚇的違法行為。德國刑法規定重罪的未遂一律應受到刑罰處罰，而輕罪的未遂僅在法律有明確規定的情況下才應受到刑罰處罰。教唆未遂和其他一些參加犯罪之前階段的情況，於重罪時應當受到刑罰處罰，但是在輕罪時一般不會受到刑罰懲罰。此外，分則規定的脅迫罪只有以對被害人或者與其親近者犯重罪相脅迫，或者即將對其犯重罪進行蒙蔽才構成。

　　受到刑罰輕緩化與行刑社會化之影響，德國立法者1970年在《德國刑法典》增訂第47條第1項，規定「法院根據犯罪人和犯罪人人格具有的特殊情況，認為必須判處監禁刑才能改造犯罪人或維護法律秩序時，才應當判處六個月以下的監禁刑」。此一規定旨在避免短期自由刑之流弊，為罰金刑的大量使用提供了法律依據。導致監禁刑數量的大幅下降，監禁刑數量從1968年的184,000起降低到1970年的56,000起（僅為1968年的30.43%），到1989年，監禁刑數量更下降到48,000起；而同時期罰金刑的數量則不斷上升[40]。更由於1975年生效的《德國刑事訴訟法》第153a條規定了附條件不起訴，該條授權檢察官在微罪的情況，即使有充分證據得以起訴，經法院同意，可以為訴訟之終結；同時為不起訴之前，檢察官得對被告附一定之條件，命為特定行為之履行。此外，檢察官提起公訴後，法官亦得經檢察官及被告之同意，在事實審之最後一次期日終結前，暫時停止程序，要求被告為前述義務之履行（§153a StPO）[41]。根據這一規定，國家可以不經審判使用罰金措施，從而節省了大量資源，犯罪人也避免了犯罪紀錄，可以免受刑事訴訟之苦。在執行這項規定的過程中，罰金刑往往用作取代起訴的替代措施，它的使用數量進一步增加。到1994年，罰金

---

[40] 李震、張明，世界刑罰輕緩化的現實表現，刊載於安徽警官職業學院學報，2009年第1期第8卷，2009年1月15日，頁23。

[41] 德國刑事訴訟法第153a條第1項，檢察官得命被告1.補償因其行為所致損害至特定主體；2.為公益設施或國庫之利益而給付金錢；3.提供其他的公益給付；4.一定的扶養義務之履行。其內容相當注重公益。dazuKleinknecht/Meyer –Goßner, Stafprozeßordnung, 43., neubearb. Aufl. 1997, S.553ff.

刑已占所判刑罰總數的78.31%，成為最常使用的刑罰措施[42]。

　　二戰以後，德國更為重視人性尊嚴，其刑事政策主要遵循人道主義原則、法治國家原則和公正原則，目的在於保護人的基本權利和社會的公序良俗。1961年12月德國制定了全國統一的《刑罰執行條例》，其宗旨是：「自由刑的執行應為保護公民，說明犯罪人認識自己所犯的罪行以及重新回歸社會服務。行刑應當喚醒犯罪人今後過一種守法和正常的生活的意識，並加強這方面的能力。」1976年3月16日公布，1977年1月1日實施的《自由刑和剝奪自由的矯正及保安處分法》（簡稱《刑罰執行法》），確立了德國刑罰執行的根本原則，就是優先考慮犯罪人的再社會化作為刑罰執行的目的，其次是保護公眾免受進一步犯罪的侵害[43]。這也成為德國實施監禁機構處遇與社區矯正雙軌並重的重要基礎。

　　德國的社區矯正並無單一的專門性法律，當前主要的法律依據有《刑法》、《刑事訴訟法》、《刑罰執行法》、《中央犯罪登記法》和《刑罰執行條例》、《徵收和追繳條例》等法律法規。德國各邦的矯正實務機制不一，但大多由政府聘請矯正幫助者，與專業人士及志願者，共同進行社區矯正工作。德國的社區矯正制度具有「行為監督」的性質，屬於刑罰替代性措施，所以其內涵包括罰金刑、公益勞動與開放性司法矯正機構等。目前非機構處遇已經大量運用在刑事司法實務，據學者研究，2011年德國的罰金刑與緩刑付保護管束，已分別占刑事制裁比例總數之82%與13%，監禁刑僅占5%[44]。

　　基於刑罰二元論，德國刑法的執行制度，除了刑罰以外，還包括保安處分。保安處分係由刑法主觀主義發展出來之制度，相對於客觀主義以「行為」為評量的重點，主觀主義則是以「行為人」為觀察的對象。易言之，客觀主義基於罪刑法定，所明文訂出的刑罰，首要作用在於一般預防

---

[42] 吳宗憲，非監禁刑研究，中國人民公安大學出版社，2003年，頁120-121。

[43] 姜愛東、魯蘭、費翔紅、李壽偉、蔣海東，德國社區矯正概覽，刊載於中國司法，2005年第11期，頁96。

[44] 馬躍中，德國社區矯正法治之研究，刊載於警學叢刊第44卷第4期，2014年3月，頁38。

的威嚇，對過去以發生的犯罪行為以譴責非難的應報為目的；而主觀主義側重於行為人主觀性格，對於行為人的人格病態或惡性，強調以矯治教育代替譴責非難。刑罰與保安處分目的不同，作法也迥異，所以世界各國經過多次修正，目前大多採取刑罰與保安處分並存，無法偏廢的二元論體系，以補充不足[45]。

《德國刑法典》第62條規定：「如果矯正與保安處分措施與行為人業已實施的行為與預期實施的行為的嚴重性，以及其今後的人身危險程度不相適應的話，則不應判處。」該條規定被學者們概括認定為適當性原則。從該條的具體表述及其在刑法典中的排列位置不難看出，行為除了須滿足《德國刑法典》第63條至第70條規定，保安處分措施的各項具體條件之外，尚需符合適當性原則的基本要求，即該處分對行為人而言是「適當」且「合比例」的，才能對行為人判處保安處分。

保安處分的實施物件，主要為人格有需要受到矯正或治療的行為人。根據《德國刑法典》第61條規定，矯正與保安處分措施的主要種類有將行為人安置於精神病院、將行為人安置於戒除癮癖的機構、保安監督、行為監督、吊銷駕駛證及禁止執業等六種，依據該種處分之目的為矯正或治療，而有不同的處置標準。當保安處分競合時，《德國刑法典》第72a條規定，行為人的行為同時滿足判決多項保安處分措施的前提條件，但僅需判決一項保安處分措施即可達到處分目的，則只判決一項保安處分措施，即選擇最符合適用性原則的保安處分措施；如果行為人的行為存在多項符合目的的保安處分措施，則應當優先選擇適用最輕的保安處分措施，即選擇最符合必要性原則的保安處分措施[46]。

二、日本

日本對於違警行為原訂有「行政秩序罰」，二次大戰期間警察權坐

---

[45] 宋海鷹、宋雁，保安處分制度與刑法中的人權保障機制——兼談我國勞動教養制度的立法改革，刊載於甘肅政法學院學報，2002年第2期，2002年2月，頁59。

[46] 劉夏，德國保安處分制度中的適當性原則及其啓示，刊載於法商研究，2014年第2期，頁138。

大，對人民權利侵害甚烈，戰後遂於昭和23（1948）年以第39號法律公布
「輕犯罪法」並實施。輕犯罪法之立法目的，於提案理由中揭櫫為：「所
謂輕犯罪，係規範國民日常生活中，違反淺顯道德的輕微犯罪與刑罰之實
體法。」「本法主要目的在規定日常生活中，違反淺顯道德之輕微事項，
因而，舉凡位元實施某種特殊目的而設立之取締規定事項，理應於個該行
政法規中規定最低而必要限度之罰則，不宜規定於本法中。」輕犯罪法係
為提高日本國民生活素質，將最低限度道德予以實體化之立法[47]，立法之
後，於1973年又經過第105號法律修正，實施至今。

　　輕犯罪法名為「犯罪」，已經很明確表明係針對刑事不法行為之處罰
規定。本法總共四個條文，第1條洋洋灑灑規定了三十三項犯罪內容[48]，
處以拘役或罰金（科料）。所規範之行為態樣，許多根本就是刑法上犯罪
之輕微態樣，大多具有道德性，即自然犯之範疇。法定刑僅設拘役與罰金
兩種，程序上均需由專屬法院簡易裁判所治安法庭，依據刑事訴訟法審理
判決，方得以對人身拘束或由法院科處罰金，可見遵守正當法律程序即法
官保留原則，也顯現本法的性質為刑法無誤，因此日本將輕犯罪法稱為
「小刑法」，為刑法之特別法，本法所未規定者，即回歸刑法與刑事訴訟
法適用之。同時，本法雖然條文不多，卻在第4條特別規定：「適用本法
律時，應當注意不要不適當地侵犯國民權利，不允許離開原來的目的而為
其他目的濫用本法律。」強調適當性與比例原則[49]。

　　日本採取刑罰一元主義，刑法中並未有保安處分之規定，然而，保安
處法立法化的問題，一直在立法機關的努力與法學界的探討中，包括1974
年的刑法改正草案，即試圖納入保安處分，將刑罰改為雙軌制，惟因受到
刑法學界及社團代表之反對，憂慮可能擴張政府權力，對人權有所侵害，

---

[47] 王茂松，論違警罰法之廢止及新法之制定，刊載於立法院院聞，1987年4月，頁19。

[48] 原規範34種輕罪行為，其中第21項虐待動物罪，因1973年日本制定動物保護與管理
　　法規，罰則較輕犯罪法之處罰為重，因此輕犯罪法虐待動物者之規定旋即於同年刪
　　除。

[49] 傅美惠，我國社會秩序維護法之探討，刊載於警大法學論集第25期，2013年5月，頁
　　80。

遂無疾而終。因此，截至目前為止，保安處分規定散見於刑法或行政法規，並不完整，亦未體系化。

日本個別規定的保安處分，包括1.保護觀察：由保護觀察官指導監督或支援，對符合要件且有必要之行為人，要求執行社會服務或受僅命令，以進行矯治教育，防治其再犯。是日本實務上適用最普遍的保安處分。日本《更生保護法》規定了對少年犯的保護管束，以及假釋期間、緩刑期間的保護管束；此外，《賣淫禁止法》更規定了從婦人輔導院退院之觀察。2.更生緊急保護：對於符合一定條件之更生人，提供緊急保護協助及培訓輔導，以助其順利回歸社會。3.對少年之保護處分：為少年健全成長，矯正其性格及調整環境所實行的處分，依據《少年法》之規定，得由家事法庭裁定實施保護處分。其對象為未滿十四歲的觸法兒童、十四歲以上未滿二十歲，觸犯刑罰法令之觸法少年和行為有觸法可能之虞犯少年。保護處分內容包括保護觀察、轉送支援機構或養護設施、移送少年院收容教養等。4.輔導處分：係以人身自由之剝奪為手段之保安處分，如：《婦人輔導院法》第2條規定，被處以輔導處分者，可收容於婦人輔導院。惟近十餘年來，僅在2005年有一人被收容，所以實務上僅保留東京一所婦人輔導院，並已與少年鑒別所合併。除前述主要的保安處分以外，還有對精神病患、吸毒者的強制醫療措施、對暴力團體的規制處分、對無差別大量殺人者的團體觀察處分等。

日本認為保安處分之目的，旨在矯正行為人、預防再犯。基於刑罰一元論，保安處分是刑罰的補充措施，在補充刑罰無法顧及特別預防之不足。保安處分的物件均為被判決有罪、執行刑罰之犯罪人，因此除了精神病治療處分以外，保安處分無法替代刑罰實施。儘管保安處分無統一立法規定，散落在各種特別刑法或行政法規，但仍依循明確性、相當性與正當法律程序法律原則[50]。

在社區矯正方面，日本法務省設有社區矯正局，下轄八個地區假釋委

---

[50] 周振傑，日本現行法中的保安處分：制度、實踐與參考，收錄於《廢止勞教後的刑法結構完善》，劉仁文主編，社會科學文獻出版社，2015年11月1版1刷，頁562-563。

員會，分別與八個高等法院的管轄區對應；同時為對應地方法院之管轄區域，全日本共有五十個保護觀察辦公室，保護觀察官具有公務員身分，另外還有法務省委任的保護觀察志願者，對家事法院裁定保護觀察之少年、緩刑期間與假釋期間應受保護觀察之人進行保護觀察。此外還有一些社會團體支持社區矯正工作[51]，社區力量之投入，更有助於犯罪人或行為人復歸社會。日本社區矯正依循日本人守法精神，實踐中的每一制度背後都有法律保障，立法在社區矯正的發展過程中發揮重大作用。針對緩刑、假釋、事後安置和其他非監禁罪犯，日本制定頒布了一系列的法規，包括：1949年《罪犯更生保護法》、1954年《緩刑監督法》、1950年《刑釋罪犯安置法》、1950年《自願緩刑官法》、1947年《赦免法》等，以為依循之標準[52]。

三、臺灣

　　我國刑法中並未明確劃分重罪與輕罪，已如前述。違警罰法廢止後，我國現在對於輕微不法行為，除訂有行政罰法，還有取代違警罰法，以警察為實施主體的社會秩序維護法。我國的行政罰法，主要係參考德國秩序違反法而訂定，性質為單純的行政法規，由行政機關針對各種行政事項分別管理及裁罰。至於社會秩序維護法，係因應違警罰法多次被司法院大法官會議宣告違憲而廢止[53]，乃於1991年通過立法並公布，取代違警罰法之作用。社會秩序維護法性質仍屬於行政法，惟主管機關為警察，共四章二十九個條文，處罰種類包括拘留、勒令歇業、禁止營業、罰鍰、沒入及申誡等六種，規範之行為態樣計九十一種，惟其中約有一半行為從未曾有裁決紀錄，形同具文。為符合大法官會議屢次糾正違警罰法之違憲事由，即對剝奪人身自由之拘留處分未遵守法官保留原則，由警察機關逕行裁決，社會秩序維護法規定，拘留（一日以上，三日以下；遇有依法加重

---

[51] 林文學，日本社區矯正制度及啓示，刊載於人民調解，2004年第8期，頁46。

[52] 劉守芬、王琪、葉慧娟，社區矯正立法化研究，刊載於吉林大學社會科學學報，2005年第2期，2005年3月，頁28。

[53] 司法院大法官會議第251號解釋參照。

時，合計不得逾五日），以及勒令歇業、禁止營業處分，必須由地方法院簡易庭審理裁定，其餘內容基本沿襲違警罰法之規定，因此關於法律明確性等問題，同樣受到刑法學界之討論與批評[54]。

對於社會秩序維護法之功能，學者甚至有存廢見解，論者有肯定其對刑法緩不濟急之補充與防漏功能，但同時也認為其擴張警察許可權，紊亂法律體系、救濟不足，將勒令歇業、禁止營業等行政秩序乏交由法院簡易庭審理，違背權力分立原則……等，學界甚至倡議，將社會秩序護法併入行政罰法[55]，由各該主管機關時施行行政裁罰，該提議一度為法務部考慮，納入社會秩序維護法修正草案。

1935年中華民國刑法典及訂有保安處分，沿襲至今，我國刑法體系中，關於刑罰度，本即採取二元論，以刑罰及保安處分並存。刑法第十二章保安處分，內容有七種類型，包括1.感化教育處分：因為未滿十四歲人而刑罰不處罰者，可以命令其進入感化教育處所，由國家專責單位施以感化教育。2.禁戒處分對象分為(1)吸食毒品者、(2)酗酒者。3.強制治療處分。4.監護處分：對心神喪失人於有必要時實施。5.強制工作：對遊蕩成習，遊手好閒之輩，為教導其謀生技能、習於工作習慣，於刑之執行前，得令入勞動場所強制工作。6.保護管束處分。7.驅逐出境處分：對象為非本國籍人。

保安處分與刑罰於法院審理案件時，一併就被告是否有需要特別處遇之情狀斟酌並做出判決。我國的刑法基本上仍以客觀主義為主，被稱為「行為刑法」，以矯治行為人主觀為目的之保安處分，原則上居於刑罰之補充地位，但強制禁戒、治療處分與強制工作處分，於保安處分執行完畢或一部執行而免除後，認為無執行刑之必要者，法院得免其刑之全部或一部執行。

保安處分具有強烈的主觀主義色彩，除監護處分執行期間最高五

---

[54] 傅美惠，我國社會秩序維護法存廢之探討，刊載於警大法學論叢第25期，2013年5月，頁75以下。

[55] 蔡震榮，行政罰與刑事罰界限問題之探討，刊載於法令月刊，第65卷第1期，2014年1月，頁43-44。

年，以及強制治療需至治癒、或評估有無再犯危險為止，此外，感化教育處分、禁戒處分、強制工作處分等，期間最高為一年或三年，而且執行中認無繼續執行之必要者，法院得免其處分之執行[56]。

　　至於輕罪的轉向處遇，我國於訴訟程序上採用猶豫制度，尤其是緩起訴（附條件暫不起訴）[57]、裁量不起訴及緩刑，於訴訟程序進行之各階段，即將輕微案件之被告轉向。刑法並規定犯最重本刑為五年以下有期徒刑以下之刑之罪，而受六月以下有期徒刑或拘役之宣告者，得易科罰金、易服社會勞動、易服勞役或易以訓誡，以避免短期自由刑。目前適用於我國現行刑罰制度之社區處遇，主要為電子監控、社會服務命令與觀護制度等。電子監控通常配合假釋期間運用，社會服務經常為緩起訴或緩刑之條件，對於即將出獄之受刑人，法務部矯正署特設有外役監[58]，使受刑人從中高度監禁轉為低度安全管理監禁，開始為復歸社會準備。實務上由法務部組織成立更生保護會、榮譽觀護人協進會，並在各縣市設有分會，由民

---

[56] 刑法第十二章第86-99條參照。

[57] 根據2014年法務統計年報，地方法院檢察署偵查案件終結410,133件、511,049人，其中緩起訴處分51,427人，占10.1%。詳參法務部網站：file:///C:/Users/LIAO/Downloads/P.13-40 pdf，頁9，最後瀏覽日期：2016年3月21日。

[58] 監獄行刑法第93條規定：「為使受刑人從事農作或其他特定作業，並實施階段性處遇，使其逐步適應社會生活，得設外役監；其設置另以法律定之。」外役監條例第4條規定，外役監受刑人，應由監督機關就各監獄受刑人中，合於下列各款規定者，遴選之：
（一）受有期徒刑之執行逾二個月者。
（二）刑期未滿五年或刑期在五年以上而累進處遇進至第二級以上者。無期徒刑執行滿八年或無期徒刑判決確定前羈押期間逾三年而執行滿七年，累進處遇均進至第一級者。
　　又同條第2項則規定受刑人有下列各款情形之一者，不得遴選：
（一）犯刑法第161條，肅清煙毒條例第9條第1項、第2項或麻醉藥品管理條例第13條之第5項第4款之罪者。
（二）累犯者。但因過失再犯者，不在此限。
（三）因犯罪而撤銷假釋者。
（四）有強制工作或感訓處分待執行者。
外役監條例並規定，典獄長視受刑人行狀，得許與眷屬在指定區域及期間內居住。

間社團及熱心民眾協助觀護及社區矯正工作[59]。

陸、結論

原屬勞動教養案件，於勞教廢止後，適用之處遇方式，應按其行為不法性劃分，具有輕微刑事不法性者，應納入刑法輕罪體系以刑罰非難，或施以社區矯正等轉向措施加以教化；如行為人主觀上具備惡性，有矯治必要者，應考慮對其實施保安處分；至於不具備刑事不法性之行為，如具有輕微行政不法性質，則可適用治安管理處罰法，對其施以行政罰。

一、刑法之輕罪刑罰

勞教廢止後，中國大陸宜藉此契機建立刑法之輕罪體系。本文以為，勞動教養規範之刑事不法行為，大部分均應納入刑法，而輕罪之法定刑應定為最高三年以下有期徒刑。本文並建議法官宣告刑期時，應自中間開始量刑。中度量情之結果，必然有部分被宣告為一年以下自由刑，此時應注意的便是對該行為人是否適於執行短期自由刑，否則宜以轉向措施取代，避免短期自由刑之流弊。

二、社區矯正

輕罪案件之轉向，於刑事程序建議猶豫制度。大陸刑事訴訟為雙偵查主體，主要的偵查作為由警察實施，因此，警察在立案階段，便可具有審查權而將部分輕微案件微罪不舉；檢察官可以適當運用緩起訴處分，對行為人附加條件，以達到教化目的；法官並可於審理後，將無進入機構監

---

[59] 2014年法務統計年報顯示各地方法院檢察署新收保護管束案件計17,590件，執行保護管束計555,120人次，2014年底各地方法院檢察署之觀護人員額219人計，平均每月每一觀護人需面對受保護管束人211人，如無民間觀護人協助，負荷將會過於沉重，亦不利於觀護成效。詳參法務部網站：file:///C:/Users/LIAO/Downloads/P.61-74.pdf，頁61-62，最後瀏覽日期：2016年3月21日。

禁必要之輕微案件宣告緩刑，將該案件由刑事訴訟程序中轉出。再者，對於已執行自由刑之受刑人，在刑期屆滿前，可以設立類似台灣「外役監」之銜接性監禁機構，使受刑人逐步適應家庭及社會，幫助其復歸並降低再犯機率；對於刑期執行中，有悛悔表現，累計成績達到一定標準，符合假釋要件之受刑人，可以核准假釋並附加保護管束或向觀護人報到之社區處遇措施。以上社區矯正，宜結合民間社會團體，類似「社會幫教志願者協會」等組織，一方面補充政府不足之人力，同時亦有助於更生人與社會的接觸及適應。

美國針對社區矯正發展出的「中間制裁措施」理論與實務，極有參考價值。以社區為主的中間制裁措施，可以作為單獨的處遇方法，亦可隨時視情況將行為人交付監禁系統或一般保護管束系統，在監禁與觀護之間適時調整，更有利於教化。

社區矯正的實施，可能有部分強制手段或侵入人身自由之範疇，目前的法律基礎為刑法第八修正案，關於假釋與緩刑之修正條文。2003年上海即開始進行擴大社區矯正試點工作，刑法第八修正案公布之後，2012年即由最高人民法院、最高人民檢察院、公安部、司法部共同擬定《社區矯正實施辦法》，地方更陸續實施社區矯正[60]。社區矯正將相當程度取代勞教措施。

三、保安處分

保安處分以調整行為人主觀人格為目的，能夠補充刑罰之不足，中國大陸刑法目前尚未有完整的保安處分體系與規定，散見於刑法及相關法規中，因此稱為「保安性措施[61]」，包括少年管教、工讀教育、強制醫療、

---

[60] 如：2015年漳州中院與市檢察院、漳州監獄、市司法局、漳州市人民政府臺灣事務辦公室聯合出臺《台籍罪犯適用假釋與社區矯正對接工作的意見》。

[61] 學者將保安性措施定義為：由法律規定，針對具有實施嚴重危害社會行為的人員適用，以限制人身自由和財產利益為內容，具有預防功能的強制性措施。時延安，保安處分的刑事法律化——論刑法典規定保安性措施的必要性及類型，刊載於中國人民大學學報，2013年第2期，註1，頁102。

強制戒除、強制檢查及治療、收容遣送及沒收處分等，類型頗為完整，惟分別規定於刑法、國務院批准的「通知」、全國人大常委會通過的「決定」。保安處分之決定[62]，可能由法院或行政機關做成，體系較為紊亂，亦不時產生爭議[63]。

　　至於保安處分之性質，本文以為，既然保安處分係依循刑法主觀主義及社會防衛論發展之產物，以矯治教育行為人之人格、預防再犯為要，與刑罰以譴責過去犯罪行為，應報為主，兩者目的不一。故保安處分與刑罰之程序同時進行，同時觀察審理，但其決定應該要脫鉤。法官審理案件時，依附在犯罪行為上，應同時斟酌行為人主觀人格情狀，不論行為人行為是否構成犯罪，是否應執行刑罰，只要有矯治教育之必要，法官均可對其做出保安處分之決定。由此觀點，部分不法性較低，人格缺陷較高的行為，如：吸食毒品行為，可以在強制禁戒處分後，免其刑之執行。甚至對於某些不法性甚低的行為，法官得判決被告無罪，但接受保安處分。一旦保安處分執行完畢或一部執行，經評估無繼續執行之必要而免除後，認為無執行刑之必要者，法院得免其刑之全部或一部執行。如此一來，尤其部分輕微不法行為因未被判決有罪，不會有前科烙印，僅接受保安處分進行矯治教化，學者擔憂刑法納入輕罪後之犯罪圈擴大問題，亦可得到緩解。

　　日本刑法不訂立保安處分，主要基於對保安處分不定期刑之擔憂，恐政府借矯治之名，擴張權力，侵害人權。然而，即使不在刑法中明訂，仍不免有保護觀察等保安處分措施。為免保安處分採用不定期刑，果對人民權益造成巨大侵害，保安處分之決定，應由法官基於比例原則及必要性原則審理判決，並可考慮配合科學化鑒定，以提高判斷之正確性。此外，保安處分期間與延長期間，更不宜過長。

　　保安處分與刑事實體法、刑事程序法及刑事執行法均有相關，並負有教育目的，具備強烈的社會防衛色彩，本文建議中國大陸明確採取刑罰

---

[62] 張天一，兩岸保安處分制度之比較——以施用毒品之保安處分為中心，刊載於法令月刊，軍法專刊第55卷第4期，2009年8月，頁10。

[63] 例如：學界關於收容遣返及沒收是否歸類於保安處分，便有所爭辯。

二元論[64]，將保安處分增訂入刑法總則中刑罰之後專章規定[65]，所有種類之保安處分適用統一的程序，有相同的法律救濟途徑，使人民對保安處分有確信，並符合憲法規定與法律保留、法官保留原則。關於保安處分之立法，建議可參酌德國及我國之刑法規範及制度。

四、行政罰法——治安管理處罰法

　　對於行政犯、違警行為等不法行為，因欠缺道德論理違反性，不宜以刑事程序及刑罰制裁，中國大陸特別訂有《治安管理處罰法》。治安管理處罰法處罰的種類有警告、罰款、行政拘留、吊銷公安機關發放之許可證、對違反治安管理之外國人，得附加限期出境或驅逐出境等五種；由條文內容不難界定，治安管理處罰法係行政罰法，所規範之物件即為違警行為等輕微行政不法行為。較為人詬病者，在於治安管理處罰法規定，合併執行最長可達不超過二十日之行政拘留，係由公安機關裁決[66]。依據治安管理處罰法，未經法院審理，竟可以由行政機關（公安）逕為心證之認定，對人民執行最高不超過二十日的剝奪人身自由處分。治安管理處罰法中，關於處罰的條文共計127項，其中直接適用單處行政拘留和可以選擇處行政拘留，包括並處或者可以並處罰款，共四種形式84項，占處罰總項的66%[67]，適用之比例相當高，更不可違背憲法第37條規定及法官保留原則。本文建議，應在法院設置簡易法庭或治安法庭，就治安管理處罰法之行政拘留做出緊急快速之審理與決定。

---

[64] 目前大陸刑罰與保安性措施之關係，有學者稱之為「隱性雙軌制」。參照時延安，隱性雙軌制：刑法中保安處分的教義學闡釋，刊載於法學研究，2013年第3期，頁140以下。

[65] 時延安，前揭註61，頁109以下。

[66] 傅美惠，海峽兩岸治安管理處罰法制之比較與借鏡思維，刊載於海峽法學，2014年第2期，2014年6月，頁24。

[67] 李春華、李文燕，治安管理處罰與刑罰協調研究，中國人民公安大學學報（社會科學版）2009年第2期，頁16。

五、期許與建議

　　勞動教養廢止後，原所規範之輕微不法行為適用之處遇，應配合對該行為之立法劃分。對於刑事不法行為，應劃入刑法最高本刑三年以下有期徒刑之輕罪，由法院審理。然而，法院就短期自由刑之適用，務必依循罪刑法定原則、適當性原則與必要性原則，以免威嚇不足，教化未成，反升高再犯機率。不適宜進入刑法體系之被告，或無庸為其加上前科標籤者，可以透過猶豫制度從程序中轉向，即使受到有罪判決，亦可以緩刑或假釋搭配社區矯正之教化功能，協助復歸社會，降低再犯率。同時，本文建議中國大陸刑法於刑罰後增列保安處分專章，將目前的保安性措施之認定標準、程序與救濟等要求統一，使人民對保安處分建立法律確信。保安處分制度可濟刑罰之不足，並不受有罪或無罪判決之拘束，對有矯治必要之被告決定實施保安處分，以矯治惡性。至於僅具有行政不法性之行為，應受到行政罰法或治安管理處罰法之規範，由各該不法行為之主管機關裁定執行。然而，不論是何種處遇方式，均應嚴格遵守法律保留原則、法定原則、法官保留原則，尤其係以限制剝奪人身自由為實施方式之處遇，更須嚴格恪守。形式符合法定要求後，實質上的裁量務必依據必要性、相當性、比例原則之標準審慎衡酌決定。蓋本文所述之處遇方式，雖均有達到社會防衛、避免再犯之目的，但是皆影響人民的人身自由權、財產權、名譽權等基本權利，斷不可恣意為之。

廖正豪先生年表

1946年	出生於臺灣嘉義縣六腳鄉潭墘村，父為廖榮輝先生，母為廖陳桃女士
1952年	就讀嘉義縣六腳鄉蒜頭國民小學
1958年	蒜頭國民小學畢業 考入省立嘉義中學新港分部
1959年	轉學高雄縣六龜鄉六龜初級中學
1961年	初中畢業考入省立後壁高級中學
1964年	高中畢業考入國立臺灣大學法律系法學組
1966年	司法官高等考試及格（以通過高等檢定考試及格資格報考，大學二年級，時年20歲）
1967年	參加法務部司法官訓練所第八期受訓 教育部留學日本考試及格（大學三年級）（以高考司法官及格大學畢業同等學歷資格報考）
1968年	臺灣大學大學部法律系畢業 高考律師及格 考入臺灣大學法律研究所碩士班 服預備軍官役一年
1969年～1979年	執業律師
1971年	與臺灣大學法律系同班同學林麗貞女士結婚
1973年6月	取得臺灣大學法學碩士
1973年7月	考入臺灣大學法律研究所首屆博士班
1973年起迄今	中央警官學校（中央警察大學）、文化大學、銘傳大學、東吳大學、東海大學、中興大學（台北大學）、兼任講師、副教授、教授、講座教授
1978年	日本國立東京大學研究
1979年7月～1981年12月	臺灣省政府地政處主任秘書（簡任第十職等）
1981年	甲等特考普通行政法制組最優等及格
1981年12月～1984年8月	行政院法規委員會參事（簡任第十二職等）
1984年8月～1985年3月	臺灣省政府顧問兼主席辦公室主任（簡任第十二職等）

1985年3月～1986年1月	臺灣省政府法規委員會兼訴願委員會主任委員（簡任第十二職等）
1986年1月～1988年12月	行政院參事兼第一組組長（簡任第十三職等）
1986年	獲頒全國保舉特優公務人員獎勵
1988年12月～1992年8月	行政院新聞局副局長（簡任第十四職等實授）
1990年6月	取得臺灣大學法學博士
1992年3月	美國史丹佛大學訪問學者
1992年9月～1993年1月	行政院顧問（簡任第十四職等實授）
1993年2月～1995年2月	行政院副秘書長（簡任第十四職等實授）
1993年	創辦財團法人韓忠謨教授法學基金會
1995年2月～1996年6月	法務部調查局局長（簡任第十四職等實授）
1996年6月～1998年7月	法務部部長（特任）
1998年7月	辭卸法務部部長
1998年迄今	應聘擔任中國文化大學教授、講座教授
1999年	創辦財團法人向陽公益基金會 應邀至北京大學演講並應聘北京大學客座教授
2000年	創辦財團法人向陽公益基金會向陽學園（中輟生學校） 創辦社團法人中華民國身心障礙者藝文推廣協會
2001年	接任財團法人泰安旌忠文教公益基金會董事長
2002年	獨力接洽後主辦陝西法門寺佛指舍利來台巡禮，任臺灣佛教界恭迎佛指舍利委員會副主任委員兼執行長 接任財團法人刑事法雜誌社基金會董事長
2006年	創辦社團法人海峽兩岸法學交流協會 主辦第一屆海峽兩岸法學論壇
2009年起	每年主辦海峽兩岸司法實務研討會
2010年	主辦陝西法門寺地宮及陝西八大博物館院一級國寶來台展覽半年
2011年	主辦「當代刑事訴訟法之展望──海峽兩岸刑事訴訟法學交流」研討會
2015年	主辦2015年兩岸公證事務研討會

廖正豪博士著作目錄

一、論文

1. 「海峽兩岸共同打擊犯罪及司法互助協議」之實踐——一個實務與務實觀點的考察（刑事法雜誌／58 卷 4 期／2014 年 8 月）

2. 以人爲本的司法——中華法系的傳承與發揚（刑事法雜誌／57 卷 6 期／2013 年 12 月）

3. 修復式正義於刑事司法之展望——以台灣推動「修復式司法試行方案」爲中心（2013 年海峽兩岸司法實務熱點問題研究／2014 年 7 月 1 日）

4. 實現公平正義創建和諧社會——對海峽兩岸司法實務研討會的期許與祝福（刑事法雜誌／56 卷 6 期／2012 年 12 月）

5. 緩起訴制度的任務與前瞻（刑事法雜誌／56 卷 4 期／2012 年 8 月）

6. 建構更完整的刑事政策——談犯罪被害人保護的發展（刑事法雜誌／56 卷 2 期／2012 年 4 月）

7. 人權的淬煉與新生——台灣刑事訴訟法的過去、現在及未來（刑事法雜誌／55 卷 6 期／2011 年 12 月）

8. 把握司法改革契機，再造公平正義社會（刑事法雜誌／55 卷 4 期／2011 年 8 月）

9. 兩岸司法互助的回顧與前瞻（刑事法雜誌／55 卷 3 期／2011 年 6 月）

10. 健全法治司法爲民（刑事法雜誌／54 卷 5 期／2010 年 10 月）

11. 從兩極化刑事政策與修復式正義論偏差行爲少年之處遇（刑事法雜誌／53 卷 6 期／2009 年 12 月）

12. 邁向和諧，共創雙贏——從兩岸刑事政策看海峽兩岸共同打擊犯罪及司法互助協議（刑事法雜誌／53 卷 5 期／2009 年 10 月）

13. 我國檢肅貪瀆法制之檢討與策進——並從兩極化刑事政策看「財產來源不明罪」（刑事法雜誌／53 卷 4 期／2009 年 8 月）

14. 我國犯罪被害人保護法制的檢討與策進——並簡介日本「犯罪被害者等基本計畫」（刑事法雜誌／52 卷 6 期／2008 年 12 月）

15. 從「精密司法」之精神看大陸刑事訴訟法的再修改（華岡法粹／41 期／2008 年 7 月）（與廖其偉合著）

16. 「掃黑」法制與實務——宏觀政策的規劃與推動（刑事法雜誌／52 卷 3 期／2008 年 6 月）

17. 理性思考死刑制度的存廢——如何實現所有人的正義（刑事法雜誌／51 卷 3 期／2007 年 6 月）

18. 第一屆海峽兩岸法學論壇紀實（展望與探索／4 卷 12 期／2006 年 12 月）

51. 刑法與社會變遷（刑事法雜誌／20 卷 1 期／1976 年 2 月）
52. 妨害名譽罪立法之檢討（中國比較法學會學報／1 期／1975 年 12 月）
53. 刑法修正之建議（中國比較法學會學報／1 期／1975 年 12 月）
54. 精神障礙影響刑事責任能力規定之探討（刑事法雜誌／19 卷 5 期／1975 年 10 月）
55. 日本一九七二年改正刑法草案總則篇重要原則之解析（刑事法雜誌／19 卷 2 期／1975 年 4 月）
56. 日本一九七二年改正刑法草案總則篇重要原則之解析（刑事法雜誌／19 卷 1 期／1975 年 2 月）

二、專書

1. 靜言（財團法人向陽公益基金會／2011 年 1 月 2 版）
2. 人人知法守法，建設美好家園（第六屆吳尊賢社會公益講座／1997 年 8 月）
3. 過失犯論（三民書局／1993 年 9 月）
4. 妨害名譽罪之研究（自版／1975 年）

三、譯述

1. 平成三年（一九九一年）版「犯罪白皮書」特集「高齡化社會與犯罪」之概要——以受刑人之高齡化為中心，坪內宏介著，廖正豪譯（刑事法雜誌／36 卷 5 期／1992 年 10 月）
2. 過失犯客觀的注意之具體化，都築広巳著，廖正豪譯（刑事法雜誌／33 卷 3 期／1989 年 6 月）
3. 業務過失與重大過失之區別，眞鍋毅著，廖正豪譯（刑事法雜誌／32 卷 4 期／1988 年 8 月）
4. 現代刑法理論中學派之爭，植松正著，廖正豪譯（刑事法雜誌／29 卷 6 期／1985 年 12 月）
5. 刑罰論：死刑二則、其他刑罰二則，廖正豪譯（刑事法雜誌／28 卷 6 期／1984 年 12 月）
6. 犯罪論（9）：罪數八則，廖正豪譯（刑事法雜誌／28 卷 5 期／1984 年 10 月）
7. 犯罪論（8）：共犯十五則，廖正豪譯（刑事法雜誌／28 卷 4 期／1984 年 8 月）
8. 比較刑法研究之基礎作業，宮澤浩二著，廖正豪譯（刑事法雜誌／28 卷 3 期／1984 年 6 月）
9. 犯罪論（7）：共犯十一則，廖正豪譯（刑事法雜誌／28 卷 3 期／1984 年 6 月）
10. 犯罪論（6）：未遂犯九則，廖正豪譯（刑事法雜誌／28 卷 2 期／1984 年 4 月）
11. 犯罪論（5）：未遂犯五則，廖正豪譯（刑事法雜誌／28 卷 1 期／1984 年 2 月）
12. 犯罪論（4）：責任八則，廖正豪譯（刑事法雜誌／27 卷 6 期／1983 年 12 月）

13. 犯罪論（3）：責任六則，廖正豪譯（刑事法雜誌／27卷5期／1983年10月）

14. 犯罪論（2）：責任十一則，廖正豪譯（刑事法雜誌／27卷4期／1983年8月）

15. 犯罪論（1）：行爲八則・違法性廿三則，廖正豪譯（刑事法雜誌／27卷3期／1983年6月）

16. 關於刑法修正，平場安治著，廖正豪譯（刑事法雜誌／26卷6期／1982年12月）

17. 學說與實務之理論的考察，大谷實著，廖正豪譯（刑事法雜誌／26卷5期／1982年10月）

18. 老鼠會、連鎖販賣方式等特殊販賣方法與刑罰法規，板倉宏著，廖正豪譯（刑事法雜誌／26卷1期／1982年2月）

19. 西德新刑法制定過程及其基本內容，內藤謙著，廖正豪譯（刑事法雜誌／22卷3期／1978年6月）

20. 結果加重犯之共同正犯，大塚仁著，廖正豪譯（刑事法雜誌／22卷1期／1978年2月）

21. 憲法理念與刑法改正動向，馬屋原成男著，廖正豪譯（刑事法雜誌／20卷4期／1976年8月）

22. 安樂死——阻卻違法事由之安樂死之成立要件，內田文昭著，廖正豪譯（刑事法雜誌／20卷3期／1976年6月）

23. 日本刑法思潮及其刑法改正事業，平場安治著，廖正豪譯（刑事法雜誌／20卷2期／1976年4月）

24. 對於刑法改正草案批判之再批判（下），小野清一郎著，廖正豪譯（刑事法雜誌／20卷1期／1976年2月）

25. 對於刑法改正草案批判之再批判（中），小野清一郎著，廖正豪譯（刑事法雜誌／19卷6期／1975年12月）

26. 對於刑法改正草案批評之再批評（上），小野清一郎著，廖正豪譯（刑事法雜誌／19卷5期／1975年10月）

27. 有關刑法之全面修正——以草案之批判爲主，團藤重光著，廖正豪譯（刑事法雜誌／19卷3期／1975年6月）

28. 信賴原則與預見可能性——就食品事故與交通事故之比較，西原春夫著，廖正豪譯（刑事法雜誌／18卷5期／1974年10月）

29. 日本一九七二年改正刑法草案，廖正豪譯（刑事法雜誌／17卷6期／1973年12月）

30. 刑事訴訟上的錯誤判決，Max Hirschberg著，廖正豪；葉志剛譯（刑事法雜誌／15卷3期／1971年6月）

國家圖書館出版品預行編目資料

法務部廖正豪前部長七秩華誕祝壽論文集. 刑
法卷 / 林東茂, 黃源盛, 王乃彥主編. -- 初
版. -- 臺北市 : 五南, 2016.07
　　面 ; 　公分
ISBN 978-957-11-8576-7(精裝)

1.刑法 2.文集

585.07　　　　　　　　　　　105004876

4T83

法務部廖正豪前部長七秩
華誕祝壽論文集
——刑法卷

總召集人 — 蔡德輝

主　　編 — 林東茂、黃源盛、王乃彥

作　　者 — 王乃彥、王榮聖、余振華、吳耀宗、周成瑜
　　　　　　林東茂、林書楷、柯耀程、陳友鋒、陳新民
　　　　　　曾淑瑜、黃宗旻、黃源盛、鄭逸哲、謝庭晃
　　　　　　廖尉均

執行編輯 — 廖尉均

出 版 者 — 廖正豪

封面設計 — P.Design視覺企劃

總 經 銷 — 五南圖書出版股份有限公司

地　　址：106台北市大安區和平東路二段339號4樓

電　　話：(02)2705-5066　傳　　真：(02)2706-6100

網　　址：http://www.wunan.com.tw

電子郵件：wunan@wunan.com.tw

劃撥帳號：01068953

戶　　名：五南圖書出版股份有限公司

法律顧問　林勝安律師事務所　林勝安律師

出版日期　2016年 7 月初版一刷

定　　價　新臺幣550元